亲历者说

中国抗战编年纪事

1938

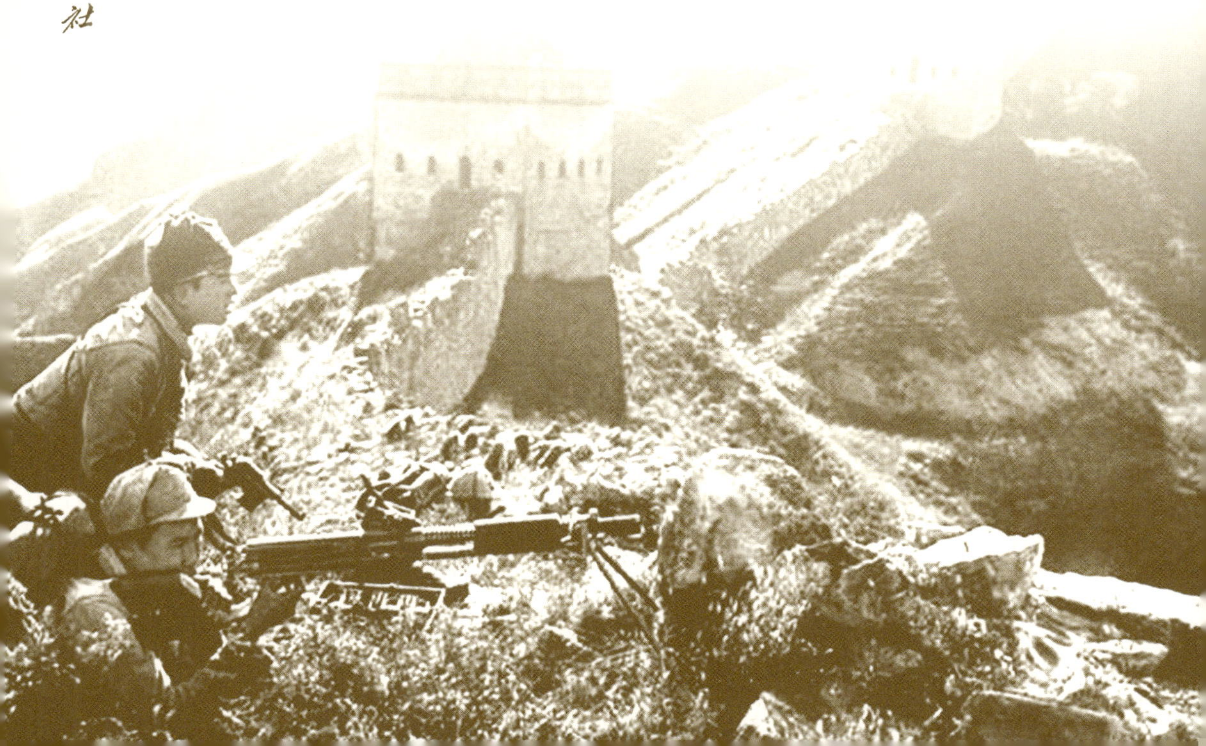

全国政协文史和学习委员会 编

1938年1月，邓小平任八路军129师政治委员。图为129师领导人合影。左起：参谋长李达、政委邓小平、师长刘伯承、政治部主任蔡树藩 。

1938年1月6日，新四军军部在南昌成立。

1938年1月，著名学者梁漱溟访问延安，与毛泽东畅谈。

1938 年春，毛泽东在延安撰写并发表了指导抗战的《论持久战》。

1938年春，蒋介石（中）与李宗仁（左）、白崇禧于徐州合影。

1938 年 3 月，八路军前方总指挥部从晋东北的五台山转移到晋东南的武乡县。图为朱德总司令、彭德怀副总司令在武乡县合影。

1938 年 4 月上旬，中国第五战区部队在鲁南的台儿庄重创日军第十师团，取得正面战场作战的首次胜利。图为作战前国民党军队向战场出发。

指挥台儿庄战役的第五战区司令长官李宗仁。

台儿庄战役中誓死保卫滕县而牺牲殉国的王铭章师长。

1938 年春，周恩来、彭德怀、郭沫若、叶剑英（左起）在汉口车站合影。

1938年春季以后，日军屡次进犯陕甘宁地区，八路军留守兵团展开黄河保卫战，确保了该地区的安全。图为八路军留守兵团炮兵在黄河西岸作战。

1938年，129师东进抗日游击纵队司令员陈再道（左）、政委宋任穷（中）与129师青年纵队政治委员李聚奎在冀南合影。

1938年夏，八路军第120师一部进入绥远的大青山地区，创立了大青山抗日根据地。图为120师骑兵进入大青山地区。

1938年7月，中国共产党组织20万群众发动“冀东大暴动”，创立了抗日根据地。图为冀东暴动时的八路军部队。

大批华侨青年回国参加抗日战争。新四军军部军乐队全体队员都是从菲律宾回国的华侨。

蒋介石、冯玉祥及民国高级将领在武汉会战中。

中国军队在黄河洪泛区作战。

中国守军中的德式装备师。

武汉空战，汉口民众在紧张地仰头观看。

武汉会战期间，童子军在街头进行献金募捐，支持抗战。

武汉会战中，中国守军的重机枪阵地。

抗战期间，西南联大师生欢送从军抗日同学。

1938年10月，万家岭大捷。

为实业界内迁作出重大贡献的长江民生公司总经理卢作孚。

1938 年至 1941 年，从中国西北部进入苏联的道路成为重要的国际路线。图为在自然条件恶劣的西北交通线上艰难前进的苏联运输队。

著名华侨领袖陈嘉庚。

在敵寇未退出國土以前
公務人員任何人談和
平條件者當以漢奸
國賊論
福建新聞社
陳嘉庚

陈嘉庚在 1938 年 10 月 28 日从新加坡给当时正在召开的国民参政会发来的著名的电报提案。

从 1938 年夏到 1939 年春，一支孤军进行了一场史册留名的庐山保卫战。

1938 年，聂荣臻在八路军前线指挥秋季反围攻。左起：郭天民、聂荣臻、孙毅、许建国。

目　录

山东抗日根据地的创建

西南联大创建

陇海沿线作战与花园口决堤

武汉会战

新四军抗战

广州失陷

《论持久战》发表

东北抗联的西征和北征

战时妇女儿童青年机构的建立

滇缅公路的修建

实业界内迁

华侨抗战

民主人士活动

长沙大火

汪精卫叛逃

日军暴行

其　他

概 述

1938年，是日本发动全面侵华战争的第二个年头。日军占领南京后，又向中国战场增派了8个师团，继续实施战略进攻。

3月中旬，进入山东的日军兵分两路，第十师团的濑谷支队自济南、泰安一路南下，相继攻陷了济宁、滕县等地，向台儿庄、徐州进逼；第五师团的坂本支队自青岛登陆后，迅速攻占了青岛、莒县，并向台儿庄、徐州合围而来。当时，在台儿庄附近的第五战区20余万中国军队，由战区司令长官李宗仁统一指挥，对日军进行了顽强抵抗，付出了巨大牺牲，取得了台儿庄大战的胜利。

台儿庄大战结束后，国民政府军事委员会立即调集大军向徐州方向增援，准备扩大战果。当时，日军正寻求与中国军队主力决战。4月7日，日本大本营下达了“攻占徐州”的命令，下旬，日军以北方兵团（辖5个师团、两个支队及坦克、炮兵等支援部队）和南方兵团（辖3个师团、两个支队及坦克、炮兵等支援部队）分进合击，企图在徐州附近包围并歼灭为数近50个师的中国军队。5月上旬，日军南北两个方向对进的集团20多万人，在大批飞机和坦克的掩护下全线展开，对徐州一带形成包围。第五战区的部队节节抵抗，却无法挡住日军。5月19日中国军队撤出了徐州。日军跟踪追击，进入河南东部，占领开封。为阻止日军西进，中国军队在陇海路沿线展开了顽强的抵抗。6月9日在河南省郑州花园口附近炸开黄河大堤，造成黄河改道向东南奔流。日军第十四、第十六师团受洪水拦阻，滞缓了西进。炸开黄河大堤虽然取得了一定的军事效果，但黄泛区的民众也付出了惨重代价。

从1938年6月起，日军将其主要战略进攻方向指向武汉。此后中国进行了长达4个月的保卫武汉的战斗。为切断中国的南方国际补给线，日本大本营又以第五、第十八、第一一四师团组成第二十一军，于10月11日在广东沿海大亚湾登陆，广州及珠江三角洲很快失守。中国的抗战形势进一步恶化。由于周围的要地接连失守，国民政府下令放弃武汉。10月25日，日军进入汉口，随后占领武昌、汉阳及武汉周围各重镇。至此，日本侵略者的铁蹄踏进了大半个中国。

空前的民族灾难唤起了中国近代史上前所未有的民族觉醒。中国共产党号召组成最广泛的爱国统一战线。在以国共合作为基础的抗日民族统一战线的旗帜下，抗日战争成为一场中国历史上从未有过的全民族战争。全国各党派、各民族和工农兵学商各界乃至海外侨胞，都表现出从未有过的团结精神。

中国工农大众是抗日的主力军。国难当头，广大工农群众不仅以自己的劳动支撑着中国社会的生产和生活，而且也是参军参战和支援前线最基本的力量。

中国知识分子在唤起民众进行抗日方面起到了先锋作用。日军入侵华北时，中国最有名的学府如北京大学、清华大学、南开大学等学校内迁西南，组建了“西南联合大学”。西南联大如同“浴火涅槃”的凤凰，与其他许多内迁的科研机构、高校一起，保留和弘扬了民族的文脉，谱写了中国抗战史上不朽的篇章。大批青年学生更直接走上了前线，仅在抗战初期，就有4万知识青年奔赴延安，经过学习训练又走上抗日战场。他们与广大工农相结合，显示了中国抗战的进步性，形成了代表正义的强大力量。

中国工商界在抗战期间也彰显了极大的爱国热情，集中于沿海的许多工厂、企业纷纷向条件艰苦的西南迁移，工商界人士还掀起了献金义卖支援抗战的运动，这些都对支持长期抗战发挥了重要作用。

中国国内各民族也都一致团结抗日。当时战斗在东三省的东北抗日联军中，就有大量满族干部和战士，人数仅次于汉族和朝鲜族。在内蒙古地区，多数王公反对德王充当日本傀儡，主张团结抗日。在八路军和国民党傅作义的部队中就有由蒙古族组成的骑兵队伍。八路军中也建立了回民支队，在前线英勇作战。新疆和西藏的少数民族同胞，也掀起了支援内地抗战的捐献及宗教祈祷活动。

海外的上千万华侨积极支援祖国。国民政府发行的公债，三分之一由华侨购买。许多华侨还回国参战，如抗战初期中国空军的飞行员中，有一半是归国华侨。南洋华侨领袖陈嘉庚当选为国民参政会参议员后，提出了著名的十一字提案："敌未出国土前议和即汉奸"，一时轰动全国，有力地遏止了企图对日妥协的逆流。

在民族大义的感召下，原先中国国内长期相互混战的各派军队，也以统一的编制共同开赴抗日战场，并在战场上体现了互相配合的协作精神。

以武汉会战结束为标志，中国抗日战争开始进入战略相持阶段。1938 年 5 月，毛泽东撰写了《论持久战》一文，总结了 10 个月抗战的经验，以客观的态度全面考察中日双方的优势和弱点，科学地论证了关于持久战的一系列战略思想。《论持久战》公开发表后在国内引起轰动。它统一了中国共产党内的战略思想和原则方针，也鼓舞了国内其他阶层坚持抗战以争取胜利的信心。国民党内的许多人包括一些高级将领，对于《论持久战》的很多见解也表示赞同。

几个月后，战争的进程开始验证毛泽东的预见。日军占领武汉后战略进攻基本停止，中国抗日战争开始进入战略相持阶段。日军停止对国民党军队正面战场的战略进攻，施之以政治诱降为主、军事打击为辅的方针，把打击的重点指向华北的八路军。在新阶段中，正面战场的压力减轻，有利于正规军的补充整训，逐步恢复战斗力，坚持长期抗战。在敌后战场，由于日军集中兵力对付抗日根据地军民，战争的规模和频繁程度都将超过以往，抗日游击战成为战略相持阶段的主要作战形式，敌后战场的地位和作用日益重要。

平型关大战胜利后，中共中央将八路军第 115 师、第 120 师和第 129 师分别派往日军后方，建立了晋察冀、晋西北、太行山等抗日根据地。中共山东省委也发动抗日起义，建立了多块抗日根据地。1938 年，八路军主力东进，到达冀鲁豫平原、齐鲁大地、冀中平原；一部向北进入绥远大青山地区和河北东部，建立起冀鲁豫、冀中、冀东、大青山等抗日根据地。日军在华北的全部后方都变成了游击战的战场。在开辟敌后根据地的同时，八路军与日军进行了一系列战斗。八路军三个师的主力在广大民众和游击队的配合下，对华北日军的三条铁路运输干线平汉线、正太线、同蒲线同时进行了攻击。在后方到处遭到袭击的日军开始感受到八路军的威胁。从 1938 年 3 月起，日军抽调兵力向晋察冀、太行和晋绥根据地进行“肃正讨伐”战，大大减少了向正面战场进攻的部队。此后，八路军在各根据地持续展开了抗击日军进攻的作战。

新四军完成整编后，也于 1938 年春东进，到达江苏南部和安徽，一面在日军占领区开展游击战，一面在极端困难的条件下建立根据地。

至 1938 年底，一个由中国共产党领导的从长城内外到大江南北的广阔敌后战场已经形成。与正面战场相比，游击战争没有十分迅速的成效，敌后战场也没有条件进行大规模的会战；然而，在人口多达一亿的数省范围内全面而又广泛地开展起游击战争，到处袭击和零星地消灭日军，积小胜为大胜，敌后战场开始在抗战全局中起到举足轻重的作用，并将为抗日武装的发展壮大，为坚持持久抗战奠定坚实的基础。

徐州会战

徐州会战

李宗仁*

台儿庄之战

（一）

1938我在六安就任安徽省政府主席后回到徐州时，已是2月初旬，鲁南保卫战至此已进入紧张阶段。敌军板垣、矶谷两师团正以台儿庄为会师目标，并策应津浦路南段敌军的攻势，企图合攻徐州。

先是，当韩复榘态度游移之时，津浦路敌军可以随时南下，青岛在战略上已成孤立之点，无死守价值。我乃命令青岛守军于学忠部南下，沿淮河北岸据险防守，以堵截敌军北进。对青岛防务只采取消极态度，由市长沈鸿烈率海军陆战队500人和一部分警察，协同维持治安，并监视海面敌人。民国二十七年（1938）1月12日，敌军板垣第五师团在青岛的崂山湾、福岛两处强行登陆，沈市长即率所部南撤，敌军占领青岛后，乃沿胶济路西进，至潍县转南，经高密，循诸城、莒县一线，进迫临沂，与津浦线上的矶谷师团

* 作者时任第五战区司令长官，1938年2月至9月兼任安徽省政府主席。

取得呼应，齐头猛进。

板垣、矶谷两师团同为敌军中最顽强的部队，其中军官士卒受侵略主义毒素最深。发动二二六政变的日本少壮派，几乎全在这两个师团之内。今番竟协力并进，与自南京北犯的敌军相呼应。大有豕突狼奔、一举围歼本战区野战军的气概。

2 月上旬，临沂告急，该地为鲁南军事上所必争的重镇，得失关系全局。处此紧急关头，既无总预备部队可资调遣，只有就近抽调原守海州的庞炳勋军团，驰往临沂，固守县城，堵截敌人前进，庞部防地则由驻苏北的缪澂流军接替。

庞军团长的职位虽比军长崇高，但所指挥的军队则只有 5 个步兵团，实力尚不够 1 个军。庞君年逾花甲，久历戎行，经验丰富。于抗日以前的内战时期，以善于避重就轻、保存实力著称。

庞氏有其特长，能与士兵共甘苦，廉洁爱民，为时人所称道。所以他实力虽小，所部却是一支子弟兵，有生死与共的风尚，将士在战火中被冲散，被敌所俘，或被友军收编的，一有机会，他们都潜返归队。

当庞部奉令编入第五战区序列之初，庞氏即来徐州谒见，执礼甚恭。我因久闻其名，且因其年长资深，遂也破格优礼以待。我虽久闻此公不易驾驭，但百闻不如一见，于谈吐中察言观色，觉他尚不失为一爱国诚实的军人。在初次见面时，我便推心置腹，诚恳地告诉他说：“庞将军久历戎行，论年资，你是老大哥，我是小弟，本不应该指挥你。不过这次抗战，在战斗序列上，我被编列为司令长官，担任一项比较重要的职位而已。所以在公事言，我是司令长官；在私交言，我们实是如兄如弟的战友，不应分什么上下。”

接着，我又说：“我们在内战中搅了 20 多年，虽然时势逼人，我们都是被迫在这漩涡中打转，但是仔细回想那种生活，太没有意义了，黑白不明，是非不分，败虽不足耻，胜亦不足武。今日大如人愿，让我们这一辈子有一个抗日报国的机会，今后如能为国家民族而战死沙场，才真正死得其所。你我都是四五十岁以上的人，死也值得了，这样才不愧做一个军人，以终其生。”

庞听了很为感动，说：“长官德威两重，我们当部属的，能在长官之下，为国效力，天日在上，万死不辞，长官请放心，我这次决不再保存实力，一定同敌人拼到底。”

我又问他道：“你的部队有没有什么困难，需要我替你解决呢？”庞叹息说：“我原有5个团，现在中央有命令，要我把1个特务团归并，共编为4个团。长官，我的部队兵额都是足额的，我把这个团归并到哪里去呢？不能归并，就只有遣散。现在正是用兵之时，各部队都在扩充，唯独要我的部队遣散，似乎也不是统帅部的本意吧！”

我说：“可能上级不知道你部队的实况！”

庞说：“报告长官，我如不遵令归并，中央就要停发整个部队的粮饷！”

我说，中央这样处理是不公平的，我当为你力争此事。我又问他道，你的部队还缺少些什么呢？庞说，子弹甚少，枪支也都陈旧，不堪作战。我也答应在我权力所能及，尽量予以补充。在庞部去海州之前，我便认真地向中央交涉，请求收回成命，旋奉军政部复电说：“奉委员长谕：庞部暂时维持现况。”我将此消息告诉庞，全军大喜过望，庞氏自更感激涕零，认为本战区主帅十分体恤部下，非往昔所可比拟。我更命令本战区兵站总监石化龙尽量补充第三军团的弹药和装备，然后调其赴海州接防。全军东行之日，我亲临训话，只见士卒欢腾，军容殊盛，俨然是一支劲旅。

此次临沂吃紧，我无军队可资派遣，只有调出这支中央久已蓄意遣散的“杂牌部队”来对抗数目与素质上均占优势的号称“大日本皇军中最优秀”的板垣师团。

2月下旬，敌我两军遂在临沂县城发生攻防激烈的战斗。敌军以一个师团优势的兵力，并附属山炮一团，骑兵一旅，向我庞部猛扑。我庞军团长遂率其5个团子弟兵据城死守。敌军穷数日夜的反复冲杀，伤亡枕藉，竟不能越雷池一步。

当时随军在徐州一带观战的中外记者与友邦武官不下数十人，大家都想不到以一支最优秀的“皇军”，竟受挫于不见经传的支那“杂牌部队”。一时中外哄传，彩声四起。板垣征四郎显然因颜面有关，督战尤急。我临沂守军渐感不支，连电告急。

所幸此时我方援军张自忠五十九军，及时自豫东奉调赶至津浦线增援。张部按原命令系南向开往淮河北岸，增援于学忠部，适淮南敌军主力为我李品仙二十一集团军的三十一军和廖磊十一集团军的第七军、第四十八军所纠缠而南撤。我遂临时急调张自忠全军北上临沂，援助庞部作战。

张部以急行军出发，于3月10日黄昏后赶到临沂郊外。翌晨，当敌军攻城正急之时，五十九军先与守城部队取得联系，乃约定时间向敌人展开全面反攻。临沂守军见援军已到，士气大振，开始出击。两军内外夹攻，如疾风暴雨。板垣师团不支，仓皇撤退。庞、张两部合力穷追一昼夜，敌军无法立足，一退90余里，缩入莒县城内，据城死守。沿途敌军遗尸甚多，器械弹药损失尤大。造成台儿庄大战前，一出辉煌的序幕战。

敌军退入莒县后，我军围攻数日，终因缺乏重武器，未能奏效。

临沂一役最大的收获，是将板垣、矶谷两师团拟在台儿庄会师的计划彻底粉碎。造成尔后台儿庄血战时，矶谷师团孤军深入，为我围歼的契机。

此次临沂之捷，张自忠的第五十九军奋勇赴战之功，实不可没。张自忠部所以能造出这样赫赫的战功，其中也有很多有趣的故事：

张自忠原为宋哲元第二十九军中的师长，嗣由宋氏保荐中央，委为北平市长。七七事变前，敌人一意使华北特殊化，张以北平市长身份，奉宋氏密令，与敌周旋，忍辱负重，外界不明真相，均误以张氏为卖国求荣的汉奸。七七事变后，张氏仍在北平城内与敌交涉，因此，舆论界对其攻击尤力，大有“国人皆曰可杀”之概。迨华北战事爆发，我军失利，一部分国军北撤南口、张垣，张部则随大军向南撤退。时自忠被困北平城内，缒城脱逃，来京请罪。唯京、沪舆论界指责张自忠擅离职守，不事抵抗，吁请中央严予惩办，以儆效尤。南京街上，竟有张贴标语，骂他为汉奸的。群情汹汹，张氏百喙莫辩。军委会中，也有主张组织军法会审。更有不逞之徒，想乘机收编张的部队，而在中央推波助澜。那时我刚抵南京，闻及此事，乃就西北军自忠的旧同事中调查张氏的为人。他们尤其是张的旧同事黄建平，便力为辩护说，自忠为人侠义，治军严明，指挥作战，尤不愧为西北军中一员勇将，断不会当汉奸。我听到这些报告，私衷颇为张氏惋惜。一次，我特地令黄君去请他前来一叙，孰知张君为人老实，竟不敢来，只回答说，待罪之人，有何面目见李长官。后经我诚恳邀请，他才来见我。当张氏抵达之时，简直不敢抬头。

我说："荩忱兄，我知道你是受委屈了。但是我想中央是明白的，你自己也明白。我们更是谅解你。现在舆论界责备你，我希望你原谅他们。群众是没有理智的，他们不知底细才骂你，你应该原谅他们动机是纯洁的……"

张氏在一旁默坐，只说："个人冒险来京，戴罪投案，等候中央治罪。"

我说："我希望你不要灰心，将来将功折罪。我预备向委员长进言，让你回去，继续带你的部队。"

张说："如蒙李长官缓颊，中央能恕我罪过，让我戴罪图功，我当以我的生命报答国家。"

自忠陈述时，他那种燕赵慷慨悲歌之士的忠荩之忱，溢于言表。张去后，我便访何部长一谈此事。何应钦似有意成全。我乃进一步去见委员长，为自忠剖白。我说，张自忠是一员忠诚的战将，绝不是想当汉奸的人。现在他的部队尚全师在豫，中央应该让他回去带他的部队。听说有人想瓜分他的部队，如中央留张不放，他的部队又不接受瓜分，结果受激成变，真去当汉奸，那就糟了。我的意思，倒不如放他回去，戴罪图功。

委员长沉思片刻，遂说："好吧，让他回去！"说毕，立刻拿起笔来，批了一个条子，要张自忠即刻回至其本军中，并编入第一战区战斗序列。

自忠在离京返任前，特来我处辞行，并谢我帮忙，说，要不是李长官一言九鼎，我张某纵不被枪毙，也当长陷缧绁之中，为民族罪人。今蒙长官成全，恩同再造，我张某有生之日，当以热血生命以报国家，以报知遇。言出至诚，说来至为激动而凄婉。我们互道珍重而别。

至民国二十七年（1938）2 月，淮河前线吃紧，于学忠兵力不敷，军令部乃将五十九军调来五战区增援。张军长大喜过望，因为我和他有那一段渊源，他颇想到五战区出点力。不过，在五战区他也有所顾虑，因为他和庞炳勋有一段私仇。原来在民国十九年（1930），蒋、冯、阎中原大战时，庞、张都是冯系健将，彼此如兄如弟。不意庞氏受人收买而倒戈反冯，且出其不意袭击张自忠师部，张氏几遭不测。自忠此次奉调来徐时，便私下向参谋长徐祖诒陈述此一苦衷，表示在任何战场皆可拼一死，唯独不愿与庞炳勋在同一战场。因庞较张资望为高，如在同一战场，张必然要受庞的指挥，故张不愿。好在原定计划中，已调他去淮河战场。

天下事真是无巧不成书，淮南敌军主力适于此时被迫南撤，淮河北岸军情已经缓和。独于此时，庞炳勋在临沂被围请援，而我方除五十九军之外，又无兵可调。徐参谋长颇感为难。我闻讯，乃将张自忠请来，和他诚恳地说："你和庞炳勋有宿怨，我甚为了解，颇不欲强人之所难。不过以前的内战，不论谁是谁非，皆为不名誉的私怨私仇。庞炳勋现在前方浴血奋战，乃属雪国耻，报国仇。我希望你以国家为重，受点委屈，捐弃个人前嫌。我今命令你即率所部，去临沂作战。你务要绝对服从庞军团长的指挥。切勿迟疑，致误戎机！"

自忠闻言，不假思索，便回答说："绝对服从命令，请长官放心！"

我即命张氏集合全军，向官兵训话鼓励一番，自忠乃率所部星夜向临沂增援，竟打了一个惊天动地的胜仗！若非张氏大义凛然，捐弃前嫌，及时赴援，则庞氏所部已成瓮中之鳖，必致全军覆没。其感激张氏，自不待言。从此庞、张二人，竟成莫逆，为抗战过程中一段佳话。

（二）

临沂一战，津浦北段敌军，左臂遂为我军砍断，敌两路会攻台儿庄计划，遂为我所破，唯敌军沿津浦线而下的正面矶谷师团，则因韩复榘不抵抗的影响，日益向南推进。值此紧要关头，我方另一部援军，第二十二集团军川军邓锡侯部（辖第四十一及第四十五两军），适自郑州赶来增援。我遂急调第四十一军（军长孙震，辖一二二及一二四两师）前往鲁南的邹县堵截，四十五军跟进为预备队。军次滕县，知邹县已失，四十一军乃以一二二师（师长王铭章）守滕县城，一二四师在城外策应。敌军以快速部队南侵，将滕县包围，并以重炮及坦克猛攻县城。王师长亲自督战死守，血战三昼夜，终以力有不逮，为敌攻破。王师长以下，全师殉城，至为惨烈。然卒将敌军南侵日期延缓，使我增援部队汤恩伯、孙连仲等部能及时赶到参战。

邓锡侯部川军来五战区作战，也有一段有趣的故事：

邓部原驻于川西成都，因其防区通向外界之水路为川军刘湘所部封锁，无法购买弹药补充，故士兵所用的枪械半为土造，极其窳劣。此次激于大义，请缨出川参加抗战，奉统帅部令，编为第二十二集团军，以邓锡侯为总司令，孙震为副司令，由二人亲自率领，往第二战区参加山西保卫战。然仓促出师，远道跋涉，沿途又无补给兵站的组织，势须就地购买粮草，对军纪不无影响。

川军方抵山西而太原已告失守。敌人用机动性快速部队向我军左冲右突。川军立足未稳，便被冲散，随大军狼狈后退，沿途遇有晋军的军械库，便破门而入，擅自补给。事为第二战区司令长官阎锡山所悉，大为震怒，乃电请统帅部将川军他调。统帅部接此难题，乃在每日会报中提出。委员长闻报也很为生气，说：“第二战区不肯要，把他们调到第一战区去，问程长官要不要？”

军委会乃打电话去郑州给第一战区司令长官程潜，告知此一命令，并老实说出其原委。孰知程潜对川军作风早有所闻，在电话里竟一口回绝。据说，当军令部次长林蔚将此消息报告委员长，并请示办法时，委员长正因南京初失，心绪不好，闻报勃然大怒，说：“把他们调回去，让他们回到四川去称王称帝吧！”

白崇禧在一旁听着，便劝解道：“让我打电话到徐州去，问问五战区李长官要不要？”白氏随即自武汉用长途电话问我，并娓娓陈述此一事件的经过。此时正值韩复榘不战而退，我无援兵可调之时。我便立刻告诉白崇禧：“好得很啊！好得很啊！我现在正需要兵，请赶快把他们调到徐州来！”

白说：“他们的作战能力当然要差一点。”

我说：“诸葛亮扎草人做疑兵，他们总比草人好些吧？请你快调来！”

白崇禧闻言一笑。川军就这样地调到徐州来了。

邓锡侯、孙震两君，我和他们虽曾通过信，这次在徐州却是第一次见面。邓、孙两君对我个人的历史知道得很清楚，如今加入我的战斗序列，也颇觉心悦诚服。他们所以被调到五战区的原委，他们本人也完全知道。

邓、孙二人见到我便苦笑着说："一、二两战区都不要我们，天下之大，无处容身。李长官肯要我们到五战区来，真是恩高德厚！长官有什么吩咐，我们绝对服从命令！"

我说，过去的事不必提了。诸位和我都在中国内战中打了20余年，回想起来，也太无意义。现在总算时机到了，让我们各省军人，停止内战，大家同去杀敌报国。我们都是内战炮火余生，幸而未死，今后如能死在救国的战争里，也是难得的机会，希望大家都把以往种种譬如昨日死，从今以后，大家一致和敌人拼命。

随即，我便问他们有什么需要，有没有困难要我代为解决的。邓、孙异口同声说，枪械太坏，子弹太少。我乃立刻电呈军委会，旋蒙拨给新枪500支，每军各得250支。我又于五战区库存中，拨出大批子弹及迫击炮，交两军补充。两军官兵欢天喜地。适矶谷师团另附骑兵旅、野炮团、重炮营和战车数十辆，自济南循铁路南进，我遂调两军前往防堵。大军出发前，我并亲临训话，举出诸葛武侯统率川军北抗司马懿的英勇故事，希望大家效法先贤，杀敌报国。大军上下无不欢跃。滕县一战，川军以寡敌众，不惜重大牺牲，阻敌南下，完成作战任务，写出川军史上最光荣的一页。

以上所述临沂、滕县两役，都是台儿庄大捷前，最光辉的序幕战。但是这两项艰苦的血战，却都是由一向被中央歧视的"杂牌军"打出来的。这些"杂牌部队"在其他场合，往往畏缩不前，但是到了五战区，却一个个都成了生龙活虎，一时传为美谈。

（三）

当临沂和滕县于3月中旬同时告急时，蒋委员长也认为在战略上有加强第五战区防御兵力的必要，乃仓促檄调第一战区驻河南补充训练尚未完成的汤恩伯军团和孙连仲集团，星夜增援。首先抵达徐州的为汤恩伯第二十军团，辖两个军（第五十二军关麟征和第八十一军王仲廉）共计 5 个师（第二师郑洞国、第二十五师张耀明、第四师陈大庆、第八十九师张雪中和第一一〇师张轸）。该军团装备齐全，并配属 15 生的德制重炮一营，为国军中的精华。

汤部第八十一军先抵徐州，即乘火车北上支援二十二集团军的作战，不幸滕县已先一日陷敌，迨汤军团全部到达，已不及挽回颓势，只消极地掩护友军退却和迟滞敌人的南进而已。

随汤部之后到徐州的为孙连仲的第二集团军。孙集团军名义上虽辖两军（第三十军田镇南、第四十二军冯安邦），唯该部因曾参加山西娘子关之保卫战，损失颇大。四十二军所剩只一空番号而已，孙连仲曾屡次请求补充，均未获准。其后不久，四十二军番号且为中央新成立的部队取而代之。故该集团军实际可参加战斗的部队只有三师（第二十七师黄樵松、第三十师张金照、第三十一师池峰城）。孙总司令到徐州来见我时，匆匆一晤，我就叫他快去台儿庄部署防务建筑工事。因孙部原为冯玉祥的西北军，最善于防守。我当时的作战腹案，是相机着汤军团让开津浦路正面，诱敌深入。我判断以敌军之骄狂，矶谷师团长一定不待蚌埠方面援军北进呼应，便直扑台儿庄，以期一举而下徐州，夺取打通津浦路的首功。我正要利用敌将此种心理，设成圈套，请君入瓮。待我方守军在台儿庄发挥防御战之最高效能之时，即命汤集团潜进南下，拊敌之背，包围而歼灭之。

部署既定，敌人果自滕县大举南下。汤集团在津浦线上与敌作间断而微弱的抵抗后，即奉命陆续让开正面，退入抱犊崮东南的山区。重炮营则调回台儿庄运河南岸，归长官部指挥。敌军果不出我所料，舍汤军团而不顾，尽其所有，循津浦路临枣支线而下，直扑台儿庄。敌军总数约有 4 万，拥有大小坦克车七八十辆，山野炮和重炮共 100 余尊，轻重机枪不计其数，更有大批飞机助威。徐州城和铁路沿线桥梁车站，被敌机炸得一片稀烂。

3 月 23 日，敌军冲到台儿庄北泥沟车站，徐州城内已闻炮声。

24 日敌人开始猛烈炮轰我防御工事，战斗激烈期间，我第二集团军阵地每日落炮弹至六七千发之多。炮轰之后，敌军乃以坦克车为前导，向我猛冲，将台儿庄外围阵地工事摧毁后，敌步兵乃跃入据守，步步向前推进。台儿庄一带，耕地之下盛产石块，居民多垒石为墙；以故每一住宅皆系一堡垒。此种石墙敌人冲入占据之后，我军因无平射炮，又无坦克车，即无法反攻。然我军以血肉之躯与敌方炮火与坦克相搏斗，至死不退。敌人猛攻三昼夜，才冲入台儿庄城内，与我军发生激烈巷战。第二集团军至此已伤亡过半，渐有不支之势，我严令孙总司令死守待援。自 27 日始，敌我遂在台儿庄寨内作拉锯战，情况非常惨烈。

在此期间，我也严令汤恩伯军团迅速南下，夹击敌军，三令五申之后，汤军团仍在姑嫂山区逡巡不进。最后，我训诫汤军团长说，如再不听命令，致误戎机，当照韩复榘的前例严办。汤军团才全师南下。然此时台儿庄的守军已伤亡殆尽。到 4 月 3 日，全庄三分之二已为敌有。我军仍据守南关一隅，死拼不退。敌方更调集重炮、坦克猛冲，志在必克。其电台且宣称已将台儿庄全部占领。我方守庄指挥官第三十一师师长池峰城，深觉如此死守下去，必至全军覆没而后已。乃向孙总司令请示，可否转移阵地，暂时退至运河南岸。孙连仲乃与长官部参谋长徐祖贻和参谋处长黎行恕通电话请示。

参谋处来报告，我因汤部援军快到，严令死守，决不许后撤。最后，孙总司令要求与我直接通话。连仲说：“报告长官，第二集团军已伤亡十分之七，敌人火力太强，攻势过猛，但是我们把敌人也消耗得差不多了。可否请长官答应暂时撤退到运河南岸，好让第二集团军留点种子，也是长官的大恩大德！”

孙总司令说得如此哀婉，但我预算汤恩伯军团，明日中午可进至台儿庄北部。第二集团军如于此时放弃台儿庄，岂不功亏一篑。我因此对孙连仲说：“敌我在台儿庄已血战一周，胜负之数决定于最后五分钟。援军明日中午可到，我本人也将于明晨来台儿庄督战。你务必守至明天拂晓。这是我的命令，如违抗命令，当军法从事。”

孙连仲和我仅在他奉调来五战区增援时，在徐州有一面之缘。此时我向他下这样严厉的命令，内心很觉难过。但是我深知不这样，便不能转败为胜。

连仲知我态度坚决，便说："好吧，长官，我绝对服从命令，整个集团军打完为止！"

在电话中，我还指示他说，你不但要守到明天拂晓之后，今夜你还须向敌夜袭，以打破敌军明晨拂晓攻击的计划，则汤军团于明日中午到达后，我们便可对敌人实行内外夹击！孙连仲说，他的预备队已全部用完，夜袭甚为不易。我说："我现在悬赏 10 万元，你将后方凡可拿枪的士兵、担架兵、炊事兵与前线士兵一齐集合起来，组织一敢死队，实行夜袭。这 10 万块钱将来按人平分。重赏之下，必有勇夫，你好自为之。胜负之数，在此一举！"

连仲说："服从长官命令，绝对照办！"

我之所以要他组织敢死队的原因，便是根据我的判断。第二集团军的伤亡虽已逾全军十分之七，但是从火线上因抬运负伤官兵而退下的士兵一定不少。他们因为战火太猛没有回到火线上去。重赏之下，必有勇夫。现在我们要利用这一点最后的力量，孤注一掷。

孙总司令和我通话之后，在台儿庄内亲自督战。死守最后一点的池峰城师长，又来电向他请求准予撤退。连仲命令他说："士兵打完了你就自己上前填进去。你填过了，我就来填进去。有谁敢退过运河者，杀无赦！"

池师长奉命后，知军令不可违，乃以必死决心，逐屋抵抗，任凭敌人如何冲杀，也死守不退。所幸战到黄昏，敌人即停止进攻。及至午夜，我军先锋敢死队数百人，分组向敌逆袭，冲进敌阵，人自为战，奋勇异常，部分官兵手持大刀，向敌砍杀，敌军血战经旬，已精疲力竭，初不意战至此最后 5 分钟，我军尚能乘夜出击。敌军仓皇应战，乱作一团，血战数日为敌所占领的台儿庄市街，竟为我一举夺回四分之三，毙敌无数，敌军退守北门，与我军激战通宵。

长官部夜半得报，我汤军团已向台儿庄以北迫近，天明可到。午夜以后，我乃率随员若干人，搭车到台儿庄郊外，亲自指挥对矶谷师团的歼灭战。黎明之后，台儿庄北面炮声渐密，汤军团已在敌后出现，敌军撤退不及，遂陷入重围。我亲自指挥台儿庄一带守军全线出击，杀声震天。敌军血战经旬，已成强弩之末，弹药汽油用完，机动车辆多数被击毁，其余也因缺乏汽油陷于瘫痪，全军胆落，狼狈突围逃窜，溃不成军。我军骤获全胜，士气极旺，全军向敌猛追，如疾风之扫落叶，锐不可当。敌军遗尸遍野，被击毁的各种车辆、弹药、马匹遍地皆是，矶谷师团长率残敌万余人突围窜往峄县，闭城死守，已无丝毫反攻能力了。台儿庄之战至此乃完成我军全胜之局。

战后检点战场，掩埋敌尸达数千具之多。敌军总死伤当在 2 万人以上。坦克被毁 30 余辆，虏获大炮机枪等战利品不计其数。矶谷师团的主力已被彻底歼灭。台儿庄一役，不仅是我国抗战以来一个空前的胜利，可能也是日本新式陆军建立以来第一次的惨败，足使日本侵略者对我军另眼相看。

台儿庄捷报传出之后，举国若狂。京、沪沦陷后，笼罩全国的悲观空气，至此一扫而空，抗战前途露出一线新曙光。全国各界，海外华侨，乃至世界各国同情我国抗战的人士，拍致我军的贺电如雪片飞来。前来参观战绩的中外记者和慰劳团也大批涌到。台儿庄区区之地，经此一战之后，几成民族复兴的新象征。我军得此鼓励，无不精神百倍，各处断壁颓垣之上，都现出一片欢乐之情，为抗战以来的第一快事。

徐州会战

（一）

日军在进攻台儿庄受挫后，原攻临沂败退费县附近的板垣师团，获知其友军矶谷师团残部被困于峄县、枣庄、临城一带，也舍去临沂战场而将主力向西移动，与矶谷残部合流，死守待援。同时敌方统帅部也深知徐州不可轻取，非调集重兵，自四面合围，断难打通津浦线，4 月间，敌方遂自平、津、晋、绥、苏、皖一带增调 13 个师团，共 30 余万人分 6 路向徐州进行大包围，企图歼灭我五战区的野战军。

敌军这次所抽调的，均为其中国派遣军中最精锐的部队，配备有各种重武器。全军按计划构成数个包围圈，逐渐向徐州轴心缩小包围圈，以期将我徐州野战军一网打尽。

在敌方这种有计划的大规模歼灭战的部署之下，雄师数十万，复辅以飞机数百架，装备窳劣的我军，断难与之抗衡。无奈台儿庄之捷鼓起了我方统帅部的勇气，居然也调到大批援军，想在徐州附近和敌人一决雌雄。

我方首先抵达徐州的援军为周碞的七十五军和李仙洲的九十二军，我命令周、李两军自台儿庄向东延伸。因此时矶谷残部尚死守峄县待援，敌板垣师团已舍弃临沂战场而向西挺进，与矶谷合伙，企图对台儿庄卷土重来，我周、李两军向东延伸，正拊其背。

4 月 20 日，樊崧甫的四十六军和卢汉的六十军也奉调到徐，我乃调该两军到运河两岸，加强这方面的防御兵力。不久，李延年的第二军和晋军商震部的一师也到徐，乃加入东线。谭道源的二十二军也尾随而至，加入徐州西北微山湖一带的防线。接着石友三的六十九军抵达鲁西，冯治安的七十七军、刘汝明的六十八军也先后到徐，我即令开拔南下，增强淮河北岸的防御力量。

因此，不到一个月，我援军抵徐的，几达 20 万人，与本战区原有军队合计不下 60 万，大半麇集于徐州附近地区，真有人满为患之态势。而白崇禧从汉口军令部打电话来，还高兴地对我说，委员长还在续调大军向我增援。

我说：“委员长调了这么多部队干什么呢？”

白说：“委员长想要你扩大台儿庄的战果！”

我说：“现在已经太迟了！”

此时我已判断到敌军向我合围的新战略，我方集大军数十余万人于徐州一带平原地区之内，正是敌方机械化部队和空军的最好对象。以我军的装备，只可相机利用地形有利条件，与敌人作运动战，若不自量力与敌人作大规模的阵地消耗战，必蹈京、沪战场的覆辙。当徐州保卫战时，我军元气已有限，类似上海的会战，断不可重演。因此当大军云集之时，我深感责任的重大和内线作战无能为力之苦。

统帅部也深知此役关系重大，不久，白副参谋总长即率统帅部参谋团的刘斐、林蔚等到徐筹划防御战。

敌军自攻占宿县与蒙城两个重要战略据点后，除以少数部队固守宿县外，竟放弃津浦路正面，而循西侧的地区，与蒙城之敌相联系，分途向北推进。

4 月中旬，津浦路北段之敌在土肥原等指挥之下，开始自濮阳、寿张分两路强渡黄河，进入鲁西，分别陷我郓城、菏泽、金乡、鱼台，自西北方面向徐州推进；东北方面之敌，则由海道自连云港登陆占海州、郯城，与进占台儿庄和峄县之敌相呼应，自东北方向徐州进迫。

5 月上旬，津浦路南面敌人为排除其侧翼常被我军突击的危险，乃以其主力配合大量装甲部队和飞机，向西部闪电挺进，攻占合肥，压迫李品仙十一集团军的三十一军西撤，退守大别山外围的六安县，然后转向我据守淮河中游一带的廖磊二十一集团军第七、第四十八两军防线猛烈攻击，我防守淮河两岸和田家镇、凤台县、寿县、正阳关等重要据点的部队，为避免被敌包围集体歼灭计，乃稍事抵抗即自动放弃，实行化整为零的游击战术，与敌人纠缠，使其疲于奔命。不幸敌人不入我军的圈套，而以其第三、第九、第十三等师团和井关机械化部队，配属大群飞机，作战斗开路先锋，然后循涡河地区向蒙城迈进。同时蚌埠南岸附近的敌军也已抢渡淮河，向北急进。至此，于学忠之五十一军和冯治安的七十七军忽遭受敌军优势力量的压迫，星夜东向皖、苏边境撤退。刘汝明的六十八军原奉命南下增援，师行到夹沟，而战局面貌已非，我遂令该军迅速西向涡阳，突出重围。是时，廖磊总司令见徐州以南津浦路防线已完全洞开，乃调二十一集团军总预备队，师长杨俊昌与周副师长各率步兵两团，驰赴扼守宿县和蒙城两个据点。不料周副师长赶到作仓促布防之际，敌人也已跟踪而至，将蒙城团团围困得水泄不通，敌机械化部队和机群复整日冲击、轰炸。城中房屋火光烛天，变成一片焦土，5 月 9 日蒙城遂陷。后来据少数突围的士兵报告，当敌军猛烈进攻时，周副师长曾数度奋勇反攻，期望冲破重围，无奈敌人火网严密，未能成功，除

21 名士兵乘黑夜蛇行逃出，幸免于难外，其余官兵、伕役、马匹等，则一概为国牺牲。至杨师长俊昌，率所部扼守宿县，因城垣被敌炮摧倒，被迫撤至郊外，损失虽重，尚未全部牺牲。

北上之敌随即切断我陇海路于徐州以西的黄口车站。蚌埠之敌约 3 个师团于攻破宿县后，也自津浦路的西侧平原向徐州迫近，形成对徐州四面合围之势。

我军为避免与优势之敌作消耗战，也于 5 月初旬作有计划的撤退。敌军此次来势甚猛，构成数重包围圈，志在将我军一举歼灭。我军为打破敌方此一企图，只有迅速作有计划的突围，脱离敌人的包围圈。然大军数十万仓促撤退，谈何容易！

（二）

5 月初旬，当鲁西与淮河战事同时吃紧之时，我即严令该方面的孙桐萱与廖磊两集团军，自南、北两方尽最大的努力，阻止敌人会师于陇海线并乘敌人尚未合围之时，督率徐州东北方面的孙连仲、孙震、张自忠、庞炳勋、缪澂流诸军，凭运河天险及运河以东地区择要固守，以掩护徐州四郊大军向西、南两方面撤退，脱离敌军的包围圈。一待任务完成，即向南撤入苏北湖沼地区，然后再相机西撤，因敌军的注意力概集中于徐州陇海路西部，因此，我军能安全向苏北撤退。

5 月中旬，我军其他各部陆续开始撤退，为避免敌机轰炸，多数部队都是昼息夜行。敌军旋即南北会师，唯阵容不无混乱，且因地形不熟，不敢夜间外出堵截，故我军未脱离包围圈的部队也能自敌人的间隙中安全通过。5 月 17 日晚，汤恩伯军团及其机械化部队因西线敌人已重重合围，乃改向南撤。其他掩护部队也奉命逐渐向东南撤退。敌军遂自北面迫近徐州，其野炮且已可射入城内，长官部数次中弹起火，幸皆迅速扑灭。我乃迁长官部到郊外城南陈家大屋暂住。然该地仍在敌炮射程之内。一次我命一传令兵向附近传达命令，渠刚离开，忽然一颗炮弹落在司令部内爆炸，此传令兵即应声倒地，我连忙前去将他扶起，只见其血肉模糊，臀部已被炸去一大块。当时情况的险恶，可以想见。

到5月18日，各路大军泰半已撤退就绪，我乃决定于18日夜放弃徐州。是晚11时，我率长官部职员、特务营、中央留徐各机关人员和若干新闻记者，共约1000余人，合乘火车一列南开。本拟于车抵宿县后，折向西方撤退，孰料车行方100华里左右，忽闻前路有猛烈爆炸声，停车一问，才知系我方工兵炸毁铁路桥梁。因工兵误以为长官部列车已过，所以将桥梁炸毁。火车既不能前进，全军1000余人只得舍车步行。翌晨抵宿县城北10余里处，汤恩伯军团适亦停止在此，据难民报告，宿县已为敌军所得，不能通行。

汤军团长乃和我作简短会谈。他问我要否将宿县克复，再继续西进。因汤军团此时尚有数师之众，并有15生的大炮数门随行，克复宿县，可无问题。不过我认为无此必要，我军今日当务之急，是脱离敌人的包围圈，一小城镇的得失实无关宏旨。

汤恩伯并问我要否和他的部队一起向西突围，因为他的军团实力雄厚，不虑敌人包围，我则认为汤军团是我军的精华，此时脱离战场要紧，我长官部和他同行，恐为该军团之累。所以我命令汤军团长即刻率部西行，我本人则偕长官部一行东向绕过宿县。此地是一望无际的大平原，我们这1000余人的小部队，在本国土地上，可以四处行动，敌人断难捕捉我们。同时，我更电令第七军自皖派部队到宿县以南30里附近接应。

自与汤军团在宿县以北分手之后，我即亲率长官部一行1000余人向东南前进。沿途皆有敌机跟踪轰炸，然而在大平原之上，部队分散前进，敌机杀伤力甚小。越过津浦路以西地区后，某次吾人正在一大村落造饭休息，忽为敌侦察机发现。该机兜了个圈子，即行离去。我知其情不妙，匆匆饭毕，即令全体人马离开该村。我们走了不及二三里地，突有敌轰炸机20余架比翼飞来，一阵狂炸，将该村落顿时夷为平地，而我辈竟无一人死伤，亦云幸矣。又一次，我们在途中被数架敌轰炸机发现，我们遂作紧急疏散，匍匐于附近麦田中，敌机群在我们上空低飞一转，并未投弹便匆匆飞去了。此时，敌机如集中狂炸一阵，则吾辈1000余人将无噍类了。又一次在宿县东南，几与敌骑数百人相遇，敌我相去极近，而却“交臂相失”，否则其情况也就不堪设想了。

我们自东边绕过宿县，足足走了一整天，抵达涡河北岸，与第七军来接的部队共一团人相遇，涡河桥梁、渡船皆毁，人、物渡河已感困难，随行汽车数十辆自然更无法携带，乃悉数在河边焚毁。渡过涡河，进入第二十一集团军防地，才完全脱离了敌人的包围。

（三）

此次徐州会战，我方参战的不下60万人，敌军总数40万左右，敌方参谋部显欲将我野战军主力吸引到徐州附近，自四面重重包围，渐次将包围圈缩小，然后一举将我数十万大军悉数歼灭。

敌人再也没有想到，他以狮子搏兔之力于5月19日窜入徐州时，我军连影子也不见了。数十万大军在神不知鬼不觉之中，全部溜出了他们的包围圈。敌人四处搜寻，仅捉到了我方几个落伍的病兵。其中之一是二十二军军长谭道源的勤务兵。敌人自他衣袋中搜出了一张谭军长的名片，便误以为生俘了谭道源，竟据此大事宣传，闹出了大笑话。

在徐州会战的最后阶段，敌军捕捉我主力的计划是何等周密，其来势是何等凶猛，但是鏖战月余，敌方不仅没有击溃我军的主力，甚至连我方一个上尉也没有捉到。这种情况，在双方百万大军的会战史上也可说是个奇迹。彻底毁灭了敌人捕捉我军主力、速战速决的侵略迷梦。

溯自民国二十六年（1937）12月13日南京失守时起，到民国二十七年（1938）5月19日我军自动放弃徐州时止，我军与南北两路双管齐下的敌军精锐，竟周旋了5个月另6天，使其无法打通津浦路，充分地发挥了以空间争取时间的战略计划，使我大后方有充分时间来部署次一阶段的武汉大会战。到了津浦路保卫战最高潮时，我在台儿庄还打了一个举世闻名的胜仗，把京、沪战后敌军的一团骄气，打得烟消火灭，同时也冲淡了我方在南京失守后的悲观气氛，使长期抗战重露一丝曙光，也延迟了汪兆铭之流的“低调俱乐部”里汉奸们的卖国行动。

（四）

徐州5个月的保卫战，今日回思虽颇有兵凶战危之感，然在当时环境下，我不但不觉其紧张，且觉生活颇有乐趣，其中数端，也不妨略述于此。

徐州此时是第二期抗战重心的所在，观战的西方各国武官和军事人员，以及国内外慰劳团体的来徐者，川流不息。长住徐州的中外记者、访员、作家也不下百数十人。长官部内终日熙熙攘攘，热闹之至。台儿庄告急之时，敌机更日夜狂炸。我空军既少，防空设备尤差，长官部内仅有一小型防空洞，可容20人。每逢敌机来袭，洞内总为各种访客和本部少数胆小官员所占用。我身为司令长官，未便和他们去挤作一团，所以每逢敌机临空，我只是走到办公室外，在草地上看敌机投弹，或与二三访客谈战局。有时弹落长官部附近，震耳欲聋，客人每每恐惧至面无人色，而我则能处之泰然，若无其事。军民和一般访客对我的大胆和镇定都佩服得五体投地。正是我个人的镇静和谈笑自若，使本城的紧张与恐慌的气氛大为降低。

台儿庄战前，一次委员长来徐视察，他就感觉徐州情形危急，一再问我说："你看徐州可以守吗？"我说："请委员长放心，徐州短期内没有问题。如果我能得充足的补充，我可能还要打一个不大不小的胜仗！"委员长虽未多言，但是在神情上，我可看出他是将信将疑。

此外我在平时纪念周上也一再强调徐州没有危险，我们说不定要打一小胜仗来转换转换空气。由于我个人的信心坚定，我的部队上下均充满信心，在徐观战人员及人民均甚沉着。作战5月，步骤未乱丝毫。凡此均足见兵凶战危之时，主将个人的言行关乎全局甚大。古人用兵所谓"指挥若定"，其重要意义盖亦在此。

徐州会战战场见闻

熊顺义*

1938年夏初，抗日战争进入徐州会战时，我以四十一军一二四师七四四团团长名义，暂时调任第四十一军前敌指挥部代理参谋长职务，参加了这个会战。

5月上旬，津浦北线之日军，在兖州、济宁附近地区，集中诸兵种联合之部队，有由台儿庄会战失败秘密转移过来的矶谷廉介师团、板垣征四郎师团、第一〇六师团、第一一〇师团以及新由华北抽调而来之土肥原师团。配属一两个装甲兵联队、化学兵联队等地面部队，以及华北派遣军之航空兵联队等空军部队协力，作为钳形的右翼。从5月中旬开始，向我鲁西孙桐萱所属之第三集团军，发动攻势。

津浦南线日军，以几个师团配属一部分战车联队、化学兵联队的地面部队，于5月上旬秘密集中在凤阳、蚌埠地区，在华中派遣军空军部队配合下，为钳形的左翼，从5月11日起，向我军淮河守备部队发动攻势。当日攻破我临淮关、小蚌埠等地于学忠第五十一军阵地。12日，我第五十九军

* 作者时任第二十二集团军第四十一军第一二四师第三七二旅第七四四团团长，第四十一军前敌指挥部代理参谋长。

张自忠部队，由徐州前往增援，13日又把敌人占据小蚌埠的部队，打过淮河南岸的蚌埠附近。因为徐州方面情况紧急，张自忠之第五十九军马上调回徐州作战区总预备队。14日，日军又乘虚再兴攻势，强渡淮河，15日以后逐步占领我任桥、固镇、宿县、蒙城等地，主力直奔永城。17日窜抵萧县，联系北线窜抵黄口之日军，切断我徐、亳公路另一重要之后方联络线。一部控制于宿县附近，堵击我军由徐州以南向后方撤退。同时切击我军由徐州向淮阴方向撤退。

日军违犯国际公法使用毒瓦斯

5月17日，日侵略军所发动的钳形攻势的两个钳头，卡住我军徐州以西之黄口、萧县两个战略要点的时候，我第三十二军商震部队，立即予以反击。于是，徐州外围的争夺战展开了，两支日军的来势都很猖狂，我军的反击亦很猛烈。当时我们第二十二集团军在津浦北线的利国驿、韩庄等地，也听见终日炮声隆隆，很少间断。华北敌机，不断飞往助战。

根据当时的战报，第三十二军某部在萧县附近与日军打得如火如荼之际，第五战区司令长官部，又命总预备队第五十九军军长张自忠，率领该军，在战区强大的炮兵群火力掩护下，驰往萧县方面增援，以期击退敌人收复萧县，为今后战区扭转局势，打下了有利基础。

当我第五十九军之第一八〇师打到萧县附近之张二庄、严寨附近时，日军被我军反复冲杀，势渐不支。又见我军攻势越来越猛，害怕招架不住，影响他们的所谓胜利的局势，便穷凶极恶地向我张二庄、严寨旁边的一个小庄的重点攻击部队，大量施放毒瓦斯。由于敌人使用毒气战，更加激怒了我军官兵的民族仇恨，除一面积极向敌攻击，猛打猛冲，一面采取各种防毒措施坚持战斗外，战区的炮兵群也发挥了高度的炮火威力，以压制敌人的反扑。结果越战越猛，敌人施放的毒瓦斯也越来越多。我第三十九旅的官兵中毒的人员也不断增加，战斗力就逐渐减弱。眼看张二庄、严寨附近受到敌人毒瓦斯毒害的和平居民不断增多，才不得已撤出张二庄、严寨附近，稍向后退，继续抵抗。当第二十九旅官兵退出张二庄附近以后，日军在萧县升起了观测气球，观测徐州城郊我军情况，指导其炮兵向着徐州西郊及徐州城射击，我第五十九军各部队，鉴于掩护徐州城及其以东等地区各军撤退任务的重要，仍继续与敌人鏖战于徐州城西郊一带。以后，因伤亡逐渐增多，18 日，战斗逐步移至徐州西北的九里山以西之霸王山与城南云龙山以西的小太山一带。

日军集体屠杀我军徒手新兵

第二十二集团军各部队 1938 年春季在山东邹县、滕县一带与日军多次作战，特别是 3 月中旬滕县血战之后，官兵伤亡较多，为了继续抗战，除将各部队残余人员合并整编为几个战斗团，立即开赴徐州以北的南韩庄、利国驿以及微山湖南岸等地与敌作战外，其余各部组成班长以上的干部队，留在徐州西北之拾屯、敬安集等地训练，等待徐州新兵到来，即行接收、整训。

4 月底 5 月初，一部分四川新兵陆续来到徐州，两军四个师的干部队，各分一个多营的新兵，集中在以上所说的拾屯、敬安集一带整训。迄至 5 月 17 日，日军北线兵团伸到我徐州后方之黄口附近时，其另一部日军由丰县南犯，将接近拾屯、敬安集之际，我第二十二集团军总司令孙震命令各新兵部队，以营为单位，迅速向后方撤退。各新兵部队即纷纷率领各自的部队，钻隙迂回，脱困而出，有的在途中平安无事；有的中途碰见少数敌骑兵，单凭干部所持少数武器一打，敌兵即行他去；有的遇着敌人大部队，不仅没有走掉，而且还遭受了残酷的集体屠杀。根据我的同学第七三一团第三营营长罗浚对我诉说，该营新兵惨遭敌人屠杀的情况，大致如下：

5 月 17 日，第七三一团新兵营 400 多人，正由敬安县沿梁寒、唐寨、砀山以东夏邑路线向亳州方向转移之际，部队刚刚走到梁寨与唐寨中间，突然遭遇日骑兵部队猛烈袭击。罗浚急忙命副营长唐少斌率领徒手新兵，跑步到黄河故道里面暂时掩蔽，自己集合拿枪的班、排、连长等五六十人，出来应战，打算掩护新兵移到黄河故道以后，慢慢再想法脱离敌人，偷越砀山、黄口之间的陇海铁路，逐步向夏邑、亳州方向转进。哪知日骑兵越来越多，除被我军打死打伤的敌兵以外，其余300多敌骑兵，即在梁寨以东广阔的麦田中，从四面八方包围而来。该营干部且战且走，逐步掩护新兵部队退到唐寨以东地区，就渐渐陷入敌人重围。我持枪奋起抵抗的干部，经过一两个小时的激烈战斗，伤亡20人左右，营长罗浚又命唐少斌副营长挑选新兵中比较优秀的分子，继续起而抗战，一直打到下午3点多钟，所带弹药将要打完之际，又与敌兵肉搏冲锋。在这以前，敌骑兵多已下马徒步战斗，看见我军与他进行肉搏战时，很快又把后方马匹招来，骑上马背挥舞长长的战刀向我军冲杀。最后，敌我众寡悬殊无法继续战斗。这时敌骑纵横驰骋，乱砍滥杀，越围越紧，到不得已的时候，为使一枪一弹都不落入敌手，营长罗浚便下命令，把仅余的几支步枪的枪把打断，枪杆扔入麦丛中，枪机埋在地里，带着徒手新兵部队，向西南方面冲去，还想脱围而出，再想办法。结果被敌人骑兵团团围住，含愤做了俘虏。

当日军得到这几百名俘虏之后，更加嚣张不可一世。罗浚营长在俘虏群中，一面鼓舞士气，一面观察敌人行动，亲眼看见一名日骑兵中队长，下命令搜俘虏的腰包，几十名敌兵跃身下马，跑向俘虏队前，每个搜十人，开始搜起俘虏的腰包来。不管士兵身上的三元、一元，军官身上的十元、八元，都一点不留地全部抢劫一空。把这些官兵的腰包搜光摸尽之后又翻身上马，二三十名骑兵押着我军新兵部队，向唐寨以东走去。当全部队伍进入黄河故道以后，突然命令停止休息，用三列横队，整齐地坐在北岸大堤下面，四面八方都安设哨兵，不许我军官兵乱动。然后，敌人军官召集干部开会，布置如何进行大屠杀的罪恶活动。罗浚看见形势不对头，即出面与敌人交涉，希望敌方军官尊重国际公法，保护俘虏生命。一名骑兵中校骄横傲慢，根本不理不睬。在他们大屠杀的罪恶部署完成之后，一声令下，四面机关枪口都对准俘虏队休息地点，猛烈射击。罗浚营长看见敌人比野兽还残暴，急得蹦起来，高呼：“冲出去！”“与敌拼啰！”几百名我军官兵，一哄而起，翻过大堤，夺取敌人的武器一面冲杀，一面挥舞拳头与敌军拼命，打得北岸敌人一时混乱，不知所措。但未被冲击部分的敌人，仍然不断猛射，一部分日兵翻身上马包围拢来，我军官兵仍然奋不顾身与敌死拼，打到黄昏前后，罗浚营长才率领虎口余生的十多名战士，钻在茂密的小麦田中，一面痛恨万恶的日军疯狂屠杀我几百名手无寸铁的新兵，一面又沉痛悼念无故被敌屠杀的战友。他们十几人英勇奋斗，眼看敌骑在麦田四处搜索，整队向黄口方向窜走。然后，他们慢慢绕到梁寨以西第三个村庄，把这些日兵屠杀我军俘虏的惨案告诉村中的同胞。我父老民众一致愤恨日本侵略军的滔天罪行，并且表示要跟敌人战斗到底，决不向敌人屈服。该村民众，迅速募集一部分便衣，叫罗浚等人化装成老百姓，并招待他们吃了一顿好饭好菜，休息一夜，次日设法送他们偷越砀山、黄口之间的铁道向夏邑方向前去。罗浚等十多人脱险以后，分为三人一组的几个组，约好每天住宿地点，分散在田野上的小道行进，以防再遇敌人突然袭击，被敌人一网打尽。他们徒步走了三四日，通过徐州、永城、商丘公路之后，脱离了危险区域，再大胆地集合起来在路上行走。沿途依靠爱国的人民群众，给吃给住。他们这十多人中，又有好几个人受了不同的轻伤，营长罗浚左手指被敌人砍断两个，边走边休息，走得很慢，到了 5 月底，才慢慢地到河南潢川，获得医疗和招待。以后逐步转到信阳、襄阳整训补充，全军官兵对罗浚营长等十多人以及同他们在唐寨附近同日军浴血奋战的几百名手无寸铁的战士，都表示无限钦佩！

第四十一军突围中的对空战斗

5 月 19 日，各部队奉命做好一切退却准备工作。第四十一军前敌指挥部指导炮兵部队集中射击敌人炮兵阵地和交通要点，并毁韩庄铁桥附近敌之核心阵地；指导工兵部队做好主要道路、桥梁的破坏准备工作；指导前线步兵部队一面作出佯攻样子，眩惑敌人，一面积极做好撤退准备；指导派往运河北岸敌人后方的侦察部队和侦察人员，既要准备撤退，跟上主力部队，又要不过早暴露我军企图。特别是兵站用火车送到利国驿以南的弹药，补充各部队以后，还剩下 20 万发子弹，除分别发给防区附近各地方抗日武装一部分外，不得已只好命令林肇戊团长派兵埋藏在附近山区耕作地的水沟、洼坑中。

在这一天的繁忙活动中，敌人炮兵也不断向我炮兵阵地射击，引起了激烈的炮战。同时对我交通要点的封锁射击也不放松。我军人员、马匹的伤亡、损失，也比平常较重。因此还要处理伤员，埋葬烈士，调整军用马匹等工作，就显得格外忙碌。

不知不觉的，很快到了夜幕初垂，开始全面撤退的时间——20 点来到了。第四十一军各部队除派第一二四师第七三〇团，在南韩庄津浦路正面，掩护全军撤离第一线，尔后改为军的后卫外，其余各部队陆续撤下火线，按顺序在总部直属部队后面，迅速沿着柳泉、贾汪、黄集、杨庄的道路前进。第四十五军各部队也迅速从微山湖南岸撤下，沿着张家庄、贾汪以西之孙村，越过陇海路东段之大庙集、张旗杆、杨庄的道路前进，并派第七四六团为右侧卫，掩护集团军之右侧背。

第四十一军各部队在敌前安全撤退之后走了一个整夜，5 月 20 日拂晓，到达陇海路上的黄集车站附近，早餐后稍事休息，又继续南进。为了防御空中敌人的袭击，又命令各部队把现有的轻、重机关枪，组织成防空部队，在队列中行进，随时准备打击敢来空袭的日本侵略军。

军行不远，开始发现徐州城市上空徐徐升起了几个观测气球，始知徐州市已为敌人所控制，这些气球专供敌人监视我军各方的行动，以便指导其空中和地面部队，对我采取种种阻碍活动。同时还远远听见徐州市附近炮声隆隆，烟火四起，判断为敌人炮轰所引起的火灾。想我商震、张自忠两军官兵，正在浴血苦战，徐州广大人民已陷入或将陷入敌人铁蹄践踏之下，心中非常难过。

转进部队不久翻过兔山，穿过林头村，进入黄河故道。沙滩难走，行军速度突然减慢，各部队除在黄河故道两岸及兔山、林头等地布置防空监视哨和对空射击部队，掩护我军通过障碍外，还组织一些步兵部队协助炮兵部队推炮车、弹药、辎重等车辆，加快行军速度。8 时左右，忽然发现敌机 9 架，飞临我军上空，黄河故道两岸部队，完全进入掩蔽，未被敌人发现。只有正在黄河故道中涉沙而行的炮兵部队，在大片沙漠中没有什么掩蔽，敌机即对准这些目标，滥肆轰炸并低空扫射。我军对空射击部队万弹齐发，当即打落敌机一架，吓得其他敌机也不敢放肆俯冲轰炸和低空扫射了。不过，敌机发现我军这些目标之后，不断地分批飞来袭击，3 架、6 架、9 架，一队又一队地轮番飞来，我军怀着对敌人的无比愤怒，各种火炮与轻、重机关枪，都一起对准这些空中强盗发射，即连陷在黄河故道沙漠中的各炮兵，也抱着与其白白遭受敌机轰炸，不如与敌机搏斗，拼个你死我活的决心。这样一来，我军的防空威力大大增强了，迫使敌机更不得不在很远、很高的高空即开始投弹。于是，炸弹多半落到我军行进路外较远的沙滩上和麦田中爆炸。我军各部队冒着敌人空袭危险，迅速通过了这段黄河故道。然后进入南岸村庄中，休息、整顿、救护伤员，调整炮兵马匹，扔去一部分没有挽曳力量的空弹药车，继续向杨庄前进。

正在这时，我后续部队第七三九团第二营又进入黄河故道。敌机十八架又分两个编队，飞掠而来。我两个步兵团之对空射击部队轻、重机关同时指向敌机猛射，又击落敌机 2 架，击伤多架，我军步兵部队也略有伤亡，敌机慌慌忙忙把炸弹扔下，即向南飞去。然后，远远望见徐州上空之敌气球，逐次降落，估计敌机空袭，可能有一个短暂的间隙，于是，我军各部队乘机迅速向杨庄急进。12 时左右，全部到达杨庄附近各村庄，准备下一步越过津浦南线的种种工作。

滕县保卫战

张宣武*

抗日战争初期的滕县战役，是台儿庄会战的前奏和组成部分。在这次战役中，我任第一二二师（师长王铭章）第三六四旅第七二七团团长、滕县城防司令，负城防之责。现将这次战役的战斗经过，追记如下：

一、敌我双方的作战兵力

进犯滕县之敌，为日军第十师团、第一〇六师团、第一〇八师团之一部，携有大炮70多门，战车四五十辆，并有配合作战的飞机四五十架，装甲火车两列，共约三四万人，统由第十师团师团长矶谷廉介指挥。

我军参战部队，为第二十二集团军。总司令初为邓锡侯，继为孙震，指挥两个军：第四十一军（军长孙震兼），辖第一二二师（师长王铭章）、第一二四师（师长孙震兼，副师长税梯青代）；第四十五军（军长邓锡侯兼），辖第一二五师（师长陈鼎勋因病在郑州休养，由副师长王士俊代）、第一二七师（师长陈离）。

---

* 作者时任第四十一军第一二二师第三六四旅第七二七团团长、滕县城防司令。

第二十二集团军在出川前分驻成都西北地区。所辖两个军均系“乙种军”编制，即每军两个师，每师只有两个步兵旅，每旅两个步兵团，其他任何特种兵都没有。整个集团军不过 4 万多人，武器窳败，装备陈旧。主要武器为四川土造的七九步枪、大刀、手榴弹和为数很少的四川土造轻重机枪、迫击炮。重兵器如山炮、野炮，特种兵器如高射机枪和战车防御炮等，则完全没有。至于交通、通信、补给、卫生等各种装备器材，亦均阙如。

第二十二集团军在出川抗战之前，曾经要求蒋介石换发武器装备，蒋复电：“前方紧急，时机迫切，可先出发，途经西安，准予换发。”该集团军遂于 1937 年 9 月 5 日开始徒步出川北上。10 月上旬，先头部队刚抵西安，又严令着速东进，过潼关，渡黄河，到太原加入第二战区战斗序列。部队没有得到任何武器装备的补充，且于 10 月下旬至 12 月上旬在晋东南一带与敌周旋了 40 多天，损失惨重，伤亡过半，两个军四个师没有一个完整的建制。我军为了继续作战，乃于 12 月初在离石、赵城一带进行整编，将每旅原有的两个团合编为一个战斗团。至此，每个军名为两个师，而实际只有一个师、两个旅，全集团军实际只有 8 个团，总兵力不过 2 万余人。

此时，山东韩复榘不战而退，济南、泰安、兖州相继弃守，津浦路北段危急。第二十二集团军奉大本营电令于 12 月底由第二战区晋东南战场调到陇海东段的商丘、砀山、单县、徐州一带，归第五战区指挥。1938 年 1 月 11 日韩复榘在开封被捕，翌日，第二十二集团军奉李宗仁命令，开赴滕县南北地区填防，阻止日军南下。

二、战役开始前敌我两军的态势

1937 年 12 月下旬至 1938 年元月 5 日，日军占领了济南、泰安、兖州、邹县。之后，即以邹县为据点，以两下店为前进阵地，暂时与界河东西一线的我军保持对峙状态。在邹县、两下店一带的敌军，为第一〇六师团的一部约 800 余人，由福荣少佐指挥。2 月下旬，敌第一〇六师团的一个旅团增援到邹县。3 月初，敌第十师团经济南、兖州也到邹县。

我第二十二集团军于 1938 年 1 月上旬由陇海线经徐州沿津浦路北调，以第四十五军为第一线部队，由第一二七师师长陈离指挥；第四十一军为第二线部队，集团军总司令部设临城（即今薛城），第四十五军以滕县为据点，在界河东西香城、九山、王福庄、张庄、后圪、金山之线占领阵地，构筑工事，阻击敌人进犯，与敌保持接触。第一二七师师部驻滕县，以一部支援第一线阵地之第一二五师，一部游击于兖州、邹县、曲阜之间。第四十一军第一二四师的第三七二旅（旅长曾苏元，只有一个战斗团，团长刘公台）进驻滕县，负城防之责；第一二四师的三七〇旅（旅长吕康，只有一个战斗团，团长王麟）进驻滕县西北的深井，掩护第四十五军第一线阵地的左侧背，并相机游击于石墙、济宁之间，师部位于利国驿。第一二二师为集团军总预备队，其第三六四旅（旅长王志远，只有一个团，团长张宣武）位置于台儿庄亘顿庄闸一线；第三六六旅（旅长童澄，只有一个团，团长王文振）配置于顿庄闸（不含）亘韩庄一线；师部位置于台儿庄与韩庄之间的万年闸。从 1 月中旬以后的 40 多天中，第一二二师在台儿庄亘韩庄这段运河，构筑了半永久性的防御工事。

1938 年 1 月末，川康绥靖主任刘湘病逝，邓锡侯奉调回川继任。所遗第二十二集团军总司令一职，由副总司令孙震升任；邓所兼第四十五军军长一职由第一二五师师长陈鼎勋升任；陈遗师长职，由本师副师长王士俊升补。陈离升任副军长，仍兼第一二七师师长。

3 月上旬，敌在邹县、兖州大量增兵。从 3 月 4 日起，敌即不时派出小队、中队的搜索部队向我第四十五军第一二五师的第一线阵地施行威力侦察，敌机亦在频繁出动，进行空中侦察。我军侦得敌人行将大举进犯。为了阻击敌人的南进，决心固守滕县，乃于 3 月 10 日前后重新调整部署，加强守备。将在台儿庄亘韩庄一线的集团军总预备队第一二二师师部和第三六四旅旅部移驻滕县。同时，第一二四师师部亦由利国驿进驻滕县城内。孙震仍任命第一二二师师长王铭章为第四十一军前方总指挥，以统一指挥第一二二、一二四两个师，王铭章令张宣武团由滕县以南之南沙河进驻滕县以北15里的北沙河；部署第二道防线；王文振团由韩庄进驻滕县东北的平邑、城前，以掩护第四十五军第一线阵地的左侧背，并防止临沂方面之敌的侧击。

三、滕县外围战

3月14日拂晓，敌步、骑兵1万余，大炮20多门，坦克20多辆、飞机二三十架，向我第一二五、一二七师第一线阵地展开全线攻击。我军凭借既设阵地，奋勇迎战，激战竟日，除我下看埠、白山、黄山等前进阵地被敌占领外，我界河东西一线的正面主阵地屹然未动。

在临城的孙震总司令，得到敌人大举进攻的消息后，立即乘火车到滕县了解情况，旋即亲临前线视察。随后孙又在北沙河召集附近的一些部队长和幕僚长指示作战方略，并下令：人人要抱有敌无我，有我无敌的决心，与敌死拼，士气为之大振。适在此时，敌轰炸机6架飞临北沙河上空，反复投弹、扫射，正在构筑第二道防线的第七二七团，竟伤亡六七十人。

15日，敌鉴于从我界河正面阵地进攻未能得手，除以主力继续猛攻外，另以3000余人向我第一线阵地的右后方龙山、普阳山迂回包围。但龙山、普阳山早已有我第一二七师的有力部队设防据守，敌猛攻竟日，亦未得手。

同日，另一股步、骑、炮联合之敌3000余人，由济宁东南的石墙出动，向我深井的第一二四师第三七〇旅进攻。该旅兵力单薄，布防不久，工事简陋，苦力支撑，死伤惨重。在滕县的王铭章总指挥为了巩固第四十五军第一线的正面阵地，防止敌人向我右后方迂回包围，乃急调在滕县担任城防的第一二四师第三七二旅驰赴深井以南的池头集支援第三七〇旅。经过激烈战斗，第三七〇旅始得在深井稳住。

15日中午，王铭章为了防止敌人钻隙渗入滕县左侧，命令在北沙河的第七二七团抽出一个营的兵力，到滕县西北十七八里的洪町和城西南30多里的高庙布防，拒阻敌军。

四、守城的部署

15 日下午，当面之敌愈增愈多，但我界河正面阵地仍未被突破，龙山、普阳山亦仍在我手。于是敌人复以 1 万余人的兵力由龙山以东延翼向滕县方向右旋迂回。下午 5 时许，其先头部队已分别到达滕县城东北 10 多里的冯河、龙阳店一带。十分明显，敌之企图是在撇开我正面阵地而直攻我战略要点的滕县城，迫使我正面阵地不战自弃。

此时，滕县城关有我第一二二、一二四、一二七师的 3 个师部和第三六四旅旅部，每个师部和旅部只有一个特务（警卫）连、一个通信连和一个卫生队，此外没有任何战斗部队，城防处于十分危急状态。当时，我军绝大部分都在前线被敌吸引，与敌胶着，只有在平邑、城前的第一二二师第二六六旅尚未与敌接触。王铭章乃以十万火急的电报命令该旅迅速回援滕城。但该旅远在 100 里之外，一则缓不济急，再则，途中也难保不被敌人阻挡。王铭章向临城集团军总司令部请求援兵。据云，蒋介石已命汤恩伯的第二十军团全部（3 个军约 10 万人）北来应援。其先头部队王仲廉军已于 15 日正午到达临城，但该军必俟其军团司令部到达后始能北上，因而不能指望他来救燃眉之急。

第二十二集团军总司令部在临城唯一的一支战斗部队，是第四十一军直属的特务营，这个营的编制是 3 个步兵连和 1 个手枪连。孙震为了支援滕县的守城，只留下一个手枪连担任总司令部的警卫，令营长刘止戎率 3 个步兵连星夜乘火车开赴滕县。但这也缓不济急，滕城已是危急万分。下午 5 时 30 分，王铭章在电话上直接向我下达如下命令：“（一）师决心固守滕县城；（二）第七二七团除在洪町、高庙的一个营仍在原地执行原任务外，另以一个营留置北沙河第二线阵地暂归第一二七师指挥，该团长即率领其余部队立即由现地出发，跑步开回滕县布置城防。”

当我从北沙河撤走时，王铭章又命我将北沙河上的铁路大桥予以炸毁破坏。

两小时后，时已黄昏，当我到达滕县北门时，王铭章已十分焦急地在城门外迎候着。他把各方面的情况向我扼要地述说一遍，命我立即着手布置城防。这时，配置在城前镇的第三六六旅第七三一团第一营（营长严翊）也奉调回到滕县东关。王铭章又告诉我："刘止戎营已由临城乘火车出发，再过一两个小时也可到达。所有这些部队，归你统一指挥，由你担任城防司令，统一部署守城事宜。"

滕县东关有一道土筑圩寨，相当完整坚固，可以利用作为据点阵地。敌人由东面来，我判断敌人攻滕县一定先攻东关。因此，我就命令严翊营担任东关守备任务，利用寨墙连夜构筑防御工事，并在东关附近各村庄派出警戒部队。严翊这个营，原为 3 个步兵连和 1 个机枪连，但机枪连因临时拨归团部直接指挥，尚未来到，故严翊以两个步兵连配置在东关圩寨阵地上，以 1 个连作为营预备队，夜 10 时左右布置就绪，部队彻夜构筑工事。

我率领的第七二七团辖 3 个营，此时第一营位置于滕县西北的洪町、高庙，该营第一连有轻机枪 2 挺；此时第二营留在北沙河，暂归第一二七师指挥，该营第八连有重机枪 4 挺；我带回城的是第三营，这个营是 4 个步兵连，没有重机枪或轻机枪。此外，团有 1 个直属迫击炮连，有 4 门土造八二迫击炮；有 1 个通信排，只有 4 部破旧电话机；有 1 个担架排，只有 20 副竹子担架。我以两个连担负城东、北面的城防，以一个连为营预备队，以另一连作为团预备队，归我直接掌握。

夜 10 时顷，刘止戎营由临城开滕县，我命令他们一下火车就直接开到城墙上布防；该营以两个连担任南、西两面城防；以一个连为营预备队。

担任城防的部队，都彻夜构筑工事，作为预备队的部队，则彻夜搬运弹药、粮秣。这天夜里从临城运来一火车粮和弹，特别是手榴弹很充足，它成为守城战中最得力的武器，东关和城上的守兵每人屁股底下都有一箱手榴弹（每箱 50 颗）。

我的团指挥所设在东门内路北的一家山货铺内，连夜和这三个营部架通了电话，师、旅部也都向我的团指挥所架通了电话。第三六四旅旅部驻在西门里路南的盐店内。第一二二师师部驻在西关电灯厂内。第一二四、一二七两个师部同驻在城内北街张镜湖的宅第内。

截至15日深夜，滕县城关的战斗部队，共为1个团部、3个营部、10个步兵连和1个迫击炮连，另有师、旅部的4个特务连，还有临时来城领运粮弹的第一二四师第三七二旅第七四三团的1个步兵连，共约2500人。此外，滕县县长周同所属的武装警察和保安团有五六百人。合计城中有武装力量3000人，但真正的战斗部队尚不满2000人。

五、决心与城共存亡

16日黎明，敌1万余人继续向我第四十五军正面界河阵地和龙山、普阳山阵地猛烈进攻。上午7时50分，滕县东关外附近各村庄先后听见机枪、步枪声，冯河、龙阳店方面之敌已开始向我守备东关的警戒部队进攻。8时许，敌炮兵约1营（山炮12门）在东沙河附近高地放列、试射之后，接着即以排子炮的密集火力向我滕县东关、城内和西关火车站猛轰起来。同时，12架飞机飞临城上空，疯狂地轰炸、扫射。

敌人进犯界河阵地两天来，城内外人心尚安定。此刻忽然炮弹、炸弹如狂风骤雨般从天而降，市民顿时慌乱起来，男女老幼纷纷出城向西逃去。半小时后，除了守兵之外，简直成了一座空城。

驻在西关电灯厂的王铭章师长，听到枪炮声后，先在电话上向我询问情况，随后他就进城到第一二四师师部，同陈离师长、税梯青代师长、王志远旅长和我会面。他先问我城防部署、工事构筑、弹药补充等情况，接着又问："张团长！守城有没有把握？"我说："守多久？"王说："两三天。"我说："城内现有兵力和敌情你都清楚，你看可以守多久？"王说："守一天多有没有把握？"我说："担任城防的10个步兵连，有6个连都不是我所属的建制部队，严、刘两营的战斗力如何，我无法估计，因而我不敢保证能守一天多。"王说："我们的援兵最快也得夜里才能来到，如我们不能守一天以上，那就不如在城外机动作战。"他说完，就问在场的几位师、旅长："你们大家意见如何？"几位师、旅长和几个师参谋长都同意在城外机动作战。于是王铭章师长立即打电话向临城的集团军总司令孙震报告情况，并提出到城外机动作战的意见。孙回答说："委员长来电要我们死守滕县，等待汤恩伯军团前来解围。汤部的先头部队昨日已到临城，其后续部队亦正在陆续赶到，我当催促王仲廉军赶紧北上，你应确保滕县以待援军。你的指挥部应立即移到城内，以便亲自指挥守城事宜。如兵力不够，可把城外所有的第四十一军部队通通调进城内，固守待援！"

此时，王铭章才下了最后决心，首先对我说："张团长！你立即传谕昭告城内全体官兵：我们决定死守滕城，我和大家一道，城存与存，城亡与亡。立即把南、北两城门屯闭堵死，东、西城门暂留交通道路，也随时准备封闭。可在四门张贴布告，晓谕全体官兵，没有本师长的手令，任何人不准出城，违者就地正法！"同时又命令他的师部副官长罗甲辛把师指挥所和师直属各部队全部搬进城内。

此时，第四十五军第一二七师师长陈离因所属部队都在龙山、普阳山作战，而计划中也没有调他的部队进城固守。因此，陈师长向孙震请示后，同他的指挥所一起出城去指挥他的部队作战去了。在他离城只有三四里路时，就遭到敌装甲车的袭击，右腿负了重伤。

六、东关保卫战

占领东沙河的敌炮兵，16 日上午 8 时开始攻击，足足打了 2 个小时，东关、城内和西关火车站共落炮弹 3000 余发。上午 10 时许，敌炮忽然停止射击，敌机亦同时逸去，东郊各村庄的我军警戒部队亦已撤到东关，因而枪声亦已停止，一时空气异常沉寂。过了半小时，敌炮突然集中一点向我东关南半部寨墙的突出部猛烈轰击，不到一刻钟，那段寨墙被炸开了一二米宽的缺口。此时，敌人集中了轻、重机枪数十挺，对准缺口猛烈射击，掩护其步兵攻击前进。当敌炮猛轰寨墙时，我寨上守兵猝不及防，略有伤亡，随即避开炮轰目标，伏伺缺口两侧，严阵以待。当敌停止射击时，我伏伺缺口两侧的士兵迅速堵住缺口，弥漫的烟尘刚一消失，敌步兵五六十人迫进我阵地，跳进缺口外的寨壕沟内。我守军第七三一团第一连连长（忘其姓名）亲临缺口指挥，他集中了六七十人的兵力，每人握四五枚手榴弹，当敌人全部下到寨壕时，连长一声令下，二三百枚手榴弹同时投向敌群，使敌遗尸 50 来具，逃生者不满 10 人。

敌发觉攻击没有奏功，立即以更猛烈的火力向着那缺口轰击、扫射。我守兵仍同上次一样，避开目标，躲伺两侧。敌人第二次进攻仍是步兵一排，约五六十人，头戴钢盔，两手端着上着刺刀的步枪，从寨壕内向缺口冲锋。我守兵仍和上次一样，在敌人将要爬上缺口的一刹那，几百枚手榴弹像雨点似的向敌人丛中扔去，结果，敌人又遗下了尸体 40 多具，敌人第 3 次冲锋，结果又死亡三四十人，以失败告终。此时，我东关右翼守军第七三一团第一连已伤亡近 100 人。营长严翊将该连残部抽下，以营预备队的第三连接替守备任务。我亦将团预备队第七二七团第十二连由东城门内调赴东关，作为严营新的预备队。

战地沉寂约 2 个小时。我们趁机调动了兵力，调整了部署，修补了被摧毁的阵地工事，并将东关和城内几家盐店、粮行内堆放的一两千包食盐和粮食，搬来填补被敌人炮火轰开的缺口和加强寨墙工事，并补充了弹药。官兵擦了擦血汗，喝了点水，吃了点干粮。我在这时也亲临第一线巡视，对守备官兵加以慰问和鼓励。

下午 2 时许，敌人再次进攻，乃转向我东关的东北角，猛烈攻击。我守军第七三一团第二连，在严营长的指挥下，也和第一连的打法一样击退敌人。敌人连续 5 次攻城，每次都以遗下三五十具尸首而告结束。

在战斗过程中，我军伤亡也很大。王、税两师长命令第一二四师第三七二旅来城领运弹药的第七四三团第十一连（连长吴赞诚）归我指挥。王铭章师长将他的师部特务连（连长何经纬）除留一个排作为警卫外均交给我指挥。我即将吴赞诚连作为严营的预备队，以何经纬连作为团预备队。

下午 5 时许，敌人又发动了第 6 次攻势。敌炮有所增加，机枪火力也比以前猛烈；飞机每批约在 10 架以上。敌人转移了攻击目标，是从东关的正面城门下手，还以一部分炮火向东关、城内和西关、火车站等处施以纵深射击。敌人的步兵改用 1 次 3 个排，每排相距约 100 米，前后重叠形成梯形攻击法，最前的一个排，向东关门冲锋时，仍被我们的手榴弹消灭得所剩无几。可是，敌人猛烈的火力，把我东关门及其两侧附近的守兵也几乎消灭殆尽。严营长急将吴赞诚连填补上去，立足未稳，敌人的第二梯队又冲击上来，于是展开了一幕惨烈的肉搏战。结果，敌一个排全被消灭，而我吴连亦只剩下一二十名士兵，全连官长和 100 多名士兵都壮烈牺牲。值此危急之际，我令团预备队何经纬连（欠一个排）从东城门内奔赴东关补充，受严营长指挥。但敌之第三个梯队已经冲上来，何连已缓不济急，严营长急将守备东关南、北两头的部队都调到附近堵击敌人，但敌人仍突入关内 40 余人。此时，业已入暮，敌人并未增派后续部队，只有这 40 多个敌兵，也无力扩大战果，于是双方相距几十步形成对峙局面。何连到达东关后，严营长立即命令驱逐这些日军，结果，何连伤亡三分之二，而敌人还有二三十个未被消灭。这时，天已黑透，我决心抽调守备城垣东、北面的第七二七团第三营的预备队第十一连（连长张进如）驰赴东关，归严营长指挥，还亲自对该连全体官兵作了简单的讲话，以鼓励他们的斗志，并对连长张进如说："如果不能把这几十个敌人消灭，你就不要回来见我！"该连士气极旺，锐不可当，猛扑之下，一举成功。虽然该连阵亡了 2 个排长，死伤了 70 多名士兵，但终于把这股敌人全部消灭干净，东关城门也终于失而复得。苦战竟日的严翊营长，也在最后督战中，大腿中弹负伤。

晚 8 时以后，停止了战斗，枪炮声歇，双方处于休憩状态，只是敌方的照明弹不时划破夜空，把城关内外照得如同白昼。

16 日这一天，滕县东关、城内和西关火车站共落炮弹约 1 万发。从东城门内我的团部至东关严营长的营部不到一里路的一段电话线，就被炸断 25 次之多。敌人的飞机自上午 8 时直到黄昏，不断地在城关上空盘旋，最多的一批有 18 架。其实敌机的轰炸、扫射给予我军的伤亡，并不比机枪大炮更多，但它给予我军精神上的威胁，却远在机枪、大炮之上。

16 日上午，在敌进攻东关的同时，我城北 45 里当面之敌，愈益加强攻势向我龙山、普阳山一带阵地进犯。我第四十五军 3 天以来，浴血奋战，伤亡过半，同时与滕县的交通、通讯全被截断，指挥发生混乱，因此，在正午前后，第四十五军正面阵地，逐步被敌突破。

石墙方面之敌，于16日早继续向我深井、池头集的吕、曾两旅猛烈进攻，经过竟日的战斗，吕、曾两旅逐次退守大坞、小坞一带。

七、调整部署，死守孤城

16日激战一整天，晚9时许，王铭章师长约我到他的指挥所详询战况。我一踏进他的房门，他就握着我的手说：“张团长，你太辛苦了。想不到我们只这一点点子人竟能撑持一整天，你真有办法！”我说：“这主要是士兵的勇敢和严营长的出力。”王说：“严营长是勇敢善战，你是指挥有方，明天我将直接打电报给委员长为你们两位请奖。”接着他又说：“能把今天撑持过去就不要紧了，我们在城外的部队马上都要调到城里来，他们正在行动中，大约一两个钟头之后即可来到。”王师长这时很乐观。我问：“调进城来的有哪些部队？”王说：“吕、曾两旅的两个团和你那个团的两个营都有把握来到，只是童旅在路上可能要麻烦。今天我们不足一个团就能撑持一天，明天我们增加两三个团，还怕什么？如果再把明天撑持过去，汤军团的援军就可来解围了。”

当晚，吕、曾两旅先后从大坞、小坞一带脱离敌人，夜10时至12时先后来到滕县。在洪町、高庙和北沙河一带我所属的第七二七团第一、二两营亦于此时来到城内。唯有在平邑的童旅（欠严营）途经城前时被敌阻挡，被迫绕道向临城方向退去。

当夜重新调整部署如下：（一）以第一二四师第三七〇旅的第七四〇团（欠一个营）接替东关第一二二师第三六六旅第七三一团第一营的防务。（二）以第一二二师第三六四旅第七二七团仍附第七三一团第一营担任东南城角（含）亘西北城角（不含）的东、北两面城防，并以一部守卫北关。（三）以第一二四师第三七〇旅第七四〇团之一营（营长蔡钲）及第四十一军特务营（欠一个连）担任西北城角（含）亘东南城角（不含）的西、南两面城防，由第三七〇旅旅长吕康指挥。（四）以第一二四师第三七二旅第七四三团为总预备队，并以一部守卫南关、西关及火车站。

城内储备的粮弹相当充足，当夜各部队都得到了充分的补充，部署调整后，各部队不顾疲劳地拼命抢修工事，挖防空洞，还绑捆云梯。这是因为滕县城墙高而且陡，城内上城的道路只是每座城门的旁边有一条，当敌机投弹、扫射和炮火轰炸时，我守城部队为避免和减少伤亡，城上只留少数瞭望哨，其余都在城墙脚下的防空洞内隐蔽和休息，待敌人冲锋爬城时，再迅速登城抵抗。若只靠城门旁边那一条道路，则容易误事。因此，规定守城部队每一个班至少都要有一架云梯，以备迅速登城之用，并打开手榴弹的箱子，揭开了手榴弹的盖子。全体官兵一直忙到 17 日天亮没有休息片刻。

八、最后的激战

出乎敌人意料，在界河、龙山、普阳山一带，在滕县城关等处，敌人碰了硬钉子，伤亡惨重，猛攻竟日而不能下。于是矶谷廉介在 16 日夜间，调集了第十师团和一〇六师团的一个旅团，共 3 万多人的兵力，大炮 70 多门，战车四五十辆，向滕县城关东、南、北三面猛攻。

17 日上午 6 时许，敌人以五六十门山炮、野炮密集攻击，敌机 20 余架临空投弹、扫射，炮弹、炸弹如倾盆大雨，整个滕县城除北关一隅因系美国教堂所在地外，一时硝烟弥漫，墙倒房塌，破坏之惨，实属罕见。当敌开始射击时，我适在西门内第二六四旅旅部研究守城问题，在我乘炮轰间隙返回东门内团部的时候，竟找不到东、西大街的街道了，满街都被倒塌的建筑物堆成了一个个小山丘，石板路被炸成一个个深坑，全城一片火海，遍地都成焦土。此时，我才领会到“焦土抗战”的含义。

2 个多小时的轰击后，敌步兵开始向我东关进攻。敌用前日办法轰开缺口，并以 10 来辆坦克掩护步兵冲锋，同时以炮火分向东关全线和城内施行遮断射击，以牵制我守军的临时调动和我军后线的增援；敌机更是如乌鸦似的满天飞，疯狂地进行低空扫射。防守东关的第一二四师第七四〇团（欠一营）顽强抵抗，反复肉搏，虽然死伤惨重，而敌人也是遗尸累累，激战至正午 12 时，我东关阵地依然固守无恙。

在敌进攻东关的同时，敌另一部向我东南城角攻击，先以强烈的炮火猛轰城墙。约一二十分钟，即轰开一个缺口，接着就是七八辆坦克车掩护步兵 100 余人冲锋。这里的守兵，是我团第二连。该连以手榴弹炸毁敌坦克两辆，炸毙敌步兵五六十名。但由于该连死伤殆尽，无力阻击，终于被敌冲上城角四五十人。第七二七团第一营营长王承裕立即命令营预备队第一连反攻突入之敌。该连在其仅有的两挺轻机枪火力掩护下向敌猛扑，一阵手榴弹投掷之后，接着就抡起大刀猛砍。一场白刃交手战后，突入之敌被我全歼无遗，而我军这一连 150 人，只剩下 14 名士兵，连长张荃馨、副连长贺吉仓以下，全部为国捐躯了。这是正午 12 时左右的事情。

自上午 8 时起，敌以飞机、大炮、坦克和步兵向我东关寨垣和东南城角猛攻；敌兵屡次深入，屡被我军歼灭击退，战至正午 12 时稍过，敌因攻势顿挫，于是中止进攻，整顿态势，准备新的攻势。我军亦趁此间歇时间，调整防御部署，以迎接更激烈的战斗。

下午 2 时，敌突以 15 生的榴弹重炮 12 门猛轰我南城墙的正面，同时敌机二三十架集中轰炸南关。我守备南关的第一二四师第三七二旅第七四三团的两个连，因昨天深夜始由大坞转移至此，只有简单的掩蔽工事，而无坚固的防空设施，以致在很短的时间内被炸死炸伤达半数以上，剩余部队在南关无法存身，被迫转移到西关车站附近。南城墙被重炮轰炸一个多小时，城墙被毁倒塌，几乎夷为平地，处处可以攀登。防守南城的第一二四师的第三七〇旅第七四〇团的蔡钲营，突遭重炮猛烈轰击，城墙上的守兵血肉与砖石交织在一起。敌步兵约五六百，在 10 余辆坦克的掩护下猛扑南城，第一二四师第三七〇旅旅长吕康、副旅长汪朝廉亲临城墙根指挥督战，但死伤殆尽，下午 3 时 30 分左右，敌人占领了南城墙。吕康旅长和汪朝廉副旅长皆负重伤。

在敌军攻占南城的同时，东面敌军对我东关再次发起更猛烈的攻击，寨墙被敌炮炸得犹如锯齿，到处都是壑壑牙牙，阵地工事全部摧毁。东关守军无所凭借，以致死伤愈来愈多；同时弹药（特别是手榴弹）已告罄，因而在南城墙被敌占领之后不久，东面之敌步兵约五六百在 10 余辆坦克车的掩护下，突入东关。守备东关的第一二四师第七四〇团团长王麟，在激烈的炮火中，奋不顾身地亲临前线督战，竟被敌炮击中头部，尚未抬出西门，即因伤重致死。该团政训员胡清溪亦同时中弹阵亡。

敌占领南城墙和突破东关之后，王铭章师长亲临城中心的十字街口指挥督战。

这时，南城墙上之敌，以炽盛的机枪火力掩护步兵从西南城角向我西城墙上的守兵压迫。同时，敌炮兵又集中火力猛轰西城门楼，我西城墙南半部的守兵死伤太大，以致西门和西门以南的城垣在下午 5 时落于敌手。

敌攻入南城、西城后，即集中火力向城中心十字街口射击。王铭章师长和他的幕僚、随从无法在市街内存身，乃从西北角登上城墙，继续与敌周旋。王命令身边仅有一个排的师部特务连从西北城角向西城门楼之敌猛扑，但这个排尚未接近西城门楼，即被敌之机枪全部打倒。西城门楼之敌继续向北压迫，王师长此时没有还手之力，在这万分危急的情况下，王师长迫不得已缒城出去，准备到火车站指挥第一二四师第三七二旅继续与敌搏斗。但当他出城之后，即被西城门楼之敌发现，一阵密集的机枪，王师长和他的参谋长赵渭宾、副官长罗甲辛、少校参谋谢大壎、第一二四师师参谋长邹慕陶以及随从 10 余人，同时为国捐躯。只有王师长的卫士李少昆等 2 人幸免于死。

突入东关之敌，付出重大代价后，随即猛攻我东城门；同时占领南城墙东半部之敌，以猛烈的冲锋，夺占了东南城角，并继续向北逼近。我东城墙上南半部的守兵，被迫退守东城门楼。东城门及其附近，我配置了一个整营（第七二七团第二营，营长吴忠敏）的兵力。当东关之敌和东南城墙上之敌向我东门猛攻的时候，我和第三六四旅王志远旅长都在东门附近督战、指挥。敌人除以大炮猛轰东城门楼，并以平射炮的破甲弹猛轰东城门洞，城楼中弹起火，上面守兵无法存身，城门亦被摧破敞开，在密集的机枪火力掩护下，敌步兵约三四十人突进了东门。但我们以 4 挺重机枪的火力和数以百计的手榴弹，犹如暴雨似的向突入东门之敌扫射、投掷，三四十个敌人全被消灭。此后，敌人以波浪式的攻击接连不断地进攻，终以敌兵源源而来，而我军则弹尽援绝，无力反击，黄昏时东门亦落入敌手。我军残部逐次退守东北城角和北面城墙。这时，我的右腿和双脚中弹负伤，王志远旅长的左臂也中敌一枪。自此以后，城内陷于无人指挥、人自为战的混战状态。

入夜之前，敌人占据了东、南、西三面城墙，而东北、西北两个城角和北面城墙仍在我军手中。在北城墙上的守军，是第一二二师第七二七团的第三营（其中有两个连已在昨天东关的战斗中伤亡殆尽）和其他零星部队，仍在顽强抵抗，与东、西两面城墙之敌对峙着。敌人不惯夜战，入夜之后，未向我北城墙方面压迫。占据城墙的敌人也未敢走下进入市内。

夜 9 时，我北城墙上的守军共二三百人，在副营长侯子平、连长胡绍章等指挥下，扒开了已经闭死的北城门，有组织地逐次掩护突围出城。北面围城之敌，远在北关2里以外，未曾发觉；而东、西城墙之敌，只以火力追击，未敢下城追赶，因而这支二三百人的突围部队，得以安全地撤退到后方。但在城内，人自为战，与我大部队失掉联系的零星小部队，未能突围出城，彻夜枪声未停地与敌对抗，直至 18 日午前。

敌人包围了滕县后，只有一条可与后方（临城、徐州）联系的通路。到后方去的人，出城后向南行。黄昏以前，出城的伤员和突围的部队，在途中又遭到敌人炮兵的火力拦击，被打死、打伤了很多人。有一支突围的部队和伤员共 200 多人，在 17 日的下半夜，走到夏镇附近微山湖东岸的渡口上候船，因疲劳至极，都睡着了。18 日天亮后，突遭敌骑兵和战车的追袭，大都被打死或被逼到湖里淹死。

16、17 日两天以来，滕县城关落下 3 万余发炮弹。第四十一军守城部队自第一二二师师长王铭章以下伤亡 5000 余人，在滕县以北界河、龙山一带作战的第四十五军，自第一二七师师长陈离以下伤亡亦达四五千人。这次战役，共毙敌2000余人。自3月14日早晨开始，至18日中午止，共4天半，计 108 个小时。

九、感谢人民的支援

在滕县战役中，许许多多的重伤官兵，他们是万分艰苦地爬出了战场或者是由战友们背扶下了火线。沿途各村镇的老乡们热情地把他们收容、隐蔽起来，给他们洗血裹伤，烧茶做饭。等到入夜之后敌人停止活动的时候，有车的就套起车来，没车的就用门板或小床捆成临时的担架，老乡们争先恐后地把那些伤员们运到临城或者沛县。我自己就是其中身受其惠的一个。第一二二师第三六四旅旅部少校副官鲁福庆，于 18 日上午在城内巷战时为敌所俘，日军把他和其他被俘的 20 多个官兵一齐拉到城外的沙滩上，用刺刀一一戳死。入暮之后，附近的老乡们前往收尸掩埋时，发现鲁福庆尚有一丝气息，他们悄悄地把他抬到村子里隐藏起来，如同对待自己的子弟一般千方百计地为他治疗。这个九死一生的人，竟然一天天好转起来，两个月后，伤势好转已能行动，老乡们就派青年人把他护送到后方，辗转到了汉口，回到了自己的部队。第一二七师师长陈离负伤后也是多亏当地的老乡们予以掩护，始得脱险回到后方。

临沂作战纪略

顾相贞*

1938 年三四月间，国民党第五十九军张自忠部，国民党第四十军庞炳勋部，在鲁南抗击日本侵略军板垣师团的凶猛进攻，挫败日军企图迅速占领临沂、打通南下路线、同被困在台儿庄的矶谷师团会师的计划，取得了临沂保卫战的重大胜利。这是中国首次以劣势装备的“杂牌军”打败装备精良的日本侵略军——板垣师团的战例。

临沂战役期间，我任第五十九军一八〇师作战参谋，直接参与第一线指挥、作战，对战役情况知之较详，现综述如下。

一、刘家湖战斗

1937 年 8 月，日本华南侵略军占领上海后，沿沪宁线西进。12 月又占领了南京，转而渡江北进，占领蚌埠。华北侵略军以矶谷、板垣两师团为主力，沿津浦、胶济线分两路向前推进。矶谷师团约 5 万人占领泰安、济宁、兖州等地后，向两下店逼近。板垣师团亦沿高（密）徐（州）公路南侵，占

* 作者时任第五十九军一八〇师作战参谋。

领了庞炳勋部第四十军所据守之穆陵关。战斗激烈，庞军伤亡极大，被迫向临沂方向边打边退。时连云港方面之敌则以海军部队佯攻我驻海州之海军陆战队和第五十七军缪澂流部，借以策应南北两股日军向我徐州第五战区合围。

我第五十九军张自忠部于 3 月 3 日奉第五战区司令长官部命令，率全军乘火车抵达滕县城西鲁村、大瓦屋附近集结待命。3 月 8 日奉命分两路向济宁、孙氏店之敌攻击，以策应铁路正面中国作战部队。9 日整备完毕，正待出发，旋接李长官急电，谓第四十军庞炳勋部被围临沂城，形势危急。着令第五十九军改乘火车至峄县下车。限令于 3 月 12 日赶到临沂城郊，隶庞军团指挥。同时派第五战区参谋长徐祖诒随第五十九军同往临沂，协调作战。张军长接电后，马上命令第三十八、一八〇两师官兵分别于滕县、官桥、临城等站登车，至峄县下车。并限令下车后，用一昼夜时间，以急行军速度赶到临沂西郊。同时，具体部署军部驻大岭，第三十八师驻砚台岭，第一八〇师驻白衣庄。两师遵命于 10 日先后在峄县下车。部队稍事休息，即在春雪消融后的泥泞道路上，向距离 180 华里的目的地前进。我奉师长令，先乘汽车到临沂城与庞军联系，将敌情了解具报。我于 11 日下午到达临沂城，即与庞炳勋军长、国民党临沂行署张里元专员以及电话局长张筱轩取得联系。因张专员系先父至交，张筱轩又是我的老友，故所介绍情况与我直接派便衣侦察得到的情况基本相符。

当时，张自忠和徐祖诒也依时到达，一起进城与庞军团长会商作战方案。庞提出以第五十九军接替城防，庞部沿沂河西岸戒备，待敌进犯时，与敌决战。张军长根据第五十九军在河北省同日军作战的经验，认为与其待敌进攻，不如主动向敌侧背出击，以解临沂之围。最后，经战区徐祖诒参谋长同庞、张反复研究，决定施行张军长提出的以攻为守的作战计划。会后，张军长回部召集两师营长以上官长会议，他首先说明了敌我情况："庞军自穆陵关战斗以来，与敌拼搏，累经消耗，现只有一个完整旅守城，其余各部战斗力很弱。敌人板垣师团，是日本陆军的精锐部队，自侵华以来，先后犯我察（哈尔）、绥（远）两省，占领太原，仅在平型关战役中为我郝梦龄军和第十八集团军消灭一部，基本未受大的打击。现在该部部署在临沂城北至汤头一线，兵力近万人。敌人自恃装备精良，极为骄横。”张军长号召广大官兵要大胆、谨慎，要敢于藐视敌人。他指出：“我军在喜峰口、北平、天津、淮北等地，已先后和日军交战多次。只要我们能充分发扬我军善于近战、夜战的长处，根据现有条件，集中使用轻重武器，就一定能够打败这个骄横不可一世的板垣，为中国军队争气，为中华民族争光，以尽到我们军人保国卫民的天职。即使战死疆场，也是虽死犹荣。”最后，张军长要求各部队严守纪律，密切与当地百姓的关系，合力打击敌人。要求各营营长回去加强部队整备，向全体官兵讲明情况，鼓舞士气。

当时的作战部署是：

以第三十八师黄维纲部为军的左纵队，于 13 日 16 时出发，沿角沂庄、曲坊、白沙埠、朱潘到余粮村（原名无梁殿）、小安子等村，师部设在小安子。该师以两个旅为攻击队。另以一个旅为预备队，集中在刘家湖附近待命。第三十八师攻击目标左起汤坊涯、白塔至沙岭子一线。务于 14 日早 4 时强渡沂河，向当面之敌猛攻。

第一八〇师刘振三部为军的右纵队。于 13 日下午 4 时 30 分出发，经宋王庄、北十里堡、谢家宅到达邵双湖集结，师部设在邵双湖，该师以一个旅为攻击队，左接第三十八师沙岭子、右至柳杭头一线。攻击目标为亭子头、郭太平、徐太平村，务于 14 日晨 4 时强渡沂河，向亭子头之敌猛攻。对其右翼柳杭头，要特别警戒，两师要密切协同。

军部山炮营，以一连归第一八〇师使用，其余归第三十八师。军部直属队随第三十八师前进。时值早春，气候寒冷。两师受命后，全部官兵准时强渡了宽百余米、水深及膝的沂河。

作战情况分述如下：

第三十八师黄维纲部，以第一一三旅李九思部为左翼攻击队，令赵金鹏团渡河向汤坊涯等处进击。另以一个营占领郝沂宅子及茶叶山高地，掩护师的攻击。第一一二旅李金镇部全力攻击敌沙岭子主阵地，并与右翼第一八〇师取得联系。第一一四旅董升堂部为预备队，于刘家湖集结待命，随时准备策应第一线作战。另派一个营同军部骑兵营在茶叶山后石家屯，对新河村、玉平村（原名山南头）严密警戒，以防敌迂回。

第一八〇师刘振三部，以张宗衡之第二十六旅为主攻队。令崔振伦之第六七八团强渡沂河主攻亭子头，并派队与左翼第三十八师联系。张文海之第六七六团一部，对柳杭头实行警戒，随时准备消灭该方面的敌人。其余为预备队，在大姜村待命。第三十九旅祁光远部为师预备队，位于中安静附近，随时准备策应第一线作战。崔振伦团渡河后，以第二营邢炳南部在右，第一营范绍祯部在左，由亭子头西、北两面猛插村中，当即与敌展开肉搏战。我两营官兵，虽遭极大伤亡，仍不顾一切，勇敢地向敌阵猛冲，逐院争夺，战况激烈。在这次战斗中，我军充分发挥了善于近战的特长。战至下午 4 时左右，守敌七八百人，被我消灭过半，无力支撑下去，只好向郭太平、徐太平逃窜。崔团长率预备队三营段逢源部乘胜猛追。敌逃至太平后，利用民房顽抗，援敌也不断开来。此时，张宗衡旅长令张文海团长亲率两营兵力，及时赶到，击退援敌，协同崔团扩大战果。战斗至 15 日，我军先后将被敌占领之徐太平、郭太平、大太平等六七个村庄收复，并就地构筑工事，与敌对战。第一八〇师在这两昼夜的战斗中，计伤亡团附以下至排长军官三四十名，士兵近千名。

左翼第三十八师第二二五团主攻汤坊涯等地，经一昼夜激战，占领汤坊涯等村庄。敌人龟缩汤头待援。时我第一一二旅李金镇部，在攻击沙岭子村时，遇到困难较大，沙岭子村很大，房屋分散，敌人主力部队沿河构筑了很多据点。我攻击部队渡河后，正面是一片沙滩，无法隐蔽接敌。激战两昼夜，伤亡五六百人，未获进展。后来，敌酋板垣调增一个旅团援军反扑。敌于 15 日午夜，由沙岭子北我两旅阵地接合部，偷渡沂河，占领了毛官庄对面河西渡口，并进而向我崖头、刘家湖、苗家庄、钓鱼台之线猛攻，同时以飞机 10 余架轰炸。我第三十八师官兵，沉着应战。后敌集中兵力三四千、炮一二十门，于 16 日向我茶叶山、船流、钓鱼台、郝沂宅子等地第三十八师正面猛攻一天，战斗激烈。我伤亡约 2000 人，唯士气奋发，终将敌击退。

当此之时，敌曾一度突入我船流、苗家庄，并进窥刘家湖，与我第一一四旅发生激战。张军长据报，急电令我军兵力作如下调整：第三十八师以有力的一个团固守茶叶山、郝沂宅子高地，阻击河东进犯之敌，不惜任何牺牲，坚守茶叶山阵地，以为我军的支撑点；驻石家屯的军属骑兵营，协同该地步兵，由新河村进击河东，袭扰敌之侧背；第三十八师除第一一四旅在刘家湖激战外，河东部队，全部撤回，以加强茶叶山沿河阵地的防御。其余部队，均集结于余粮村（无梁殿）、小安子以南地区，严防敌再继续西窜。师部仍驻小安子，不准后移。师长随时到第一线督战。第一八〇师所占沂河东岸之村庄，全部放弃，将兵力撤回河西；第三十九旅祁光远部，应以第七一五团刘照华部占领诸葛城，以火力严密封锁苗家庄之敌，使其不能再向外扩展，第七一七团艾明纲部，占领诸葛城村东、沂河西岸的洪福寺，对钓鱼台、苗家庄之敌，不停顿地给以火力侧击，并沿河占领阵地，以防沙岭子之敌再渡河西犯；第二十六旅撤回的部队，集结于邵双湖以北，随时准备策应第三十八师对刘家湖方面之敌的作战，并对苗索庄之敌，严加戒备，防其西犯。军部仍驻朱潘。第一八〇师师部驻邵双湖，无命令，不准稍有移动。

我军兵力部署调整后，双方展开了战役开始以来最为激烈的战斗。双方死伤极重。第一一四旅第二二八团16日在刘家湖村外与敌争夺了一天，黄昏时，敌突入村内，占领了村子的东半部，我仍据守西半部。村中有一大水塘，方圆数亩，水深1米余，双方在水塘两边互相射击，相持不下。到16日晚，旅长又将第二二七团投入战斗，双方互有进退，阵地几经易手，水塘边上，双方积尸数百具。到17日早，我军仍坚守阵地，与敌鏖战。这时，我军统计伤亡人数，第三十八师官兵自投入临沂战役以来，伤亡近4000人，第一八〇师也伤亡了2000余人，全军第一线作战部队中，营长伤亡三分之一，连、排长则全部易人。从临沂至新安镇一线公路上，老百姓运送第五十九军伤兵的担架，日夜兼程，络绎不绝。其战况之激烈，由此可以想见。

由于第五十九军伤亡太大，第五战区参谋长徐祖诒电请李宗仁长官，令该军撤出战斗，加以整补。此意见告知张军长后，张军长当即请求徐参谋长转请李长官再允许第五十九军打一天一夜，如果不能击退敌人，即遵令撤退。经李长官许可后，张军长即召集第一线黄、刘二师长速来军部，当面对他们说明敌我情况。他说："我军伤亡很大，敌人伤亡也大。敌我双方都在苦撑，战争的胜负，决定于谁能否坚持最后 5 分钟。"他告诉黄、刘二师长说："我已请求李长官，允许我们再打一天一夜，如果不能打退敌人，军部即组织有计划的撤退。不许紊乱，你们回去分别到一线，给官兵们讲清楚。"随后，即下达如下命令：（一） 3 月 17 日，军、师所有山炮、野炮及重迫击炮全部推进到两师第一线，带上所有炮弹，听候第一线指挥官命令，在黄昏前，将全部炮弹倾向敌阵；（二）军部仍在原地，由副军长担任指挥；（三）第三十八师黄维纲师长带领预备队，到刘家湖第一线指挥，限令黄昏前将所有炮弹发射完毕，然后规定好夜战的暗号，命令一线部队一齐出击；（四）第一八〇师刘振三师长和祁光远旅长亲到诸葛城一线指挥，将所有炮弹射完后，即令第七一五团全团向苗家庄之敌攻击；（五）第二十六旅张宗衡旅长率全旅在刘家湖、苗家庄之间及时策应两师作战。命令下达后，两师按时完成出击准备。

入夜，第三十八师首先以压倒优势冲入敌人占据的刘家湖村，经过 3 个小时拼杀，将敌人全部击溃。敌遗尸 400 余具，向汤头方向逃去。我军当即收复刘家湖周围几个村子。到 18 日拂晓，复渡河进至毛官庄河岸布防。与此同时，第一八〇师向苗家庄之敌进击。该师第七一五团刘照华团长，以第一营孙瑞芳部、第三营陈芳芝部为主攻部队。攻击开始后，在村外遇到敌人顽强抵抗，双方即展开激战。我军个个奋勇当先，将敌人压迫到村内，逐屋争夺，展开肉搏战。村内枪声大作，杀声震天，直至午夜，渐次寂落。战后，根据报告，村内外战场上，敌遗尸近 200 具。按以往习惯，日军在战场遗尸极少。即使不能运走，也要割去战死者一个手指或一只耳朵，交给他们的亲属。但在这次战斗中，敌人连割掉他们战死者的一个手指、一只耳朵都来不及，即仓皇逃命去了。天亮后，我详细视察了战场情况，到处都有敌我拼杀的遗迹。尸体相叠，随处可见。仅村中央一处树林内，就有 20 余具敌尸体倒在一起，其中还有不少官佐。这次战役，我军将进犯临沂方面之敌的 3 个联队完全击溃。残敌大部向莒县方面，一部向北溃退。刘家湖战斗中，我军击毙敌联队长1名、中佐1名、大队长1名，其他将校多名。战斗结束后，我军部令第三十八师派第一一四旅向董官庄方向追击，其余部队除沿沂河西岸茶叶山一带警戒外，全部集结到刘家湖、邵双湖一带休整待命。18日晚，我第五十九军奉第五战区长官部令，除留第一一四旅协助庞军守城外，其余即向费县转进。这是临沂战役第一阶段的情况。

二、古城等村庄的战斗

敌全线向北及东北溃逃。我第一一四旅配合第四十军一部奉命追击至汤头、葛沟一带，第四十军亦追至傅家赤、草坡等地，缴获敌大批辎重、文书。至3月21日傍晚，已扫除汤头附近残敌，并以一部向莒县方向追击，主力集结汤头附近布防。

3月23日下午，敌4000余援兵陆续开至，遂又向我反扑。连日激战于临沂城东之埠前店、三官庙一线。敌以飞机9架、重炮9门，竟日射击，我军英勇抗击，予敌大量杀伤。第四十军亦伤亡十分严重，不得不将学生队、军属特务营用于第一线作战。庞军渐次不支。第五十九军于转进途中到达费县沈村附近，复奉命于3月25日回援临沂城。这时，敌已占领临沂城北刘家湖、邵双湖等村。敌除在河东桃园、三官庙向我守军进攻外，其主力由临沂城北南曲坊、朱郧向毛家庄、西北园进逼。我庞军损失兵力过重，勉守九曲店、小李家庄、石埠岭、黄山之线。

张部先头部队第一八〇师于25日下午，在回援路上，遇敌于临沂城北毛家庄、北道一带村庄，当即发生激烈战斗。我第二十六旅旅长张宗衡，率领全体官兵，不顾牺牲向敌猛冲，除消灭其一部外，余敌向朱郧方向撤去，我第一八〇师遂占领南道、北道、红埠寺、营子、盛庄、古城（位于临沂城西红埠寺西面）等村镇。我后续部队第三十八师回至北十里堡、西北园、宋家王庄一带，亦与敌展开野战。此时军部进至杭头、中石埠一带，以指挥两师在城西、城北作战，策应庞军守城。第五十九军一部占领朱高、古城、南曲坊一线。是日下午，又以数团兵力渡河占领桃园。26日晨攻三官庙，损失极大，停止进展。下午，独树头方面之敌向桃园反扑。同时，营子、乾沂庄、沙埠庄亦发现敌步、炮联合部队约1000余正沿临（沂）、费（县）公路向临沂迫近。张军长不得不以一部应付。这时，城西敌军，距城约20华里。且又得新增援兵四五千人，兵器弹药充足。临沂城在敌炮有效射程内，第五十九军军部位于古城，亦受到义堂方面之敌威胁。在这种艰危形势下，我第五十九军黄、刘两师在城外与敌野战中，协同得十分得力，多次向敌发动攻势，使敌无法靠近临沂城，更不能由城西北通过，向台儿庄增援。敌人见攻城不下，便以全力由大岭、艾山前以西等地，由我侧面绕道向台儿庄方向前进，均经我第一八〇师部队截击，使板垣、坂本的部队在临沂附近，迟滞了四五天，未能达到如期增援台儿庄的目的。

3月27日7时，敌开始向我古城、南沙埠、小岭、北道攻击。又于28日增加约1000余人，炮10数门，附以飞机往复轰炸。村中房屋尽燃，烟焰弥漫。我军前赴后继，英勇抗击，毙敌甚众。战事之烈，前所未有。我第一八〇师部分守军血战两昼夜，全部壮烈牺牲。

为了缩短战线，我军在七德、韦家屯、前后岗头一带占领阵地。此时，虽遭严重损失，但全军上下斗志不衰。29日张军长在给第五战区长官李宗仁的电报中表示："职军两日以来伤亡2000余人，连前此伤亡达1万余人。职一息尚存，决与敌奋战到底。"至29日后，我军旋得第五十七军缪（澂流）部之王肇治旅及汤（恩伯）部骑兵团的驰援，军力大振，连日挫敌。日军被迫复向汤头方向溃退，我军乘胜追击。这是临沂战役的第二阶段。

三、展庄战斗

第五十九军在临沂外围野战中，损失极重，战区长官部命撤出战斗，转至（苍山县）卞庄南长城村鹿山东整补待命。第五十九军于4月上旬南撤至鹿山东。因第三十八师损失过大，全师三旅合成一旅，由李九思旅长带领，归军部直接指挥。其余官长、老兵由黄维纲师长带领，到徐州西黄口、商丘一带接收新兵。第一八〇师虽仍保持两旅四团建制，但缺员极多，实际每团只有七八百人。部队在鹿山东休整时，敌人已由临沂进占郯城，有切断东陇海路、进击我海州守军之企图。第五十九军连续接到战区的命令："着第五十九军即留山东敌后方开展游击，牵制敌人，将不能携带的重武器（如野炮、重迫击炮）秘密掩埋，不能携带的文件一律销毁。"张军长当即召集连长以上长官开会，传达了这一命令。部队正在调整中，又接战区另一命令："敌人占领临沂、郯城后，正南进想切断陇海路，着第五十九军前令（在敌后游击）停止，即由现驻地出发，渡沂河截击由郯城南进之敌。"张军长复召集团以上军官讲明新情况、新任务。当即令第一八〇师由吴家道口渡河，经北谢、半庄向大王庄前进。军部随李旅跟进。第一八〇师先头部队第二十六旅张宗衡旅长率第六七八团崔振伦部，由吴家道口渡河到北谢时，侦知郯城之敌已向南出动。我前卫营到大王庄与敌遭遇，当即在村中发生激烈战斗。因敌后续部队不断增加，张宗衡旅长当即将部队撤出村外，在野外麦田里与敌对战。此时第一八〇师之其他部队均到达半庄附近，军部也到达冯家窑。敌一部与二十六旅交战，一部向冯家窑我军部进攻。由于张军长沉着指挥，敌人未敢冒进。后由一八〇师接替，军部才转移到大沂庄一带指挥作战。我第二十六旅在半庄、冯家窑与敌对战终日，未分胜负。黄昏后，刘振三师长作了如下部署：第二十六旅以第六七六团范绍桢部为第一线，占领展庄、大拐等村，第三十九旅祁光远部位于冯庄后村，除对西、北两面严密戒备外，主力集中于冯庄，随时策应第二十六旅作战，师部直属队位于郇楼村附近。各部调整后，连夜构筑环村工事，达到都能独立作战程度。

4 月 11 日，天刚亮，冯家窑之敌开始向我展庄猛烈炮轰，到 8 时左右，敌人在疯狂地向我阵地倾泻轻、重炮弹数千发之后，以骄横欺人之势，从冯家窑沿起伏地带，排成纵队，疯狂地向我展庄阵地进犯。我守军无半点畏惧之心，沉着隐蔽在阵地内，把各种轻、重火器准备好，并奉命敌人不进入射程以内，绝不开火。待敌进入我射程后，我轻、重火器一齐开火。枪弹像暴风雨一样地扫向敌阵。我目睹敌第一线 200 余人，几乎全部倒在我阵地前面。敌突遭迎头痛击，乃退回冯家窑。时过不久，敌又组织力量，先炮轰，再用步兵进攻，再溃退，如此三四次，直到黄昏后，始终未能接近我展庄阵地。本日战斗，毙敌不下四五百人。我军因凭借工事，伤亡较少。

12 日晨，敌向我展庄炮击。敌人接受了前一天的教训，从冯家窑至王庄分成多路，隐蔽前进，谨慎多了。中午时分，其先头部队与我守军接触，随后各路敌人全部向我展庄扑来，我以第六七六团及六七八团的两个营投入战斗。战况激烈，双方在村内外互相冲杀争夺。到下午，敌又增援数百人，凶猛地向我攻击。天黑前，敌将我展庄东半部占领，我军仍占着西半部，在村内展开巷战。刘振三师长得知展庄情况并奉张自忠军长严令，马上派第三十九旅刘照华团前往增援。又令张宗衡旅长，绝对不许放弃原占阵地，并限令收复展庄东半部。张宗衡旅长接到命令后，亲自到第一线重新作了部署和调整。以 5 个营的兵力，在村内与敌争夺，以两个营在村外策应。刘师长也奉军长令到第二十六旅督战。

13 日拂晓，张宗衡旅长带特务连（即手枪连）到火线指挥，该连也投入战斗，连长受了重伤。村中战斗于早 7 时开始，我们先集中手榴弹向院内猛投，然后再由挖好的墙洞中冲进敌占院落，消灭了院内敌人。各营、连都按院落分配任务。我军这一战斗方法，出敌意料。我军勇气倍增，村内、外 7 个营一齐参战夹攻，迫使敌人全部撤出展庄，向冯家窑退去。展庄战斗，我军官兵伤亡六七百人。其中，营、连、排长 20 余人。估计敌人自进攻到撤退，伤亡当不下 1000 人。

14 日，张宗衡旅长重新对第一线兵力做了调整，以 3 个营守展庄，其余集中在宋庄、大拐一带村庄整补。本日，军长张自忠、师长刘振三来到第一线慰问前方将士，鼓舞士气，并令呈报作战有功人员，妥善掩埋阵亡将士，树立标志。敌人退后，我即到第一线展庄战地，看见有 100 余人掩埋在一起的墓地，见到他们的名字，内有我当排长时（第六七六团一营四连）的老兵近 20 名，我和他们相处四五年之久。为了国家民族，他们献出了宝贵的生命。我在墓前恭敬地行了军礼，默哀致敬。

前线部队自军、师长视察后，严令各部（不管前后方）一律构筑坚固野战工事，以防敌偷袭。4 月 15 日黄昏后，敌人突然改变了不打夜战的常规，分成几十小股，强迫当地老百姓带路，潜伏于我军前后左右驻地村外麦田中，先将电话线切断，紧接着向各村我驻守部队及第一八〇师司令部同时夜袭，前后左右一片喊声枪声，我各部均与师部失去联络，各村守军各自为战，加上早筑有工事可以凭借，并未慌乱。到午夜12时左右，敌人见我军毫未动摇，乃自动撤去。此后，敌人主力撤退至郯城、冯家窑附近，仅留下了少数警戒部队，我军此时也无力向敌作攻击之举了。至此，我军胜利完成了保卫临沂城和牵制敌人南下的任务。我军在此休整约半月时间，每日加强工事，演习村落战。

4月底，奉战区命令，我军将原防地（郯南）交由第四十六军樊崧甫军接替。该军由新安镇车站登车到大徐家车站一带下车，集结待命。26日下午，第四十六军让参谋及团、营长来我师接洽换防事宜，师长命我带樊军接防人员到第一线视察阵地情况，并和各交防部队长见面，我方将敌情及阵地构筑等情况一一详细告知，并商定交接防时间。樊军各部队长对我军作战阵地构筑极表钦佩，更十分赞扬工事的坚固及官兵挖工事的艰苦精神。我师长也向接防师长交代了前一段作战情况及现在敌人的动态。4月28日，将防务妥善移交后，我军即到新安镇转大徐家车站待命，尔后又参加了在徐州掩护战区数十万大军撤退的艰巨任务。

自4月14日到月底10余天中，临沂失守前后，临沂城北、城西上百个村庄的房屋被敌人炸毁、烧毁，家畜、家禽、财物为敌抢光，男女老幼为敌人杀害极多，树木被军队砍伐，做了防御工事。临沂地区人民忍受着巨大的痛苦，仍全力以赴支援抗战，表现了伟大的民族气节和崇高的爱国精神。

台儿庄胜利与孙连仲将军

韦永成*

1938年3月中旬，日军为打通津浦线，一路由南北上，一路由北南下，两面夹击我军，欲击溃我守津浦线上大军。这一地区属于第五战区范围，战区长官为李宗仁，我当时是第五战区政治部主任。这一仗极为重要，因为我们在淞沪失利，在平津撤退，对全国民心士气影响甚大，再也不能失败了。所以在战略上有加强第五战区防御兵力的必要，乃仓促檄调第一战区驻河南补充训练尚未完成的汤恩伯军团和孙连仲集团军，星夜增援。

首先抵达的为汤恩伯第二十军团，辖两个军（第五十二军关麟征及第八十五军王仲廉）共计5个师——第二师郑洞国、第二十五师张耀明、第四师陈大庆、第八十九师张雪中及第一一〇师张轸。这个军团装备齐全，并配有15生的德造重炮一营，为中国军队中的精华。

随汤部之后到达徐州的为孙连仲的第二集团军。孙集团军名义上虽辖有两个军（第三十军田镇南，第四十二军冯安邦），唯该部因曾参加山西娘子关的保卫战，损失甚大。四十二军所剩无几，只等于一个空番号，孙连仲虽曾屡请补充，均因战事吃紧，而未获准休息训练。故该集团军实际上可参加

* 作者时任第五战区政治部主任。

战斗的只有三个师（第二十七师黄樵松，第三十师张金照，第三十一师池峰城）。孙到达徐州后即调到台儿庄北部布防，构筑工事以御敌北下。孙部为冯玉祥的西北军，纪律严明，最善于防守。

长官部判断，敌军乘战胜余威，骄狂万分。矶谷师团长一定不待蚌埠方面北上援军的呼应，便直扑台儿庄，以期一举而攻下徐州，夺取打通津浦线的大功。我方正要利用敌将这种求胜心理，设成圈套，请君入瓮。待我方守军在台儿庄发挥防御战最高效能时，即命令汤恩伯军团潜行南下拊敌人之背，包围而歼灭之。

我部署既定，敌人果自滕县大举南下。汤集团在津浦线上与敌人作间断而微弱的抵抗，诱敌深入。既奉命陆续离开正面，退入抱犊崮山区。重炮营即调回台儿庄运河南岸，归长官部指挥。敌军果不出我军所料，舍汤军团而不顾，尽其所有，循津浦路临枣支线而南下，直扑台儿庄而来。敌军总数约有 4 万余人，拥有大小坦克车七八十辆，山炮、野炮和重炮不下 100 余门。上空更有飞机临空助阵，凡有利我方的桥梁道路全被炸毁。

3 月 22 日，敌军冲到台儿庄北泥沟车站，徐州城内已遥闻炮声。23 日敌人开始猛轰我防御工事。战斗激烈期间，我第二集团军（即孙连仲集团）阵地每日落炮弹七八千发之多。炮轰之后，继之以坦克车为前导，向我猛冲。将我守台儿庄外围的阵地工事摧毁后，敌步兵乃随入据守，步步向前推进。我军浴血抵抗，台儿庄居民以石块为屋，故敌人占据一屋即等于一碉堡，我不易反攻收复，反之敌人攻取我一民屋也须付出血的代价。我军无平射炮、无坦克，我军以血肉之躯与敌方炮火坦克相搏斗，至死不退。战事之烈，诚所谓惊天地而泣鬼神，敌人猛攻三昼夜，才冲进台儿庄城区，与我军发生激烈巷战。至此第二集团军已伤亡过半，渐有不支之势，孙连仲将军为国家民族的生死存亡咬紧牙关死守不退。自 3 月 27 日始，敌我遂在台儿庄寨内作拉锯肉搏战，情况更为惨烈。

在此同时，长官部认为时机已成熟，严令汤恩伯军团迅速南下，夹击敌军。汤军团全师南下。然此时我台儿庄的守军已伤亡殆尽。到 4 月 3 日，全庄三分之二已为敌占有。我军仍据守南关一隅，死拼不退。敌方更以重炮、坦克猛冲，志在必得，敌方电台且宣传已将台儿庄全部占领。我方守庄指挥官第三十一师师长池峰城将军认为，如此守下去，必至全军覆灭而后已。乃向孙总司令请示，可否转移阵地至运河南岸，孙连仲乃与长官部参谋长徐祖诒和参谋处处长黎行恕通电话请示。长官告以汤军团即将赶到，约明日中午可以进至台儿庄北部，仍严令死守，第二集团军如于此时放弃台儿庄，岂不功亏一篑。敌我在台儿庄已血战一周，胜负之数，决定于最后 5 分钟。长官决定于明日亲到台儿庄督战，要第二集团军守到明日拂晓。如违命令，当以军法从事。

孙将军凛于大义说："长官有此决心，第二集团军牺牲殆尽不足惜。连仲亦一死以报国家。"语甚壮烈。

长官在电话中，指示孙不但要守到明天拂晓之后，今夜还须向敌夜袭，以打破敌人明晨拂晓攻击的计划，则汤军团于明中午到达后，我们便可以对敌人实行内外夹击，长官即悬赏 10 万元。孙不以伤残累累，在重赏之下，集合可用之兵，即可拿枪的士兵，甚至担架兵、炊事兵都一并参加，组织一敢死队，于午夜夜袭敌阵，打乱了日军的部署。

孙连仲奉命后亲自在台儿庄督战。这时死守最后一点的三十一师师长池峰城来电话向孙请求撤退。孙连仲命令说："士兵打完了，你就自己上前填进去，你填过了，我就来填进去，有敢退过河者，杀无赦。"孙这几句话何等壮烈。

池师长奉命后，知军令不可违，乃以必死的决心，逐屋抵抗，任凭敌人如何冲杀，也死守不退。所幸战到黄昏，敌人亦力竭停止攻击。及至午夜，我军先锋敢死队数百人，分组向敌人逆袭，冲进敌阵，人自为战，奋勇异常，手执大刀，见敌就砍就杀，真如神助。我军血战经旬，已筋疲力尽，战至最后 5 分钟，我军尚能乘夜出击，真是敌人万万料想不到的。敌人在遭突袭时，仓皇应战，乱作一团。血战数日，为敌所占领的台儿庄内围街市，竟为我一举而夺回四分之三，毙敌无数，我军激战通宵，敌军被逼退守北门一隅。

是时我汤恩伯军团已向台儿庄以北迫近，天明即可到达，长官也于午夜后搭车亲赴台儿庄外围督战，指挥对矶谷师团的歼灭战。台儿庄北面已闻我军炮声，证明汤军团已在敌后开始对敌攻击。如此敌军已陷入重围，想撤退已不及，而我台儿庄的守军也及时出击，杀声震天，敌人血战经旬，已成强弩之末，弹药汽油用罄，机动车辆不能动弹，多被击毁。敌人溃不成军，狼狈撤退。我军骤获全胜，士气旺盛，全军向敌猛进，如秋风之扫落叶，锐不可当。敌人遗尸遍野，被击毁的各种车辆、弹药、马匹，遍地皆是。矶谷师团长率残部突围窜至峄县闭城死守，已无丝毫反攻能力。台儿庄之战至此乃完成我军全胜之局。

战后检点战场，掩埋敌尸达数千具之多。敌人总共伤亡当在万人以上，坦克车被毁30余辆，虏获大炮机枪等无数，矶谷师团已被彻底消灭。台儿庄一役，不特是我抗战以来空前胜利，也是日本建立新式陆军以来第一次惨败，粉碎了“皇军不败论”，足使日本侵略者对我国军队另眼相看。

台儿庄的胜利，长官调度有方，而在作战中我第二集团军总司令孙连仲将军的沉着应战及第二集团军全体官兵英勇牺牲的精神，尤为重要。

血战禹王山

余建勋*

一、第六十军编成和出征

第六十军是在云南征募的农民子弟，经过四五年训练，成为军容整齐、武器精良、军纪较好的一支军队，辖第一八二、一八三、一八四师 3 个师。每师 2 个旅，共 12 个步兵团。军部、师部，还有直属部队：警卫营、炮兵营、工兵营、通信营、辎重营、卫生队、防毒队等机关部队，总数官兵 45000 多人。1937 年 10 月，由军长卢汉率领出征抗日。

1938 年 3 月初，由津浦线南下之日军矶谷廉介师团及青岛南下之板垣师团，向峄县、临沂以南我防军猛攻，企图南渡运河，直迫徐州。矶谷师团之濑谷旅团猛犯台枣支线，侵入台儿庄，与守军池峰城师巷战甚烈。第五战区司令长官李宗仁，指挥着邓锡侯川军、张自忠、孙桐萱部及东北军于学忠、西北军孙连仲、中央军汤恩伯等集团军，展开以台儿庄为中心的争夺战。4 月初，日军被逐出台儿庄，退据峄县、临沂地区，迅速整理补充兵员，并裹胁伪军刘桂堂部七八千人；又得到敌第五师团、第十师团、第一一四师

* 作者时任第六十军第一八二师第五三九旅第一〇七七团团长。

团等部增援，共约20万人，于4月17日大举反扑，李宗仁要求增兵，请调用第六十军，并派员持令到兰封、民权、临德车站，命铁路运输司令把第六十军直接拉到徐州增援。

二、不预期的遭遇战

4月21日晚，第六十军在徐州东面赵墩至车辐山车站下车。敌人的侦察机不时出现在上空，前线隆隆的炮声，已清晰可闻了。是夜各师进行战斗准备。军长卢汉奉长官部命令，限第六十军4月24日前到台儿庄东北地区凤凰集、蒲汪、耿庄、邢家楼、五圣堂等处集结完毕，待命行动。军部为了早日把部队集结在第一线后方了解情况，便于参战起见，于22日令各师向前推进。第一〇八一团潘朔端部行抵耿庄，突然与敌遭遇，发生战斗，邢家楼、五圣堂处第一八三师部队也先后与南来敌人展开以争夺村庄为中心的激烈战斗，大部村庄被我占领，赢得战场主动有利的形势，站稳了脚跟。由于事出仓促，我敌双方都是以行军纵队相遇，一开始就短兵相接。第一〇八一团营长尹国华，率部反复冲杀，予敌重创，我方伤亡亦大，不幸尹营长壮烈牺牲。日军后继的机械化部队赶到，第一八三师各团，受到绝对优势的炮火和坦克部队的联合攻击，重点指向耿庄，激战竟日，官兵伤亡十之七八，团长潘朔端负伤，耿庄陷入敌手。邢家楼、五圣堂等村庄，相继毁于敌方炮火。

第一八二师在第一八三师后跟进，杨炳麟团进入了蒲汪。龙云阶被敌野战炮火力阻于辛庄、后堡。第五三九旅第一〇七七团和第一〇七八团（团长董文英）被阻于禹王山北麓、后堡以南一带村庄，官兵略有伤亡。第一八四师渡运河后，西向台儿庄附近集结。

自22日上午，第六十军顶住敌人主力鏖战后，各村庄的守备部队，在敌人炮火阻击下，利用地形构筑防御工事，整天整夜地与敌人激战。23日敌主力经耿庄南下，攻第一八二师第一〇七九团的蒲汪，该团有一天一夜的准备时间，工事相当巩固，敌屡攻不下，集中炮火轰击蒲汪，蒲汪在熊熊烈火中被毁。阵地被 20 余辆坦克反复游弋攻击，该团官兵咸抱与阵地共存亡的决心。在坦克辗过之后，战士从散兵壕跃起，与伴随坦克的步兵肉搏。自晨到午，杀声不停，阵地屹立未动。敌人的空军和重型坦克投入战场，战事激烈程度，达到鲁南战役的最高峰。我官兵伤亡甚重，团长杨炳麟负伤。步兵排长吕建国与迫击炮排长靳家祥在一起，自动组成反坦克队。吕建国在靳家祥迫击炮掩护下，迫近敌人坦克，用集束手榴弹炸毁坦克两辆，被另外数辆坦克围攻，全队 20 余人，用尽一切方法与坦克搏斗，全部壮烈牺牲。是晚继任团长钟光汉到职，收容得官兵 200 余人，重新编组，继续奋战一天一夜，到 24 日夜军部才命令该团撤离蒲汪。

敌乘胜继攻后堡，我营长王谦在敌环攻下，苦战到 25 日午后，仅余 20 人，王营长自兼机枪射手，激励所部，屡次打退敌人的进攻，王营长腿负重伤，仍坚守阵地。入夜再战，官兵非死即伤，王营长被少数士兵救下火线，后堡随即弃守。

在 22 日至 24 日 3 天的激战中，日军竭其所有的力量，企图摧毁我旺盛的抗击能力。六十军突然碰上陆空联合的现代化的强大敌军攻击，损失是巨大的。但是，每个村庄的争夺，敌人也要付出最大的代价。

24 日午后，军部调整部署，将第一八四师主力自台儿庄向右转移，左与台儿庄附近于学忠部、右与岔河镇陈养浩师保持联系。轻重火器调整配置，构成有纵深又能相互支援的火网，日夜加强改进工事，又将新增的战车防御炮投入阵地，官兵战斗，信心更高。25 日敌重点攻击我第一〇七七团，火石埠中弹千余发，工事全毁。营长张泽沉着应战，率部隐伏在火石埠高地脚的平地工事里，将进攻的敌兵多次击退。敌人炮轰阵地右侧，张营沿交通壕右轰左避、左轰右避，俟敌人进入我火网内，又被张营击溃，激战终日，官兵滴水未进。阵地面前的麦地里，敌尸横陈。火石埠屹立未动，张营伤亡亦重。入暮后，全营只剩下营长和一个新升任排长及士兵七八十人，其中尚有不下火线的伤员数人。是夜奉军部命令，交由第一八三师第一〇八三团莫仲璇部继守。

25 日下午，第一〇七七团部和火石埠电话线被敌截断，张营长派一伤员杨某某（忘其名）送一个请求增援的报告给我。杨自称是轻机枪手，子弹由左肋前穿后背，子弹头半露在皮肤外面，我用身边简单的卫生工具替他割出。问他："痛不痛？"他说："不痛，你割吧！我死也划算了！我抬着我那挺轻机枪，从东边打到西边，变换了几十次阵地，所有火石埠周围的机枪掩体，都用遍了，敌人的平射炮始终找不到我，打不着我。我亲眼看见鬼子倒在我机枪下的不少，我赚大了！这点伤算什么？如果不是张营长要我送重要报告给你，我还不愿下火线呢。我是十一二点就负了伤的。"这位机智英勇的战士，在我笨重开刀的手术下，他面不改色，谈笑风生，显示了第六十军广大战士英勇顽强的大无畏精神。

三、全线出击，守住禹王山

26日晨8点多钟，师部转来长官部的命令，略谓：敌主力已深入第六十军正面，进入袋形阵地，第六十军应全面出击，配合友军两翼夹击，歼敌于禹王山以北地区。第一八二师指令第一〇七七团攻后堡，一〇七八团攻辛庄，限午前10时开始攻击，并有炮十六团一个营协攻。其他各师各团，亦各有具体攻击目标。我以部队的集结、进攻路线和攻击点的选择、进攻的部署等，需要时间准备，要求师部把进攻的时间稍微推迟，同时要求在禹王山上留置少数守备部队，以防攻击不成功尚有立足之地。师部要我径向军长请示。军部同意我的意见，把进攻时间改为正午12时。当军部炮兵开始射击，掩护步兵前进时，引起激烈的炮战。敌我间广阔的麦田里，万头攒动，各师各团的攻击部队，正在交互前进，枪炮声大作，第六十军正面又展开一场激烈的战斗。第一八四师某团在涛沟桥将敌击溃，追到10余里以外地方。第一八三师各团，曾一度进出于小李庄一带，与敌激战。第一八二师第五三九旅董文英团，屡次对辛庄发起猛烈攻击，士气昂扬，杀声、手榴弹声震撼了战场。余建勋团主攻部队，在禹王山步兵的重火器密切配合下，曾一度攻入后堡，受到敌人隐蔽火力的奇袭，20余名官兵全部壮烈牺牲。第二营杨崇善连，继续组织进攻，在敌人浓密火网下，起伏前进，并高唱"冒着敌人的炮火前进！前进！进！”的雄壮进行曲，引来大量的炮火，有利于友军的前进运动。

董文英团后撤时，行动不密，被敌追袭，敌便衣队数十人混入锅山，董团长亲率护旗排与敌肉搏，屡次打退敌人。可惜援兵不至，锅山随之失守。董团长往救，遭敌围攻，在这里壮烈牺牲了。第一〇七七团禹王山及枣庄营的侧翼，暴露于敌，如敌继续南进，即有渡过运河的危险。军部急调第一八四师前来接替第一八二师的防线，在未交接前，第一八二师组织所有能战的官兵，全力保住胜阳山、禹王山、枣庄营等要点，不让敌人再进一步。

27 日，第一八二师在拂晓前另行调整部署，以第五四〇旅余部编为一个营，固守胜阳山及鸭鹅城。以新任第一〇七八团陈浩如部 100 余人守枣庄营，另一部被敌人隔断的赵彬营固守西黄石山，以火力封锁戴庄通向运河的路口，以第一〇七七团全力固守李家圩及附近高地，向右延伸到禹王山北麓，与正面敌人对战。早晨八九点钟，敌猛攻杨庄，与第二营守兵激战，敌一股窜入村落内，营长魏开泰伤亡。代营长岳家祥率兵一排增援，与敌展开逐屋争夺战，最后将侵入之敌一小队全部歼灭，缴获日式轻机枪 2 挺，步枪 17 支。外围之敌，亦被击退。同日，第一八三师火石埠阵地，也有激战，莫仲璇团长英勇殉职，火石埠弃守。

28 日，我团调守枣庄营，陈浩如部在禹王山、枣庄营间防守。日出后，第一八四师旅长万保邦集中迫击炮攻锅山。陈团一部反攻锅山受挫，敌乘机反扑禹王山南侧，来势汹汹，营长张泽指挥两个连从侧翼攻上去，敌人节节败退，不幸我英勇的张营长及两个连长先后负伤，战士亦有伤亡，攻击不利。陈浩如团长组织部队续攻，将敌人逐退锅山，不意被湖山侧射机枪击中，阵亡于禹王山南麓。

敌人得手火石埠后，集中炮火轰击第一八三师东庄阵地，昼夜不停，东庄起火，彻夜不熄。守军第一〇八二团第二营长张仲强摸清了敌人行动的规律。当敌人炮轰东庄村落时，全营在村外战壕隐伏，不发一枪，俟火烧村庄后，主力又进入村内阵地。次日敌派搜索部队鸣枪向东庄前进，仍不还击，直至日军后续占领部队整队进入伏击圈内，这时，全营在统一的信号下，突然急袭射击，继之以手榴弹战和刺刀战，全歼日军一个大队，横尸遍野，只有少数敌人逃脱。是役缴获轻重机枪20余挺、六〇炮数门、步枪167支，给敌人以沉重打击。从此之后，敌人虽不时向禹王山前方阵地发动攻击，但亦谨慎行事，不敢轻率冒进了。

28日夜，团长严家训在东庄被敌炮击中，不幸伤亡。29日敌机9架，轰炸枣庄营阵地，企图突破我防线后，直渡运河。敌人的坦克两辆，越过戴庄火力封锁线，驶向禹王山南麓，在枣庄营前面从事侦察活动。被我战防炮击中一辆，摇摆退去，不敢轻进。自30日至5月中旬，我禹王山周围阵地，工事日益强化，官兵作战经验亦比较丰富，敌人屡次进攻，都被我军击退。敌人原拟集中兵力，南渡运河，占领临、台支线，直趋徐州。不期在禹王山以北地区，碰上了顽强的第六十军，以死拼硬打的办法，抵住了敌人现代化部队的猛攻猛打的战术。经过8天8夜的激战，敌人的凶焰，在禹王山前面基本上消逝了。

蒋介石获悉后，派后勤部长俞飞鹏到黄家楼军部慰问，给第六十军打气。孙连仲也来电嘉奖："贵军此次在台儿庄附近以血肉之躯与敌之机械化部队艰苦奋斗，前赴后继，鏖战八昼夜……使战局转危为安，忠勇奋发，足资楷模。唯残寇犹作困兽之斗，尚望激励所部，继续努力，积极加强工事，完成聚歼大计，是所至盼！"

8天8夜的血战，第六十军牺牲了数万官兵，不仅初步知道敌人立体战争的规律和战法，同时还体验到我们的上级和友军如何对待下级和战友的手法和作风。在这些经验教训的基础上，我军也摸出了自己的打法。从4月30日到5月16日，敌不断攻击我禹王山阵地，均被我击退，没有一次得到便宜，迫使敌人放弃其原始计划。5月17日军部奉命将阵地移交黔军第四十一军王文彦接替。

经过25天的激烈战斗，我军损失甚大，各师均从事整编，第一八二师和一八三师各编为1个团，第一八四师编为3个团。总计全军伤亡7个团，约14000多人。其中有5000多人壮烈牺牲，9000多人负伤，军官伤亡近

500 人，为了抗日救国，第六十军在战场上舍生命、洒热血，在抗战史上写下了壮丽的一页。

华北敌后抗日根据地的创建

冀南的“大门”是怎样打开的

陈再道*

1937年12月中旬，129师首长刘伯承、徐向前派我和李菁玉等同志率领769团的4个步兵连及1个机枪连、1个骑兵连，组成八路军东进纵队，我任司令员，李菁玉任政委，率部深入冀南，协助当地党组织，开辟冀南抗日根据地。

当时冀南地区的情况异常复杂。石家庄、德州沦落日军之手，国民党军队南逃。日军除在平汉、津浦铁路及沧石、邢临公路留驻一部分外，其主力也已南进。剩下的土匪、失意军人到处招兵买马。有的与一些民族败类在各县筹组“维持会”“皇协军”；有的占山为王，四处骚扰；一些地主、商人、政客联合打着“防匪自卫”的旗帜，组织民团和会门，以维护其统治。一时匪迹遍野，“司令”如毛。

1938年1月15日，我们跨过平汉铁路，来到隆平县（今隆尧县）的魏家庄，准备进驻冀南的中心地区——巨鹿和南宫两县，以此为基地，开辟整个冀南地区。

巨鹿县一带，有两股大的势力。一股是以王文珍、甄福喜、刘建三等为

* 作者时任八路军东进纵队司令员。

首的保安团，另一股是以刘磨头、史汝南等为首的土匪。他们城里城外各霸一方，经常发生枪战。保安团1935年曾镇压过我党领导的暴动，后又与日军建立秘密联系，接受委任。刘磨头这股惯匪则打着“抗日义勇军”旗号，纠集了一批国民党溃散官兵，加上胁迫的部分群众，共计六七千人。他们奸淫烧杀，抢掠敲诈，百姓对他们恨之入骨。

针对这种情况，我们的方针是实行抗日民族统一战线的政策，对双方晓以抗日大义，进行调解，争取一切可能争取的力量，在我党的领导下团结抗日。我们认为，从保安团的情况看，他们怕土匪进城吞并自己，但想公开投靠日军又一时办不到。而土匪刘磨头虽人多势众，但成分复杂，内部矛盾很多，想急于消灭保安团又知并非易事，况且他还打着抗日的旗号。只要我们用中国人不打中国人，一致抗日的道理说服双方，团结他们共同抗日还是有可能的。

我们一面派人说服刘磨头，一面致信保安团，向他们申明大义。为了对双方施加压力，我们还将部队移至械斗地区。刘磨头在我方代表的耐心说服和我军的压力下，与我达成谅解，王文珍等也表示欢迎我军进城商谈。商谈中，王文珍对我代表表面迎合，实则想借我军之力，迫使刘磨头撤退，而又不让我军进驻巨鹿城。后经我方代表耐心宣传我党的抗日政策，他们才被迫让步。然而，就在我军入城的当天，他们又要花招拒绝我军进城。显然，如我军强行入城，就有可能发生武装冲突，不利于分化其内部，争取和团结广大群众。因此我将部队带至城西北5里的张家庄住下。

第二天拂晓，我派骑兵连由驻地向东南方向驰去，沿途尘土飞扬，王文珍等对我军兵力不测，怀疑我军在包围巨鹿城，十分害怕，便联络各方人士请我去吃饭。我抓住时机，向他们宣传我党抗日救国的政策。最后，我郑重地说：“共产党以民族利益为重，不计前仇，不念旧恶，团结一切力量共同抗日。”这时，刘建三战战兢兢地说：“好，共产党宽大为怀。”经过激烈地斗争，王文珍、刘建三等表示一定参加抗日，并欢迎我军进城。

1938年1月27日，我率部队开进巨鹿城，随后成立了“巨鹿县战地总动员委员会”，并将保安团改编为东进纵队第5大队。同时派人到刘磨头部进行抗日教育和改编工作。接着，我军开进南宫城，与冀南地下党领导机关胜利会师，成立了中共冀鲁豫省委。同时在新洞、清河、冀县建立抗日政权，宣传党的抗日政策，组织群众团体，成立“抗日民族学校”，训练和培养干部，我们还以此为基础，西向平汉路东侧，东向津浦路西侧，对敌展开攻势；并派部队南向邢临公路争取威县敌伪反正，将其改编为独立第 2 师。

但是我军在向北发展中却遇到主要来自赵云祥“河北民军二路”和段海洲“青年抗日义勇军团”的阻力。能否争取和团结他们抗日，或使其对我军暂保中立，不仅关系到南宫等抗日政权的巩固，还关系到整个冀南局面的打开。

对此我们采取利用矛盾、争取多数、各个击破的方针在三方代表协商联合的过程中，我们利用段海洲怕被赵云祥吃掉的恐惧心理，表示支持他参加抗日。而赵云祥则拉拢段海洲共同对付我们，以争夺领导权。段海洲为了自身的利益，当场揭露了赵云祥企图吞并他的阴谋。我当即向赵云祥指出：“谁来领导抗日，就看谁抗日最积极，人民就拥护谁。”接着，我建议成立军政委员会，各部队由军政委员会统辖，不得危害人民。段海洲支持我的意见，并提议由我做主任。赵云祥虽心里不同意，但为避免陷于孤立，也勉强表示同意。军政委员会成立后，我们利用它逐步统一了整个冀南游杂武装，使我党我军在政治上处于更加主动地位。冀南抗日根据地的局面终于打开了。

1938 年 3 月中旬，129 师首长为加强冀南的工作和我军的力量，派宋任穷同志率骑兵团来冀南。随后，消灭了接受改编后又通敌叛国的刘磨头等惯匪，又把段海洲部整编为“青年抗日游击纵队”，赵云祥部的葛桂斋和邵伯武合编为东纵第 5 支队，虽赵云祥等 1000 余人愈加反动，但也无妨大局了。这时东进纵队已发展到 2 万多人，并组建了 5 个军分区。我们召开了第一次军政民代表会议，正式成立了“冀南军政委员会筹备会”，宋任穷任主任。

1938 年 5 月初，徐向前副师长率 769 团、689 团主力部队到达冀南，大大加强了冀南我军的力量，加速了各项工作的进展。6 月初，王新亭率 771

团由太行山来到永年、肥乡一带，配合东纵一部和骑兵团，消灭了这一地区敌人。至此，我军在西起平汉、东迄津浦、南至漳河、北到沧石路的广大地区，开辟了拥有 800 万人口的冀南抗日根据地。

记忆犹新的三次伏击战

向守志[*]

抗日战场上，我随八路军129师转战太行山，印象最深的有3次伏击战。

第一次是1938年3月的神头岭伏击战。那一年，我21岁，是386旅771团2营机枪连连长。为了破坏日军向晋南、晋西进犯的交通运输线，129师首长刘伯承、邓小平决定以385旅为左翼袭击黎城，引诱潞城的敌人来援；以386旅为右翼，在神头岭设伏，迎击增援黎城的日军。

从地图上看，神头岭是个打伏击的好地方。但是，我们旅长陈赓侦察发现，实际地形与地图标示的完全两样，公路不在山沟里，而在山梁上。回到旅部，几乎所有的人都反对将伏击战场设在神头岭，但陈赓认为这一仗还是在神头岭打好。他说，正因为地形不险要，敌人必然麻痹。

3月16日，驻潞城的1500多名日军听到黎城方向的激烈枪声，慌忙赶往增援。9时，当他们赶到神头岭时，才知道中了我们的计。但为时已晚，我们向日军开火，我指挥机枪连的6挺重机枪猛烈射击。这次战斗，我们共毙伤俘日军1500余人。

---

* 作者时任八路军第129师第386旅第771团第2营机枪连连长，后任八路军青年抗日游击纵队771团第2营营长。

我打得最得意的一仗是神头岭伏击战之后，当年 3 月底的响堂铺伏击战。我当时还是机枪连连长。

为了给日军进一步的打击，刘伯承、邓小平、徐向前决定以 3 个主力团，在响堂铺地段打击敌人的运输线。响堂铺是日军由邯郸进犯山西的咽喉之地。战前，我向全连指战员作了打敌人汽车的战术安排，要求大家首先消灭汽车上掩护的敌人，其次打敌驾驶员，再就是打汽车的油箱和轮胎。

1938 年 3 月 31 日上午，当由黎城开向涉县的日军汽车队约 180 辆汽车驶入伏击区时，我伏击部队突然出击。我用重机枪向日军车队猛扫，掩护兄弟部队指战员向日军车队冲击。敌人被打得丢盔弃甲，汽车相撞或中弹起火。这次战斗共歼日军 400 余名，汽车全被缴获。

1939 年 9 月的凌石屯伏击战，是我打得最有趣的一仗，因为打得鬼子光屁股逃跑。这时，我已是八路军青年抗日游击纵队 771 团第 2 营营长。

凌石屯位于冀南的新河至巨鹿的公路上。9 月中旬的一天下午，由巨鹿开往新河的七八十名日军，乘 3 辆汽车驶入伏击地段。我指挥本营各连，和第三营一起，将密集的机枪、步枪火力射向敌人，敌人大部被歼。残敌滚下车厢企图沿公路边的道沟逃命。哪知头两天下过大雨，道沟里淤泥过膝，逃敌鞋子和衣服全粘上了泥巴，跑不动，爬不出来，有的被打死，有的被活捉，少数脱光衣服赤着脚往巨鹿跑，又被第一营兜歼，最后只剩下几个光着屁股的鬼子逃到巨鹿城。

我参加了响堂铺战斗

邓才文*

七七事变后不久，红军改编为八路军，我们红 91 师编入了八路军 129 师，我在 386 旅 771 团 11 连当班长，从陕西开到了山西。

第一次打日本人，是在七亘村。也没有觉得怎么样，就是炮弹多，下雨一样，我们就赶快退出来了。我们排长的腿被炸断了，钻到老百姓的炕洞里了，后来敌人搜索，他在炕洞里待了两天。后来我们这个部队，把七亘村又拿下来了，就把排长接了回来。

打完七亘村以后，我们到了霍村，在西冶头住下的时候，敌人的一个旅团经过霍村。我们 771 团在西冶头阻击敌人。772 团在东山阻击。打了一整天，敌人才退了，敌人死的不少，我们伤亡也不少。敌人的炮厉害呀，炮弹一个劲地往下落，我们还是守住了，他们没有上得来。那天，我扛了一挺机枪，就是把住那个小山头，那个山很陡，南面上不来，山头上有机关枪把着，打死了很多日本兵。天黑了，就叫撤。不跟敌人死拼，跟敌人死拼，我们吃亏。我们撤了敌人也撤了，772 团从东山过来了就打，打了以后，就撤到那个叫什么村，我忘了，在那里休整了几天。后又在那个什么包，打了一

---

* 作者时任八路军第 129 师第 386 旅第 771 团第 11 连班长。

仗，也是阻击战。我们和 386 旅在一个山头上，敌人向我们进攻，掩护他们大部队经过太原。到了下午太阳靠西的时候，我们反攻。我们全团向下冲，那天我们得了一挺日本的歪把子。伤亡了好几十人，得了一挺歪把子，是拼刺刀拼来的呀，还得了好多步枪。日本兵很坚决，都是抓着枪不放。没有子弹了我们就用刺刀冲，我们三个人才能打过一个日本兵，那时我们的武器不行，武器差劲呀。把那个日本鬼子戳死以后，才把枪夺过来。日本鬼子的那个炮呀，打到空中去了，都是打的子母弹。在空中一个花一个花的，到了地上一个劲的下雨呀，我们好多战士呀，有的把头打了，有的把背打了，有的身上打伤了，有的把下巴给打掉了，耳朵打掉了。打到晚上七八点钟吧，我们撤退了。上级命令撤退，就是从那个地方，那叫做阳明堡。

响堂铺战斗我们参加了，那时我是代理排长，也不知道响堂铺在哪里，就知道是去打仗。走到半路上，我们的旅长陈赓看到了歪把子机枪，他说这个歪把枪得发挥作用，好好地打击敌人。晚上离响堂铺还有二三十里路的时候，住下了。准备第二天伏击敌人，晚上 12 点吃了饭以后，天明以前进入阵地，布置好。我们住的是西北山，离响堂铺还有 5 里路。我们在晌堂铺西面的那个沟里面，卧在冰地里，等着敌人来。太阳出来了，敌人没有来，撤退吧。刚说撤退，上面发出信号弹，敌人来了。接着就冲下去了，我们 771 团在西边，719 团在东边，在东阳关的东头。772 团在阳明堡的西面，两头掐住。我们 771 团在中间冲出去的，去烧汽车。冲下去了以后，打乱了套了，敌人和我们，在一块混战。战斗了一个小时，我们连伤亡了二三十，打死了日本鬼子好几十，得了一支歪把子枪，几十支三八式。

我们在烧汽车的时候，上级指示，要赶快把东南的那个山头占了。我们 11 连去占山头，比敌人早一步。我们连长带着 18 个人，到了山头上，敌人从四面向上攻，用手榴弹把敌人打跑了。那天我打死了 20 多个日本鬼子。有个战士，他背来的枪不好用，我背的那个枪，是带盖的，打七九子弹的那个枪，我把他的子弹也拿来打了，我打了 200 多发子弹，打死 20 多个日本鬼子。我的枪打坏了，后来有七八个日本兵往东山上跑了，我们也没有几个人了，剩下十来个人，也撤退了。

烧汽车的那一段才有意思呢，我们不会烧汽车，也没有东西能烧着汽车。怎么办呀，用刺刀戳汽车轱辘。把汽车轱辘给他戳爆了，把水箱给他戳烂，用手榴弹把车头炸烂，用枪打他的油箱，一打它就爆炸了。那次的教训就是不会烧汽车，后来打汽车，有的汽车烧着了以后还跑了好远呢。我们打的那个地方，有好几十辆汽车。汽车的油烟到处都是，看不见颜色。敌人还有一架侦察机来了，在空中打转。我们在山头把敌人打跑了，就撤下来了。那天我们的排长也被打死了，我们把他埋了，就撤退了。

我们顶着敌人的一个中队，硬给拼死了。开始迫击炮，一个劲地打炮弹。我们和 9 连在那个地方牺牲了好几十个战士。敌人打掷弹筒呀，打机关枪呀，也是很厉害的。打了两个多小时，上级命令就来了，要赶快撤退。我走到一个地方，看到有一个迫击炮，我就扛了一段，一会来了两个战士把迫击炮给扛走了，我们撤出战斗了。不到 11 点，太阳已经快正南了，敌人来了 21 架轰炸机，像阅兵式的，三个一排，这么转着轰炸，那个炮弹呀，不知道有多少。要不是紧急地撤退，都得让飞机给炸死了。

山东抗日根据地的创建

徂徕山起义

林　浩　　赵　杰*

徂徕山起义，是抗日战争初期中共山东省委直接发动和领导的一次抗日武装起义，对唤起山东人民抗战的信心，夺取胜利，起了重要作用。

一

1937 年 7 月底，日军在占领平津之后，又派一部兵力沿津浦路南犯，10 月初侵入山东。国民党山东省政府主席韩复榘的部队，仓皇向南溃逃，整个山东大地呈现出一片兵荒马乱的局面。

10 月，中共山东省委根据中央关于开展敌后游击战争的方针和《抗日救国十大纲领》，结合山东的情况，决定全省各地党组织在日军入侵尚未占领山东全境，国民党军队忙于撤退，人民抗日情绪高涨之时，迅速发动群众，组织武装起义，开展游击战争，创建抗日根据地。

10 月 3 日，日军首侵德州，继占平原、禹城、齐河等地。日军横冲直

* 作者林浩时任中共山东省委宣传部长，赵杰时任八路军山东人民抗日游击队第 4 支队副司令员兼团长。

闯，四处奸淫烧杀，百姓惨遭蹂躏。“德州失守！”“黄河吃紧！”“济南被炸！”一声声惊呼，搅得人们恐慌不安。

山东省委的和中央派来的红军干部，恨不能立刻拉起武装，打击日本侵略军。

10月中旬，山东省委由济南转移到泰安。就在敌机轰炸泰安县城的那天，省委在泰安县文庙召开紧急会议。参加会议的有省委书记黎玉、宣传部长林浩、秘书长景晓村，延安来的红军干部赵杰、程绪润、韩明柱；泰安县委的鲁宝琪、夏辅仁、于一川；还有经党营救出狱的干部和流亡同学会的李林、程照轩、侯德才、金明、孙陶林等。会议在分析了山东形势后决定，在徂徕山地区发动和领导一次抗日武装起义。

徂徕山位于泰安县城东南30公里处，在泰（安）、莱（芜）、新（泰）、泗（水）4县之间。它北近泰山，南接蒙山，东连莲花山、沂蒙山，西通泰西大峰山，四周群山环绕，构成天然屏障。占领徂徕山既便于我武装部队周旋，又可以控制北面的泰新、泰莱，南面的新汶（大汉口），西面的泰汶以及周边几条公路和津浦路等交通要道。同时，徂徕山地处山东中心，在此发动起义对齐鲁大地既是个震动，又便于与全省其他各地区进行联系。

还有更重要的一条，就是徂徕山一带具有较好的群众基础：一是泰安党组织经过整顿、恢复，掌握了一批干部，正在深入进行发动群众工作；二是这里的穷苦百姓在地主豪绅的剥削和国民党顽固派的勒索下，生活困苦不堪，早就盼着共产党来解救他们；三是抗战爆发以来，这一带学校的教师和学生抗日情绪高涨，纷纷要求驱逐日军出中国，大有振臂一呼、万人奋起之势。

省委认为，要使这次武装起义取得成功，必须做好充分准备。其首要任务是发动群众，发展和壮大党的力量，建立抗日民族统一战线。争取和团结抗日救国的各种力量。

为此，省委除布置泰安县委具体抓这项工作外，还派程照轩、侯德才和红军干部赵杰到泰安6区组建区委。之后，他们又到泰安和新泰两县的山阳庄、封家庄、楼德、东西良庄、茅茨、薛庄、白塔、朱家庄、王庄等地开展工作，宣传共产党的抗日救国主张，组织抗日救国会等抗日团体，开展统战工作；发展党员，建立党的各级组织；筹备武器，组织队伍。

程照轩是当地山阳庄人，我地下党员，在山阳庄一带很有名望，赵杰、侯德才等就以程照轩家为落脚点。他们通过程照轩所熟识的抗日积极分子，走家串户搞宣传。广大群众听说共产党来组织抗日，无不欢天喜地，很多人主动要求参加抗日工作。因此，活动很快由秘密串联转入半公开或公开的方式。泰安 6 区区长兼民团队长程子源是程照轩的堂兄，此人重义气，有民族自尊心，经过我们做工作，十分敬佩共产党。他发誓说："抗日救国，匹夫有责。我不抗日就不是娘养的！"他除允许共产党在 6 区以各种方式开展抗日活动外，还请赵杰给他的民团和山阳小学讲抗日形势和游击战术。

同时，我们还利用集会讲演、演戏、贴标语、教唱抗日歌曲等形式，广泛宣传党的抗日救国主张，宣传党的统一战线政策，使山阳庄的抗日救国工作很快展开，并加强了与其他各庄、区的联系，使各个村庄很快呈现出一片抗日救亡的热烈气氛。

12 月下旬，我们在封家庄发展了封振武、封虞臣、李子敬 3 名党员成立了党支部。封虞臣为书记，封振武为宣传、保卫委员。他们带领积极分子到各庄宣传"有钱出钱，有力出力"的抗日主张。并根据群众提供的线索，到地主、绅士家和民间动员献枪。楼德镇的开明绅士王理堂经我们宣传动员，把盐警队保存在楼德盐店的 60 多支枪全部捐献了出来。党的抗日主张唤起了民众，各村的抗日积极分子和群众，为搜集武器到处奔走，没有几天就筹集钢枪、土枪 100 余支，还有许多大刀、长矛等。同时还有 100 多名青壮年要求参加共产党领导的抗日队伍。除 6 区外，泰安县委的民先队（中华民族解放先锋队）、妇救会（妇女救国会）等抗日团体也在全县各处发动群众，组织、发展人民抗敌自卫队，恢复和建立党的组织，为建立抗日武装积蓄力量。

莱芜县党组织在省委派出的联络员孙汉卿（以后为巡视员）帮助下，使不少区、庄之间建立了联系。由于发动抗日游击战争的任务紧迫，早在 10 月份，省委还让特派员刘居英（东北流亡同学会的学员，经北方局介绍来的）前去帮助工作。不久，被关押在监狱的共产党员及我党的同情者先后被释放；在外地隐蔽的一些党员也陆续回到本地，成为该县抗日武装的核心力量。

新泰县党组织曾一度遭到破坏，9 月底，省委派孙汉卿前去帮助开展工作。11 月份，董琰、李枚青、刘少傥等组织县工委会，董琰任书记。他们分头在新泰 7 个区秘密组织抗日救国会，发展党员，筹备枪支，发展抗日游击队员，也很快组织了一支抗日队伍。

泗水、宁阳县等地，有管戈、周蓝田等在发动、组织抗日队伍。

省委还派李仲林、邵德孚去沂蒙山的沂水，派张北华等去泰安夏张镇一带，组织抗日武装。这时，以泰安为中心遍布各地的党组织及各种抗日团体都在为举行徂徕山起义，开展游击战争而夜以继日地进行工作。

二

12 月 24 日，日军飞机又一次轰炸泰安城，省委机关从县城转入南篦子店。在徂徕山组织准备发动武装起义期间，冀鲁边、鲁西北、天福山、黑铁山和牛头镇，从 11 月至 12 月，先后发动武装起义。省委为了呼应上述起义，加强对起义部队的领导，在篦子店由黎玉主持召开了紧急会议，决定迅速举行徂徕山起义。并确定了起义的时间、地点、部队番号、编制序列、各级指挥员名单以及召开誓师大会等一系列工作事项。

会后，省委马上派人分头去新泰、莱芜等地传达省委决定，各地组织的武装队伍按省委的号令陆续奔向徂徕山。省委机关一部分，平津、济南流亡学生，民先队干部和泰安的民众抗日自卫团部分人员，先后转入徂徕山脚下的山阳庄一带。洪涛、林浩由篦子店带领省委机关一部分和一些流亡学生，泰安县委及民先队、妇救会共数十人首先登上徂徕山。黎玉、景晓村、马馥塘等在山阳庄等候从封家庄、楼德一带由赵杰、程照轩、封振武、侯德才等组织的队伍到齐后，作为第 2 梯队，于 12 月 31 日赶到徂徕山。

就在各地组织队伍上山的这段时间里，日军第五师团、第十师团及特种部队共 3 万多人分兵两路渡过黄河，于 12 月 27 日占领济南。31 日攻陷泰安城，所到之处，烧杀抢掠无恶不作。这更激起了人民群众的无比愤慨。因此，不少青年农民、学生弃家舍业，毅然拿起土枪、大刀奔向徂徕山。

一天，提前上山的洪涛、林浩等发现 5 名全副武装的国民党兵路过大寺，即派武中奇去做工作。原来，这 5 名国民党兵是韩复榘的部下。他们是李怀英、韩德、徐福礼、杨忠和刘玉，李怀英是班长。他们恨透了韩复榘的逃跑政策，想回老家拉队伍打日军。当他们听说要其参加抗日游击队时，当即表示同意。这一来就争取了 5 名带钢枪的战士。

提前上山的在林浩、孙陶林的带领下，把大寺院内布置得焕然一新，墙上贴着抗日救国的标语，韩豁、赵新、傅生等女同志还赶制了一面锈着镰刀、斧头的红旗，中间缀有武中奇书写的“游击”两个大字。

12 月 31 日晚，大寺内外聚集了 160 多人，个个精神抖擞，斗志昂扬，为起义大会筹备工作而忙碌着。

1938 年 1 月 1 日，是个令人难忘的日子，起义誓师大会在大寺举行。庄严的会场上，起义部队持枪握刀，威风凛凛。主持人孙陶林宣布大会开始后，一面鲜红的军旗徐徐升起，凌空飘扬。黎玉代表山东省委庄严宣布：“八路军山东人民抗日游击第四支队正式成立了！”顿时，台下响起一片热烈的掌声。接着黎玉讲了人民军队的性质、宗旨、纪律和开展抗日游击战争的重大意义，并宣布了支队领导人员的任命：洪涛为司令员，黎玉为政委（省委书记兼），赵杰为副司令员，林浩分管政治部工作，马馥塘为经理部主任（相当于八路军的供给部部长）。

随后，将参加起义的人员暂编为两个中队：省委机关、泰安县人民抗日自卫团、泰安县委一部分和青年学生编为第 1 中队；赵杰、程照轩、封振武等带来的队伍为第 2 中队。任命李怀英为 1 中队队长，鲁宝琪为指导员；封振武为 2 中队队长，程照轩为指导员。同时，还任命了各排排长和政治战士（协助党支部和指导员做政治思想工作的，与排长同级）。会后，各中队建立了党组织。

誓师大会之后，莱芜县在莲花山发动的抗日武装由程绪润、刘居英带领到徂徕山会合，被编为第 3 中队，程绪润为中队长，刘居英为指导员。新泰县在观山发动的抗日武装，分别由孙汉卿、董琰、单昭洪（单洪）等带领也先后来徂徕山会合，编入第 1 中队。至此，起义部队已达 500 余人，一支人民抗日武装初步建立起来。

徂徕山起义的消息迅速传遍泰山南北千家万户，一时间山上山下人来人往，川流不息。有来参军的，有给部队送衣服和粮食的，也有来观察形势的。整个徂徕山呈现出一派欢腾景象。

三

起义队伍组织起来以后，吃饭、住宿一度成了突出问题。山上没有像样的房子，大寺院内仅有的几间破屋只能作为女同志和病号的住室。所以男人们只能挤在各个山窝里，用干草当褥子，光滑石头做枕头。

徂徕山区十分贫穷，乡亲们送来的粮食大部分是糠煎饼、生地瓜和“狗团子”（豆腐渣做的窝窝头）。腊月天，“狗团子”送上山时都冻成了冰疙瘩。大家毫无怨言。一次开饭的时候，干部和战士们围在一起，把冻成冰疙瘩的“狗团子”放在锅里用火烧，化冻以后，大家用手抓着吃。洪涛问一个战士：“咱们的伙食怎么样？”那个战士笑着答道：“行！是饭就充饥。只要填饱肚子就能打鬼子。”

为了解决部队的供给困难，一些当地参加起义的，都悄悄回去把家里的粮食背上山。朱玉干还回家动员母亲和妻子，把自己仅有的两亩地卖掉，全部买成粮食，请人摊成煎饼送上山。张一民是当地刘杜村的一名医生，为了解决起义部队的医疗问题，把医疗用具和药品带上山。在大家共同努力和人民群众的支持下，起义部队的供给很快得到一些改善。

当地参加起义的人员大多数是地无一垄、房无一间的农民。他们虽然不怕生活艰苦，但组织纪律性比较差，对装备低劣的人民武装能否战胜强大的敌人还存在着各种想法。为了进一步坚定大家的抗日信心，尽快提高这支起义武装的军政素质，我们一方面通过上政治课、作时事报告等帮助大家明确抗日战争的正义性质，和我们必定战胜日本帝国主义的有利条件，并具体地讲解我们党的《抗日救国十大纲领》和游击战术原则。通过一系列政治教育和学习，大家提高了觉悟，增强了信心。同时，支队还有计划地组织大家进行了利用地形地物、站岗放哨、瞄准射击和投掷手榴弹等军事训练。训练中，支队领导言传身带，手把手地教。战士们时常在一起议论说：这个部队真好，当官的和当兵的比亲兄弟还亲！因此，战士们精神饱满，不怕苦、不怕累，抓紧点滴时间刻苦训练，有些战士练得饭都顾不上吃。

为进一步扩大起义武装在人民群众中的影响，我们在抓紧对起义人员进行政治教育和军事训练的同时，还组织了一支文艺宣传队深入各村宣传抗日，募捐粮饷，扩大武装。通过一场场演出，大大扩大了我起义部队的影响。

赵新、唐克、杨纯、何浩、韩豁、汪瑜等女同志，还抓住群众对女兵的好奇心，深入山村，挨门挨户地帮老大娘推碾、打水，和大娘大嫂拉家常。有的还把村里一些比较有威望的大娘认作干娘。这样一来，加深了起义部队和群众的亲密关系。许多群众主动为我们送粮、送衣和一些生活用具。还有不少村子里出现了父送子、妻送郎踊跃参军的动人景象。

四

日军占领泰安城、大汶口、新泰等地后，到处烧杀掳掠。当战士们看到自己的家乡被洗劫，乡亲们扶老携幼离乡背井，成群结队到处逃难的悲惨情景，听了乡亲们到山上的控诉，一个个恨得咬牙切齿，纷纷要求下山和敌人拼个死活。支队领导经过研究，决定带部队下山痛歼日军，为群众报仇雪恨，以扩大游击队的影响，壮大抗日武装力量。

1938 年 1 月 11 日，我支队离开了徂徕山，开始了行军打仗的生活。

部队到达东良庄之后，即派出侦察员了解敌情，准备寻机打击敌人。一天保安庄的群众来报告说，国民党新泰县县长朱奎声带 5 名官员，正躲在保安庄一个外号叫万小鬼的家里喝酒，准备去济南投靠日军。支队立即决定逮捕他们。于是，赵杰带程照轩、侯德才、武中奇、朱子奇等悄悄摸进村去。一枪未放就将朱奎声一伙抓获，并从朱奎声身上搜出不少日本股票和汉奸组织证件等。几天后，又有群众向我们报告说，近来，经常有日军在新汶公路上往返。我们即派出侦察小组到汶口、禹村、磁窑和新汶公路进行侦察，了解到有一股日军 1 月 26 日要经过大汶口，开往新泰县。支队便决定集中力量，在大汶口至新泰公路上的寺岭庄打个伏击战。寺岭庄位于小汶河南岸，是这股敌人必经之地，地势很利于伏击。25 日晚，支队召开了排以上干部会，作了战斗部署，决定由赵杰负责，以封振武、李镇卿带的 2 中队的一个排，程绪润带的 3 中队，外加支队部分参谋人员，组成了一支突击队。突击队组成后，经过战前动员。迅速赶到埋伏地点。指战员们怀着一心杀敌的强烈愿望。第二天从早上埋伏到中午，尽管北风刺骨，腹饥口渴，但也无一人叫苦。下午 3 时，敌人进入我们的埋伏圈。赵杰一声令下，我伏击部队的马枪、步枪、土枪一齐开火，埋伏在制高点上的我游击队战士将一捆捆集束手榴弹扔向敌群，打得敌人哇哇乱叫。战斗共进行了两个小时，击毁敌汽车一辆，毙伤日军 10 余人。战斗中我军班长杨桂芳（杨振华）光荣牺牲。

杨桂芳是支队成立后牺牲的第一位烈士。27 日，部队在凤凰庄为杨桂芳举行追悼会。追悼会由黎玉主持，赵杰致悼词。同时，还处决了作恶多端、民愤极大的汉奸朱奎声。我起义部队下山首战日军旗开得胜，又处决了大汉奸朱奎声，不仅增强了全体游击队员的战斗意志，而且大大鼓舞了人民群众抗日除奸的信心。

之后，我们在东良庄和大官庄一带进行休整。一天，泰安县的朱玉干前来报告说，国民党溃散的一个连，约 40 余人，有 2 挺机枪、5 支匣子枪、40 余支济南造步枪，由副连长刘国栋、班长陈世玺、副班长石成玉等人带领，正在徂徕山后北王庄一带活动。支队领导马上派林浩、武中奇和朱玉干等前去做争取工作。经过耐心宣传我党统一战线政策和大敌当前应团结抗日的道理，终于把他们争取过来了，与我们一中队的部队合编为第 4 中队。为了更好地团结改造这股新收编的部队，我们让原副连长刘国栋任中队长，林浩兼任指导员。

不久，泗水、宁阳县的周蓝田和朱旭、管戈等也拉起了一支队伍，前来会师，被编为第5中队。

2月中旬，我们在新泰县烈庄一带活动，发现新泰公路上的敌人车辆频繁。原来是日军正在往台儿庄增兵。摸清敌情之后，支队派封振武、李镇卿、赵玉带2中队前去打伏击。2月17日黄昏，部队到达新泰城西北10多公里处的四槐树村。翌日拂晓前，2中队隐蔽地将部队埋伏在公路旁，并在敌人要经过的公路桥上埋好了电发火地雷。上午，七八辆满载日军的汽车由泰安方向驶来，很快就到了我们埋伏的地区。赵参谋让大家先放过四五辆，待后面的汽车过桥时，他及时按动发火器，一阵巨响，车上的日军被炸得血肉横飞，没有死的连忙滚下汽车，拼命往车底下钻。接着，我埋伏在路旁的战士迅速冲上公路，向敌人猛烈射击。经过一阵激战，炸毁敌汽车2辆，毙伤日军40余人，其中还有一名大佐，而我方则无一伤亡。

之后，我们又开展了交通破袭战，破坏了新汶公路北佐村至小协庄的桥梁，造成敌人的交通一度中断，对迟滞日军向台儿庄的进犯起了一定作用。

寺岭、四槐树村伏击战和新汶公路破袭战之后，我们4支队撤离徂徕山区，转移到新泰县西部的谷里、烈庄一带开展宣传抗日和扩大武装的工作。3月初，又由烈庄转移到刘杜、岔河一带。省委在刘杜召开扩大会议，初步总结了武装起义以来的工作，分析了当时的斗争形势，研究了党、政、军的发展方针政策及对敌斗争策略。会议还确定了支队今后的发展方向：要广泛开展地方工作，巩固和发展武装力量，主动打击敌人，并提出加紧争取泰安6区程子源的队伍。

这时，宁阳的朱蓂阶、武效周、王一平等带领一支100余人的起义武装前来会合，被编为第7中队，朱蓂阶任中队长，王一平任指导员。

我们第4支队自徂徕山起义下山后，在党的领导下，认真贯彻执行党的抗日方针政策，紧紧依靠广大人民群众，团结一切可以团结的力量，积极开展对敌斗争，在短短1个多月时间里，部队迅速发展到近1000人，开辟了许多新的抗日根据地。

五

省委扩大会议后，为了适应抗日战争迅速发展的新形势，支队决定于新泰刘杜兵分两路，实行南北扩展，开辟新的抗日活动区域。以省委机关和支队机关及第 1、3、4 中队为北路（称第 1 大队），由洪涛、林浩带领去莱芜、博山一带活动，开辟创建以莱芜为中心的抗日根据地，扩大抗日武装；以第 2、5、7 中队和直属队及宣传队为南路（称第 2 大队），由黎玉、赵杰带领，向新泰南、蒙阴、泗水、费县一带活动，发展部队，开展地方工作。

南路第 2 大队 3 月上旬到达平邑地区后，在进行军事训练的同时，协助当地的同志恢复党与群众的联系，积极组织抗日救国会。

3 月下旬，鉴于部队缺乏有经验的军政干部和通讯设备，黎玉根据 2 月份省委在刘杜召开的扩大会议上的决定，亲赴延安，向中央汇报工作，并请中央调给一批军政干部和通讯器材。不久，6 区区长程子源带其区队 100 余人赶到万寿宫来参加第 4 支队，被编为第 2 大队 8 中队，程子源任 2 大队副大队长兼 8 中队队长，并改名为程鹏。然后部队向北活动，到新泰龙廷一带。

黎玉赴延安后，由林浩代理省委书记兼第 4 支队政委，孙陶林任政治部主任，率领北路第 1 大队也到达新泰雁翎关地区。当地群众闻讯后，纷纷前来向我们控诉国民党顽固派秦启荣的部下和进步破坏地方抗日工作，抓我党员和抗日积极分子，敲诈勒索老百姓等罪行，请求将和进步这个坏蛋除掉。应群众的强烈要求，且和部又不断挑起武装冲突，阻挡我军北上莱芜要道，我 1 大队被迫反击，活捉了和进步，其部多数士兵经我们宣传教育后，被编为 6 中队，武中奇任中队长，李平任指导员。

这时，我 1 大队又了解到日军正进攻徐州，莱芜城空虚，于是乘机一举攻克，解决了莱芜县维持会和部分伪军，将其把持的“官盐”分给了群众，并组建了群众团体为建立抗日民主政权创造了条件。为防止日伪军的报复，我部队除留下少部分组成八路军驻莱办事处，在城里筹集给养、组建政权外，大部队则撤到附近农村。秦启荣趁机纠集莱芜的地方势力谭远村、景大麻子之流突袭莱芜城，解散了我抗日团体，抢掠了我筹集的物资，并扣押了我在城内工作的马馥塘等。为了斗争策略的需要，我们将部队暂时撤到了莱芜东北部的苗山一带。在这一带活动的张寿民、段金斋闻讯后，马上带着他们在当地组织的抗日武装前来会合，被编为第 10 中队，由徐杰三任中队长，张寿民任指导员。

之后，林浩亲自带 1 个中队从莱芜县东北部插入博山县境的石马地区。在西石马与张敬焘、蒋方宇、徐化鲁组织的二三百人的部队会合，并根据张敬焘等的要求，联合攻打博山城，很快解决了部分伪组织和伪军，后即撤出。

不久，我北路第 1 大队又转入淄川西南部的马棚村一带，与在黑铁山起义后来此地坚持抗日斗争的廖容标、姚仲明组织的山东人民抗日救国第 5 军一部会合。两支部队会合后，由代省委书记林浩主持召开了一次省委扩大会。会议在淄川磁窑坞一个教堂里举行。参加会议的有 4 支队的林浩、洪涛等，5 军的廖容标、姚仲明，淄川工委的张天民、孙学之、魏思文、曹明远等。会上，大家首先交谈了各自发动武装起义的情况，接着分析了面临的形势，确定了下一步斗争的中心任务。一是整编部队，寻机作战，扩大影响，以利发展；二是广泛争取群众，孤立国民党顽固派，开辟建立根据地，把我们发动的游击战争推向一个新阶段。同时特别强调，应在游击战争发动起来的区域，迅速建立一支具有较好军政素质的骨干队伍。为适应日趋尖锐复杂的斗争需要，会议还决定将第 4 支队改编为山东人民抗日联军独立第 1 师，将山东人民抗日救国第 5 军改编为山东人民抗日联军独立第 2 师，统一组成南下指挥部，由洪涛任指挥，林浩任政委，廖容标任副指挥。部队稍作休整便南下，再度攻打莱芜。

正当我们南下部队与莱芜国民党顽固派军队周旋之时，南路第 2 大队迅速北上，一举攻克莱芜城，俘顽县长谭远村、县大队长景肇岭以下 300 余人，救出了被扣押的马馥塘等。莱芜城再度解放。我南北 1、2 大队和其他地区部队胜利会师。这时，我们徂徕山起义的部队已发展到 4000 余人，编为 3 个团和 2 个直属分队。

为了庆贺莱芜解放和胜利会师，我们在县府门前召开了庆祝大会。会场人山人海，盛况空前。广大人民群众和各界爱国人士无不为这支人民抗日武装的壮大而欢欣鼓舞。

由于我军的连续胜利和迅速发展壮大，引起了国民党顽固派头子秦启荣的恐惧和仇恨。不久，秦纠集重兵逼近莱芜城，企图围攻我军，并扬言要以2万大军与我决一死战。为打击顽固派的嚣张气焰，我们决定进行反击。就在这时，廖容标、姚仲明报告说，淄博、清河区的顽固派与秦启荣遥相呼应，破坏抗日活动。他们要求赶回胶济路北打击敌人。林浩、洪涛、赵浩等经过商量，认为与秦启荣的斗争是长期性的，就同意了廖、姚的意见。

独立2师北上后，我独立1师与秦启荣部在莱芜城以西、鲁西镇以东打了一仗。由于我军出师正义，又刚刚经过休整，士气高昂，洪涛不顾身患重病，在关键时刻亲临第一线指挥。经过一天激战，敌全线崩溃，我乘胜追击，狠狠地教训了国民党顽固派。之后，我们获悉中央派来山东工作的一批干部即将来到，便留下一支地方武装以配合县委坚持斗争，主力旋即转移到泰安去迎接中央派来的干部。

1938年5月25日，洪涛因病在泰安县劝礼村病故。部队举行了隆重的追悼会和安葬仪式。6月，根据中央指示精神，省委决定撤销独立师番号，恢复八路军山东人民抗日游击第4支队番号。1938年12月，成立了八路军山东纵队，我们4支队被编为八路军山东纵队第4支队。

从此，我们这支徂徕山起义武装正式纳入了八路军序列，在党中央和八路军总部的领导下，在人民群众的爱护和支持下，继续转战南北，在艰苦的抗日战争中，从弱到强，从小到大，不断发展壮大起来。

黑铁山武装起义

姚仲明*

1937 年七七事变后，侵入鲁北的日军于 11 月 25 日渡过黄河，很快占领了济南，控制了胶济铁路西段，这一地区的重要城镇随之相继沦陷。趁敌人尚立足未稳之际，山东省委决定，组织一批决心抗日的英雄好汉奔上黑铁山，建立山东人民抗日救国军第 5 军。

将打击敌人摆在首位

一个队伍刚刚建立，面对的任务是多样的。组织人马、筹备武器、向群众宣传、开展统战等等，这些都是极为重要、不容忽视的环节。但实践证明，最根本最重要、具有压倒一切地位的是掌握敌情打击敌人。在这方面，当时的司令员廖容标最清醒，最强调。他具有在红军的亲身经验，自然，大家非常敬重他在这方面的见解。刚刚过了 1938 年元旦，他在党小组会上（省委指定我和廖容标、赵明新组成党小组，负责发动该地区的武装斗争）提出由他率领 30 余人去夜袭长山县城，并说明有了军队不去打日本鬼

---

* 作者时任八路军山东人民抗日游击队第 3 支队政委。

子，就算不上是真正的抗日军队，也就不能取得老百姓的信任。要老百姓给饭吃是有愧的，更对不起党的委托。党小组完全同意他夜袭长山城的计划，并按他的见解确立了将打击敌人放在首位的指导思想，一致强调掌握敌情，主动出击，积小胜为大胜，摆脱被动，避免受挫。这些意见由廖司令在干部会上作了传达后，受到热烈拥护。

夜袭长山城的计划，在周密的部署下，很快执行了。我们大举攻入县城，消灭了汉奸政权维持会，全军振奋，继而又到陶塘口小清河截击日军，将敌汽艇击沉，全歼敌官兵 10 余人。不久，在长白山与从邹平县城出来的日军发生激战，又大杀敌人气焰，在花山又围攻了从张店出来的日军，击伤敌人数名，其中一名士兵迷失了方向，被我抗日军民打死了。我军英勇杀敌的动人事迹，得到了广大群众的信赖和称颂，认清了我军不是口头抗战派，而是真正为国为民的彻底抗战派，因此，觉得有了指望，有了依靠，人心大振，渐渐出现了参加我军的热潮，我们的队伍迅速地得到扩大，开始有些观望的中、上层人士也带着人马来参加我军抗战了。起初部队吃饭难，群众不愿给送给养；驻地难，群众害怕不愿给开寨门；行军难，联庄会夜间常常开土炮，以防接近其村庄，给我夜行军造成阻碍。这些都成了过去，换成了到处受欢迎、受体贴、受爱护的局面，人马、枪支来源也多了。

1938 年春，这一地区的日军主力逐步抽调南下，守备较空虚，在我军的频繁打击下，敌人被迫收缩据点。邹平、长山、桓台县城的敌人被赶跑了，淄川县城也曾被我军一度打开，胶济路南北的这一抗战游击地区连成一片，我军的司令部曾驻扎在邹平县城，我们委任了县长，有了县政府的雏形。在长山卫固地区、桓台 2 区、淄川佛村地区设有行政委员会，实行政权职能，尤其是桓台 2 区和长山卫固地区，不仅有政权机构，还有群众的抗日组织与之配合，并有抗日小后方的某些设施，如医疗所和支援前方的单位和机构等。1938 年在胶济路这一地区，之所以能出现如此较好的抗日局面，固然是由于多方面的因素所促成，但最根本、最要害的是，我军贯彻了将打击敌人摆在首位的方针，它大大打击了敌人的威风，大大增长了人民的抗日志气。

初次南下扩大游击战区

经党小组反复考虑，并同党外领导干部商酌，确定了基干部队先南下扩大部队，扩大游击区的策略，这是一个重要步骤。1938 年 2 月，廖容标和我率领曾打过几次仗的部队南下，胶济路北的工作由马耀南、赵明新、李寿龄等负责掌握，后又从省委调来了王若杰参与工作，确定路北部队的活动，应在邹、长、桓的工作基础上，抓紧扩大部队，并向章丘、历城一带发展。南下部队先到了淄川县，与淄川县委接上头后，即开到淄川、益都、博山结合部的淄河流域开展活动，相继出击淄川县城、金岭镇，并发动、引导各式各样的地方武装走向抗日的道路，积极支持淄川县委和在淄河流域颇有影响的冯毅之建立和发展抗日武装力量。我军在胶济路西段构成了南北呼应、分头作战的新局面，给敌人造成了更加严重的威胁。我们这支部队所到之处威望越来越高，廖容标的“菩萨司令”称号，就是在这个时候被群众传颂出来的。因为廖容标在红军任团长时就养成了一个习惯，每到一处要接近群众。他是江西人，说话时怕群众听不懂，说得很慢，态度和蔼，给群众留下了好的印象，再加上整个部队训练有素，群众纪律好，为群众打水、扫院子，对年长的群众都以“大爷”“大娘”相称。这在淄河两岸扩大了政治影响，留下了美好的声誉。就在这个时候，我们南下部队同山东省委会合于博山的马棚一带，这是我们从济南失守后，第一次与省委接上关系，这对我军自然是件天大喜事，有无比重要的意义，后又与省委直接领导下的第 4 支队也会合在一起。大家喜气洋洋，一片欢呼声，我们意识到我党领导下的这两支抗日武装的会合，将开始把泰山地区、淄博地区、清河地区的抗日活动连成一片，必然会出现一个新局面。

尔后，我军又回到胶济路北，我军司令部驻在邹平县城，廖容标和我住在东关原乡村建设研究院，马耀南、赵明新住在城内。这支部队经过了一段在胶济路南北的分头活动，而今会合在一起，重新研究了形势和今后行动计划，考虑到为确保与省委和 4 支队活动的地区联成一片，决定廖容标率部分部队到胶济路南去开展游击战。

接受新任务，进军鲁南

1938年5月，郭洪涛从延安来到了山东任省委书记不久，省委有了在鲁南创造主力兵团、创建山区根据地的计划。因4支队洪涛病故，省委决定调廖容标带3支队一个团的主力去鲁南并担任4支队的司令，同时负责筹组山东八路军主力兵团，省委并决定将山东人民抗日救国军第5军公开改为八路军山东人民抗日游击第3支队，由马耀南任司令员，杨国夫任副司令员，我任政委，鲍辉任政治部主任。廖容标即忙于准备带3支队的一个主力团南下沂蒙山区，为防止该团中途可能出现减员现象，省委根据廖容标的要求，责成我陪送南下，首先穿过博山地区到蒙阴地区，然后插入国民党专员张里元所盘踞的沂水地区，选定在岸堤、城子、马牧池一带安营扎寨，部队进行整训，开展民运工作，尔后省委机关、军政干校都集驻于此地。由于省委在人事安排上有了新的考虑，我未再回到3支队任政委，由霍士廉接替这一工作。

廖容标和我从3支队带到沂蒙山区的这个主力团，人虽然离开了黑铁山附近的家乡，但与家乡仍心心相连，且密切保持着各种形式的联系。家乡不断派人到部队来送消息、送衣服、送鞋子、送花生和枣子、送慰问信，部队从上到下都感受到了温暖。部队也时常派人回家探亲，让其代表部队尽量地多到些地方去看望问候。1938年秋后，天气渐渐凉了，在鲁南棉军衣不易解决。省委考虑到该团指战员求战心切和思乡心情甚浓，便决定将其派到胶济路去执行打击敌人的任务，顺便归家探亲，并利用当地的有利条件解决棉军衣问题。马耀南、霍士廉、杨国夫对该部队解决棉衣的要求，主动地做了准备，使指战员很快地穿上了新棉衣，自然皆大欢喜，斗志昂扬。我们进行了连续作战，同3支队、8支队在同一战场上做了密切配合。

回顾在黑铁山诞生的八路军山东人民抗日游击第3支队由小到大的经历，它为当地人民立下了可歌可泣的功勋，它对山东抗日局面的发展所产生的重要作用和影响，心情是激动的。在敌人对我山东根据地、游击区采取分割的手段下，这支部队始终承担着保卫淄河流域这一军事通道的重责，使我党领导下的胶济路南北抗战力量能够来往联系，调动配合，其积极意义是不可低估的。这支部队为保持淄河流域的畅通，为冲破敌人设置的障碍，曾付出过昂贵的代价。如 1939 年太河惨案，鲍辉、潘建安、邓甫晨、张永先等，都殉难于国民党顽固派的魔爪之下。每忆及这支部队动人的经历与坎坷的遭遇，我们就情不自禁地想到马耀南、鲍辉等烈士们的光辉事迹！也不禁想到已经逝世的老同志，如廖容标、杨国夫等所做出的杰出贡献，在此均致以深切的哀悼！对参加这支部队尚且健在的老指战员们，也不禁倍增怀念，特致敬意！

毛主席让我带信给范筑先的经过

黎　玉*

抗日战争初期，我在山东主持中共山东省委的工作。1938 年春，在发动山东抗日武装起义后，我去延安向党中央、毛泽东主席汇报山东的抗日斗争情况，并向中央提出了派军事领导干部的要求。党中央和毛主席仔细地听取了我的汇报，询问了山东各地的一些具体情况，对山东的抗日工作作了许多指示。在派军事领导干部问题上，毛主席原决定派罗炳辉来山东，后因他工作忙离不开，又通过周恩来副主席改派张经武来山东，担任八路军山东纵队指挥，我任山东省委书记兼山东纵队政委。还派 300 多位青年干部和红军干部来山东工作。毛主席对鲁西北的工作极为关心，亲自写信给范筑先做统战工作，并要我把信面交范筑先。

毛主席的信是用毛笔写的。原话我记不清了，大意是对范筑先进行鼓励和慰勉，肯定了他在敌后坚持抗战的重大贡献和深远影响，鼓励他坚决抗战到底。

当我接到毛主席这封亲笔信时，心里热乎乎的。毛主席担负着指挥全国抗战的重任，已经够繁忙的了。对山东的工作关心得这样细致具体，使我备

* 作者时任中共山东省委书记兼八路军山东纵队政委。

受感动。我决心回山东后更加积极地工作，为早日打败日本侵略者而努力。

1938 年 9 月，我和张经武率领党中央派往山东的 300 多位干部，离开延安返回山东。

我们途经西安时，在八路军西安办事处休息了两天。朱德总司令由前方骑马回来，会见了我们。我们向他汇报后，他向我们谈了山东在政治军事上的重要性和寄予的希望之后，告诉我们要在河南渑池过黄河，然后到晋东南的长治第十八集团军总部。我们到了长治，左权代表总部招待了我们，四大盘子菜很丰富。我们从长治出发，经过太行山、南宫、临清，于 10 月下旬顺利到达了山东的鲁西北重镇聊城。

当我们一行 300 多人到达聊城时，受到了鲁西特委和范筑先及其官兵列队夹道热烈欢迎。聊城的市民也有很多参加了欢迎的行列。我们从延安来的同志，感到聊城确实是一块大好的抗日根据地。

当范筑先得知我带来了毛主席的亲笔信，特别是当我亲手把毛主席的信交给范筑先的时候，近 60 岁的范老高兴异常，非常激动地抖动着双手和花白胡子，使劲地握着我的手连声说：“感谢毛主席的关怀，感谢毛主席的关怀！”与此同时，我还把从延安带来的武汉版的毛主席著作《论持久战》一书，分别送给范老和张郁光等各一册。

到聊城，首先接待我们的是省委张霖之和鲁西特委徐运北及几位重要的秘密党员张郁光、齐燕铭、姚第鸿、赵伊坪等。我们都住在聊城山东省立第三师范学校——当时的鲁西北军事教育团内。袁仲贤是教育长，他负责我们的生活。

范筑先在他的司令部办公室请我们吃饭。该司令部、政治部科长以上的干部都参加了，场面朴素大方。在长桌上摆了五六个大菜盘，肉很多。范先生说：八路军最讲究艰苦朴素，不讲究排场。饭前大家先座谈，范老很高兴地问我们的姓名和年龄，他说：八路军集中了优秀英俊的青年干部，人才济济呀！并说：我快 60 岁了，老气横秋了，要向青年同志们学习。互相敬酒时，都很诚恳实在，没有客套话。

我们到达聊城后的第二天，鲁西特委在聊城原山东省立第三师范礼堂举行了隆重的欢迎大会。范筑先和政治部所属单位的全体干部都出席了这次大会。这是一次我们带的干部大队与中共鲁西北特委和政治部的干部胜利会师大会。范筑先在会上首先致词说：去年 10 月，日军进攻山东，我们鲁西北军民独留黄河以北孤军抗战。今年春天八路军 129 师进军冀南，使我们有了友军支援。我 6 月间在河北省威县会见了徐向前副师长，并参观了他所领导的八路军 129 师部队，学习来很多宝贵的抗战经验。今天又见到你们中共山东省委和八路军山东纵队的诸位同志，以及大队的同志们到聊城来，还带来了毛主席写来的亲笔信，使我感到无上光荣。今后，我一定不辜负毛主席的亲切关怀和对我们的教导，在抗战中一定做出更多的贡献。会上，我和张经武分别代表山东省委和八路军山东纵队先后讲了话。我们向抗战老人范司令表示致敬。当我们代表毛主席和朱德总司令向鲁西北全体军政干部致以亲切慰问的时候，全场响起了长时间的热烈掌声。由于当时的政治环境关系，鲁西特委在聊城处于半公开状态，共产党和毛主席这两个响亮的词汇，在聊城的大会上公开出现还是第一次。因此，这次大会影响很大，具有相当重大的历史意义。会上，延安来的全体同志演唱了抗战歌曲《全面抗战》和红军时代的歌曲《上前线》等雄壮的歌曲。这些歌曲后来很快地传遍了整个鲁西。

鲁西特委在政治部救亡室还举行了欢迎延安战友的座谈会。张郁光以东道主的身份首先发言说：今天是欢迎娘家人的会，大家可以畅所欲言。感谢娘家人带来了马列主义理论和党中央、毛主席的指示，使我们受到深刻难忘的教育。张霖之代表鲁西党组织发言说：同志们千山万水长途跋涉到聊城，带来了毛主席的宝贵指示，使我们今后的工作，更有明确指针，我们一定克服一切困难，努力奋斗，不辜负毛主席的教导。从延安来的同志也先后发了言。他们说，来到了聊城，来到了山东，是到了抗日的前线，也像是来到了自己的家，表示向聊城的同志们学习，决心和山东的人民紧密地团结起来，为打败日本侵略者共同奋斗。座谈会结束后，举行了会餐，范筑先请我们吃了聊城著名的特产“熏鱼”。

我们在聊城休息了两天，继续东进。经泰西抗日根据地时，见到了张北华、段君毅等。最后回到了目的地沂蒙山区。离开聊城之前，留下几名同志在聊城工作，其中有王从化（田兵），担任了范筑先的秘书。

我初到聊城，张霖之告诉我说，范筑先的参谋长王金祥是个坏人，准备把他抓起来。当时，我是同意了的。但后来没有搞成，因此留下了后患。在范筑先接到毛主席的信后还不到一个月的时候，日军包围了聊城，王金祥拥兵不救，出卖了范筑先。由于敌众我寡，于 1938 年 11 月 15 日，聊城被日军攻占，范筑先和共产党员张郁光、姚第鸿等大批将士光荣殉国。

范筑先是一位抗日民族英雄。他用自己的生命实践了自己的诺言："毛主席写亲笔信给我，我今生不能违背毛主席。至今之世，要救中国，要想不当亡国奴，唯有听共产党的话。谁真心抗日我拥护谁，所以我要跟共产党合作，要听毛主席的话，坚决抗战到底。"

毛主席写给范筑先的亲笔信，很可能在那次战斗中遗失掉。如果当时在范身边工作的同志至今还保留着这封信，这将是一件珍贵的革命历史文物，不过现在看这种可能性太小了。范筑先之死和毛主席亲笔信的遗失都是很遗憾的事。

建立山东抗日根据地

郭洪涛*

一、接受任务、奔赴山东

1937年七七事变后，日本帝国主义向我国大举武装侵略，妄图吞并我中华大地。在这民族存亡的生死关头，党中央高举抗日大旗，放手发动群众，开展独立自主的敌后游击战争，建立抗日根据地，发展抗日民族统一战线，联蒋抗日，争取抗战胜利。正面战场上，在侵华日军的强大攻势下，国民党军队节节败退，到1937年末，北平、天津、太原、上海、南京等大城市相继陷落，黄河以北的主要交通线被敌军侵占。

抗日战争开始时，中共山东省委于1937年7月中旬在济南召开会议，研究了如何领导山东人民进行抗战的问题：决定组织抗日游击队，发展抗日救国民众团体，加强抗日宣传。9月，省委又制定了发动抗日武装起义和组织抗日武装的10条纲领及分区发动抗日武装起义的计划。12月，日本侵略军进犯济南时，山东先后发动了冀鲁边、天福山、黑铁山、鲁东、徂徕山、泰西、湖西、鲁南等武装起义，组建了多支抗日武装，对敌军进行了英勇

* 作者时任中共山东省委书记兼军事部长，后任中共中央山东分局书记。

的抵抗，收复了黄河以北 10 多座县城，有力地配合了津浦前线正面台儿庄战场的作战。山东抗日战争的形势很好，急需增加军政干部。1938 年 4 月，山东省委书记黎玉向党中央汇报山东发动抗日武装起义、组建抗日武装、开展抗日游击战争的情况，请求派干部去山东，得到党中央的同意。

我原在陕甘宁边区党委担任书记，抗日战争爆发后，曾请求毛泽东派我到前线去，抗击日本侵略者。在黎玉代表山东省委提请中央增派干部去山东工作之后，中央委托陈云、李富春征求我对到山东工作的意见，我欣然同意。中央很快作出决定，派我和罗炳辉（后改为张经武）到山东省委工作。当时，山东黄河以北地区归中共冀南区委领导，其他地区归山东省委领导。中央选拔了 50 余名军事干部和地方工作干部和我同去山东。我记得有：段君毅、霍士廉、王子文、王文、高克亭（后到）、杨国夫、高锦纯、钟辉、钱钧、何光宇、周赤萍、刘勇、王彬、史秀云、苏杰、刘建中、吴瑞林、陈宏（后到）、白备武、马千里（后到）等。并配备了两部电台和报务人员。

我们离开延安前，毛泽东接见了全体干部，并作了重要指示。他说：日本帝国主义已占领我华北、华东大片国土，侵占山东后继续南进。李宗仁部正在台儿庄阻击日军。我们党的方针，是在山东敌占区开展独立自主的游击战争，创建山东抗日根据地。山区的游击战争是可以坚持的，也取得了一定的经验；平原的游击战争能否坚持，还没有经验，需要看一看。同时还指示，要坚持党在统一战线中领导权和独立自主的原则，放手发动群众，开展游击战争，建立发展民兵、基干武装和主力部队，创建抗日根据地。随后，我找刘少奇，请他再做一些指示（霍士廉与我同去）。刘少奇对我讲，山东敌占区国民党已恢复政权，鲁西北的范筑先和我党建立了共同抗日根据地，这个形势很好，要我转告山东省委驻鲁西北代表张霖之，坚持这个方向；并指示我到山东再找第二个、第三个范筑先式的人物搞统一战线，建立共同抗日根据地。另外，他还谈到苏鲁豫皖边特委离河南省委太远，我去后，即划归山东省委领导。

到山东敌后区去开展独立自主的游击战争，创建山东抗日根据地，这是党中央交给我们的任务，我们是为实现这项任务到山东去的。我们一行乘汽车离开延安去西安，陈云亲自送行，给我们很大的鼓舞，留下了深刻的印象。到达西安后，住在七贤庄八路军办事处。经办事处与国民党当局交涉，我们换上八路军服装，领了八路军护照，旋即乘火车到河南省兰考县，步行至曹县。当时，李宗仁、白崇禧的司令部在台儿庄阻击战胜利后撤到了曹县，正为台儿庄阻击战的胜利召开祝捷大会。邀请我们以八路军的名义参加这个大会。我在会上作了简短的讲话，大意是：日本帝国主义虽然占领了我国大片领土，这是暂时的。日本帝国主义是能打败的，台儿庄阻击战的胜利和八路军平型关战斗的胜利就是证明。日本帝国主义向前推进，我们就在敌后建立根据地，开展游击战争。为配合保卫武汉的正面战争，我们马上就要到敌后去，创建敌后抗日根据地，开展游击战争，狠狠地打击日本侵略者，直到把他们赶出中国去。我的讲话，博得了热烈的掌声，表现出群众对共产党、八路军的信任和期望。而国民党山东省政府主席沈鸿烈害怕我们扩大影响，当晚便指使其公安厅长来到我们驻地，要我们离开曹县县城，并声称对我们的安全负不了责。

为防范国民党反动派的暗害，我们找到范筑先专员驻省政府办事处主任何白沙，要他协助我们安全离开曹县县城。翌日晨，他即安排一辆大卡车，分两批送我们离开。我和一部分干部携带电台先到 100 多公里外的黄河边乘船走；第二批送到更远处下车步行。

途经鲁西黄河边时，我派人请来张霖之，向他转达了刘少奇关于我党和范筑先合作建立鲁西北抗日根据地的指示。

到达泰西，我与张北华接上头。张北华谈了组建泰西区抗敌自卫团，发展游击战争的问题。我当即表示，他们的做法是正确的，并确定组建泰西特委，段君毅任书记，万里、孙光、张北华分别担任宣传、组织、军事部长。抗敌自卫团主席由张北华兼任，政委由段君毅兼任，从延安来的何光宇任自卫团副主席，李国厚、张正福等军事干部也留泰西工作。

万里亲自率领部队护送我们过了津浦铁路，由第 4 支队接我们于 1938 年 5 月 20 日到泰安县南上庄省委驻地，与林浩见面，我们一行胜利到达了目的地。

二、山东省委制定战略计划

1938年5月21日，山东省委在泰安南上庄召开了干部会议。在会上，我传达了毛泽东关于建立抗日根据地、开展独立自主的游击战争的指示，作了《为创建山东抗日根据地而斗争》的报告。我在报告中提出，要坚决贯彻执行党中央、毛泽东的指示，坚持独立自主的游击战争，建立巩固的抗日根据地；几个主力支队开始由游击队向正规军的道路上前进；广泛地组织与武装广大民众，帮助政府和军队抗战；巩固与扩大统一战线，坚持山东游击战争，直到把侵略者赶出中国去。

经过会议讨论，制定了《发展和坚持山东游击战争的战略计划》。确定创立以鲁中沂蒙山区为中心的根据地。向北以淄博山区为依托，开创清河地区游击根据地；向南开创抱犊崮山区抗日根据地；向东发展开创沿海地区抗日根据地；在津浦铁路以西，创立梁山泊和微山湖两块根据地；在胶东创立以大泽山为中心的根据地。

会后，省委将这个战略计划报告了党中央；6月30日，又作了补充报告。7月4日，毛泽东电复省委："这个战略计划很好，望即照此去做。"

山东省委改为苏鲁豫皖边区省委后，于1938年7月，在沂水县岸堤召开会议，研究了开辟沂蒙山区抗日根据地的问题。会议认为：沂蒙山区地势险要；我党与国民党山东第三区专员张里元以及当地的一些开明士绅建立了较好的统战关系，有利于坚持游击战争，创建根据地；在这一地区建立根据地，对坚持山东抗日游击战争具有战略意义。因此，我们进一步确定了在沂蒙山区建立抗日根据地的方针。省委机关即设置在岸堤。

三、重组山东省委，恢复和加强各级党和群众组织

我到山东后，根据中央决定，重组山东省委，我和林浩为常委，由我担任书记。并暂定我兼任军事部长，林浩兼组织部长，景晓村任秘书长，张天民、史秀云分别担任职工、妇女部长。不久，省委确定程照轩为组织部长，

孙陶林为宣传部长，刘居英为统战部长，景晓村为青年部长，张天民、史秀芸仍分别担任职工、妇女部长。

1938 年 5 月下旬，毛泽东电示：徐州失守，武汉危急，我军准备向苏、鲁、豫、皖四省挺进。根据这一战略部署，中央决定将山东省委扩大为苏鲁豫皖边区省委，管辖山东和原属河南省委管辖的苏鲁豫皖边区。我仍担任书记兼军事部长，秘书长先后由景晓村、李均担任，组织部长程照轩，宣传部长孙陶林，统战部长郭子化，青年部长先后为景晓村、孙陶林，副部长杨涤生，职工部长和妇女部长仍分别由张天民、史秀芸担任。

山东是全国最早建立党组织的地区之一。抗日战争爆发后，山东省委根据中央指示，决定组织游击队，开展抗日武装斗争。许多共产党员响应中共中央北方局“脱下长衫，参加游击队去”的号召，纷纷参加了抗日游击队。为建立抗日根据地，必须有党组织的坚强领导。因此，省委决定恢复和加强各级党组织，除延安来的干部外，还从各游击队中抽调一批干部，安排到地方党组织工作。

除已组建的泰西（即鲁西）特委和原有湖西工委两个党组织外，山东省委和边区省委先后建立和加强了几个特委。新建与加强的特委和负责人是：胶东特委，王文任书记；清河特委，霍士廉任书记；淄博特委，金明任书记；鲁东南特委，景晓村任书记。以后又成立了泰山特委，夏辅仁任书记。苏鲁豫皖边区省委成立后，1938 年 8 月，根据中央指示，撤销苏鲁豫皖边区特委，原边区特委所辖地区分别成立苏鲁豫（亦称湖西）、鲁南和苏皖三个特委，均由苏鲁豫皖边区省委领导。苏鲁豫边区特委，由王文彬、白子明先后任书记。鲁南特委，宋子成任书记。苏皖特委，邵幼和任书记。

在组建和加强特委的同时，各地都相继建立和加强了县委。由省委直接领导和建立的县委有 11 个：新泰县，1938 年 6 月，在南鲍村召开新泰县党员大会，成立县委，确定董琰、李枚青、周星夫等负责，董琰任书记，对外称八路军驻新泰办事处；莱芜县委，刘莱夫任书记；泰安县委，李铁民任书记；沂水县委，刘建中任书记；蒙阴县委，苏杰任书记；费县县委，李伯瑾任书记；临沂县委，杨士法任书记；临郯县委，韩去非任书记；博山县委，张敬涛任书记；淄川县委，由淄川矿区工委改建，张天民任书记；曲泗宁边县委，孙汉卿任书记。临沂、临郯县委后归鲁南特委领导；淄川县委后归淄博特委领导。以后，莱芜、泰安等县委划归泰山特委领导。

1938 年 11 月，党中央派张经武、黎玉率抗大、陕北公学毕业的学员和一部分红军干部、白区工作干部近 200 人，从延安来到山东。12 月，中央决定，苏鲁豫皖边区省委改为中共中央山东分局，我任书记，张经武、黎玉任委员。张经武任八路军山东纵队指挥，黎玉任政委。分局秘书主任李均（后为杨刚毅），组织部长程照轩，宣传部长兼青委书记孙陶林（后由杨涤生任青委书记），统战部长郭子化，社会部长刘居英，职工部长张天民，妇女部长史秀芸。1939 年 5 月，中央指示山东分局增加罗荣桓、陈光、徐向前、朱瑞、彭雪枫等 5 位同志为委员。这样，山东分局共有委员 8 名，我仍担任书记。

1939 年 6 月，八路军第 1 纵队司令员徐向前、政委朱瑞来山东后，1 纵和山东纵队合署办公。分局机构作了部分调整，由朱则民任秘书长，李竹如任民运部长。

为适应抗日游击战争发展的需要，山东分局再次调整了各地党的领导机构。1939 年在鲁中反“扫荡”后，为加强和统一对整个沂蒙山区的领导，成立了大鲁南区党委，又称山东第 1 区党委，林浩任书记兼宣传部长，史秀云任组织部长，魏思文任组织部副部长，林乎加任宣传部副部长。以后又相继建立冀鲁边、渤海、清河、胶东、鲁西、鲁中、苏鲁豫、鲁南、滨海、苏皖等区党委或特委，区党委下辖地委、县委。为取得合法地位，有些区党委和地委、县委对外用八路军办事处或八路军后方司令部的名义。

先后在山东省委、苏鲁豫皖边区省委、山东分局的领导下，成立了农民救国会、工会、青年救国会、妇女救国会等抗日群众团体。各区党委、特委及地委、县委、区委也都建立了这些群众组织。并普遍建立群众抗日武装组织、抗日自卫团。

党组织的加强和发展，对领导和发展抗日根据地，有效地开展游击战争，起了决定性的作用。

四、整编和发展抗日武装力量

我到山东省委工作时，山东各地已建立的10多支游击队伍，名称不一，有的用抗日救国军、抗日自卫团、抗日游击队、抗日义勇队等番号；有的则直接用八路军的番号；也有的抗日武装，是在我党的推动下，联合地方实力派共同组建的。为了扩大我党我军的影响，使游击队成为在我党绝对领导下的人民军队，我与林浩商定，党领导的山东境内的抗日武装部队统一使用八路军的番号，以各游击队为基础组成支队，并调整和加强支队的领导。经请示党中央得到了批准。毛泽东、刘少奇联名电复："山东的基干武装应组建支队，恢复和使用八路军游击支队的番号，目前可组成4到5个支队，县区武装则以支队领导下的游击队名义出现，用抗日联军的名义不好。"过了几天，毛泽东再次电示："凡属我党领导已取得广大群众拥护，又邻近友党友军之游击队，以用八路军名义为宜。否则各地国民党均将控制，如使用普通名义，则不得不听其指挥，甚至通令解散，八路军亦无权过问，用八路军名义则无此弊。"

在中央批准后，除冀鲁边区与鲁西北的部队外，对各地的游击队进行了初步整编和加强。1938年6月，原活动于沂水、莒县地区的第4支队所属6大队扩编为八路军山东人民抗日游击第2支队，支队长先后为罗绩伟、刘勇，政委先后为吴瑞林、景晓村，政治部主任由李仲林担任。原活动于小清河以南和胶济铁路南北广大地区的山东人民抗日救国军第5军改称八路军山东人民抗日游击第3支队，司令员马耀南，政委霍士廉，副司令员杨国夫，参谋长叶更新，政治部主任鲍辉。徂徕山起义时组建的八路军山东人民抗日游击第4支队，1938年4月改称山东人民抗日联军独立第1师，6月改编为八路军山东人民抗日游击第4支队，司令员廖容标，政委林浩，副司令员赵杰，参谋长王彬，政治部主任周赤萍。1937年12月，天福山起义的抗日武装组成的山东人民抗日救国军第3军（司令员理琪，1938年2月理琪牺牲后，总指挥先后为林一山、高锦纯，政委宋澄，政治部主任先后由林一山、曹漫之、李丙令、李耀文担任），与1938年3月玉皇顶起义武装建立的胶东抗日游击队第 3 支队，于 1938 年 8 月合编，用第 3 军番号，3 支队番号撤销；9 月改编为八路军山东人民抗日游击第 5 支队，司令员高锦纯，政委宋澄，副司令员吴克华，参谋长赵锡纯，政治部主任宋竹庭。1938 年 4 月，八路军鲁东游击队第 7 支队（支队长王培汉，政委鹿省三，参谋长刘光汉，政治部主任王翼之）和第 8 支队（支队长马保三，政委张文通，副支队长韩明柱，政治部主任杨涤生）统一由新组建的八路军鲁东游击指挥部指挥，马保三任指挥，鹿省三任政委（鹿牺牲后，张文通任政委），韩明柱任副指挥（后牺牲），王翼之任政治都主任，刘光汉任参谋长。1938 年 3 月，中共苏鲁豫皖边区特委向国民党第五战区争取到苏鲁人民抗日义勇队的合法番号，5 月，组建苏鲁人民抗日义勇队第 1 总队，总队长张光中，政委先后为何一萍、李浩然、李乐平，参谋长韩文一，政治部主任先后为王见新、李浩然；9 月，为了和国民党山东省第三区（临沂）专员张里元建立统战关系，争取他做第二个范筑先，这支部队改用国民党山东第三区保安司令部直辖四团番号，张光中仍任团长，干部任命、作战部署，都由省委决定。1938 年 6 月，鲁西南和徐（州）西北区委根据苏鲁豫皖边区省委指示，汇集各县抗日武装力量，正式组建了苏鲁人民抗日义勇队第 2 总队，总队长李贞乾，政委先后由王文彬、郭影秋担任。

1938 年 7 月，八路军 115 师、129 师 1 部挺进冀鲁边区。9 月，萧华率八路军 115 师 343 旅部分机关人员到来，打开了冀鲁边区的局面，重新整编了边区部队，将平津支队改编为八路军东进抗日挺进纵队 6 支队。这支部队当时归冀南区党委领导。

为保证党对部队的绝对领导，省委对游击队进行一次整顿，提高了干部和战士的思想觉悟，使游击队的建设得到加强。

为统一领导山东各地的抗日武装，1938 年 12 月，党中央批准建立了八路军山东纵队，指挥张经武，政委黎玉，参谋长王彬，政治部主任江华，供给部长马馥塘，1939 年 6 月增加王建安为副指挥。山东纵队的成立，标志着山东人民起义武装已由若干分散的游击队成为在战略上统一指挥的游击兵团，更有利于对敌斗争。纵队成立后，对游击队进行了整编，所属各支队及主要负责人是：第 2 支队，司令员刘勇，政委景晓村；第 3 支队，司令员马耀南，政委霍士廉；第 4 支队，司令员廖容标，政委林浩；第 5 支队，司令员高锦纯，政委宋澄；第 6 支队，司令员刘海涛，政委张北华；第 8 支队，司令员马保三、政委张文通；第 9 支队，司令员王麟阁（王林肯），政委傅骥，不久，编入 8 支队；第 12 支队司令员董慕仲，政委张岗；陇海南进支队，司令员兼政委钟辉，副司令员梁海波；苏鲁人民抗日义勇队第 1 总队，仍用张里元保安司令部直辖第 4 团的番号，团长张光中，政委李乐平；挺进支队，支队长李贞乾，政委郭影秋；陇海游击支队，支队长兼政委钟辉；以及纵队特务团和临郯独立团。1939 年春，山东纵队进行了第二次整编，整编后辖 7 个支队 2 个团，即第 1、2、3、4、5、6 支队，陇海游击支队，纵队特务团、直辖 4 团，各支队的主要负责人也作了部分调整。

山东纵队建立时共有兵力 24000 余人。从 1939 年春开始，山东纵队对所属部队进行了 5 次整训和整编。整训的中心任务是使部队正规化，加强党的政治工作，地方武装基干化，全体武装党军化，提高部队的政治觉悟和军事素质，增强全体游击队的战斗力。

1939 年 3 月，根据毛泽东“派兵去山东”的指示，陈光、罗荣桓同志率 115 师主力 2000 余人进军山东，极大地增强了山东的抗战力量，对坚持和发展山东的抗日游击战争，建设和发展山东抗日根据地起了巨大作用。至此，淮河以北山东境内的八路军正规部队和游击队已有三支：一支是陈光、罗荣桓率领的 115 师主力一部，活动于泰西、湖西地区；一支是萧华率领的八路军东进抗日挺进纵队，这是以 115 师 343 旅 1 部和 129 师津浦支队为基础组成的部队，活动于津南、鲁北地区；一支是山东纵队，主要活动于鲁中、鲁南、胶东、清河地区。正规部队和游击部队互相配合，协调行动，给了日本侵略者以沉重的打击。

同年 6 月，根据第十八集团军的决定，徐向前、朱瑞到达鲁中。8 月，建立了八路军第 1 纵队，徐向前、朱瑞分任司令员和政委，统一指挥八路军在山东和苏北的部队。在抗日斗争中，进一步发展和壮大了抗日武装力量。八路军主力部队和山东纵队所属支队及各县游击大队、区游击中队都有了很大的发展；各县区还普遍建立了群众性的抗日武装组织，配合八路军作战，输送给养，运送伤员，站岗放哨等，既有力地打击了敌人，也有利于抗日根据地的巩固和发展。

五、建立抗日民主政权

1938年上半年，在掖县、蓬莱和黄县先后建立了山东最早的三个抗日民主政权。同年8月，在这三个县的基础上，建立了北海行政督察专员公署，曹漫之任专员。北海行政督察专员公署的成立，标志着胶东第一个抗日根据地的基本形成。胶东特委筹建的北海银行于10月间首次发行北海币，后又陆续扩大发行。北海币与国民党政府的法币币值相等，在蓬莱、黄县、掖县根据地内通用。北海币发行后，币值稳定，成为根据地的主要货币，对根据地的经济发展起了很大作用。后来接受了沈鸿烈省政府无理要求取消北海行政督察专员公署及北海银行，这是错误的，正如中央1939年所指出的，"山东方面过去退让太多，如接受取消北海行政公署及北海银行；未能于省府、县长西逃时普遍委任自己的县长……"我到山东前不久，已经打掉秦启荣委派的莱芜县县长谭远村，山东省委打算委派县长，经请示党中央，中央电示：已和沈鸿烈商妥，委派可以和我合作的民主人士梁竹航任县长（梁竹航后来加入了中国共产党）。省委并拟在几个县的边界地区成立民主抗日政府，由于种种原因，后来只在曲泗宁边成立了一个外白内红边区自治政权。

在1939年夏敌军"扫荡"沂蒙地区之前，这个地区的政权掌握在沈鸿烈手中，归他指挥，这对我抗日根据地民主政权的建立极为不利。山东分局对在敌后山东国民党有政权的地区，我们应采取什么政策？是否采取建立双重政权的政策？一直未定下来。在日军大"扫荡"之前，山东分局认为解决这个问题的时机已经成熟，因而作出了重大决策：在国民党有政权的地方，凡是有条件的都要建立抗日民主政权，即双重政权（中央于1939年底也发出了在山东和苏皖地区具备条件的地方建立抗日民主政权的指示）。在山东分局作出的《关于山东工作方针原则的决定》中，要求各地趁国民党县、区、乡长溃逃之际，加紧建立专署、县、区、乡抗日民主政权，积极扩大山东纵队和地方武装，巩固和发展地方党。这是非常重要的决定。根据这个决定，山东分局在6月敌人大“扫荡”开始时，就派出大批干部下去组建县、区、乡抗日民主政权。7月发出指示，强调被敌人“扫荡”已瘫痪的县、区、乡政权，需加紧建立抗日民主政权。

经过努力，至1939年下半年在鲁中和鲁南建立了11个县级政权。我记得的县级政权和县长是：莱芜县先后为梁竹航、谭克平；新泰县先后为张克威、张种玉；沂水县为江海涛；蒙阴县为杨荆石（画家）；邹县为姜云川；泰安县为程鹏；博山县为张敬涛；淄川县为吕民三。另外，根据《山东党史大事记》记载，鲁中还成立了临淄、临朐两个抗日民主县政府；在曲泗宁边区成立了人民自治委员会，选举朱蓂阶为主任委员。段君毅还回忆，鲁西地区在这期间先后建立了6个县政权，即长清、肥城、东平、宁阳、泰安（西）和平阴。根据《八路军山东纵队》记载，清河地区建立了博兴、高苑、邹平3个县政权和胶东早已建立的蓬、黄、掖三县抗日民主政府，以上共计建立了25个县政权。还拟成立泰山专署，内定赵笃生为专员（我离开山东后改为成立泰、莱、历、章、淄、博、新联办）。此外，“在苏鲁豫边已取得鱼台一个县，并有表面系统战形式，实际执行我之政策的丰、沛、萧、砀及单县等5县”（见1939年7月山东分局给中央的报告）。

随着县、区、乡抗日民主政权的建立，扩大了抗日武装，动员广大人民群众投入抗日斗争，对巩固和发展抗日根据地，起了重大作用。

六、创办干校、党校，创办《大众日报》

为了建立根据地，发展游击战争，急需培养干部，于1938年6月，省委决定建立山东抗日军政干部学校。第1期于行军途中在费县境内开学。8月，省委机关进驻沂水县岸堤镇后，干校校址设在岸堤，称为岸堤军政干部学校，孙陶林任校长。军事教员由有丰富战斗经验的同志担任，讲述战术、战例；政治教员由省委的同志兼任，我也去讲过课。干校采取授课与讨论相结合、理论联系实际的方法，对学员进行培训，效果较好。

在我主持省委、分局工作期间，干校共办了5期，培训学员近3000人。前4期学员毕业后分别派往游击队和基层党政机关工作。最后一期学员将要毕业时，适逢日军对沂蒙山区根据地大“扫荡”，全体学员在政治处主任徐元泉领导下，投入了反“扫荡”战斗，锻炼了学员并取得了战斗的胜利，缴获了一些武器弹药。

为加强对党员干部的培训，以适应斗争形势发展的需要，省委决定建立党校。1938年11月，省委党校在沂水县岸堤成立，对外称山东抗日军政干部学校分校，由我兼任校长，潘维周任副校长。第一期学员结业后，党校移到沂水县夏蔚村，改为山东分局党校。在我就任期间，共培训了党的干部600余人。结业后，这些同志分赴各地做党的工作。

两校培训的学员，成了山东党、政、军干部队伍中的骨干，在抗日和解放战争中，作出了重要贡献。

坚持抗日战争不仅需要强大的武装打击敌人，还需要有强大的思想武器，宣传党的方针政策，唤醒和鼓舞广大人民群众的斗志，坚定指战员抗战必胜的信心；并且揭露日军的种种暴行和反动分子、汉奸走狗的丑恶行径。因此，经山东分局决定，于1939年1月1日在沂水县王庄创办了《大众日报》，作为分局的机关报。由刘导生任社长，匡亚明任总编辑（4月后任社长兼总编辑），于一川任印刷厂厂长。

报社成立时，召开了全体职工大会。我在会上讲了当时抗战的形势，分局筹办报纸的经过情况，并要求大家以极高的热情，认真的工作态度，努力办好这张报纸。

报社包括印刷厂共有50多人，先出了两期油印试刊以配合当时突击发动群众和建立各抗日团体的任务，并为1939年元旦出版四开《大众日报》做好准备。《大众日报》报头是马民写的。发刊词由匡亚明执笔，阐明办报的宗旨是：“为大众服务，成为他们精神上的必要因素之一，成为他们自己的喉舌，更成为他们热烈支持的最公正的舆论机关。”经过全社职工努力，在1939年元旦凌晨5时，4000份报纸全部印出，当天《大众日报》正式与读者见面了。我向报社的同志表示感谢，并表扬了他们的出色工作。《大众日报》越办越好，在当时抗日战争中起了重大的作用。

向冀鲁豫挺进

杨得志*

1938 年春，日军扩大侵华战争，调集曾参加过淞沪战争的主力和驻华北重点地区的部分兵力，企图占领战略要地——徐州，彻底打通津浦线。这样，它在华北地区的兵力便相对减少。为了在冀、鲁、豫平原开辟、发展我党所领导的抗日根据地和游击战争，配合和支援正面战场上国民党抗日的部队在徐州一带作战，毛泽东等发出了关于在河北、山东平原地区大力发展游击战争的指示。根据这一指示的精神，第十八集团军对所属部队的部署作了相应的调整。其中 115 师 344 旅的一部分和 129 师的主力部队，接受了由太行山向冀南、豫北发展的任务。

因为 344 旅旅长徐海东有病，这年夏天，朱德总指挥命令我由 685 团去 344 旅任副旅长代理旅长职务。

当时，344 旅旅部住在晋东南长治附近高平县的安昌村。八路军总部驻故县村。两地相距不远。据说长治市自秦汉置郡以来就是晋东南政治、经济、文化、交通的中心。这里，四面环山，形成一个小盆地，夏季气候异常炎热。

---

* 作者时任八路军第 115 师第 344 旅副旅长，代理旅长。

我去总部朱老总那里接受具体任务的时候，机关的一些同志正坐在树荫底下，学习研究毛主席刚发表不久的《论持久战》讲演稿。朱老总戴着眼镜，手里拿着一本油印的讲演稿，见我来了，扬了扬，问：“毛主席的这个讲演稿，你读过了吗？”

我告诉朱老总我从介休赶到旅部后，才见到毛主席的讲演稿，读是读过了，领会得却还很肤浅。

朱老总摘下眼镜，说：主席说了20多个问题，很重要。各方面都讲到了，讲得很全面。特别是持久战的三个阶段——要我们有耐性，不要犯急性病。抗战一开始我们就坚信日本不可能灭亡中国，但是也应该看到，我们一天两天也打不败他们。

他拿起毛巾擦了一把脸上的汗水，接着说，战争嘛，就是政治、经济、兵力和武器装备、指挥艺术的较量，看谁的优势强！我们最大的优势是民心所向，或者叫作政治优势，这是任何敌人所无法和我们比拟的！毛主席说“兵民是胜利之本”，有了这一条，最后胜利一定是属于我们的！

朱老总谈到我们的具体任务时说，海东身体不太好，你是代旅长，要把所有的工作“带”起来。前一段，中央派徐向前、宋任穷、陈再道等同志到冀南去了。你们去的这一片，属于冀鲁豫三省边区，是古战场。这里自古就是兵家必争之地啊。著名的城濮之战、楚汉相争、官渡之战、朱仙镇破金，以及唐末的黄巢农民起义等都发生在这一带。如今，这里对确保太行山，沟通山区与平原的联系，遏止日军南下和西进，起着巨大作用。所以，无论如何要牢牢地控制在我们手里。任务艰巨啊！

我对朱老总讲，冀鲁豫地理位置的重要我知道一些，但对在平原作战，特别是在敌后作战，自己还缺乏经验。

朱老总说，困难不会少的。而且你这次去，号称一个旅，但你的政治委员黄克诚同志和主力部队不能马上和你一起走。你和崔田民只能带一点部队先去，所以叫做开辟根据地嘛。朱老总特别强调了“开辟”两个字，他还指出在那个地区很早就有我们党的工作，也有一些革命武装力量，群众基础也还不错。另外，还有不少有志于抗战的上层人士。至于平原作战，可以学嘛！当初上井冈山的时候，谁想过要强渡大渡河，要过雪山草地，要在平型关打坂垣师团呢！

朱老总的话把我说笑了。

朱老总见我汗水直淌，叫警卫员拿来一个西瓜切开，一边让我吃，一边继续说：到那个地区后，对日军作战我倒不怎么担心，因为据了解，那里日军主力比较少，但汉奸、顽固派、各式各样的杂牌军、“土匪”，多得很。群众反映，那地方的“司令多如牛毛”哩！怎么办呢？毛主席在《论持久战》里说中国要战胜日本有三个条件，而主要的是“中国人民的大联合”。工作艰苦，形势和斗争也会错综复杂，不过我看没有啥子了不起的嘛！

朱老总总是这样，在谈古论今，闲聊似的谈话中启发我们，教育我们，使我们在不知不觉当中得到提高，学到许多既有理论又有实际的东西。

根据朱老总的指示，黄克诚和我研究确定，将687团（团长田守尧、政治委员吴信泉）留晋东南，我和旅政治部主任崔田民带100多人去河南滑县，与先到那里的韩先楚（团长）、康子祥（政治委员）等领导的689团会合。

344旅原来是红15军团的底子，战斗力很强。但是我对这支部队的状况很不熟悉。所以，在黄克诚政委不在的情况下，如何带好部队完成上级交给的任务，心中不太有底。黄克诚不仅年长我好几岁，而且早就是红三军团的领导人之一，为人正派耿直，原则性强，又有丰富的军事指挥和政治工作经验，我很尊敬他，思想上也有些依赖他。因此我便把自己的想法毫无保留地告诉了他。

黄克诚听罢我的话，在自己的头顶上画了个圈，笑着说：“你有这些想法不奇怪。平型关战斗后上级派我来的时候，我也有过类似的思想。这次朱德同志亲自找你谈了话，任务交代得很明确。老杨，这种时刻派你来接替海东同志的工作，担子蛮重的啊！关于这支部队的情况嘛，一是去了以后就会慢慢了解的；二嘛，崔田民同志是老陕北，他可以协助你；第三，大家都信任和支持你，你就放心大胆地干吧！”

告别留守部队和安昌村的群众时，黄克诚一直把我们送出村外老远。他握着我的手说，“你们先去打前站，说不定哪一天我们都得去。有什么情况我们及时联系，好在离得不算远嘛！”

这时已经是1938年的9月了。

我们经过10多天的连续行军，翻过太行山，从豫北的淇县、汤阴之间越过平汉铁路封锁线，在滑县地区同689团会合了。沿途这一带虽未被日军侵占，但由于国民党政府贪官污吏的横征暴敛，地方反动势力的敲诈勒索，土匪的胡作非为，以及洪涝灾害，群众生活十分贫困，精神非常紧张。为了防范“兵匪”的骚扰，几乎村村寨寨都修起了土围子。我们经过的许多村庄，老乡们也都把围子门关得紧紧的。大人们躲着不照面，只有一些面黄肌瘦的孩子，瞪着一双双惊恐好奇的眼睛，远远地望着我们。但是到689团驻地，情况却完全相反，群众的衣着虽然也相当破烂，但情绪高涨。他们欢迎我们，送茶送水，问长问短。孩子们兴高采烈地喊着：“快来看啊！又来了八路军的大部队啦！”看到这样热烈的场面，部队受到很大的鼓舞。

“你们的群众工作搞得很好呀！”我对韩先楚说，“有些什么经验给新来的同志们介绍介绍嘛！”

韩先楚团长，这位1928年参加红军的老同志，操着一口湖北红安话说：“什么经验？还不是咱们那老一套——事事严格纪律，处处爱护群众，尽力帮助他们解决些实际困难。再加上一条，就是对敌、伪、顽和土匪不客气。打几个胜仗，替群众撑腰、出气，这就行了！”

韩先楚的话说得简单，但我知道眼前这一切他们是付出了辛勤的努力和巨大的代价的。

韩先楚还告诉我，我们党的直南（指河北省南部，因该省曾称直隶省而得名）特委成立以来，陆续在各地成立党组织，发动群众武装抗日。但由于这一带反动势力比较大，党的活动暂时还处于秘密或半公开的状态。目前虽有了几支游击队，但武器装备很差，成分也比较复杂，思想政治工作又没有跟上去，所以战斗力比较弱。最主要的问题是党的统一领导还没有完全形成，中坚力量不强。他最后说：“你们来了就好了。”

“你们搞得不错，打下了很好的基础。”我说，“我看，关键问题还是要加强党的统一领导，就我们来说，要多打几个胜仗，煞煞敌人的气焰，鼓舞群众的情绪。一句话，局面已经初步打开，经过大家的再努力，形势会越来越好的！”

大家都高兴地笑了。

我们胜利会合后没有几天，总部指示我们堵截在冀南地区受到宋任穷、陈再道等领导的部队沉重打击后，正在向南逃窜的一股伪军。这股伪军的头目叫扈全禄，原系国民党军。我们从滑县经浚县过平汉路追到汤阴以西，将扈全禄部全部歼灭。俘虏伪军1400多人，其中还有2个旅长和1个团长。这一仗打得顺利、漂亮，在当时当地可以说是前所未有的大胜利，滑县县城从此得到解放。由于军事上的胜利，特别是中央加强了直南特委，我们在特委的领导下，又经过一个多月的作战，基本上肃清了平汉路东、漳河以南、卫河两岸近百里内的伪军和土顽部队，开辟了一大片抗日游击根据地，建立了安阳、汤阴、内黄等县的抗日政权。

深秋，卫河流域发生了严重的鼠疫传染病。为了在少医缺药的情况下保护人民生命财产的安全和部队的战斗力，上级要地方党组织尽力安排好群众的预防和治疗，同时指示部队返回晋东南，在长治、高平（县）一带进行冬季练兵。

1939年的元旦，我们是在长治以南的柳林村过的。白雪皑皑的太行山，雄伟壮丽；银装素裹的长治盆地，千姿百态。根据地的人民群众正兴高采烈地筹办春节，热闹非常。在烽火连天战乱不已的年月，能看到这样一种比较和平宁静而又热烈欢腾的气氛，给人以巨大的安慰。

过了新年不久，1939年2月初，我和崔田民又一次奉命东进冀鲁豫边区，总部给我们的任务是：到冀鲁豫扩大部队，待命回山西。

由于那一带有了一定的群众武装，这次我们由山西高平县出发，只带了一个工兵排和一个炮兵排，总共不足100人。黄克诚担心我带的人太少，要我再带点部队。我把和崔田民研究的意见告诉他说：“太行山是日军目前扫荡的重点，更需要部队。根据我们的体验，冀鲁豫边区地带是把‘干柴’，一点就能燃起熊熊大火。既然总部要我们去扩大部队，你就放心吧！”

我们出壶关，经合涧，在汤阴以南宜沟过平汉路日军封锁线的时候，正值春节。但车站附近的气氛同我们刚刚离开的晋东南抗日根据地相比，真可以说是天壤之别。节日的欢乐气氛一点也没有，冰雪遍地，寒风凛冽。看到的尽是衣着破烂、携家带口的难民。孩子哭，婆娘叫，老人们拄着拐棍四处乞讨。他们失神的眼睛望着我们，也许因为不了解我们，眼神中似乎还有些恐惧。

这是我们的兄弟姐妹和父老乡亲啊！战士们心里很难过。他们谁也没吭声，只是默默地掏出自己为数不多的口粮，放在一双双伸过来的、干瘦如柴的手里。眼里无不饱含着热泪。

我的挑伕老谢，一位江西老俵，把自己身上的口粮全部送光了，又在他挑的破箱子里寻找着什么——那里边除了地图、文件，还能再有点什么呢？

我让警卫员把我的口粮交给老谢，让他送给群众。“不！”他说，“你的口粮一粒也不能动！”

这位老谢，年龄比我大，当挑伕的时间也不短了。他身上凝结着中国农民忠厚质朴的美德，曾经多次负伤，身体不怎么好。我动员他不当挑伕，去当膳司管伙房。他说：“我一不识字，二不能算账，顶个膳司的名不做工作有什么意思？不干！”我动员他去当马伕，那活比挑伕稍轻一点。他说：“我没有经验，喂不好马，误你的工作。万一让马踢了还得分你的心，让大伙照顾我，不去！”我说：“你总不能跟我当一辈子挑伕呀？”“当一辈子挑伕又怎么了？”他有点急了，“你现在离不开我，未必日后就能离开我。只要你还打仗，就得有地图、有文件，有这些东西就得有箱子放，有箱子就得我来挑。”

这就是老谢。

老谢多年来还养成了一个习惯，无论在战场还是到驻地，看见什么人家不要的破布烂绳、针头线脑的总拣起来放着。年轻的战士们和他开玩笑说：“老谢，你拣这些破烂下小崽呀！”他不笑，只是说：“年轻娃娃懂个啥？日后总有用。世上没有白费的东西哩。”

这就是老谢！

老谢不让警卫员动我的口粮，却从箱子里翻出两块老羊皮。

“这还是在陕北一次战斗中拣来的哪！”他说着把羊皮披在两个浑身发抖的孩子身上，挑起担子走了。一边走一边回头望着那两个也望着他的孩子。

这就是老谢。

他用无声的语言给了大家多么大的力量啊！

我们过了平汉路，从五陵集渡卫河，在浚县与内黄之间的井店一带与刘震带领的一个大队会合。这个大队当时只有一个营的兵力，是从344旅3个团各抽一个连组成的。我们从这里经濮阳到达鲁西南边上的东明地区，同地方党建立起来的两支游击队，组建成了八路军冀鲁豫支队。

冀鲁豫支队由我任支队长，崔田民任政治部主任（后为政治委员），卢绍武任参谋长。支队下辖3个大队。1大队长刘震，政治委员李雪三；2大队长覃健，政治委员常玉清；3大队长鲍启祥，政治委员刘汉生。共约2000多人。以后还增加了4大队和5大队。4大队大队长吴大明，是一个在“不愿做亡国奴的人拿起枪来一致抗日”的口号鼓舞下，背叛地主家庭的同志，拉起队伍组成了4大队。5大队主要是由当地一支成分相当复杂的部队改编过来的，大队长是胡继成。这时整个支队约4000余人。在我的记忆里，这是冀鲁豫边区由我们党统一领导的一支比较早的抗日武装力量。

根据八路军总部的指示精神，我们的任务是在这片土地上广泛发动群众，开展游击活动，壮大抗日武装，建立民主政权。

开展工作比较困难、花力气最多的是鲁西南地区，也就是现在菏泽市周围的东明、定陶、曹县、成武、金乡、巨野直到梁山这一片。菏泽又名曹州，是著名的牡丹之乡。据说从明朝嘉靖年代就开始种植这“花中之王”，有红、黄、蓝、白、黑、绿、紫、粉等多种颜色300多个品种。但我们来到的时候正值春末，不但不见牡丹，群众连粮食都吃不上，过着糠菜半年粮的日子。菏泽东北的梁山县，是水浒故事中梁山泊英雄们聚义的地方。我们来到的时候，距宋江起义已近千年，只能看到一些传说中的宋江寨、忠义堂、阮氏三雄故居等遗迹。当时这里有两多：一是土匪强盗多，而且几乎所有的土匪头头都有绰号；二是土围子多，而且土围子都比较高、比较厚。群众的房子却很简陋，是用高粱秆糊上泥巴盖起来的。

由于受敌、伪、顽反动宣传的影响，我们刚到时，群众一见便往土围子里跑，跑进去就把围子门关得紧紧的。男男女女抄起大刀、梭镖，架起土枪、土炮，大喊大叫着不许我们靠近，气氛十分紧张。

进不去围子我们就在外面做群众工作。围子里的群众见我们不攻打他们（他们知道凭我们的武器装备攻打他们是不成问题的），不侵犯群众的利益，说话又和气，慢慢地白天把围子门打开，让我们过路。但只许过路不许停宿——现在想，那也许是对我们的考验吧。后来，他们主动让我们在里面休息，有时还送些开水来。利用休息的机会，战士告诉他们我们是共产党领导的八路军，是来和他们一块打鬼子，打汉奸，打土匪的。喝水给钱，因为开水是柴火烧的，而柴火是他们砍的。不仅喝水要给钱，损坏了盆子、碗也得赔钱。这就叫八路军的纪律。这样的工作崔田民政委和我都亲自做过。这样的事情做多了，有的青壮年就说："你们这伙子队伍俺们看真不孬，可就是不知道你们能不能打得了鬼子和汉奸，保俺老百姓过安生日子。"有的老年人问："你们叫什么支队？支队最大的官，有没有俺们这里的司令大呀？你们有多少兵？"那时候鲁西南土匪部队不少，司令多如牛毛，群众确实搞不清楚。

我和崔田民、卢绍武等分析了这些情况，觉得通过工作，群众在了解我们的基础上，对我们的感情加深了，他们希望我们能打败日军和汉奸，但又不那么相信。这就给我们提出了一个问题：要取得群众的完全信赖，最有说服力的是打些胜仗给他们看看。

经过比较充分的准备，4 月底我们夜袭了金乡县城的日军；接着在金乡县白浮图袭击了日军的一个汽车队。那天敌人没有准备（主要是他们没有想到会有人"敢"打他们），一接火他们就跑。战士们一边喊一边放枪一边追。战果虽不大，但煞了敌人的威风，长了群众的志气。群众说："沈鸿烈（当时国民党山东省的主席）的兵听见日本人的马靴响就溜，八路军撵着日本鬼子的大汽车跑，‘蝎虎’，中！”6 月，我们又连克曹县、定陶，歼灭了两个县城的反动武装 2000 余人。群众看到我们真的打了胜仗，原来的疑虑打消了，相信我们的战斗力了。有些青年人要求参加八路军和游击队了。我们帮助曹县建立了抗日游击区和游击支队，成立了民兵和民兵联防组织，还组织了青抗先（青年抗日先锋队）、妇救会等各种抗日团体。曹县县委也由秘密转到公开活动。曹县成了我们在鲁西南抗日根据地的基本区之一。

当时日军在鲁西南的力量并不大，有的县城只有个把班或者一个小队。最难对付的还是那些“牛毛司令”的队伍和土匪武装。这些队伍的特点是成员复杂。有一部分人是死心塌地跟日本人当汉奸的败类和坚决反共的分子；更多的却是满脑子“杀富济贫”思想的无业游民（流氓无产者）和极端贫困的农民。后一部分人动摇性大，反复无常，和一些反动会道门有密切联系，又和群众有着千丝万缕的关系。男的在外边“混事”（当兵），老婆、孩子却在根据地。有时他们还回来探家，当然也了解我们的情况。前一部分亲日反共分子大都与日军、汉奸有勾结，经常给他们通风报信，不准群众和我们接近。否则，以“通共匪”论处，甚至把无辜群众抓去送给日军杀害。对待汉奸武装和坚决与人民为敌的反动分子自然好办。但如何对待这后一种情况复杂的队伍，以至把他们改造成为真正抗日的武装力量，政策性很强，也确实不易。

我们确定首先惩治那些民愤最大的汉奸头子。有一个名叫白毛集的土围子，不但群众发动不起来，平时我们进都进不去。后来一打听，就是由于有几个汉奸头子趁我们不在时，经常打着日本旗威吓群众，谁要反抗，甚至说几句我军的好话，便被送给日军或在当地杀害。我们警告过多次，他们仗着自己有武装，有围寨，硬是不听。于是，我们决定打他们一下。打这样的土围子，当时我们的力量还是足够的。战斗前，崔田民、卢绍武对部队说：“今天的主要任务是抓汉奸头子。抓住了决不客气，叫作杀一儆百吧！”攻进土围子后，几个汉奸头子全被我们抓住了。于是，我们趁热打铁，就地召开公审大会，宣布其罪行，当场枪决，群众拍手称好。不少青年人马上报名参加了我们的部队，大大震慑了附近的顽固分子。

也有另外一种情况需要计谋。记得支部建立不久，上级要我们将50多位从延安来的干部，护送到陇海路以南转交给新四军。我和刘震带这批干部从东明县和曹县之间出发，前面几十里地有个叫尹店集的村子，是我们的必经之地。这个村里盘踞着一股土匪武装，但究竟有多少人一时搞不清楚。我们便派支队司令部侦察参谋唐毅山带一个侦察班先去侦察，见机行动。唐毅山原来是689团的一个连长，跟韩先楚到冀鲁豫一带活动过。对这里的地理、民情、风俗习惯，乃至帮会的内幕都比较熟悉。唐毅山去了很长时间没有消息，我担心发生意外，便和刘震带部队往前赶，随时准备战斗。我们刚赶到尹店集土围子外面，唐毅山却高高兴兴地跑来向我报告说："那股土匪解决了。"我问："怎么这么快？"他绘声绘色地给我讲了一遍：

原来唐毅山伪装成敌人从开封派来的什么副官，带着几个侦察员趁黑夜闯进了围子，先捆起岗楼上两个呼呼大睡的哨兵，然后扑向司令部抓住了那个司令，缴了他和马弁们的枪，逼着他下了投降命令，俘虏了他全部官兵280名。"连一枪也没放呢！"唐毅山兴奋地说。

"俘虏在什么地方？"刘震问。

"全押在他们司令部的大院里，一个也不少。"唐毅山说。

我和刘震等去看俘虏的时候，那司令战战兢兢地坐在板凳上，其他人都蹲在地上，斜着恐惧的眼睛，瞅我们。一个个穿得破破烂烂，头发、胡子长得像刺猬。我说："你们不要怕，我们八路军主要是打鬼子，打汉奸的。只要你们不当汉奸，不害老百姓，我们一不打，二不杀，还可以放你们回家去。"他们开始很怀疑，我又给他们讲这是我们共产党和八路军抗日民族统一战线的政策。出了尹店集不远，我们就把这280个俘虏遣散了。他们很感激，有些人临走时还流了泪。但那个司令却很顽固，半路上逃跑时，被游击队打死了。到尹店集以南地区，我们把延安来的干部全部交给了前来接应的新四军第6支队副司令员吴芝圃。

这件事证明：即使是被群众称为"土匪"的武装，只要我们坚决执行党的政策，大多数人也是可以争取过来的，起码可以使他们不再与我军为敌。记得有个绰号叫"王四拐子"的"牛毛司令"，过去曾在冯玉祥部队干过一段，以后自己拉了一二百人，搞了块地方“占山为王”，当了“土皇帝”。他既怕日军消灭他，也怕国民党军队吞并他。我们抓住他这个弱点，先派人同他联系，然后我和崔田民直接去做工作，鼓励他抗日。他见我们不但没有“吃”掉他的意思，而且不歧视他，便向我们靠拢。先是给我们送点情报，后来真和日本鬼子打起了游击，有些仗打得还蛮不错哩！

对付这些“土皇帝”式的“牛毛司令”，当时有几句很普通，但很能震撼人心的话：“你还是中国人吗？”“你是吃中国粮食长大的吗？”“你忘了自己的祖宗是谁了吗？”这些完全是群众的语言，力量很大。还记得有个叫刘杰三的，当时就五六十岁了，他有几百人的队伍，身边有一个卫队，每人一支步枪、一支驳壳枪，叫作“一长一短”，全部骑自行车，有点“山东响马”的豪放劲头。我们把他争取过来，委任他为这支队伍的司令，他逢人便讲：“我是八路军委任的司令，正牌的！”对我们很尊重，也一直表现很好。刘杰三有三个老婆。这一点在主力部队的同志中间便产生了不同的看法。有的同志想不通，说：“一个人三个老婆，怎么能当八路军领导的游击队司令？”我们告诉这些同志：你是先动员他去抗日好，还是先动员他退掉三个老婆再去抗日好？而且你先动员他退老婆，他还未必能参加抗日活动。有一次卢绍武开玩笑似地对大家讲：“你是打土豪劣绅出来革命的；人家刘杰三是拉队伍占山为王的；你是共产党员，党教育多年的红军战士、八路军战士，是为打日本到敌后来的；人家刘杰三在我们来到之前还不知道抗日是怎么回事哩！三个老婆有什么要紧，带着三个老婆打日本鬼子，对刘杰三这样的人来说，我看可以。可我们这些人不行。支队长、政委、我和你们大家现在没有老婆，日后也只能一人一个老婆。我们是共产党员嘛！”

对这些“牛毛司令”“土皇帝”，我们的支队政委崔田民头脑冷静，很讲政策，又有耐性，做了大量的工作，取得了很好的效果。

我们的活动自然引起了日军极大的注意。秋末，他们纠集顽军卢翼之部，企图在定陶、曹县一带包围我们。我们跳出包围圈，转移到湖西（微山湖、昭阳湖、独山湖、南阳湖西部）地区，继续开展游击战争，建立抗日政权。

转眼冬天到了。那时我住在微山湖边上的一个小村里，组织筹备过冬的物资。一天，崔田民飞马从单县赶来，说中央军委从延安发来了电报。电报的主要意思是：冀鲁豫地区战略地位重要，你部应作长期打算，在该地区进一步扩大、发展和巩固抗日游击根据地。这就是说，中央改变了原来交给我们“扩大部队，待命回山西”的任务。这当然是中央对我们的信任，但随着任务的变化，大量的工作必须跟上来。

这时，冀鲁豫支队已发展到了17000多人。要进一步发展和巩固这个地区，最突出的困难是要解决这么多人过冬的粮食和棉衣问题。原来，我们跟国民党直南专员丁树本搞统一战线，他多多少少还补给我们一些钱、粮和其他物资。现在他变成了反共顽固派，不但什么都不给，还同我们搞摩擦。加上这一带的群众生活本来就苦，我们不能再给他们增加负担了。我对崔田民说，“这个问题不解决，我真睡不着觉。你看怎么办？”他也发起愁来。想了一会儿，说：“听说彭老总现在内黄，你是不是找找他去？”我一听，觉得这是个办法，就说：“好。就这么办！”

我带着警卫员骑马由微山湖向西北方向日夜奔驰。赶了二三百里路，到达内黄见到了彭德怀老总。

彭老总住在一户农民的破草屋里，土炕上铺着一张旧席子，炕头上整整齐齐地放着一床薄薄的旧被子。他没有戴帽子，看来好长时间没有理发，原来的短发已经变长了，胡子倒刮得很干净，满脸红光，就是额头上多了几道皱纹。我见他盘腿坐在炕上，同司、政、后的干部正在谈话，就悄悄站在一边，没有打搅他。过了一会儿，我才向他报告。彭老总立即下了炕，大步走过来，拉住我说：“啊，一年不见了，大家都好吗？你们那里的情况怎么样？”

我把冀鲁豫边区一年来的情况扼要地向彭老总作了汇报。彭老总高兴地说：“你们搞得不错嘛！”

我说，“总的形势还可以。但也有使人伤脑筋、发愁的事呀！”

“发什么愁？”彭老总关切地问。

我说：“17000多人，要吃，要穿，要用，都没有着落。冬天又来了，怎么能不发愁呢？”

“噢，17000 人的‘大军’，吃穿用没有着落是个大问题，让我也得发愁呀！”彭老总说到这里停下来，笑眯眯地望着我。“这么说，你是从微山湖来向我‘讨鱼税银子’的了！”

这是彭老总的一个特点：他在听取下级汇报时，一般不插话，一讲话，就一语道破问题的实质。

于是，我直截了当地笑着说，“你说准了，就是找你要钱、要粮、要东西来了。你是我们的副总司令嘛！”

彭老总没有笑，也没有马上回答我。他默默地走到门口，凝视着前方，两手掐在腰间的皮带上，魁伟结实的身躯几乎把整个门都挡住了。

我不知道将得到怎样的回答，心里有点惴惴不安。

过了一会，彭老总转过身来对我说：“困难哪，得志同志。你困难，我也困难。现在各个根据地都相当困难。我们‘财神爷’（指供给部）的腰包里，据我了解也没有多少‘油水’可挤。”

彭老总的话使我的心猛地沉了下来。我知道他说的都是实际情况，我感到可能要空手而回了。不料，彭老总突然转过身来，拍了拍我的肩膀，笑着说：“可我也不能让你这个 1 万多人的支队长白跑一趟。怎么办？我批一个条子，你去找供给部的同志，让他们给……”彭老总停了停，像下了很大的决心。“结你 1 万块银元吧。数目不多，一个人还摊不到一块。这些情况你要向各级干部讲清楚。还是要像在井冈山、在中央根据地那样，一靠自力更生，二靠从敌人那里夺取！战士们那个歌是怎么唱的？没有吃没有穿，敌人给送上前嘛！没有枪没有炮，敌人给我们造嘛！”

彭老总笑了。在场的同志也笑了。我当然更是心满意足地笑了。

我和警卫员连夜返回鲁西南，崔田民和卢绍武已经把部队带到单县、曹县地区。他们一见我就急切地问：“怎么样？”

我把彭老总的指示向他们传达之后，说：“这 1 万块银元是彭老总下了很大的决心才拿出来的。以后我们再也不能向上伸手了——大家都困难嘛！没有别的办法，还是得去找敌人要！”

我们3个人商量要打一次汉奸，而且要打一个民愤大，又有钱、有物的。

打谁呢？

“打‘高二穷种’！”卢绍武说。

“高二穷种”是单县西南青堌集的一个大汉奸。虽然有个“穷种”的绰号，实际上，他地多、粮多、钱多，一点也不穷。这个家伙和日军勾结很紧，家里挂着两面日本旗，还有日军授给他的委任状、指挥刀。他倚仗日军的势力，横行霸道，无恶不作。他本人丑陋不堪，又半身不遂，却霸占了30多个年轻妇女做老婆和姨太太，群众恨透了他。打这样的汉奸，既可以为民除害、出气，也可以解决我们经济上的困难。崔田民和我都同意卢绍武的提议。

我们把“高二穷种”捉住后，在当地游街示众，揭露他的恶行，并勒令他家里拿钱来赎他的命。

我们这一行动不但得到了7万块银元，而且把当地群众也发动起来了。我们用这些银元买粮、买布、买棉花，群众积极地为部队赶制棉衣。17000多套棉衣很快做成了，针针线线凝聚着人民群众的深情厚谊。当部队穿上基本上是一色的新军装，向东明和濮阳地区转移时，沿途的群众都高兴地说：“八路军越来越威风了。”部队的战斗情绪和坚持敌后斗争的胜利信心也更加强了。

1940年春，我们向不断进攻我军、制造摩擦的顽军石友三、高树勋、丁树本及卢翼之等部，接连发动了较大规模的讨伐作战。经过近半年的战斗，将数万顽军消灭、打垮或逐出了冀鲁豫边区。这中间最漂亮的一仗是打丁树本。

丁树本是河北人，据说曾在冯玉祥将军部下做过什么书记官，后来被国民党委任为直南专员兼保安司令。这个人开始和我们接触的时候，表现还好，以后却越来越反动，还杀了我们好些人。丁树本当时有2万多人，每县都有一些人数不等的保安队。我们想，要打就得打得有理，因为当时他在表面上还是和我们合作的。要打就要打痛他，而要打痛他确实并不那么容易。

多少日子，我们都在思考如何把这一仗打好。

有一次，我们在东明与濮阳之间发现了丁树本架的一条电话线。我让电话兵把线搭上，接到我的电话机上。我拿起听筒便听见东明县县长正在和丁树本通话（这些人我们都见过，声音挺熟悉）。丁树本在电话里点着我和崔田民、卢绍武等人的名字，破口大骂，说他们这里本来很好，因为我们来了，日本人才来这里"扫荡"，这里才"乱了套"。他已经和其他各县县长商量好了，一定要把我们"挤走""挤垮"。

听完电话，我们把3个大队的主要干部找来，共同研究如何打好丁树本这一仗。他要"挤"我们，我们以"挤"对"挤"。他们公开打着"联合"的旗子，我们将计就计。具体方案是，用"联合"的名义派部队（一个连或一个营）去南乐、清丰、濮阳、东明、长垣等县驻防，待机行动，各个击破。各县顽军头目心中有鬼，开始都比较紧张。我们却纹丝不动，麻痹他们。慢慢把他们的兵力部署、火力配备侦察清楚，做到战前心里有数。这一切准备好，我们便和丁树本"摊牌"，指出他依靠日军妄图"挤走""挤垮"我们的反动计划。他不服，我们便有准备地在同一时间从各地发起进攻，打他个措手不及。丁树本的2万多人及直南5县的顽军绝大部分被歼。他本人只带了千把人逃往豫西去了。连他的大衣、图章都没来得及带走。

讨顽战役结束后，为了统一领导冀鲁豫抗日武装，按照中央北方局的指示，建立了冀鲁豫军区。我任司令员，崔田民为政治委员，卢绍武为参谋长，唐亮为政治部主任。下辖直南、豫北、鲁西南3个军分区。与此同时，还成立了冀鲁豫区党委和边区行署，统一领导直南、豫北、鲁西南地委和各县抗日民主政权。

在残酷、紧张、复杂、多变的对敌斗争中，我们取得了很大的胜利。但是也有极个别的人，经不起艰苦环境的考验，走上了可耻的道路。王凤鸣就是一个典型。这个人当过红一军团的青年科长，参加过长征，在战斗中也负过伤。我从685团到344旅去时，他还和我一路同行过。后来到山东地方党领导的湖西区当游击支队政委。他在湖西搞"肃托"，整了不少党政军干部。他还打电报给我，说鲁西南地委书记以下的不少干部是"托派"，要我们“逮捕起来交给他们处理”。我和崔田民商量，认为一是不能随意怀疑自己的同志，二要记取历史教训，三是在毫无证据的情况下，决不能这样做。于是，我们一面向上级写报告反映情况，同时也给他回电报表明了我们的意见。我们到湖西时还当面给他谈，要注意吸取中央苏区搞所谓“肃托”和陕北地区对刘志丹等同志错误处理的教训。他就是听不进去。以后，罗荣桓政委亲自去解决问题，严肃地批评了他。他当时表面接受，可是没过多久，在一次日军大“扫荡”中逃到徐州地区，当上了伪军。还竟然到处写信，为敌人做瓦解我军的工作，成了可耻的叛徒。

这虽然是在艰苦的革命历程中的一个小小的和整个斗争极不和谐的插曲，但我觉得今天写出来，还是有一定的意义的。

冀鲁豫军区成立后，黄克诚从太行山率领八路军 2 纵队来到冀鲁豫同我们会合。他给我捎来了八路军副参谋长左权的一封亲笔信。左权是我一向尊敬的老首长，已经有几年没有见面了。听说是他的来信，我就迫不及待地拆开来看。信是用毛笔写的。字体刚劲工整，内容简短亲切，大意是：

得志兄：

现在二纵队大部分已经回到平原地区。中央决定我不再兼二纵队司令了，由你担任这个职务。请你务必把部队带好。我很想念你和同志们。我们不久会见面的，到那时再畅谈吧！

我等待着与左权会面，等待着我们的畅谈，我有许多话要向他讲，也有许多问题要向他请教。但是万万没有想到，这封简短的信竟成了他对我最后的嘱托和期望。1942 年 6 月 2 日，年仅 38 岁的左权同志，竟然牺牲在山西辽县（今左权县）麻田与日军激战的战场上了。可惜的是，由于战乱，他给我的信没能保存下来，每当我想起这封信，总是勾起我对他的无限怀念。想起在赣南、闽西的艰苦岁月，想起在艰难跋涉的长征路上，想起在陕甘宁战斗的日子里与他相处时的种种往事。左权诚恳、热情、朴实、谦虚和大智大勇的形象，好像又出现在我的面前。太行山边陵川县有座佛子山，人称太行第一峰，海拔 1800 多公尺，古人形容“佛山之高，黄河之捷”“俯视中州九千四百八十仞”。登峰远眺，黄水东流，云海翻腾，风卷大地。左权就长眠在这太行山的群峰之中，他和太行山永存，他将永远活在我们的心里。

黄克诚来冀鲁豫边区不久，6月，遇到了日军1万多人分11路的大“扫荡”。天上是飞机，地上是坦克、大炮、汽车、摩托——机械化加骑兵，来势极为迅猛。而且应该承认，他们对付我们也是有些经验了。他们的战法可以说有八条：一、集中兵力，有准备；二、歼我主力，而不单纯占点占线；三、战术慎重，分进合击与突然袭击相结合；四、夜行晓袭，走小路，住小村；五、夜间包围村庄，使群众不敢留我；六、与汉奸配合；七、使用毒气；八、夜间如受我攻击则死守到明以待支援。根据敌人战法的特点，我们向部队提出了四项要求：行动要轻装、秘密、迅速；侦察要日夜进行，情报要确实可靠；部队要多分散、多移动，四处迷惑敌人；不攻城、不占村，随时以有准备的遭遇战形式消灭其有生力量。这也就是毛主席一再讲的，你打你的、我打我的战法。

这次反“扫荡”打了整整13天。我们伤亡近700名同志，虽然失去了整个濮阳地区，却歼灭了敌人（特别是伪军）大批有生力量，胜利还是不小的。

这次反“扫荡”胜利不久，黄克诚奉命率由原冀鲁豫支队改编的新2旅主力和第4旅到华东加入了新四军。他走后，留在冀鲁豫边区的主力部队只剩下新2旅的4团、军区独立团、独立游击支队和华北抗日民军1旅（实际相当一个团的兵力）。当时由于日军接连不断的大“扫荡”，各军分区的部队都在独立作战，军区能掌握的地方武装很少。要战胜大于我一二十倍的敌人，困难是空前的。

这时，中央军委发来电报，征求我们的意见：是继续留在原地坚持下去，还是去（江）苏北（部）地区发展根据地。我和崔田民、卢绍武等都知道，这是中央体谅我们的困难，爱护我们。但是大家也知道，开辟冀鲁豫边区这块根据地是不容易的，指战员和人民群众付出了巨大的代价。可以说这里的每一寸土地都有我们的血汗。我们不能离开这里亲如父母兄妹的人民群众，也不能离开这块洒着烈士鲜血、埋着烈士忠魂的土地。

我们向中央发电，代表全区指战员和人民群众，请求允许我们和人民群众一起坚持冀鲁豫边区的斗争。

中央批准了我们的请求，并给了新的指示。

根据中央的指示精神，我们将独立游击支队和当地几支游击队合编为有7、8、9三个团的新3旅，加上新2旅的4团，华北抗日民军第1旅和独立团，组成了新的第2纵队，去迎接新的、更加艰苦的战斗。同志们说，这里的每一寸土地都是我们打出来的，现在虽然暂时失去了一些，但终究是会夺回来的。

西南联大创建

联大的回忆与思考

熊德基*

1936年，我在北平中国大学读书。抗战爆发后，我回到江西，在南昌民众教育馆《大众日报》做了两年事。1939年初夏被迫西行，走了一个多月才到达昆明，秋季开学以插班生进入我向往已久的西南联大师范学院史地系三年级。

初到昆明，我的一位从长沙参加步行团跋山涉水来到昆明的老同学就笑着对我说："你怎么也跑到这个'难民大学'来了！"原来他们步行团一行风尘仆仆、衣衫褴褛地走到昆明近郊农村时，有的农民根本看不出这是一批大学生，便说："又是一批外省的难民来了。"于是大家便把联大戏称为"难民大学"。这个名称虽然不雅，但联大师生绝大部分确是从沦陷区辗转流亡万里，才到祖国西南边疆昆明的，家庭经济来源断绝，身无长物，加上物价飞涨，衣食难周。联大迁到昆明，除借用当时因躲避空袭已疏散下乡的一些中等学校简陋的校舍和拓东路三个会馆之外，自行营建的新校舍，也因经费支绌，只好夯土为墙，捶泥作地，茅草盖顶（教室原是用铁皮做顶，后来也因经费困难，拆下铁皮卖给美军，改成茅草顶了）。绝大多数师生生活困

* 作者时为西南联大师范学院史地系学生。

窘，实在和“难民”无异。但是大家都怀着报国的赤诚，以“中兴业，须人杰”为己任，在昆明8年间，弦歌不辍，继承发扬了北大、清华、南开三校的优良学风和民主传统，不仅为国家培育出大量人才，在学术科研上也卓有成就，在中国的教育史和民主运动史上都有着不可磨灭的贡献。我虽然从1939年到1941年在联大学习、生活仅仅3年，然而40多年过去了，却时刻引起我亲切的回忆和深沉的思考。

西南联大是由北大、清华、南开三校联合组成的，原来三校的校长都是联大的常委，常委会是联大的最高领导机构。但实际上南开的张伯苓校长和北大的蒋梦麟校长长期在重庆做官，联大的行政工作实际是由清华梅贻琦校长主持的。在联大时期，三校仍各自保存着自己原来的行政系统，各有一个办事处。原属三校的教师都同时由原校和联大分别发给聘书。各院院长、各系系主任，由三校教授分担，但三校仍各保留原有的系主任。三校也各自有其研究所，研究生由三校的研究所分别招收。联大早期，还有一批原在平、津三校的老同学和1937年在长沙由三校分别录取的同学，因此联大同学的学号分别冠以P（北大）、T（清华）、N（南开）、A（联大），但不论是什么学号，在联大的待遇都是一样的。

三校各有其优良的传统和学风。由京师大学堂衍变而来的北京大学，自蔡元培先生主持校政以后，它的兼容并包、学术自由的学风，促进了学术的繁荣，但同学生活却也在一定程度上保留了“老北大”的遗绪。清华大学的前身是留美预备班，接受西方的影响较大，功课要求严格，对体育一贯重视，同学的生活则比较自由活泼。张伯苓先生创建的南开原是一所私立大学，从办私塾、中学发展到办起著名的大学，靠的是坚韧不拔、一心为教育的毅力。南开校友的向心力特别强，很多教授是宁可放弃较优厚的待遇，也要献身为母校服务的。由于张伯苓的提倡，同学对体育、演剧等活动有热烈的兴趣和较高的水平，故有以“山（南开）、海（北大）、云（清华）”为比喻。在经济基础和物资设备上，清华因尚有庚款可用，而且抗战前就已作了南迁的准备，实力最为雄厚；北大则是仓猝南迁，学校的图书、仪器设备运出的不多，靠政府拨款，也每每拖欠；南开则抗战爆发，即毁于日军炮火。

但三校也有其共同的爱国主义传统，五四运动、一二九运动，都以平津学生为中坚。三所风格不尽相同、实力也不相当的大学，在整个联大 8 年多的历史中，却始终能够同舟共济，亲密无间，从未因门户之见而发生过什么矛盾；而且能把三校优良校风融为一体，发扬光大，形成联大独特的校风，这不能不说是一种奇迹。

前面谈到，联大虽有三个常委，张、蒋两位对梅常委充分信赖支持。各院院长、各处处长、各系主任都由三校教授分担，从未有过争逐权力之事。相反地，每逢有哪一位同事因病不能视事，不论时间长短，都必请人代理，原任返校后，必进行工作交接。人员虽也有更替，但既有相互谦让之风，也有义不容辞、勇担重任的美德。老师的风范，对联大的校风是有着深刻影响的。

联大的“精兵简政”，工作效率之高，也是极有特色的。各学院、系、处，都不设副职，而且除梅贻琦常委总管全局，不担任课程外，院长、系主任以及教务长、总务长都是教授兼任，并不比其他教授少开课，各院、系大都是只有一两位助教或助理员协助处理日常工作，没有冗员。各处的职能科室，工作人员也都很少，但工作效率却极高。例如三校师生从平津辗转汇集到长沙已是 1937 年 10 月，但 11 月 1 日就正式开学上课；西迁云南是在 1938 年 1 月以后分批离湘，4 月下旬才陆续到达，但 5 月 4 日就开始第二学期上课。而主持这些工作的，也只是几位教授和少数职员，就把觅借校舍、准备上课和师生们的食宿等等都安排妥了。联大也常因某一项工作的需要成立一些委员会，也都是由教授兼任，工作结束，委员会也就相应撤销。以统管全校同学学籍、排课程表、登记同学选课、印刷考卷、计算、公布同学考试成绩等等业务非常繁琐细致的注册组为例，总共也只有十来个工作人员，但只要考试结束，教师把评定的分数送到，最多一两天，成绩就公布出来了。同学有事，只要找到主管的人，大都能当场解决，既不需层层请示，更不会有踢皮球的现象。

联大的许多名教授，除去认真教学，钻研学术之外，还热心地兼任行政职务，并极其认真负责，任劳任怨。例如 1938 年新增设师范学院，师院各系的系主任大都由原来各系的系主任兼任。教务长潘光旦除总管全校教务工作外，还开设优生学、人类学等课程，还积极参加社会调查，以及中国民主同盟等社会政治活动，译著也很多。总务长郑天挺统管全校的后勤工作，学校经费困难，要靠他奔走向银行贷款来发放工资，食米不足，也不辞辛劳，亲自下乡采购，但他还同时担任北大文科研究所的领导工作，指导研究生。他所开的明清史的课程，讲授十分精彩，深受同学欢迎。各系的系主任一般都至少同时开设两门课程，不少人还担任文、理、法、工、师各院一年级同学的基础课。学校两次搬迁，并曾在1940年赴四川叙永办分校，也是先由几位教授风尘仆仆、跋涉山川，走遍川滇许多县城，踏勘校址。这些都属于教学以外的任务，但无人感到屈尊而不受命。至于课余为同学的活动进行辅导，应邀作学术报告或时事演讲，甚至为个别同学解决特殊困难，都十分热情，有求必应。老师们这种身体力行的风范，对广大同学的影响、教育，使我们受益良多，永难忘怀。

虽然教育部曾经发过训令想统一各大学的课程设置和教学内容，但是联大继承三校优良的传统学风，并未完全照办。联大聚三校的著名教授于一堂，并有一些留学海外的爱国学者，在抗战开始后陆续排除万难回国到联大任教，真可谓大师云集，全国无二。开设的课程极其丰富，同一课程由不同的教授讲授时的内容也各有特色。按照三校的传统，课程分为必修课和选修课两种，各系各专业都有规定的必修课程。大学一年级新生，不论是哪个学院、哪个学系，都要先学共同的基础课程。

同学选课，主要由系主任批准，只有极个别的情况才需要由教务长批准。每学期开学，注册组公布出各系、各教授开设的课程、学分和上课时间、地点，同学可以按自己的愿望选择安排。但一年级的共同必修课如国文、英文等则是事先由注册组按照入学考试的成绩和院系分好班的；中国通史等课程有几位教授同时开课，大体也要按不同院系来选修。学校设有由各院系教授组成的大一学生课业生活指导委员会，来分别指导同学选课。各系规定的必修课大约只占应修学分的2/3左右，给同学留下选修本系或外系课程的余地。

我是个“自由主义”者，我念书是想多学些离开大学后自己无法钻研的课程，有些课我认为比较容易，虽然选了却不常去听课，而去旁听汤用彤为哲学系开的魏晋玄学。汤先生的讲课确有独到之处（后来他出版过《魏晋玄学论稿》一书），不但哲学系的同学绝少缺席，冯友兰也每堂不缺地去旁听。此外我还旁听了陈寅恪的魏晋南北朝史和佛教翻译文学，给我的教育很大，我每堂课后都认真整理笔记，至今还保存着。还有邵循正的元史，也是我无法自学的，因此听得比较认真。邵先生讲了一年，还未讲完成吉思汗，但通过他的指引，为我以后自学打下了很好的基础。

三年学习中，我认为联大教学中的特点很多，归纳起来有下列几点：

1. 基础课抓得特别紧。联大的基础课大都是由系主任或名教授担任的，这和清华的主张通才教育有一定关系。不论文、理、法、工、师范各学院的大一同学，基础课大体相同。国文、英文和中国通史是大家都要学的，学文、法的必须选一门自然科学的概论。现在看来，文理渗透确有好处。特别是英语，虽然据说不如当年的清华，但文法学院不仅要在大一打下基础，大二英文或第二外国语也是必修的。联大许多教授上课时常夹用英语讲课，指定的参考书也很多是英文原版书，有的教授甚至要求写读书报告、答卷也要用英文，逼得大家不得不学好外语。

2. 百家争鸣，各展所长。联大的教授多，很多是学贯中西有独到见解的专家，因此开设的课程多，同一门课，不同的教授讲授的内容、重点、观点也不一样。以中国通史为例，先后有雷海宗、钱穆、吴晗三位先生开设。雷海宗是斯潘格勒的历史循环论者，他讲通史是按编年一个朝代一个朝代地讲，他的博闻强记令人佩服，上起课来口若悬河，历史年代滚瓜烂熟，根本不用查书或讲稿。钱穆是士大夫治国论者，他的讲稿后来写成《国史大纲》，列为“大学丛书”之一，但我到昆明不久，他就去了浙江大学，没听过他的讲课。吴晗的中国通史则是按照经济、政治组织、文化制度等方面的问题讲授。只要你时间安排得过来，是可以两位教授的课都去听，以便比较的。再以中文系开的课程为例，《庄子》一课，闻一多开，刘文典也开，讲法自然各有千秋。先后开《楚辞》课的就有闻一多、游国恩、彭仲铎等先生，当然也是各具特色。《史记》《左传》，历史系既作为史学名著选读开课，由毛子水担任，中文系也作为文学名著开课，由许维遹等担任。同是哲学概论，金岳霖和贺麟两位讲的各自有其系统。这类例子不胜枚举。若是选修课，同学们可以自由选择。至于预先分好班的共同必修课，若有心钻研，可以通过旁听，兼采不同教授的长处。因为在联大旁听是不受什么限制的，不但同学可以听，教授也常去旁听自己认为有兴趣的课。

3. 经常开出新课程，介绍新科学。联大的教授在教课之余，从不放弃对学术的钻研，每有新的研究成果，就开出新的课程。例如闻一多的“古代神话”就是一例。即使是过去常讲的课程，也因有了新的研究收获而改变原来的论点，例如闻先生对屈原的研究，就是每次重开都有所发展的。抗战开始之后，有好多位原在国外游学的教授，突破重重困难回到联大任教，他们带回了国外科学技术新成就的信息，回来开出了许多新的课程。抗战时期，昆明是大后方与国际交往的重要通道，联大的教授也千方百计通过各种渠道得到国外新的科学、学术刊物，从中了解国际科研的新情况、新动态，提出自己新的研究课题，并开出新的课程。这在理学院方面尤为突出，像数学系的陈省身、华罗庚，物理学系的周培源、王竹溪、吴大猷、赵忠尧、张文裕等许多教授，都有新学科的课程。工学院方面则根据抗战的需要也开出了战前大学没有的兵器学、堡垒工程、军用桥梁等等课程。其他学系，也充分利用云南地区边疆少数民族众多的特点，开拓了新的教学研究领域，例如张印堂先生开的中国边疆地理，就率领同学到云南西部边疆片马、江心坡等地实地调查研究，中国文学系的语言组也在罗常培等先生的倡导下开出了藏缅语系研究的课程，这些都比战前有新的突破，取得了新的成就。

4. 特别重视调查研究和野外实习及社会实践。联大的图书仪器设备，远不如战前三大学那样充实，而且补充困难。联大的图书馆除清华运到后方的一部分外，还借用了原北京图书馆的一部分藏书（中文书籍同学们还可以到附近的翠湖云南省立图书馆借阅一些），但仍然很不够用，所以每天图书馆开馆时，同学们争先恐后，为的是能借到指定参考书，并占据一个看书的座位。有些教科书，则大都是高年级同学用过，转售给低年级的同学，“代代相传”。实验仪器设备，有些只能自制些代用品。工学院自己有个简陋的实习工厂，后来成立了清华服务社，添置了一些设备，居然不但借此有些营业收入，帮助解决部分教职员的生活补助，有些产品还提供给云南地方解决市场急需。当然，工学院的同学还可以到云南的一些工厂实习，也直接参加一些云南的建设项目，这都给同学们提供了实践的机会。

云南有广大而丰富的自然资源，理科的一些学科如地质、地理、生物等可以通过野外实习来丰富教学实践。例如对云南动植物的调查研究，结合对云南提高农业生产水平进行的病虫害防治和品种改良的研究等等，收益都是极大的。地质系的师生，跋涉云南的崇山峻岭进行野外实习，写出报告，再由教师核对，不仅锻炼了人，也为云南探勘了许多宝贵的矿产资源。特别是在野外实习中，师生打成一片，同住山村野店，风餐露宿，可以随时向老师提问质疑，也可以随意谈天说地，其收获远比教室里听课深刻具体。在人文科学方面，社会系主任陈达负责的国情普查所，组织师生对昆明附近滇池沿岸的几个县和一些工厂作了深入细致的调查，其成果也是十分宝贵的资料。还有不少同学不惧艰险深入到少数民族地区，对语言、风俗、社会情况以及自然资源作过深入的调查研究，也取得了重大的收获。

5. 联大的教授对同学毕业论文的指导都很认真，我只说我个人的体会。我从大理的友人处得到一些尚未著录的宋元时期的碑文，因此我选定以南诏大理国的研究作我的毕业论文，由系主任雷海宗推荐中西交通史专家向达教授担任我的导师。向达教授了解到我已读了《唐书》和《云南备征志》并看了我搜集到的碑文拓片和已抄录的史料，才答应下来。他介绍我先读《桂苑笔耕录》等书，我把我认为有关的史料作了卡片，他看过之后，指出我漏了许多重要的材料。我又逐篇逐句地读了一遍，作了补充，他看了仍说还漏了不少，并细心指出许多有用的材料。他还经常向我介绍治史的方法。由此，我才体会到做研究工作必须十分认真的重要意义。他还拿出他端楷写成的《蛮书校注》给我参考。老师这种把尚未出版的手稿无私借给学生写论文的精神实在令人感佩。据我所知，像闻一多等许多名教授，都常把自己多年研究的手稿，借给同学参考，可见当年的老师们的道德风范。

此外，联大在课余请教授或校外专家来演讲，开各种讨论会、辩论会，举办系列讲座，都十分活跃，内容包罗万象，观点各有不同，听由大家选择，也大大开拓了同学们的视野。

囿于我个人的见闻，上述介绍虽远不能全面概括联大优良学风的全貌，但这些琐事却使我久久难忘，并引发我深沉的思考。联大何以多出人才，其许多做法不是很值得我们今天借鉴吗？

（萧荻整理）

滇行记

郑天挺*

1937 年，我任北京大学秘书长、中文系教授，度过了最不寻常的一年。

这年春节，别人都在愉快地过节，而我家却出现了不幸：年三十晚上，爱妻忽然病痛卧床。正月初五入北平德国医院，因难产而动手术，初七（2 月 17 日）即去世。由于我思想毫无准备，因此悲痛万分。妻子病逝不久，两小儿又患猩红热，天天打针吃药，弄得家中异常忧虑不安。

七七事变时，校长蒋梦麟、文学院长胡适等人都不在北平。不久，学校法学院长周炳琳、课业长樊际昌等其他负责人亦纷纷南下。于是北大的事情全由我负责。

七七事变之后，北平各大学负责人几乎每天都在北大开会，研究如何对付新的情况。北大几位老教授也时常奔走，为保护学校及师生们的安全而日夜操劳。

北平在日军的包围之下，情况十分危急。而北大留下的学生都是经济上极其困难的。后经人建议，在校中学生款内每人发给 20 元，以使之离校。所以到 7 月 28 日北平沦陷时，北大校内已无学生。但是蒋梦麟校长等离北

* 作者时任西南联合大学教授。

平后久无来信，对学校如何处理，大家都不清楚，只能临时应付。8月某日，日本宪兵搜查北大办公室，发现了抗日宣传品。他们问是谁的办公室，我说是我的。他们看看我，似乎不大信。因为当时各处的负责人，早已逃散一空。

8月8日下午，表姐夫力舒东大夫忽来我家，说是日本宪兵要抓我，要我速走。之后，他把我安置在西长安街他的尚志医院三楼病房，并对护士有所交代。但我感到，此次我的突然离去，会使大家为我的安全担心，况且次日上午还要与清华诸人商议要事。于是，次日一早，我瞒过护士悄然回家，在外奔波了一整天。

9月中旬，我收到了胡适先生的信。他在信中劝我们留在北平教书。大家一时不知如何是好。但我已感到，这么大的学校，在这战乱岁月里，实在无法维持同仁们的生活。到10月时，方知北大、清华、南开三校已在长沙组成长沙临时大学，假圣经学院上课。不久，学校派课业长樊际昌北上接各教授南下。后我托陈雪屏到天津与樊（二人同在心理系）会晤，催长沙迅速汇款。10月底汇款到，我即与诸同仁陆续南下。

11月17日晨，天气寒冷。我离开了5个幼儿，只身与罗常培、魏建功等教授同车赴天津。到津后，大家住六国饭店，这是南下的交通站。当天下午钱稻荪从北平赶来，劝我不要走，说一走北大就要垮，要为北大设想。我正词拒绝，并与他辩论了很久。20日，我们搭“湖北”轮南下，同行的有罗常培、罗庸、魏建功、陈雪屏、邱椿、赵迺抟、周作人、王烈等人。船过青岛，我们本想由胶济线转陇海到平汉路。及至下船访问山东大学，方知胶济线已断，只好乘船一直到香港上岸。到香港，因粤汉路被敌机轰炸，乃乘船至梧州，取道贵县、柳州转桂林，由公路入湘。12月14日好容易经衡阳到了长沙，才知南京业已沦陷，学校又准备南迁。

当时长沙临大在南岳设有分校，罗、陈、魏等教授在南岳上课，我在长沙史学系讲隋唐五代史。长沙的天气与北方大不相同，虽已是12月中旬，但晴暄和暖，不似严冬。后阴雨十余日，然虽寒亦不似北方之劲风刺骨。

1938年1月初，学校已内定迁往昆明，但因教育部意见未能统一，故尔推迟。这时蒋梦麟校长劝我先往昆明，负责筹备。我为不能与诸人同行深觉不安。于是在 1 月下旬，为同仁详询入滇路线及车价，并将所探询之情况，开列注意事项凡 16 则，包括路程票价、钞券、护照诸事。不料未过几天，教育部又让缓行，于是计划全部更改。

1 月 30 日为阴历年三十，是日晚学校举行聚餐，有教授 24 人。当时除蒋校长夫妇及江泽涵夫妇外，其他人家属均留北平。如果不是战乱纷离，除夕是不会有此盛会的。就我个人说，这也是第一次只身在外过年，更何况这一年中国事、家事遭受了多大的变故！

2 月中，学校师生决定南迁昆明。一些教授此前已乘车南下转香港赴滇，我也决定由公路转滇越路去昆明。临行前，老友张怡荪劝我到云南后，注意南诏史，我欣然同意。

我们一行十几人于 2 月 15 日晨乘汽车由长沙南下。周炳琳夫妇及子女、赵迺抟、魏建功等坐包车，我与章廷谦、姚从吾、张佛泉等坐公共汽车前往。经过半个月的奔波，于 3 月 1 日下午 5 时 30 分抵昆明。蒋校长夫妇及罗常培、陈雪屏等到站来接，当下在拓东路全蜀会馆住。

此时，学校已改称为西南联合大学。3 月初，由于学校校舍不足，蒋校长曾先往蒙自视察校舍。14 日蒋回昆明。次日下午即在四川旅行社开会，到有蒋校长、张伯苓、周炳琳、施嘉炀、吴有训、秦缵及我。会上决定文法学院设蒙自，理工学院设昆明，由北大、清华、南开各派一人到蒙自筹设分校。清华派王明之，南开派了杨石先，北大派了我，我于是在 17 日至蒙自。筹备完竣，我就留在这里，在史学系教课。此外，还负责蒙自的北大办事处。

蒙自为滇南重镇。清光绪十三年（1887）被辟为商埠，设有蒙自海关、法国银行、法国领事馆。清末时，法人修滇越铁路后，途经碧色寨而未经蒙自，其经济大受影响，商业一蹶不振。联大文法学院至蒙自时，法国领事馆、银行及各洋行均已关闭。由昆明至蒙自，快车近 5 小时先至开远，然后下车吃饭，再坐车 50 分钟始至碧色寨，然后再换碧个（旧）铁路车，凡半小时多始能抵蒙自。因此，一般说由昆明至蒙自需用一天时间。如车慢或行晚，甚至须在开远歇一夜，次日始得到。我在蒙自近半年时间，往返达10余次，甚感不便。

我于3月17日晚与沈肃文至蒙自，入县北门承恩门，至早街馆周宅（凡楼三层，后为女生宿舍）晤王明之、杨石先，知校舍筹备即就绪。当晚即住此处。

到蒙自主要的事即是尽速安排校舍，迎接师生到来，以便尽快上课。校舍工程经紧张修复后，又与当地李县长商议保安问题，因此地附近并不安宁。李答应增派保安队40名驻三元宫，距学校甚近，治安可无问题。4月初，即开始迎接学生到来，先后共5批。与此同时，文法学院诸教授亦陆续到来。

我们大队师生来到蒙自，轰动了整个县城，该地商人遂乘机提价。原来在长沙时，学生包饭每月仅5元5角，且午餐晚餐可三荤二素。及至蒙自，商人却将学生包伙提至每月9元，且菜为一硬荤、二岔荤（肉加菜）、二素，而教师包伙每月12元。是时云南本地各局之三等办事员，月薪不过12元（滇币120元），而教职员一月之伙食费已与该地职员一月收入相等，这不仅增加师生负担，也觉得愧对当地父老，于是初议未谐。

当时的教授大多住在法国银行及歌胪士洋行。歌胪士为希腊人，原开有旅馆和洋行。临街系洋行，此时早已歇业。我第一次去该处时，尚记得室内的月份牌为192×年某月日，说明以后未再营业。洋行中尚存有大量洋酒待售，一些清华的教授见到，高兴极了，当即开怀畅饮。我原住法国银行314号，大部分教授来到后，又重新抽签。314号为罗常培、陈雪屏抽得，我抽至歌胪士洋行5号房，邱大年住4号房，于5月3日迁入。此外住在歌胪士楼上的尚有闻一多、陈寅恪、刘叔雅、樊际昌、陈岱荪、邵循正、李卓敏、陈序经、丁佶等十几人。

陈寅恪系中外著名学者，长我9岁，是我们的师长。其父陈三立与先父相识。此前数年三立先生尚为我书写“史宦”之横幅，我郑重挂于屋中。抗战不久，因北平沦陷，先生乃忧愤绝食而死，终年85岁。寅恪先生到蒙自稍晚，未带家属。经常与我们一起散步，有时至军山，有时在住地附近。当时他身体尚好，我们还一起去过蒙自中学参观图书。临离开蒙自时，即 7 月 23 日，大家曾去该地之黑龙潭游玩，往返 15 里，历时数小时。

歌胪士洋行楼下则住男同学。后来我又搬至 4 号与邱大年住一屋。当时房屋紧张，两人一室均无怨言。我和闻一多是邻屋。他非常用功，除上课外从不出门。饭后大家都去散步，闻总不去。我劝他说，何妨一下楼呢？大家都笑了起来，于是成了闻的一个典故，也是一个雅号，即“何妨一下楼主人”。后来闻下了楼，也常和大家一起散步。记得一次与闻及罗常培相偕散步，途中又遇汤用彤、钱穆、贺麟、容肇祖等人，大家一起畅谈中国文化史问题，互相切磋，极快慰。战时的大学教师生活，虽然较前大不相同，但大家同住一室，同桌共饭，彼此关系更加融洽。记得当时我读《新唐书·吐蕃传》，疑发羌即西藏土名 Bod 对音，于是参阅诸书草成一文名《发羌释》。写完后随即就正于陈寅恪、罗常培、陈雪屏、魏建功、姚从吾、邵循正、邱大年诸公。罗将文章题目改为《发羌之地望与对音》，并补充一些材料；邵又据伊斯兰语正以译文；陈寅恪又为订正对音及佛经名称多处，并对文中意见表示赞许。这对战时只身飘零在外的我来说，真是一种极大的鼓舞和安慰，是平时极难得到的一种相互学习的机会。

蒙自城内集市很多，一般 6 日一大街（即集市），3 日一小街。街期，苗人悉至，以物交易。一日与魏建功赶集，适逢大集，西门内外苗人甚众。见三妇女跣足着白色百褶裙，以白麻布三匹向布商易蓝布，未谐。我们乃与之攀谈，她们亦略懂汉语，最后以 3 元 3 角购买之。回后，熟习此地风俗之人，谓这些妇女系罗罗人（彝族的旧称——编者注）。但鸟居《苗族调查报告》中所述衣饰，则与今见略有不同。

我在蒙自仍在历史系讲授隋唐五代史。当时北大史学系教授仅姚从吾、钱穆及我三人。史学系师生集会，多选择在风景如画的菘岛举行。是年 5 月，史学系师生茶话会，纪念孟森先生。是日大雨，姚张伞走在前，钱戴笠继之后，择路而行，我亦张伞沿堤缓行。四顾无人，别饶野趣，犹如画图中人。除菘岛外，尚有军山，亦是诸人饭后散步之所在。其地较菘岛尤幽静，青岭四合，花柳绕堤。不意边陲有此曼妙山川。

当教学秩序正常后，我即向蒋校长提出辞去行政职务，蒋表示谅解。当时我曾请魏建功代刻杖铭二根，其一曰“指挥若定”，另一曰“用之则行，舍则藏”，罗常培见后，以“危而不持，颠而不扶”相讥，盖即指我坚辞不任行政事务而言，言颇切直。

是年 7 月，学期即结束，昆明校舍亦陆续建造，于是蒙自之文法学院决定迁回昆明，蒙自校舍让于航空学校。史学系亦决定，暑假后我讲授明清史、清史研究、史传研究等课程，并召开史学系毕业同学欢送会。是月 22 日，农历为六月二十五，为云南之星回节，俗称火把节，居民燃火把游行，亦有以荷花、荷叶装烛杂以火把游行田间或市街者。但晚饭后候之良久，仅见有持火把者，其余未见。是月底，学生考试完毕，师生乃陆续北上，回到昆明。

西南联大的 8 年，最可贵的是友爱和团结。教师之间、师生之间、三校之间均如此。在蒙自的半年，已有良好的开端。同学初到蒙自时，我每次都亲到车站迎接，悉心照料，协助搬运行李。其他教授亦如此。北大考虑干部时，也以能团结其他两校之教授为出发点，避免不必要之误会。我在蒙自时，孟森刚去世，我决心继孟老之后，钻研清史，完成其未竟之业。这时罗常培自昆明来信告诉我说，云大教授吴春晗闻我将完成孟老遗著，慨然愿以其所抄李朝实录中之中国史料 80 本相赠。不几天，我回昆明，与罗一起看望吴春晗，所谈甚快。联大教授之间、师生之间的友情，由此可见。无私、友爱、团结，这是西南联大的优良传统，这也是能造就众多人才，驰名于中外的主要原因。在抗战期间，一个爱国知识分子，不能亲赴前线或参加战斗，只有积极从事科学研究，坚持谨严创造的精神，自学不倦，以期有所贡献于祖国。西南联大的师生，大部分不都是这样吗！

（郑克晟整理，本文略有删节）

陇海沿线作战与花园口决堤

兰封战役的回忆

宋希濂*

战场上接任军长

1938 年 5 月 10 日前后，我在湖南浏阳荣誉师司令部（当时我任荣誉师师长，这个师是以抗战负伤治愈的官兵编成的）接到何应钦的一个紧急电报，叫我马上到武汉去见他。我仅带了一个参谋和一个卫士，第二天清早就到了武昌。上午 10 点左右，我到军事委员会会见何应钦（那时何是军委会参谋总长兼军政部部长），他对我说："现在调你去接任第七十一军军长的职务。这个部队的人事你是熟悉的，指挥上不会有什么困难。"我问："第七十一军军长不是王敬久吗？他在这个部队已有相当时期，为什么要叫我去呢？"何说："王敬久和祝绍周大闹意气，败坏军纪，委员长（指蒋介石）很生气，所以把他换了，叫你去。"（据了解：祝绍周那时担任洛阳地区警备司令，第七十一军开到那个地区整训，要受祝的指挥，王敬久不愿意，因王于1932年任第八十七师副师长时，祝任参谋长，地位次于王。）我又问："荣誉师交给谁？"何说："交副师长林英升代。"我说："那我今天就回湖南去交

* 作者时任第七十一军军长。

代，然后再到第七十一军去接任。”何说：“现在豫东战况紧张，第七十一军正由洛阳向豫东运输，委员长已于昨晚乘车去郑州，临行时嘱我转告你，叫你赶到郑州去见他。你不要回湖南去了。”这样，我又很快赶到郑州。

我在郑州见了蒋介石，他对我说：“现在有一股敌军已由濮县附近渡过黄河，企图南下截断陇海路，包围我徐州附近的部队。你的队伍先在兰封一带集结，现在兰封的第一〇六师也暂归你指挥，将来与归德的薛总司令所指挥的部队夹击这股敌军。你到前方要告诉各级军官，我们的兵力较敌军绝对优势，大家要努力打好这一仗。”随后他又补充说：“这一仗关系很大，大家一定要奋勇战斗，如有不听指挥或畏缩不前者，就应严加惩办。”我除表示照他的指示去努力外，并问：“我的部队归谁指挥？”蒋介石想了一下说：“暂归我直接指挥。你到兰封后，随时来电话报告，我将在郑州暂住一个时期。”那时第七十一军本来是属于第一战区的战斗序列，第一战区长官部也设在郑州，论理我军应该归程潜指挥，但蒋介石的一贯作风，常常不尊重指挥系统，有时甚至直接指挥到师、旅、团等单位。

我从蒋介石那里出来后，又到长官部会见程潜及参谋长晏勋甫等人，更多地了解了敌军和友军的情况。

大约是5月16日或17日我到了兰封，第七十一军军部已先一天到达，驻在兰封西北边的一个村庄里。所属的第八十八师（师长龙慕韩）第二六四旅已东运到归德附近，第八十八师师部及直属部队和第二六二旅本来也是要运到归德去的，因内黄车站附近发生情况，便在兰封下车了。所属的第八十七师（师长沈发藻）已有一个团开到兰封，其余正在运输中。兰封城区还驻有第一〇六师沈克部（这个师是以石友三残部编成的）。我到兰封后的第二天，乘马到城内去看沈克。正谈话间，忽然来了十几架敌机，城内又无防空设备，我们想出城到乡下去已来不及。一刹那间，敌机便开始狂轰滥炸，我和沈克所在的一间房子周围落了好几个炸弹，室内玻璃全都震毁了，瓦砾和碎土不断地打落到我们的身上。当时我和他面对面坐着，一言不发，只好听其摆布。敌机滥炸一阵后飞走了，我们不约而同地说：“险哉，险哉！”据事后调查，第一〇六师被炸死炸伤的官兵达300多人。当时城内居民已不多，也被炸毙了 20 多人，房屋被炸毁者达十之七八。牲口被炸死不少，我的乘马也被炸毙了。我就在敌机的轰炸和战况紧张的情况下，在战场上接任军长。

围攻土肥原师团

抗日战争开始后，日军自平津沿平汉、津浦两路南下，中国军队节节败退，故敌军骄傲异常。矶谷廉介率领第十师团由济南猛攻台儿庄，以为直取徐州可以不费吹灰之力，指日间即可占领。不意进至台儿庄附近，遭到孙连仲等部的坚决抵抗，损失惨重，被迫后撤。于是，侵华日军统帅部策定了一个五路会攻徐州的计划，企图将中国军队主力一举歼灭于徐州附近。这五路是：

一路主力由津浦路南下进攻韩庄、台儿庄，另有主力的一部由临沂趋邳县、郯城；

一路由苏北的盐城北上；

（以上两路预计在新安镇会师后直奔徐州。）

一路由津浦南段北上，直趋萧县、永城；

一路由鲁西南下，进薄丰县、沛县；

（以上四路的目的，企图包围徐州，聚歼中国军队主力。）

另一路，即土肥原的第十四师团，由濮县渡黄河南下截断陇海路，阻止中国军队东进增援。

1938 年 5 月 11 日，土肥原部开始在菏泽北面的董口附近施行强渡，守军兵力薄弱，在日军飞机和大炮的轰击下，只有微弱的抵抗，便退走了，使敌军顺利地渡过了黄河。5 月 14 日敌军进攻菏泽，守军是商震的第三十二军的一部，约有一个多团的兵力，经不住日军的猛攻，菏泽于当天就沦陷了。于是土肥原师团就分路向陇海路进发。

我到兰封后的第三天晚上，蒋介石在电话里命我到考城去和商震联系。翌日上午我乘一辆卡车带着必要的人员前往考城。由兰封到考城，并无正式公路，只能沿着乡村大道走一段问一段行进。不料走到半途，被一架敌机发现了，老在我们的上空盘旋。我判断这家伙不怀好意，急命停车，人员疏散到路旁麦田里隐蔽。果然敌机很快就俯冲下来，向汽车附近扫射了一阵，但没有扔炸弹，我们并无伤亡。约在11点左右，我们到了考城南面的一个村庄——商震司令部所在地。商震那时的职务是第二十集团军总司令兼河南省政府主席，所指挥的部队，除他自兼军长的第三十二军外（第三十二军辖第一三九、第一四一、第一四二师及一个独立旅），还另指挥两个师。他的任务是担任广阔的河防线，兵力分得很散，处处薄弱，既不能在河岸阻止敌军的渡河，也不能很快集中相当兵力来打击和迟延敌军的行动。

我在商震那里得到一份重要的情报。这是他司令部直属的一个骑兵部队在考城东面巡逻警戒时，发现敌军的一辆小汽车，他们将车子击毁，打死了司机和一个日本军官，在那军官身上获得一份第十四师团的作战计划及部队编组情形的材料。这个日本军官的职务是个少佐主计（即军需官）。从这份材料里，才知道敌军的番号、兵力和指挥官姓名，以前是不知道的。

土肥原师团的任务，就是如前面所述，截断陇海路，阻止中国军队东进增援，并相机歼灭在兰封一带的中国军队。材料中对商震部队的兵力、位置等都调查得很清楚，并对商部力量表示相当轻蔑。记得材料中有这样几句话："我军南进中，对在考城附近的商震部队，不必多所顾虑，派少数兵力向他戒备就行了。"同时了解到，土肥原师团除骑兵部队外，有相当多的一部分是机械化和摩托化。据商部骑兵所侦得的情况说：敌军由菏泽一带南下时，有几百辆装甲车、卡车以及炮兵牵引车等，摆成五六华里的正面，践踏着正在成熟的麦田，浩浩荡荡地向南行进。

我们在归途中提心吊胆，既要防备敌机的袭击，更要注意东面的敌情。

黄昏时回到兰封，即以电话向蒋介石报告赴考城会晤商震的经过及所获得的情报。蒋介石说："桂永清率第四十六师，还有邱清泉带了一个战车营和搜索装甲车一连，即可到达兰封。你等他们到达后，率所部向北面的红庙（在兰封、考城间）附近集结，然后向敌军的侧背攻击。"第二天上午我召集团长以上军官开会，向他们说明了战场的一般情况，并研究军的作战任务。这天下午，桂永清、邱清泉、李良荣等先后到了兰封。蒋介石来电话，要我于黄昏时率第八十七师向红庙方面移动。我问第八十八师（欠第二六四旅）是否一道去。蒋说："第八十八师留在兰封，暂归桂永清指挥。"我听了心里不乐意，知道这是桂永清捣的鬼，但蒋介石的语气是命令态度，只好忍受着而已。

兰封激战

5月14日，敌军陷菏泽后，主力分成几个纵队南进；迄20日，窜集内黄、仪封、野鸡岗、楚庄寨及其附近地区。蒋介石令前线所有部队统归前敌总司令薛岳指挥，围攻土肥原师团。

我到红庙后，接到薛岳的命令，要旨如下：

（一）敌军第十四师团现窜集内黄、仪封、楚庄寨、野鸡岗等处；

（二）我军决心攻击该敌，并以野鸡岗、楚庄寨、石楼、内黄、仪封、贺村为攻击目标；

（三）命第六十四军、第七十四军为东路军，沿铁道两侧向野鸡岗、楚庄寨、贺村攻击；

（四）命第二十七军、第七十一军为西路军，自西而东，向仪封、内黄、马王寨攻击；

（五）命新编第三十五师向宋庄、纸坊集攻击；

（六）命第三集团军向旧考城、贺村攻击，并以一部埋伏于鲁道口、大寨集、王庄等处，相机袭敌；

（七）命第三十二军以一部确保大黄集、团集，并埋伏于杨桥、郭庄、马庄等处，相机袭敌，其余部队仍继续担任河防；

（八）定于21日开始攻击。

21日，我率军直属部队及第八十七师，分两个纵队向仪封前进，先是向东走，随折而向南，在向南行进的道路上，随处可以看到敌军摩托车轮的痕迹。大约到了下午2时左右，突然前面响起了机枪声，得知前卫部队已接近仪封。仪封是个土寨子，据报寨内约有二三百个敌人据守，敌军大部分则已向西去了。我和沈发藻站在一个土堡上用望远镜向仪封观察一番后，遂决定以先头团开始向仪封的东北角一带攻击，并命配属于军的一个山炮营（有法造士乃德山炮 10 门）予以支援；同时派另一个团向仪封南面迂回，以威胁敌之侧背。

一开始，守敌十分顽强，我攻击部队逼近寨子时，被其浓密的火力射击，伤亡颇大。我即命令集中所有火力，包括山炮、迫击炮、重机枪等，全力制压对我危害最大的敌军火力点，发生了效果，我步兵两个连迅速地突入了寨子的一角。但敌军仍然凭借在寨内的各据点，继续负隅顽抗。我军兵力逐次投入战斗，扩大战果，使战斗愈演愈烈，机枪声和手榴弹的爆炸声，有如急风骤雨。当战况正在十分紧张时，寨内敌军突然放弃阵地，向西南方面窜走。我们当时推断，可能因第十四师团主力已向西进展，同时发现我有大部队向南运动，恐被包围，故而撤走。寨内敌军遗尸数具，丢弃的弹药和罐头食品等颇多。我和沈发藻率指挥所人员于下午 4 时进入寨内，登上城寨向西南方面瞭望，看到我步兵分数路正向前搜索中。一刹那间，忽然敌军大炮向我前进部队射击。我用望远镜清楚地看到敌军野炮 8 门在一些小丛树的后面并列一排向我发射，距离仪封大约有八九华里。当命我炮兵立即进入阵地向敌炮发射，敌炮乃变换目标，对我炮兵射击，这样就形成了双方的炮战。由于我们的指挥所离炮兵阵地甚近，中弹 10 多颗，第八十七师指挥所的一个副官和一个传达兵被炸毙炸伤。这时前线部队报告，敌军向我反攻，但兵力不大，刻正在战斗中。我们判断系敌军企图阻止我军继续前进，不是想要夺回仪封，当命部队就地抵抗。战到黄昏时，战况也就渐渐沉寂了，各部队就地构筑工事，严密戒备。

由东向西攻击野鸡岗、内黄一带的第六十四军及第八十八师第二六四旅，因这一带敌军兵力不多，经我军的压迫，没有顽强抵抗，就窜向西南方面去了，他们顺利地克复了内黄、野鸡岗等地。21 日晚，我派小部队沿铁路两侧往东搜索，只走了六七华里，就与第二六四旅取得了联系。

22 日上午，我和第六十四军军长李汉魂在仪封东南端的一个村庄举行了会议，并和薛岳通了电话，商定：

一、第二六四旅归还第七十一军的建制；

二、第七十一军统归李汉魂指挥；

三、两军密切联系，向窜据在仪封西南地区的敌人攻击。

22 日下午 3 点左右，第六十四军在左，第七十一军在右，开始向西前进，很快就和敌军接触。由于我方兵力较多，不断向左翼延伸，遂在仪封西南一带，形成了一条弧形的攻击线，经过两个多小时的激烈战斗，两军都有相当进展，伤亡亦颇大。

我们这次在兰封作战，这一带的居民几乎逃避一空，地方行政人员也不知跑到哪里去了，因此使我们的补给、运输、伤病兵的遣送事项，都遇到严重的困难。22 日晚上，我彻夜未睡，大部分时间都花在这些事项的处理上，伤透了脑筋。

23 日我两军继续向当面之敌攻击，敌军因兵力不够，收缩防线，自动地放弃了一些村庄。这一天的战斗，两军都获得了一些进展，但因敌军火力猛烈，我军的进展还是有限的。

桂永清和邱清泉，都曾由蒋介石派赴德国学习过军事，他们两个人的性格，真可称得上一对孪生子，骄横跋扈，不可一世，除了对蒋介石、何应钦、陈诚等人阿谀逢迎，以达到其升官的目的而外，是什么人都瞧不起的。

这次，他们两人联袂来到兰封时，仍然和过去一样，神气活现。当我向他们介绍当面的敌情和友军情况时，他们还没有等我的话说完，便满不在乎地说："这点敌人算得了什么！看我们来打它个落花流水。"他们那种趾高气扬、目空一切的神气，实在令人作呕。我当时曾以讽刺的口吻笑着对他们说："很好，你们两位德国将军来了，这次一定可以打个大胜仗。"

大约是 5 月 21 日或 22 日，桂永清派了第四十六师的一部分步兵由兰封向东搜索前进，邱清泉也派了几辆装甲搜索车和一些战车同上。他们进到离开兰封不到 10 华里的地方，正好遇着敌军步骑兵 100 多人。这股敌军的任务，是向兰封方面搜索情况的，没有想到我方有战车、装甲车，便掉头后退了几里占领阵地抵抗，随后又调来了战车防御炮，桂、邱两部便不敢前进了。但是桂永清、邱清泉却利用敌军稍为后退这件事，大事吹嘘。

薛岳给予桂永清军的任务，是要他率部东进攻击敌军，同时必须保持兰封这个重要据点，以利于东路部队的西进攻击，但桂部没有任何进展。到23日，敌军调集相当兵力，附以大炮及战车，向桂永清军发动攻击，仅仅两三个小时，桂军便全线崩溃了。溃退的队伍似潮水般向西逃窜，邱清泉的那些战车当然逃跑得更快，一口气就逃到罗王车站以西去了。桂永清知道自己的部队是控制不住了，如果丢了兰封，他的责任很大，便匆匆地写了一个纸条给第八十八师师长龙慕韩，命令他率所部固守兰封。桂本人在敌军打击下，丧魂落魄，有如丧家之狗，拼命地向后逃跑，也是一口气就跑过了罗王车站。他的基本部队第四十六师，就这样溃散了，一直到开封附近才收容了一部分，以后这个队伍就改编到胡宗南集团里去了。

龙慕韩对敌军的攻击，招架不住，他这时也无法向任何人请示，便自行决定退出兰封城，率部转到西南方向去了。就这样，敌军于23日下午攻陷了兰封。

薛岳得到桂永清军失守兰封的消息，非常气愤，因为按照他的企图，想在兰封附近歼灭土肥原师团。现在桂永清弃守兰封，这就打破了薛岳的计划，薛便以前敌总司令的身份向军事委员会控告桂永清，说他贪生怕死，贻误戎机，请求严办。桂永清则把兰封失守的责任推诿于龙慕韩，结果龙慕韩被判处死刑，后来在武汉枪毙了。桂永清在蒋介石、何应钦等人的袒护下，仅仅以撤除第二十七军军长的职务了事。

现在再回头来谈土肥原师团的企图和行动。土肥原师团窜集于仪封西南地区后，由于第七十一军和东路军在仪封附近会师，逐次向它压迫，形成包围的局势，这对它是不利的。尤以它已没有后方联络线，必需的粮食和弹药还可指望其飞机空投接济，但在那时没有直升机的情况下，几百辆车子所需要的汽油的补给，成了极严重的问题。因此，土肥原决定先攻陷兰封，然后将其部队的主力转移于三义寨、曲兴集、罗王寨这三个据点，以期能从黄河北岸经柳园口获得物资的接济，因为这三个村庄都靠近黄河。同时，土肥原又留置一部分兵力于兰封及罗王车站，成掎角之势，以分散我军的兵力和滞延我军的进攻。

敌军窜陷兰封后，在郑州的蒋介石、程潜等，大为惊恐，恐其长驱西进，直取开封、郑州，将使全局陷于极端混乱，乃急调在西安至潼关一带的胡宗南军团（第十七军团，辖第一、第九十军）赶运到开封，同时程潜亦率必要人员到开封设立指挥所。嗣得悉土肥原师团的行动后，乃策定围歼土肥原部的计划。记得这个计划的大概要旨如下：

（一）由胡宗南指挥第一军、第九十军及邱清泉的战车营，并配属重炮兵营，向曲兴集、罗王寨之敌攻击；

（二）命在豫北的朱怀冰军（还有其他的一些部队），向柳园口黄河北岸活动，截击敌军的增援，遮断其补给线；

（三）命俞济时的第七十四军、第三集团军的第二十师及新编第三十五师、第一〇六师等部，进攻三义寨；

（四）命第七十一军攻击兰封；

（五）命第六十四军先进攻罗王车站，得手后，再协助胡军进攻罗王寨；

（六）命商震所部逐步向西移动，担任守备开封及开封、郑州间之防务。

我于24日晚奉薛岳命令负责攻击兰封，25日晨亲率各师、旅、团长在兰封的东南端和西南端观察地形后，随即赋予两个师的攻击任务。我命令第八十七师负责东北面的攻击，第八十八师负责西南面的攻击，并指示各部队充分利用城外村落接近城垣，选定易于爬城的攻击重点。

其时蒋介石已来命令，将龙慕韩革职查办，并派我兼任第八十八师师长。我乃将军部移至兰封南面的一个村庄，与第八十八师师部同驻一处。同时调整人事，将第二六二旅旅长邓经儒调为副师长，将资历较深、作战勇敢的团长沈芝生调升为第二六二旅旅长，并以军参谋长陈素农兼任第八十八师参谋长。

我亲自指挥第八十八师进攻兰封的西南端，第八十七师则完全责成沈发藻指挥。

兰封城并不大，城墙也不高，大部分都是用土筑成的，只有各城门附近有部分砖头，唯四面开阔，不容易接近。我于25日黄昏后率两个团接近南门及西南角，选定了两团的攻击重点，命部队连夜挖掘壕沟，炮兵测定射击目标，命在第二线的部队绑扎爬墙梯子运送到第一线应用。

26日拂晓，两师同时开始攻击，先集中炮火射击选定的攻击点，摧毁敌军工事，随即集中火力掩护步兵爬城。激战至正午，前后冲击三次，由于敌军顽强抵抗，两师攻城部队伤亡枕藉，均未能突破一点获得立足地。我乃命暂停攻击，积极调整部署，并调来炮两门接近城垣，准备直接射击。延至下午5时，重新发起攻击，官兵前仆后继，奋勇战斗。到黄昏时，终于打破了几个缺口，在城墙上获得了三个立足点，即第八十八师在西南方面爬登了两处，第八十七师在东北角爬登了一处。当立命增加部队，扩张战斗，遂在城墙上和敌军展开了激战。敌军一再反击，企图消灭我登城部队，但均被我击退。

鏖战竟日，双方都感到疲倦，所以到晚上9时后，战况渐趋沉寂了。我方连夜调配力量，准备明日拂晓继续攻击。不料到27日上午3点左右，兰封城垣枪声大作，手榴弹的爆炸声尤为猛烈，据报说是敌军向我反扑，我严命各据点务必坚守，并嘱各团适当增加兵力。经过约两个小时紧张的战斗，随后便只有稀稀落落的枪声了。这时天已微明，第八十七师某团首先发觉敌军已向西北方向逃窜，派了一部分兵力去追击，打着了敌军的后尾，击毙敌军10余名，缴获步枪、轻机枪10多支及军马10多匹。他们送了我一匹军马，以后我在军中经常乘骑，把它叫作“土肥原”。

27日我军克复兰封后，清扫战场，发现敌军遗尸20多具及枪支子弹食品等，判断系敌军撤退时，留下这一小部分人向我猛扑，以便其守城部队（据俘获文件，得知敌军兵力为一个大队）的主力得以安全撤出，因而这20多人便全部战死了。

花园口决堤

第七十一军克复兰封的当天，第六十四军也在同一天克复罗王车站，我两军正准备各派一部分兵力协助攻击三义寨、曲兴集、罗王寨之敌，不意到29日，东面情况发生严重变化。薛岳原留第八军在归德附近，竭力阻滞由鲁西南下的敌军西进，但黄杰并未执行薛岳赋予的任务，当敌军先头部队刚刚接近归德，他便率部撤走了。事后，薛岳曾向军委会报告，指责黄杰不服从命令，擅自率部放弃归德，但黄杰同样在蒋介石、何应钦的袒护下，以革职了事。

敌军于 26 日陷归德后，即分两路西犯：一路沿铁路而西，一路犯宁陵、睢县。薛岳当命第六十四军、第七十一军及另外的几个师于民权、杞县、太康之线，迎击西犯之敌。第七十一军在杞县附近布防，部队紧张地构筑工事，到 6 月初，仅我警戒部队与敌军的搜索部队小有接触，即奉命率部经扶沟向许昌转进。

围攻土肥原师团的胡宗南等部队，经过几天的激战，克复了一些小据点，但困守罗王寨、曲兴集、三义寨这三大据点之敌，仍然顽强抵抗，我攻击部队伤亡颇大。第一战区长官部正拟增厚兵力，并从后方积极运输炮弹等物资，期于短期内歼灭土肥原师团，但这时沿铁道两侧西进之敌，已于 6 月 1 日窜陷睢县，迫近兰封、杞县，而另一股敌军则由亳县方面，经鹿邑、柘城向太康进迫，其目的不仅在救援土肥原师团，且有进犯平汉路许昌、郑州一带的企图。这样，有使在开封、兰封间的我主力部队陷于被包围的危险。在武汉的军事委员会乃命停止对土肥原师团的攻击，除由第三十二军派一部守备开封阻滞敌军的西进外，主力部队绕向平汉路以西撤退。

6 月 6 日，守备开封的部队，在敌军的猛烈攻击下，退出开封。6 月 7 日，敌军步骑兵 1000 余人附战车 10 多辆到达中牟附近，与我警戒部队接触，郑州形势岌岌可危。

第一战区长官部在情况紧急时，向蒋介石建议，利用黄河伏汛期间，在花园口决堤，造成平汉铁路以东地区的泛滥，以阻止敌军的西进。这一建议，立即得到蒋介石的批准。长官部派驻在郑州附近的新编第八师（师长蒋在珍）和一个工兵营执行挖掘和爆破的任务，于 6 月 9 日决堤。黄河决堤后，黄水滚滚向南奔流，淹没了河南、安徽、江苏三省的广大土地，受灾人口达 1000 万人以上，财产的损失更难以计数。

我所经历的豫东作战和黄河决堤

公秉藩*

1938年6月黄河花园口决堤时，我任第三十九军（军长刘和鼎）第三十四师师长。初则奉命担任掩护我军从豫东撤退，继又担任掩护黄河掘堤，造成泛滥后徒涉退守郑州。兹将亲历经过，略述如下。

1938年春，中国军队即将从台儿庄地区撤退的时候，蒋介石命令第三十九军（辖刘尚志第五十六师和公秉藩第三十四师）进驻开封。当时开封的防卫部队是第二十集团军第三十二军（总司令商震兼军长）。第三十二军辖第一四一（师长宋肯堂）、第一三九（师长黄光华）和第一四二（师长吕济）师。豫东军事要地商丘、考城、兰封（1954年与考城合并为兰考县）等地均未设防。

徐州陷落前，蒋介石命令第二十集团军总司令商震率领第三十二军开往江苏，所遗开封守备及黄河防务交由第三十九军接替。刘和鼎指挥第五十六师一部担任开封警备、刘尚志率领第五十六师主力担任黄河柳园口以西至赵口一段防守任务、第三十四师主力担任柳园口以东至陈留口一段黄河守卫任务。各师依据河流，构筑工事，向北防守。我师部位于距离开封12.5公里

* 作者时任第三十九军第三十四师师长。

的白寨（近年出版的地图上该地名为板寨）。

蒋介石于 5 月 12 日自汉口飞抵郑州督战。第一战区司令长官兼河南省政府主席程潜于 5 月 21 日进驻开封，指挥豫东作战。第五十二军残部从徐州溃退到开封后，军长关麟徵到郑州去见蒋介石，请示休整地点。蒋命令关麟徵率领残部折回豫东，固守商丘。关麟徵说："我的部队从台儿庄下来，只剩下一些基层干部，没有士兵，再要作战，连种子都会打光。"蒋说："你带部队回豫东固守商丘，等战事平息之日再作补充。"此时我也在座。（我原在武昌珞珈山军官训练团受训，豫东吃紧后临时被派回部队，经过郑州时去见蒋介石，遇见关麟徵也在那里。）

关麟徵勉强接受了命令，和我一同乘坐陇海铁路客车到达开封。沿途关精神不振，垂头丧气地对我说："军人是没有好下场的。像我这样，刚从台儿庄打下来，还未得到休整，又要固守商丘。"我说："关二爷（关麟徵的绰号）都这样说，我们又该如何呢？"到开封的第二天早晨，关率残部前往商丘。（实际上，关麟徵部仅在豫东作战初期充当预备队。被派往商丘、砀山一带的部队是黄杰第八军、李汉魂第六十四军和俞济时第七十四军。）

日军为切断徐州、台儿庄一带我军的西撤之路，派土肥原师团从考城以北渡过黄河，切断陇海铁路，于 5 月 22 日占据我第三十四师师部驻地东边某村落，与黄河北岸敌军相呼应。同时，北岸敌军以重炮射击我陈留口。

第三十四师沿河向北布阵，西起柳园口，东至陈留口，长数十里，地势平坦，又没构筑工事。日军从南面向我师发起进攻，师部驻地西梁寨仅一特务连守卫。我率师部仓皇撤至附近有土围子的杜良寨据守，并把敌情逐级上报。第一战区司令长官程潜命令我固守待援。我把驻在柳园口和陈留口之间的第二〇四团迅速调来，对窜来之敌从东南到东北予以大弧形的包围，防止该敌窜扰开封或夹击我河防部队，并立即向其攻击。敌利用民房挖掘枪眼，顽强抗拒。敌炮猛烈射击，致使我攻击部队伤亡累累，攻击没有奏效。5 月 23 日拂晓，日军从东边缺口窜至陈留口附近，会合从北岸长垣来犯之敌夹攻陈留口。我第一九九团伤亡甚重，退守大、小王庄，陈留口陷落。

北岸敌军陆续渡河，并用铁舟架设浮桥，还升起气球指挥炮兵向我阵地猛烈射击。敌机也轮番对我军轰炸。我率第二〇四团前往支援。第三十九军军长刘和鼎把防守赵口的刘尚志第五十六师派来增援。该师编制为2旅4团，装备优良，团部尚有战车防御炮连。讵料甫到贾寨、马庄，与敌战斗两小时即全部溃退。程长官命令我收复贾寨、马庄。5月24日，我把防守柳园口的第二〇一团调来，协同第二〇四团于25日拂晓以密集队形冲锋攻击。该敌尚未构成工事，步哨位置在村边树梢上。我冲锋部队边跑边射击，枪口抬高，把树上敌哨兵完全击落，一鼓作气收复贾寨、马庄，打死打伤敌军100余名，缴获日制机2挺、步枪50余支。

我率第三十四师师部进驻梁寨后，敌炮猛烈轰击贾寨、马庄。程长官派来两连炮兵（山炮、野炮各4门），放列在梁寨右侧，使用制压射击，敌炮顿时销声匿迹。就在这时，两门晋造野炮因温度过高炮膛爆炸，死伤炮手四五名。我方炮击刚一停顿，敌炮又猛烈射击我炮兵阵地。两门山炮又被炸毁，伤亡炮手4人。其余炮兵慌忙向后撤退，连炸毁的山炮、野炮都留置在原地未动。此后，敌炮更肆无忌惮地向我贾寨、马庄和梁寨阵地不断射击，并派飞机轮番轰炸。

当时，蒋介石把胡宗南的第十七军团第一军调来增援。第一军（军长李铁军）辖第一师（师长李铁军兼）、第七十八师（师长李文），军部、师部都驻在梁寨。胡宗南的军团司令部驻在开封。胡经常到第一军来，因而我不断和他们见面。（第七十八师各部于1938年5月21日后陆续到达开封以东的罗王、兴隆集。第一师经过郑州时以一个团留郑担任警备；主力于23日晨抵开封东郊，第二旅被程潜控制在当地，当晚仅以一个团由开封东进。胡宗南的军团部于23日晨到达兴隆集。）

起初我认为：第一军是蒋介石的王牌部队，装备优良，他们一到，必定能消灭当面之敌，解除对开封的威胁。讵料过了两天，胡部仍无进展。胡宗南约我同车去第七十八师阵地视察，看见该师派出的攻击部队以连、排为单位，行动起来像野外演习一样，演习完毕就退回原阵地。敌人发觉他们活动，就开炮射击。他们缩在工事内动也不动。

胡宗南的汽车返回时，遭到敌炮的猛烈射击。炮弹在汽车前后左右爆炸，司机吓得魂不附体，汽车左右摇摆，好像蛇行；随从的幕僚缩头缩脑，面无人色。胡宗南故作镇定，对司机说：“开快些，脱离危险。”又对幕僚说：“镇定点，不要让士兵看不起。”汽车驰过梁寨，胡即返回开封。

蒋介石把外国援助我国的两部新型战车拨归胡宗南指挥。这两部新型战车装有无线电、小炮和重机关枪等武器，威力很大。胡宗南率领两部新型战车，来到第七十八师阵地，命令李文派出两营兵力，随战车向当面之敌进攻。战车驾驶员没有临阵经验，越是惊慌，战车速度越快，伴随的步兵跟不上。接近敌阵地时，遭到敌炮猛烈射击，吓得驾驶员手忙脚乱，不知所措，跳出战车就向后跑。不到两个小时，就把友邦援助我国抗战的两部新型战车完整无缺地送给了日寇。（据《第十七军团兰封会战战斗详报》：1938 年 5 月 26 日上午，第七十八师第四六三团第一营伴随战车三辆，在炮兵掩护下由梁寨向刘庄之敌攻击。至 9 时，连克刘庄、王庄、唐牛庄及大、小王庄。“此时我战车按原定计划应由原道归还出发阵地，不料竟向黄庄敌阵地疾驰，致与步兵失去联络，为敌炮击毁二辆，被俘一辆”。）

正当陈留口敌军不断向我第三十九军和第一军阵地炮击，并派飞机轰炸扫射时，豫东日寇占领商丘，沿陇海铁路西进。

1938 年 6 月 14 日下午，蒋介石在郑州陇海铁路公园打电话给驻开封的第一战区司令长官程潜，命令：长官部和河南省政府迁移洛阳，第一军转移郑州，其他机关、部队由第一战区处理；第三十九军为掩护部队，掩护各部队安全撤退，到花园口后协同新编第八师掩护掘开黄河堤，迨黄河泛滥造成后再从泛滥中转移到郑州防守。蒋还问程：“现在开封东北都有哪些部队在那里防守？谁比较得力？”程说：“第三十四师师长公秉藩。”蒋说：“你告诉公秉藩，要他努力完成这一任务。”程说：“他很努力。”当时战地电话经常串线，蒋、程通话前第三十四师通信连连长叶佩山已得到消息，等到通话时就把电话接给我听。当日晚间，我奉到程长官的命令，内容和电话中的要旨精神差不多。（蒋介石早在 5 月 25 日就已离开郑州返回汉口。程潜于 5 月 30 日晚返回郑州，关于豫东各部队西撤的命令是 1938 年 5 月 31 日下达的。）

6 月 16 日早晨，开封东北地区的部队已撤退完毕。第三十四师沿着黄河大堤向西转移，且战且退，经过柳园口和赵口之间时已是晌午，还听见开封市内轰隆轰隆的爆炸声，看见熊熊的火光。听说这是撤退的军队正在炸毁搬运不走的仓库物资，日军正朝着火光和爆炸处施行搜索射击并准备入城。（日军于1938年6月6日凌晨攻占开封。）一路上，逃难的人群络绎不绝。他们扶老携幼、肩扛手提、哭号不止，走在部队前头。在上空还不断有敌机盘旋扫射，状甚凄惨。

这时，我和师政治部主任上官业佑发现一个可疑的人混在难民中间。此人满脸横肉，粗眉大眼，面色黑红，手里没拿东西，走起路来左顾右盼，与众不同。上官对我说："这个人很奇怪，叫出来问问，看他是从哪里来的。"当我们询问时，他起初只是怒目相向，不作答对。经反复追问，他才用半通不通的中国话说："中国人。"又问："中国什么地方人？"他说："上海人。"问他为啥来到这里，他一言不发。我们又找来通日语的任政训员用日语询问，他仍不答对，态度更加恶劣。任政训员说："判别是否日本人，看他的脚拇指缝大小就能了然。"让他脱下鞋袜，果然两只脚的拇指缝都有一个圆窟窿。我立即命人把他捆起来。他的态度越来越恶劣，还用牙齿咬人。后来将其送交第一战区长官司令部，听说也没问出口供，游街示众后枪决了。

早在1938年4月间，蒋介石还在汉口时，就命令驻开封的商震第三十二军河防部队第一三九师，在赵口挖掘黄河大堤，作为必要时的准备。这年春季气候干旱，黄河水位低落，为历年来所罕见，附近居民熟悉水性者可以徒涉。第一三九师强迫沿河居民挖掘河堤达半月之久，仍放不出水来。尚在继续挖掘的时候，蒋介石把商震部调走，遗留下来的挖掘河堤和河防任务，改派第三十九军第五十六师接替。该师工兵营在步兵的协助下征工拉夫，还使用炸药爆破。（据第二十集团军总司令部参谋处处长魏汝霖撰写的《黄河决口经过》：1938年"6月1日……决定黄河决口企图"。蒋介石"指派商总司令启予负责督工"。6月4日，万福麟"第五十三军一团奉委座电令，在中牟县境赵口掘堤"，6月5日"又加派三十九军一团协助之"，仍未能出水。6月6日，第"三十九军刘军长和鼎……乃在第一次决口迤东30米处，另派兵一团，作第二道之决口"。）

当时的报纸刊载过这样的消息：日寇飞机连日轰炸我赵口黄河大堤，企图淹没汴郑军民，居心叵测，我河防部队正在严密监视中等语。

赵口掘堤不成，日寇土肥原师团业已窜扰开封，情势急迫。蒋介石调查历史上黄河决堤处，以花园口为最低，随即命令驻守花园口的新编第八师师长蒋在珍，星夜在花园口挖掘，限期完成任务。

1938 年 6 月 18 日，第三十九军到达花园口后，蒋介石从汉口打来电话。重申前令：责成第三十九军严密警戒，掩护掘堤，一定要等待泛滥造成后再从水中涉过，防守郑州。第三十九军奉命后，一面加强防卫，一面派兵协助新编第八师挖掘河堤，终于在当日下午放出水来。（据新编第八师参谋熊先煜 1938 年 6 月 7 日至 9 日的日记：参加花园口掘堤的部队是新编第八师第二、第三团及工兵连；第一团守花园口以东河防，担任掩护。出水时间是 6 月 9 日上午 8 时。另据魏汝霖《黄河决口经过》：6 月 9 日上午“9 时决口工程完竣，开始放水”。在上述档案资料中，均无第三十九军派人协助新编第八师在花园口掘堤的记载。）起初仅有 1 立方米 / 秒的流量，渐次冲刷，缺口越来越大，三四小时后流量渐大，汇入贾鲁河，向东南流去。

这时，第三十九军从泛滥中徒涉到达郑州，依据贾鲁河旧堤向东防守，据点是祭伯城等地。军长刘和鼎被派为郑州警备司令，驻陇海铁路公园。第三十四师师部驻郑州城内张钫（当时任国民政府军事参议院副院长）家中；第五十六师主力担任花园口至汜水河防，一部驻郑州车站。

黄河决口亲历记

黄铎五*

抗日战争的第二年，1938 年 6 月 6 日，日本侵略军陷我开封，控制陇海铁路，企图策应江西之敌，协攻武汉。当时国军在黄河南岸的正规部队有 10 万之众，为了阻敌西进保卫武汉，使用三国时代水淹七军的办法，掘开黄河堤岸（花园口，赵口），制造了 23000 平方公里的黄泛区，使 1200 万人民的生命财产遭受严重损失。

是年我任第三十九军刘和鼎部的军参谋处长，亲身参与决口的行动。

1938 年 6 月 7 日，第三十九军司令部驻杨桥附近待命。刚一到达，蒋介石即发来密电，令刘和鼎掘开堤防，电文大致是：为了阻敌西犯，确保武汉，依据冯副委员长（冯玉祥）建议，决于赵口和花园口两处施行黄河决口，构成平汉路东侧地区间的对东泛滥。该军担任赵口之决口，限两日内完成。已另电洛阳第一战区程长官（程潜）负责主持，规划实施。该军应即以主力担任郑州之守备，并以有力之一部担任郑汴间的游击，阻滞敌军活动。花园口之决口，已电令第五十三军万福麟部负责，仍由第三十九军统一指挥。并希电报后，即向程长官切取联系，接受指示，认真办理具报。接着程

* 作者时任第三十九军参谋处长。

潜也有指示，内容与蒋电大致相同，并派长官部的兵工专家王果夫负责设计和指导。还派河南省政府民政厅厅长方策驻郑，会同第三十九军办理有关民政和民工事项。第三十九军接受蒋、程指示后，我即于6月8日随同军部和所率的主力部队进驻郑州，担任郑州之守备，并以所属第三十四师公秉藩部之步兵两团担任中牟县一带（包括赵口）的游击任务。另以第五十六师汤邦桢旅担任赵口的决口工作。关于决口的工程以及与友军的联系，刘和鼎均责成我分别办理。

我于9日晨邀同长官部派来的兵工专家王果夫、第五十六师汤旅的潘必强团长、第五十三军的刘团长，先后齐集花园口、赵口实地勘查，研究施工。花园口属郑县，赵口属中牟县，均在黄河南岸，堤宽约8公尺，高约10公尺以上，平素是通洛陕的公路，视界辽阔，在望远镜中可以窥见敌军动态。敌人也在白天用望远镜，夜间用探照灯，自北岸向我方侦察。依据地形和敌我情况，我们进行了研究，反复讨论，初步拟定了施工计划：

（一）担任花园口、赵口决口工事的部队，立即在堤岸的内侧，适当而迅速地构成必要的掩蔽部和交通壕，并设置伪装被覆等。切戒暴露，特别是遇敌空袭或探照时更要肃静沉着。

（二）决口工事，各部队长即按照上级所规定的任务，分配所属积极进行，依限完成。

（三）以花园口为基地，由军部架一电话总机，构成营以上的通信网，黄铎五和王果夫常驻花园口，施工上遇有问题需要研究的，各部队长可随时向黄、王通话请示，或请黄、王到工段上就地商讨。

（四）大堤上的决口工事，以连为单位，适当配备兵力，分点进行掘土作业，轮流作息。

（五）一切准备工作，必须于6月9日前做好，概限6月10日前完成任务。

（六）决口前关于动员农民的迁移、安置、救济事项，统由河南省政府民政厅方策厅长派员协同各工段的部队长认真妥善办理，以免流离失所，无法生存。

上项规划曾用电话报请军长刘和鼎审核，刘认为可行，并立即分电蒋、程汇报，随即开始施工。黄河沿岸的土壤，多是沙砾，而且随时会刮大旋风，自9日上午6时开工后，绝大多数工段出现掘出的坑道随即又被大风刮起的沙土填平的现象，一再返工，还是不能依限完成，和王果夫研究，也无办法。这时有个老农说：把掘出的土和掘开的口子随时浇水，沙土就会凝结，不致因风而返原。我们按照此法去做，确有效验，结果，第五十六师汤旅所担负的赵口决口任务，3昼夜完成。万福麟部所担负的花园口掘口任务，5天完成。口子虽掘开，但未立时见水。在施工阶段，军部逐日分电蒋、程汇报情况。因为没有依限完成，蒋介石曾亲用电话指责刘和鼎说："这次决口有关国家民族命运，没有小的牺牲，哪有大的成就，在这紧要关头，切戒妇人之仁，必须打破一切顾虑，坚决干去，克竟全功。"延至6月15日各部队所掘开的口子才有大量的黄水流淌出来，浩浩荡荡，向东涌去，经贾鲁河注入淮水入海。

滔滔黄水，瞬即泛滥成灾。当局虽然也有安置居民的计议，实际徒托空言，到时只不过乡、保长们催促迁移罢了。仓促迁移，谈何容易，故迁徙者寥寥无几，一转瞬间，无情的洪流，滚滚而来，哪里逃避得及。有的爬上屋顶，有的攀登树梢，一时嚎哭呼救之声杂成一片。过了两天，我陪同长官部派来的人员视察黄泛情况，那一望无际的浪涛中，只能见到稀疏寥落的树梢在水面上荡漾着。起伏的波浪卷流着木料、用具和大小尸体。孩子的摇篮随着河水漂浮，还可以断续地听到啼哭声。全家葬身于洪水者不知凡几，甚至有全村、全族、全乡男女老幼无一幸免者。据1938年7月4日上海新闻报所载："黄河决口后，泛滥区域达10余县……尤其中牟为花园口、赵口两个决口构成的泛滥所趋，业已汇流，而水势也较各县特大，余如尉氏、鄢陵、扶沟、西华、淮阳也都遭到不同程度的水灾。总之，黄泛所及，灾难当头，这是肯定的。在其中受害的人，更不可以数计了。"

武汉会战

武汉保卫战

李宗仁*

（一）

我长官部一行，脱离了敌人包围圈，随行的中央机关人员和新闻记者无不喜气洋洋，向我申谢保护之劳，随即分头赶路，向武汉而去。长官部则经阜阳、三河尖，入河南的固始，至潢川暂驻。潢川遂暂时成为第五战区司令长官部所在地。

当长官部停留潢川期间，我原先撤往苏北的孙连仲、冯治安、张自忠、孙震、于学忠、李仙洲、庞炳勋等部，均已陆续越过津浦路，通过安徽，至豫东布防。敌军既陷徐州，即乘势大举西侵，因此也无暇顾及我撤往苏北的部队。因敌人的战略计划在于速战速决，企图西向席卷皖、豫产粮地区，同时掌握津浦、平汉两交通线，进而扫荡西南，逼我方作城下之盟。因此，敌人于6月5日陷开封后，便继续前进。6月9日因黄河花园口的河堤被炸，黄河东南泛区顿成一片泽国，敌方辎重弹药损失甚大，敌军沿陇海线两侧西进的计划遂被我统帅部完全粉碎。于是，敌军改变进攻方向，将其主力南

---

* 作者时任第五战区司令长官，1938年2月至9月兼任安徽省政府主席。

调，配合海军，溯长江西进。6月下旬占我安庆，再陷潜山、太湖。敌人利用强大海军，旋又突破我马垱要塞。再攻占我湖口、九江两据点后，乃分兵两路，一循南浔铁路攻马迴岭，一在北岸小池口登陆，与太湖西进宿松之敌会合，陷黄梅，进攻广济。但鄂东地势南滨长江，北连大别山，无数河道由北向南，汇入长江。兼以其间遍地皆为稻田，地形又起伏纵横，形成天然的障碍防线，易守难攻。又兼廖磊的第二十一集团军以大别山为根据地，时向皖西和鄂东猛烈出击，截断敌军交通线，威胁敌军后方，逼使敌人屡进屡退，一筹莫展。敌我双方遂成胶着状态。敌军为排除其战术上的困难，以达成其迅速占领武汉的目的，乃改变战略，另出奇兵两路，由大别山的北麓平原西进。一路自正阳关向河南的固始、潢川、罗山、信阳攻击，企图于截断平汉铁路后，再南下攻击武胜关及平靖关；另一路则由合肥攻入六安，然后直捣商城，再南向威胁麻城，与鄂东之敌相呼应，对武汉构成大包围的态势。

（二）

正当敌军溯长江西上陷落安庆之时，我右颊上于讨伐龙济光战役时所受的枪伤突然发作。这一创伤自民国五年（1916）以来，并未完全治愈。时有轻微发炎，旋又消肿，并无大碍。而此次发作则为最厉害的一次，右脸红肿，右目失明，不得已乃请假赴武汉就医，并将指挥职责交请白崇禧暂代。我由友人介绍，住于武昌有名的东湖疗养院内。此医院的资产，大半为张学良所捐赠，规模宏大，设备新颖。院长兼外科主任为一美国人，医道甚好。我即由他实施手术，自口腔上腭内取出一撮黑色碎骨，肿痛遂霍然而愈。

东湖为武昌风景区之一，我出去散步时，常在路上碰到周恩来和郭沫若，大家握手寒暄而已，听说他们的住宅就在附近。此疗养院环境清静，风景宜人。时值夏季，湖中荷花盛开，清香扑鼻。武汉三镇，热气蒸人，东湖疗养院实为唯一避暑胜地。因此李济深、黄绍竑、方振武也来院居住。这三人都和我有莫逆的友谊，朝夕聚首，或谈论国事，或下围棋，或雇扁舟畅游于荷花丛中，戏水钓鱼，真有世外桃源之乐。而亲朋故旧前来慰问的，更不绝于途，以致引起中统和军统特务的注意，派了一王姓女士来暗中监视。某次，陈诚来院访问，见我等数人正围坐聊天，彼半开玩笑地说："诸公是否开秘密会议，可得与闻否？"大家相顾愕然，苦笑了之。由此可见中央当局"庸人自扰"的一斑。

我在东湖住了 20 多天，鄂东、豫东战事已至最紧张阶段。第五战区长官部早已自潢川迁往浠水，此时再由浠水迁至宋埠。宋埠为麻城县属一小镇，长官部即设于镇外一小庙中。我回到宋埠不及一旬，委员长（蒋介石）曾亲来视察，为表示与前线将士共甘苦，并在小庙中住一宿。

武汉外围保卫战发展至 10 月初旬，北线敌军已迫近信阳，另一部敌军已占领麻城，威胁宋埠。江北敌军正进逼黄陂，江南敌军也已迫近湘、鄂边境。我第五战区长官部乃自宋埠北迁至黄安属的夏店。

10 月 12 日信阳失守。我原先已电令胡宗南自信阳南撤，据守桐柏山平靖关，以掩护鄂东大军向西撤退。然胡氏不听命令，竟将其全军 7 个师向西移动，退保南阳，以致平汉路正面门户洞开。胡宗南部为蒋先生的"嫡系"部队，在此战局紧要关头，竟敢不遵命令，实在不成体统。先是，胡宗南部在上海作战后，自江北撤往蚌埠。蒋先生曾亲自告我说："将来拨胡宗南部归五战区指挥。"但是这批"嫡系"中央军至蚌埠后，也不向我报告。同时他们彼此之间为争取溃退的士兵，竟至互相动武，闹得乌烟瘴气。徐州失守后，长官部驻扎鄂东，军令部更有明令拨胡宗南部隶属于我，但胡氏从不向我报告敌我两方情况。信阳危急时，竟又擅自撤往南阳。此事如系其他任何非"嫡系"将官所为，必被重惩无疑。但是此次我据情报告军委会，要求严办胡宗南，军委会竟不了了之。

平汉路正面既让开，武胜关瞬亦弃守，战局至此，我预料平汉路以东的正规战已告结束。中央旋即明令，除大别山据点保留为游击基地外，所有第五战区部队应悉数向鄂北撤退。为商讨据守大别山问题，我乃在夏店召集第二十一集团军总司令廖磊和第十一集团军总司令李品仙开紧急军事会议。我告诉廖、李二人说："中央有令要保留大别山为游击基地，你们两位中谁愿意留在敌后打游击呢？”李品仙默不作声，似乎不大愿意。我本人也觉得廖磊为人笃实持重，比较适宜于这项艰苦工作。我便问廖磊说：“燕农，你有没有兴趣留在大别山内打游击呢？”廖磊说：“好得很呀！我愿意在大别山打游击！”

我遂派廖磊率第二十一集团军在大别山内打游击。最初在我们想象中，在敌后打游击是件极艰苦的事，孰知事实证明大谬不然，大别山根据地后来竟变成敌后的世外桃源，比大后方还要安定繁荣。不久，中央又发表廖磊兼安徽省政府主席。当我任皖主席时，早已罗致了抗战前所谓“七君子”之一的章乃器任财政厅长，整顿税务，颇见成效。廖磊在大别山苦心孤诣经营的结果，竟形成令人羡慕的小康之局。可惜廖磊原有心脏病，且曾一度患轻微的脑溢血。医生嘱咐，须安心静养，但是值此抗战最紧张的阶段，军书旁午，戎马倥偬，一位责任心极强、勇于任事、能征善战的将官，哪有机会静养呢？廖君终于积劳成疾，旧病复发，于民国二十八年（1939）十月不治而逝。廖君死时，大别山根据地内的军政设施已初具规模。我乃呈请中央调第十一集团军总司令李品仙继任第二十一集团军总司令，并兼安徽省主席，驻节立煌。至于第十一集团军总司令遗缺，则呈请调黄琪翔充任。

10 月中旬，我长官部复自夏店西撤至平汉线上花园站以西约 10 里的陈村。当我尚在夏店时，平汉路正面之胡宗南已不知去向，乃檄调西进至应城附近的覃连芳第八十四军和刘汝明第六十八军赶赴武胜关、平靖关一带择要固守。不料我甫抵陈村，长官部的九线电台与刘汝明已失去联络。第八十四军也被敌压迫，退守应城。该军与刘（汝明）部虽相去不远，然亦不知其确切所在地。我绕室彷徨，焦灼万状，辗转反侧，至午夜犹不能入睡。忽然心血来潮，惊觉战况不好，在陈村可能有危险，遂披衣而起，将随从叫醒，命通知长官部同人速即整装，向西移动。

这时参谋长徐祖诒等都在梦中，忽然叫醒，都很感到突兀。祖诒问我道：“长官一向都很镇静，今晚何以忽然心神不安了？”我说：“陈村可能不安全，我觉得应该从速离开！”众人也未多问，遂整队西撤。黎明后，行抵安陆县境，众人就地休息，忽发现陈村附近居民竟尾随我长官部之后，如潮涌而至。问明原委，始知在我们离开陈村后约两小时，敌骑兵千余人便窜入陈村。这批敌军的快速部队是否因为得到情报，知我长官部驻在陈村，特来抄袭，不得而知。但是当晚我如果不是因为心血来潮，临时决定离开陈村，则不堪设想了。当时我长官部同人得到陈村难民的报告后，无不鼓掌大叫，徐参谋长也把手一拍说："昨晚要不是长官心血来潮，就糟了！"

我们退到安陆后，武汉于 10 月 26 日为敌人窜入，武汉既失，抗战形势又进入另一阶段了。

马垱要塞长山阵地保卫战

杜隆基*

1938年5月间，军政部派我到江防要塞守备司令部陆战队支队第二大队任少校大队附，负责训练这个大队官兵的要塞作战技术。这个部队，原系海军第三舰队，驻在青岛，在抗日战争期间，将舰只上的武器拆下，将舰船沉在青岛的海湾堵塞通道。当时沈鸿烈任山东省主席兼第三舰队司令，海军官兵和海军陆战队的一部分人员随沈鸿烈在山东打游击，另一部分人员由副司令谢刚哲率领到武汉附近地区整顿，命名为江防要塞守备司令部，下辖3个总队和1个陆战支队第二大队（这个大队是炮兵，不便于打游击，遂到武汉）。第一总队所属海圻、海琛、肇和三只兵舰，将炮火拆下，舰船沉在南京附近封锁长江，官兵携轻重武器组成这个总队，戍守武汉外围的江防；第二、第三总队和陆战队支队第二大队，担任马垱要塞和湖口要塞的江防任务。我于同年5月7日到达马垱要塞前线阵地。第二大队有日造三八式七五野炮8门，一个基数的弹药，以四轮汽车载运，火炮进入了长山南面洼地的遮蔽阵地。第二总队有3个步兵大队，防守长山已构成的要塞防御地带，联结有8个钢骨水泥的重机枪掩体。另有第三总队的第一大队，部署在香口

* 作者时任江防要塞守备司令部陆战队支队第二大队少校大队附。

江边一带，以四七海炮控制这一带的江面。第三总队的大队和陆战第二大队，统归第二总队长鲍长义指挥。当时的要塞司令王锡焘来到阵地讲话，简单地介绍了炮台火力，司令部下辖有一个守备营（步兵）。马垱要塞司令部之上，还有一个马湖区要塞指挥部，指挥官由第十六军军长李韫珩兼任，指挥马垱、湖口两个要塞地区的作战。他的部队第三一三团部署在香口到东流以南的江边阵地，防止敌人在这一带登陆，该团团部设在太白湖东北端的黄寄树。其他部队，有的在马垱西南地区，有的在太白湖南面，有的在彭泽地区。

我到队以后，就在前线阵地上训练干部士兵，他们原是兵舰上的炮手，直接瞄准射击是熟悉的，间接瞄准射击，只听说过，没实践过。在阵地上见不到目标，正好以这个机会，使他们练习赋予射向和标定射向等间接瞄准的技术。

1938年6月10日左右，李韫珩召集马垱、彭泽两地的乡长、保长以及第十六军的副职军官和排长进行训练，取名为“抗日军政大学”，两周结业。我江防要塞守备第二总队和陆战第二大队、第三总队的第一大队的排长，都在前线阵地上，要求不参加他的这一训练，已得到李韫珩的同意。我自到马垱后，敌机常以3架或6架为一组来马垱空袭，轰炸阵地和码头。曾在江阴要塞工程处的傅方衡、沈鸣荣，也在马垱修建要塞工程，他们对我说：掩体刚脱模，希望短期不发生战事才好。6月中旬，白崇禧曾来马垱要塞视察，对官兵勉励了一番，指出要注意敌情，互相配合。

6月17、18日，我在长山指挥部观测所里，用变倍数（大倍数）望远镜看到在东流一带江面（在封锁线和布雷区以外）有3艘敌舰游弋，紧接着连日发现敌以小艇上装配小口径火炮（即机关枪），向江面普遍发射，企图以火力探索我雷区位置。有时被敌击中水雷，爆发的浓烟柱冲上二三十丈高，以音测断定，敌艇在我3万米以外，在五六天的时间里，被敌击中爆发的水雷，有十几个，敌人消耗的弹药，总有数万发以上。

6月23日，我们接到马湖区要塞指挥部的通知，抗日军政大学定于6月24日上午8时举行结业典礼，各部队的主官届时前来参加，会后即在司令部聚餐。凡上尉以上的主官都有请帖，我也收到一份，我们既没有派人受训，而当前的敌情又严重，所以没有去参加。这天下午只见第三一三团的连长以上的主官，结伴经过我们驻地前的公路，去马垱镇参加抗日军政大学的结业典礼。我们则密切注意敌情，入暮趋于沉寂。

6 月 24 日拂晓，我们照例以电话与第三总队防守香口江面的第一大队联系，电话不通；我们又以电话与第十六军第三一三团联系，仍然联系不上。只好派联络兵，一面查线，一面再去取得联系。这时我在观测所观察，在薄雾之下，隐约看到有部队行动，引起我们的怀疑。这时联络兵回来报告说："香口街上已发现很多日军。"这样，判断第三总队第一大队已全部被敌消灭了！敌人从哪里登的陆？是什么时候登陆的？我们在指挥所一面研究，一面通知各队准备战斗。薄雾已散，见香口街上日军正在整队，似有行动。约上午 8 时，敌炮弹落在长山后洼地的我炮兵阵地附近，香山约比长山高，香山顶端能看到我炮兵阵地，判断敌炮兵阵地设在香山反斜面，敌我展开炮战。这时，敌步兵组成 3 个突击组，抬着重机枪，从太白湖的水荡里向我长山阵地突击。太白湖口至江边约有 800 米宽，纵深约 600 米，原是一片水稻田，水稻开始放穗。由于长江水涨，漫上江边堤圩，灌进水田，使这片水田变成湖荡，是我长山阵地的屏障。敌突击组一进入湖荡，就有半截身子陷在水里，轻重机枪的火力也就减弱了，我长山阵地的轻重机枪一齐射击，火力异常猛烈，只见敌突击组的士兵和机枪手纷纷倒在湖荡里，未见到有人回去。24 日上午，敌人组织两次突击，下午又组织两次突击，均被我长山阵地守军全部消灭。

24 日上午，敌海军舰只闯进我布雷区，在封锁线外向我长山步兵阵地轰击，仅以舰首有限火力轰击。每只军舰，舰首不过两三门火炮。军舰全赖横侧火力，它一横过来，舰首、舰尾的火炮就可以同时发射，舰侧的边炮也都可同时射击，这是军舰火力最强的射击势态，转回头来又可以用那一侧面边炮射击；但横着的军舰目标太大，也就存在容易被击中的不利势态。我们观察敌舰以"∽"形游弋着向我阵地轰击，敌 19 艘军舰，每一次回旋射击，就有 100 多发炮弹落在我长山步兵阵地上。24 日，我步兵阵地被敌海军火力摧毁了一部分，人员也有伤亡。这天敌人的山炮兵在香山斜面占领阵地后，火力逐渐猛烈，估计火炮在 10 门以上。由于敌能看到我炮兵阵地，我不能看到敌炮兵阵地，我有两门野炮被敌炮兵击坏。

自 24 日拂晓发现日军后，我们即向马垱要塞司令部报告，要塞司令部的电话总机说，王司令去参加抗日军政大学结业典礼去了，司令部没有负责的人；马湖区要塞指挥部的电话还是打不通。好在我们有与汉口江防要塞司令部联系的无线电，当即向谢刚哲司令报告了敌人登陆的情况。

战斗开始不久，有两名第三一三团逃散的士兵，通过我长山阵地前的太白湖公路，阵地守兵怕是敌探，把他们送到指挥部。一问，才知道确是第三一三团被打散的士兵。问敌人是何时和怎样登陆的？他们说："日本人是在今早 4 点左右从我连阵地登陆的，敌人以小艇靠岸，偷偷上来，上岸后用轻机枪向我阵地射击；班长被敌人打死，我们连长去参加结业典礼去了，有的排长去受训，这时连里只有一个排长和一个司务长。敌人猛烈射击后，我连阵地被敌人占领，敌人不断地登陆，向南沿江岸扩张，我连向黄寄树团部退去，边打边走，敌人就向香山推进。"这时我们才知道敌人登陆的实况。

敌陆海空军向我要塞阵地进攻时，只有我江防要塞守备部队在阵地与敌人作战，第十六军和马垱要塞司令部的各级指挥官都去参加军政大学结业典礼去了，直到下午 3 时左右才会餐完毕。我们的总队长鲍长义再次以电话向第十六军军长李韫珩报告敌情，李军长说："我没有接到我的部队的报告。"鲍长义说："香山、香口早被敌人占领了。"李军长又说："香山、香口是我的部队，你太不沉着了，你看见敌人没有？"鲍长义气极了，才说："我们阵地被敌人打乱了，人死了一半，还说我没有看见敌人。你说香口是你的部队，你们为什么把炮搬到香山上向我炮兵射击，你们有炮兵没有（我们明知他没有炮兵）？"李韫珩这才无言以对。

24 日下午，敌我海陆军作战正激烈时，忽然敌海军炮火停止向我射击；香口之敌仍在组织突击组，以轻重机枪向我长山陆地突击。我正以火力消灭湖荡里的敌人，只见我飞机几架由宿松方向飞临敌舰上空，敌舰的高射炮火力都向我飞机射击，我机在高空向敌舰投弹后，转向宿松方向飞去。我机去后，敌舰炮火又向我长山阵地射击，战斗十分激烈。

6月25日，敌军舰有所增加，以海军火力向我长山阵地轰击，香口之敌陆军依然组织突击组，经长山阵地前的湖荡向我长山阵地突击，全部被我消灭在湖荡之中；我空军又由宿松方向飞临敌舰上空向敌舰袭击。所怪的是，如昨日一样，我机未临空以前，敌炮火已停止向我长山阵地射击，我机一到，就全力射击我空军，我空军只有急忙投弹后向望江、宿松方向飞去。我机飞去后，敌海军火力仍继续向我长山阵地轰击。这时，由东流方向飞来我机9架，当其飞临敌舰上空，敌舰无所察觉，舰上炮火仍在向我阵地射击，我机却向敌舰投下大量炸弹，炸起的水柱飞溅，遮住敌舰，我们只听得炸声隆隆，震撼江面，飞机则向望江、宿松方面飞去。溅起的浪花消失后，我们在阵地上遥望敌舰，有的中弹起火，有的中弹下沉，我阵地上的欢呼声响彻云霄，大大鼓舞了我军士气。这证明轰炸敌机的我空军，是由另一基地飞来的，而被敌舰误认为是自己的飞机。战斗沉寂了个把钟头，敌又以残余海军炮火向我长山阵地射击，但火力已大为减弱了。

与此同时，敌在香口的陆军愈聚愈多，多次企图从湖荡里向我长山阵地突击，但均未得逞。敌人的飞机低空飞掠长山山头，反复轰炸扫射。正巧在我炮兵射击敌舰时，炮弹飞越长山顶巅，碰着敌机，顿即在长山上空爆炸，人机俱毁。人们误认为这架敌机是被我炮兵击中的，阵地上的我军步兵鼓掌欢腾。这一讹传，又一次鼓舞了我军士气。

我步兵、炮兵扼守长山一带阵地，与敌人海陆空军鏖战数日，颇多伤亡。我们屡次向马湖区指挥官李韫珩请求派部队增援，他一概置之不理。直到下午6时许，接到蒋委员长从武汉来电，对江防守备司令部第二总队和陆战支队第二大队抗敌有功，传令嘉奖；武汉卫戍总司令陈诚也来电传令嘉奖。江防要塞守备司令谢刚哲除传达蒋、陈的电报外，亦来电嘉奖。当时的嘉奖电报，对我们以及在堑壕中的士兵都有很大的鼓舞作用。然而战斗人员伤亡太多，战斗力减弱，亟待补充，就又向马湖区指挥官李韫珩请求派部队增援。回答是："已派一六七师增援。"当时我们在想，为何驻马垱附近的部队不派，却派远驻在彭泽的第一六七师呢？反正已派出部队，比"无兵可派”好。但又认为远水难救近火，就向马垱要塞司令王锡涛请求增援，王的回答中叙述了无兵的困难。本来马垱要塞司令部编制只有一个守备营（步兵），除担任警卫哨所外，实无兵可派。我们当时希望，即使能有一个连的兵力来增援也好，也可鼓鼓士气。

25 日下午 7 时以后，敌炮兵和海军炮火增强了火力，加上敌空军轰炸扫射，我军牺牲惨重，控制太白湖口公路的两个重机枪掩体已被敌海陆炮火轰坏，长山要塞防御工事也已被摧毁，敌步兵从公路上向我长山阵地突击。这时，我长山阵地的步兵和炮兵的轻重武器已控制不住太白湖口公路，敌军在海陆空军的配合下，突进我阵地。我炮弹已尽，又无法补充，炮兵也只好以步枪应战。不过炮兵的步枪是极其有限的，乃掩护着把 3 门炮装上汽车，准备变换阵地；总队部见敌已突入阵地，也只得转移；长山阵地被敌切为数段，残余官兵也退了下来。我们就在 6 月 26 日中午退出长山阵地。

我们且战且走，下午 4 时左右抵马垱附近，见第十六军的一个团，由马垱分两路向长山堵击日军。我们很希望他们能堵住敌人，恢复我们失去了的阵地。但结果未能如愿，不仅长山阵地未能恢复，连炮台也失守了。要塞司令王锡涛在马垱镇南头坐着叹气说：“我们的责任已完了。”当时我曾想过，我们自 6 月 24 日上午七八点钟与日军接触，即向马湖区要塞指挥部请求派部前来长山阵地增援，一直没有派部队来；最后虽允许派第一六七师来增援，但直到我们退出阵地，第一六七师还未来到。我们的残余部队只得向彭泽方向撤退。待我们 6 月 27 日抵彭泽县附近的流泗桥时，得知第一六七师奉李韫珩之命，由彭泽经太白湖东边的小道向方口方向来增援。一个师的兵力，不去走从彭泽到马垱的公路，而去走崎岖的羊肠小道，这要用多少时间才能达到香口呢？常言救兵如救火，李韫珩下这一错误的命令，不仅失去了马垱要塞的战略枢纽，而且牺牲了第一六七师师长薛蔚英的生命。

当时，白崇禧正在田家镇要塞视察，当得知日军已在马垱要塞登陆，即用电话指挥驻彭泽的第一六七师薛蔚英，命他率部立即从彭泽到马垱的公路兼程驰赴香山增援。孰料薛蔚英当时没有遵照白崇禧的命令从事，却执行李韫珩的命令，去走崎岖小路，以致贻误戎机，获罪枪决。

6月27日，我们残部到达彭泽县流泗桥附近，将近中午，敌机3架前来袭击彭泽县。当时发现有一人身穿白色衣服，在岗上喊叫。很快一幢军用仓库被敌机炸毁，我们很奇怪，鲍长义总队长即派一名排长带一班人去查看。原来高岗附近有一个防空掩体，内藏有三名汉奸，并备有收发报机一部。这位排长气极了，当即将这三个汉奸打死。我听了排长向鲍长义总队长报告这个情况后，不禁想起李韫珩办的“抗日军政大学”，参加受训人员复杂，难免夹杂有些汉奸在内，向敌人提供情况。有两件事可以证实：一是“抗日军政大学”的结业典礼定在6月24日，事前已发出通知，要各部队的主官（团、营、连长）于6月23日下午到达马垱第十六军军部，好参加次日的结业典礼。恰好日军在6月24日拂晓前在东流江边第十六军第三一三团防守地带登陆，该部因无主官指挥，敌登陆轻易成功。难道敌人选定的登陆时机与结业典礼是巧合吗？二是6月25日，我空军多次由汉口方向飞来袭击敌舰，敌舰总是早有准备，在我机尚未飞临上空时，即将射击我阵地的炮火转向空中，只有我由东流方向飞来的9架飞机，把几艘敌舰炸沉，这不正是又一个例证吗？

我们在彭泽流泗桥地区，并未久停，乃向湖口方向移动。行至湖口县太平关附近，遇第七十三军彭位仁部正在那里布防，想要我们分担一点任务，又见我们武器不全，弹药缺乏，只向我们了解了马垱作战的情况就作罢了。我们正向湖口三里街行走时，第三总队总队长康肇祥率队赶来，要和我们一同去武汉司令部。到了湖口三里街时，第二十六军郭汝栋的部队正在湖口布防，不让我们通过。这时第二总队长鲍长义和陆战第二大队长金宝山两人去了武汉。第二、第三总队和陆战支队第二大队都由康肇祥指挥。康肇祥曾派人与第二十六军联系，第二十六军亦派人来了解我们的力量和赋予我们的战斗任务。他们对我们的3门日造三八式野炮很感兴趣，可是没有炮弹，也只好作罢。

到了7月初，战况日趋紧张。第二十六军通知：凡无战斗力的部队，速离开战场。我们的部队在这种情况下，离开湖口三里街，沿鄱阳湖边从鞋山过湖，到了庐山脚下海会地区。这时第七十四军俞济时的部队驻在德安一带，派部队把我们拦住，并对我们说：蒋委员长有命令，抗日战争的部队，不准过湖来；凡过湖来的，一律缴械，官兵收编。康肇祥集合校级军官商议武器交与不交。第二总队和陆战第二大队没有什么武器，仅有 3 门没有弹药的野炮，第三总队却带有武器。商量的结果，以交出武器为好，士兵留部队使用，校、尉级军官一同送到南昌。当时第一兵团总司令薛岳坐镇南昌，他把我们转送到武昌。这时在列车上挂了几节车厢，并无人看守，仅有两位军官与康肇祥坐在一起谈笑自若。

7 月 13 日中午，列车到了武昌宾阳门，下车后陪同康肇祥的两位军官，率领我们步行到武昌阅马场，走进西场口附近的一个巷子。进屋一看，才知道是看守所。这样，我们这一批人被收进看守所，当犯人看待。当时有人后悔，在途中走了就走了，可能只留康肇祥几个人。天气炎热，十几个人住在一间小房子里，实在难受。

7 月 16 日开始审问，夜间 8 时左右才把我叫去。到楼上一看，上面写着“军法执行总监部审判厅”，我这才知道是来接受审判的。他们问了我的姓名、年龄、籍贯后，我提问是什么案由。法官对我说：“作战不力，擅自溃退。”我听到这 8 个字，心想，重则杀头，轻则坐监。开始审问后，我说：“我们的部队，不是作战不力的部队。”他问：“有何为证？”我说：“6 月 25 日傍晚接到蒋委员长传令嘉奖的电报，怎能说我们作战不力呢？”军法官又问：“可记得电报字号？”我说：“我们正在紧张战斗，只知道有这两份电报，没有记它的字号，你们一查就知道了。”他又问：“溃退呢？”我答：“这是事实，我们从 6 月 24 日早晨与日军作战，直到 26 日上午，上级指挥官没有派一兵一卒前来支援，弹尽力竭，阵地被敌切成数段，伤亡惨重，不得已而退出阵地。”他才说：“这样说来你没有什么责任了？”我答：“有责任也推脱不掉。”他们又问：“我们问了一天，没有人像你这样讲的。”我说：“他们是海军，不知道陆军作战的情况。”他们又问：“他们是海军，你呢？”我答：“我是陆军，是学要塞的，派到这个部队来训练要塞作战技术，遇上战争，义不容辞地要参加战斗。”法官们问到此处，离开了法官席位，下来攀谈马垱作战的细节。我也无拘无束地和他们交谈起来。后来，他们对我说：上面交下顾祝同的电报说:“康肇祥率部先行,以致影响全局。”我说:“康肇祥防守的地区是湖口要塞。第三总队的二、三两个大队是没有参加战斗就离开阵地,但不能以他来影响全局。影响全局的是第十六军,他坐视马垱要塞和长山要塞防御地带的危急,不派部队增援,使其丢失,这才是真正的责任之所在!”这次的军法会审,就此结束。

7月18日下午,除将康肇祥等十二位校官留下外,全部官佐都送到江汉师管区军官队收容。到江汉师管区军官队后约三四天的时间,江防要塞守备司令部将这一批官佐要回司令部,另行分配,大部分在第一总队继续工作。

南浔会战

薛　岳*

中华民国二十七年（1938）7月，九江既陷，寇酋畑俊六率30余万，溯江窥武汉；而以第一〇一、第一〇六、第九、第二十七师团和近卫师团一部，配合波田支队，兵舰80余艘，飞机数十架，水陆呼应，自湖口、九江南下，图先略德安、南昌，再西趋长沙，歼灭长江南岸我野战军，截断粤汉路，对武汉形成大包围，以利全盘之作战。

当时我以武汉卫戍区第一兵团总司令指挥南浔线作战，所属之第二十五军、第七十军、第八军、第四军、第六十四军、第七十四军、第六十六军，任星子一带湖防亘南浔正面金官桥、德安等地之守备。

踞九江之敌第一〇六师团，自8月3日开始，向南浔正面金官桥一带攻击，被我第七十军、第八军、第四军痛击，歼其市川联队长以下甚众，至15日攻势萎退。敌沿铁道正面进犯企图既挫，乃以第一〇一师团配合海空军，图由星子方面，沿德星公路取德安，包围我之右侧背，切断南浔路。8月19日开始犯星子，被我第二十五军、第六十六军痛击于东西孤岭、鼓子寨、七贤峰一带，至25日激战未已。敌第九师团之第六旅团，此时已由九

* 作者时任第九战区司令长官。

江连陷我第三十集团军瑞昌、鲤鱼山、杨坪山、北极峰诸阵地。迄9月1日，星子及金官桥方面之敌，向我继续猛犯。第九师团之第六旅团，被我第四军、第七十四军、第三十集团军一部，夹击于小阳铺、和尚洼。至5日，敌全面续犯不已。是时我军占领东西孤岭亘德安东北及乌石门与德安西北之线袋形阵地，如张袋捕鼠，如飞钳剪物，激战兼旬，敌伤亡甚众，未能进展。

敌第一〇一师团既受挫于东西孤岭，第一〇六师团又被阻于马回岭，师老无功，敌酋焦急，乃以9月6日由九江登陆之第二十七师团发动瑞武路攻击，企图略箬溪、武宁，截断修水北岸上下游我军联络，以利全盘作战。18日占领茶园陵、白石崖。我第十八军陷于苦战。至24日，令第九十一师、第一四二师、第六十师、预备第六师、第十六师，进占坐牌山、乌沙岭、马塞山、火炎坳、风雨岭，及白水街、麒麟峰、九石隘、昆仑山、覆血山之线，与原踞阳扶山、甑盖山、

老鼠山线瑞武路正面之第一四一师围歼之，并令第八军进占罗盘山、棺材山、张林公、丰良之线，拒敌西进。25日以来，敌向麒麟峰、覆血山猛攻，我奋勇争夺，得失往复，敌铃木联队全被歼灭。敌虽攻陷麒麟峰、覆血山、马鞍山，但终被拘束于杨访街以西、西崇山以东、昆仑山以北地区，未能进展。

麒麟峰、覆血山剧战之日，南浔、瑞武间形成甚大之空隙，我有力一部转用于瑞武路，已为敌机侦知，敌意由此空隙侵入，可以避开正面攻击之不利，且可解救第二十七师团之危，故其第一〇六师团裹六日粮，向西轻装急进，其钻隙冒险之精神固甚可嘉，而其肆无忌惮之气焰尤甚可恶，初不料竟为我全歼于万家岭也。

第一〇六师团经闵家铺于27日先头窜至面前山、竹坊桂，第四军首挫其锋，迄10月2日全部窜至万家岭、哔哄街、老虎尖、石堡山地区，我为包围聚歼之于万家岭地区计，决抽德星、南浔、瑞武三方面兵力之第六十六军、第四军、第七十四军、第一八七师、第一三九师之一旅、第九十一师、新编第十三师、新编第十五师之一旅、第一四二师、第六十师、预备第六师、第十九师，断行围击。激战至7日，敌犹作困兽斗，我军愈发扬蹈厉，

逐渐缩小包围圈，至10月10日国庆，将此敌完全歼灭，敌酋松浦仅以身免，遗尸塞谷，山林溪涧间，虏血几洒遍矣。

第六十六军转用于万家岭时，将德星阵线缩短，敌乘时猛犯，10月9日陷隘口街，继猛犯德安，至28日，我移守郑家埠、小竹山、金鸡山、九仙岭、春山之线，拒敌南犯；瑞武永武路之敌第二十七师团、近卫师团第三联队已到达鲫鱼山之线。此时有利时机已过，且后方修水纵贯，为避免背水作战之不利，30日，向修水南岸吴城武宁间占领阵地拒敌。

12月，余奉调任九战区代司令长官兼湖南省政府主席，移驻长沙。战区辖境，东起鄱阳，经鄂南，亘岳阳洞庭，以达长江南滨，其地物产富庶，守之亦所以屏障陪都也。自修水转进之后，在赣北方面，与敌夹修水对战者4个月。迄民国二十八年（1939）3月中，敌再以第一一六师团一部、第一〇一师团、第一〇六师团、第六师团，于17日开始向我修水南岸守军预备第五师、第三十二军、第七十九军、第四十九军、第七十军、第七十八军、第七十三军、第八军，自吴城迄武宁间进犯。21日，敌自永修渡修水后，以战车向安义、奉新、万家埠、大城、牛行突进，在滩溪、万家埠潦水两岸，演成剧烈争夺战。奉靖方面，演成混战。27日，敌第一〇六师团由生米街东渡赣江，我举全力反攻，激战甚烈，惜因死伤过多，而守南昌之第三十二军，又未全力渡赣江，遂于28日放弃南昌。武宁方面，第七十八军拒敌于津口一带修水南岸，第七十三军、第八军，与敌争夺罗盘山、棺材山，激战后，同时放弃武宁。

本会战自民国二十七年（1938）8月初，敌开始犯我南浔正面，至10月30日转守修水南岸为第一期；自民国二十八年（1939）3月中，敌开始犯我修水至放弃南昌、武宁为第二期。

第一期作战时，敌第一〇六师团被挫于金官桥后，其第一〇一师团始向星子方面进犯，迨受挫于东西孤岭攻势顿挫后，又以第一〇六师团、第二十七师团沿瑞武路南犯，似此逐次攻击，实犯逐次使用兵力之大忌，作战指导拙劣如是，宜其第一〇六师团被我歼灭。当敌第一〇六师团窜抵万家岭时，此处已形成作战焦点，时间空间，较任何方面为重要，我大胆抽调南浔瑞武三方面兵力使用于万家岭，实合“把握战机”“争取主动”“出敌意表”之原则，故万家岭歼灭战，首在作战指导之适切。又我在德星公路方面，原已筑成多线预备阵地，自星子至德安，长约30公里，与敌第一〇一师团苦战两月，节节抵抗，未尝不战而弃寸土，实得力于多线预备阵地，及守备部队之坚忍沉着，保有转移阵地之自由，此在持久战之指导，似尚得要领。

第二期作战时，因交通破坏不彻底，故敌由永修渡过修江后，得以战车向安义、奉新、大城、万家埠、牛行一带突进，威胁我军侧背，且因防御战车武器缺乏，致演成奉靖方面之混战，可知交通破坏，乃制敌机械化死命之唯一要着也。

万家岭战役

胡　翔*

1938年春，我由成都军校重兵器助教调第九集团军所辖第四军任连长，旋调到安徽宁国河沥溪镇，在军部任少校作战参谋。第四军是广东部队，北伐时是名闻全国的“铁军”，素称劲旅。其时军长是吴奇伟，辖第五十九师（师长张德能）、第九十师（师长欧震）。不久部队奉调湖北麻城，我与上尉参谋周荣洛随吴奇伟军长经南昌株洲转汉口。在汉停留约10天，即赴湖北麻城，部队则由南昌经九江渡长江经蕲春、浠水、新洲向麻城集结，企图在大别山脉阻止敌向西突进，围攻武汉。当时军部驻于麻城宋埠，在麻城只驻扎了两个月，1938年6月，吴奇伟调升第九集团军总司令，军长一职由欧震接替，突然又奉令调江西。记得部队还未全部到达麻城又折回渡江到赣北。忽而由安徽经江西到湖北，又从湖北调江西，这样劳师往返，我当时心想不知统帅部是如何打算的。后来我才知道，国民党的部队，最讲派系山头，谁指挥惯了的部队，在谁担任一方面战争任务时，都希望指挥原来自己领导过的军队。那时薛岳驻南昌，他也是从第四军起家的，大概由于这个缘故。同时，在江西的还有第六十四军李汉魂、第六十六军叶肇，都是广东部

* 作者时任第九集团军第四军作战参谋。

队，把第四军又调回江西，可能是考虑广东军队在一起，由广东将领薛岳指挥比较有利的缘故吧！

大概在7月初，我随吴奇伟军长深夜到达南昌，欧震也在南昌，我同吴奇伟、欧震两人同乘一辆敞篷汽车深夜从南昌出发，经德安马回岭到达离九江不远的庐山脚下。欧震回第四军去了，我和吴奇伟在一茅屋内住着，不久朱副官与译电员吴道香带一部电台及少数卫士乘车赶来，我们就在茅屋内设了战斗指挥所。这时隆隆重炮声，从九江方向传来。我们与部队联系，才知日军第一〇六松浦师团附战车一个联队重炮多门，在兵舰炮火掩护下，在九江强行登陆。

当日深夜，第二兵团总司令张发奎率领参谋长及卫士20余人，突然来到我们的战斗指挥所，他一进门，就说："丢那妈好家伙，几十艘军舰大炮齐向我岸上阵地开火，头也抬不起，只好后撤，脱离敌炮射程，我已命令各军撤至沙河铺东西之线，右翼依托庐山在沙河铺黄老门新堰铺、范家铺之线阻击敌人向西南突进。梧生（吴奇伟字梧生）这里交给你，我回南昌去了。"谈完之后，即连夜赶赴南昌。后来他调到曲江负责第四战区，南浔线最高指挥权交给薛岳，归第九战区节制，前线则由我第九集团军吴奇伟负责。电台架好之后，频繁地和军、师联系。记得列入第九集团军战斗序列的，有俞济时军团的第七十四军，李觉的第七十军，欧震的第四军，李汉魂军团的第六十四军，叶肇的第六十六军。我集团军右翼以庐山为依托，左翼接第三十集团军（王陵基的川军）在沙河一线与敌展开了战斗。

总司令部处置如下：一、令总部各处人员及警卫部队附野战宪兵一连，迅速到达德安马回岭附近成立总司令部，记得总司令部是设在鸭嘴垅江西省政府主席熊式辉的别墅内。二、通报各军向总部联系，并严令在沙河铺一线阻击敌人南下，特别是左翼的第六十六军要顽强阻击敌人西进。三、将情况通报第三十集团军。四、令兵站分监将弹药粮食补给向德安输送。

我们在战斗指挥所待了几天，情况逐渐明朗，沙河铺战线已基本稳定，友邻部队和受指挥的各军师也已联系上，在汉口的统帅部和薛岳司令部都联系上了，吴奇伟带着我们战斗指挥部人员，就回到鸭嘴垅总司令部。

当时抗战形势是，敌人占领南京、徐州后，战略目标明显是指向武汉，其部署是分江北、江南两兵团从长江两岸齐头并进，采取对武汉实行南北大包围的钳形攻势，企图消灭我军主力，占领武汉，迫使国民党政府求和。从九江登陆之敌，陆续增加到3个多师团，并附特种部队，它是敌军南岸纵队的主力，准备从瑞昌经阳新、大冶、咸宁、崇阳、通城，直扑武汉之背。我军意图则是消灭西进敌军主力，尽量延迟敌军西进企图，使武汉有时间做一切保卫的准备工作，并在沙河铺一线，不时出击威胁敌军侧面，使其不敢放胆西进。因此敌军对我沙河一线不时攻击，以掩护其侧翼安全而倾其全力，向西突进。

武汉周围皆为沼泽地区，湖港甚多，山岭甚少，保卫武汉，必须在其外围阻止敌军进攻。在武汉东北面有大别山脉，在东南面则为幕阜山脉，幕阜山南则又有九岭山。修水则从两大山脉之间经武宁、柘林、永修，流入鄱阳湖。敌军向西突进，必须经过幕阜山，幕阜山山高地险，乱草丛林，由西向东北绵延，沿途险要之地甚多，如鲤鱼山、笔架山、万家岭、棺材山，都是阻击敌人的良好阵地。当时在这一线布防的是李汉魂军团的第六十四、第六十六军。

1938年7月，敌主力第一〇六松浦师团，附重炮一个联队，战车一个联队，在空军掩护下突进至万家岭附近，我第六十六军进行顽强阻击，战斗在崇山峻岭中展开。武汉军令部来电要我们将该敌消灭于万家岭地区。我和少校参谋石金格随同吴奇伟到箬溪附近第六十六军司令部指挥所，就近指挥万家岭战斗。敌军被阻于万家岭地区，继续增加兵力。我军亦将第六十四军投入战斗，形成对敌军包围态势。战斗越打越激烈，每个山头，每个村庄，反复争夺，一日而数易其手，敌空军每日均来轰炸助战，但有时双方相距甚近，敌机也不敢投弹。我们战斗指挥所，每日均被敌机袭击，总司令吴奇伟、军长叶肇和我们参谋人员，几乎罹难其中。当时前线无防空设备，听到飞机声，才由防空监视员吹哨子报警。每每哨音一落，人还未跑出房门，敌机已飞临头上。敌机因我缺乏高射火器，飞得很低，擦树梢而过，而其飞行员竟伸出头来，将机侧飞，以观察地面目标。有一次，我和石金格跑不出去，只得卧于床板之下，敌机扫射，房屋中弹，满屋硝烟呛人，所幸我们均未受伤。被困于万家岭之敌，抱困兽犹斗之心，对我军围歼，顽强抵抗。有几次我军已攻至其师团部附近，但是夜间攻击，也不明了何处是敌首脑部，天一亮敌机就来助战，我军又退回原来攻击阵地。后来据敌俘说："几次攻至师团部附近，司令部勤务人员，都全部出动参加战斗，师团长手中也持枪了，如你们坚决前进 100 米，松浦就被俘了或者切腹了。"万家岭之战，由于每个山头，每个家屋、村庄，都反复争夺，因此双方伤亡惨重。记得 7 月的一天，敌机 10 余架，在万家岭上空投下 200 余人，我们以为是敌以伞兵增援。后来据俘虏供称投下的都是排连级干部。至 8 月底，万家岭被我完全控制，残余敌人退到万家岭以东山地掘壕固守，以待援军。我军未能追击，暂成对峙胶着状态。

我军攻击万家岭时，曾通报友邻部队第三十集团军，他们派了联络参谋来，我参谋处告以我军企图，要求他们协助，派有力部门，防御麒麟峰敌人向西窜逃。在马回岭正面，从庐山经黄老门、王家铺之敌，是敌的左侧掩护部队，为了掩护其主力侧翼，并保证后续部队，从九江登陆继续西进，经常向我发动攻击，使用部队都不大，最多以联队为单位，但飞机则天天向南浔线进行轰炸，炮兵亦经常向我阵地轰击。我军当时是以确保德安以北防线不使敌进窥南昌，在这条线上，每天都有战斗，值得记述的是我军右翼，依托庐山，监视鄱阳湖湖面敌人动态，守军为第七十军、第七十四军，俞济时任军团长。第七十四军是国民党的中央军，辖王耀武的第五十一师、冯圣法的第五十八师。

8 月初，敌人以一个加强营从鄱阳湖登陆，沿庐山东面向上攀登，妄图袭我之侧背，当他们爬至三角尖张鼓峰、香炉峰半腰一块平地时，竟敢架枪造饭。这一企图，被我军发觉，我军驻守庐山的一个团，把全团火力集中，布成火网，待敌军造饭时，一声令下，炮弹枪弹倾盆而下，将退路封锁，敌军措手不及，战斗约几小时，全大队 500 余人，无一漏网，悉数就歼。这一仗打得干净利落。

在黄老门前线的为第四军的第五十九、第九十、第一〇二等三个师。左翼为第三师，连接第六十五、第六十六两个军，在丘陵地带与敌周旋。再向左就是打万家岭的第六十四、第六十六军了。记得第三师有一个连长叫陈德坒（四川人，军校十期学生），善于打逆袭战，敌人攻击时，他把部队撤至反斜面，待敌攻上来立足未稳，他就进行逆袭，又把敌人打下去，这样避免了在敌人炮击时在山头挨打，减少伤亡。在逆袭前先组织好火力，把敌人打下去又居高临下射击，杀伤许多敌人，这个打法要指挥员沉着和机智，大胆勇敢，特别是要抓住逆袭时机，士兵也要斗志旺盛，我们总司令部表扬了陈德坒。

赣江河流，多半是自西而东沿幕阜山脉流入鄱阳湖。七八月间，天气炎热，残暴的敌人把腐烂人尸、猪尸，抛于河中，敌人在上游，我军要吃下游的水，一股尸臭实难饮用。敌军在我第七十军正面施放毒气，我军又无防毒面具，只有用毛巾打湿后捂住口鼻，顽强战斗。当时江西省主席熊式辉不顾前方十几万将士在拼命击敌，竟下令南昌以北各县破坏南浔公路（南浔铁路已不通车了）。致使运输发生问题，军粮运不上来，一个短时期内，我们靠吃庐山脚下老百姓种的南瓜度日。我军将士就是在这样艰苦环境下奋勇杀敌的。

南浔路上空曾发生一次较大规模空战，当时苏联志愿空军，常常出击敌人，有一次在德安附近上空，与日机遭遇，发生空战，我方有几架飞机遭重创，飞行员跳伞，而人民群众，辨不出谁是敌机，谁是我机，见着跳伞的就认为是敌人，开枪射击，等伞落下，才看见不是日本人，打了自己人和朋友。后来，志愿空军飞行员身上穿一个背心，前后用大字写“洋人来华助战，军民一体保护”，避免误会。

著名记者刘尊棋率领一个慰问团到第九集团军总部慰问，专门到参谋处采访。当时第九集团军参谋处，全是年轻人，处长刘之泽，30 来岁。作战科，我和石金格、张世、杨一鸣；情报科，丛立中、周荣洛；补给科，梁伯生等都是 20 多岁。他们看见我们满屋都是作战地图，上面标志着敌我态势部队番号，电话不停地在响，一片紧张气氛。他们称我们是第九集团首脑部，给我们照相，合影留念，可惜这些珍贵纪念，都荡然无存了。

万家岭战役历时约一月，是1938年七八月间的事，歼敌约3万余人。松浦师团及附属特种部队全被歼灭。胜利消息传出后，军民振奋，武汉游行庆祝继台儿庄会战胜利之后的又一次大胜利。

可惜我军采取单纯防守战略，没有积极进攻，只是守着阵地，致使敌人从容增兵。敌第九师团在富池口附近登陆，8月下旬，敌人从九江派出大量骑兵，向第九集团军与第三十集团军接合部突进。一天敌突至我总司令部附近，威胁到我整个后方联络线，警卫营长王坦来报告，子弹已落到总部门口，警卫营已投入战斗，建议迅速撤退。我们先向前线各军师发出撤退命令，叫他们自行选择路线，撤至修水之线进行防守，参谋处于夜间12时撤退。翌日下午我们到达了涂家埠。各军师也逐渐撤至预定地区，沿修水建立了一条防线。突进之敌骑兵部队，转向第三十集团军右翼，迫使第三十集团军后撤。

1938年9月初，第九集团军奉命增援广东，司令长官张发奎将广东部队（第四军、第六十四军、第六十六军）全部调回广东。赣北前线由俞济时等军队负责。吴奇伟即命令部队向南开拔，总部经南昌、吉安、赣州，过梅岭到达南雄。11月，我奉令到重庆参加陆军大学第十七期复试，即经桂林、贵阳到重庆进学校学习，学习完后，我调远征军第八军到滇南战场去了，仍归第九集团军指挥，总司令是黄埔一期的关麟征。吴奇伟改任长江上游江防总司令，我到重庆后，才知广东部队调回广东的原因，是英军要求我国以两个军驻于香港附近，必要时增援香港。统帅部考虑第四、第六十四、第六十六等军，都是广东部队人地两宜，所以南调。

万家岭战役，已经过去将近半个世纪，我是总部主管作战的参谋，整个经过都是亲身经历，现写出来以作纪念。文中对时间、地点、部队番号，记错的不少，希望参加过南浔战役的袍泽，补充指正。

写完这篇回忆录，感想很多。引起我对共同战斗中的朋友、上级的怀念。参加抗日战争时，我才20几岁，第九集团军总部参谋处同事，都是军校同学，少校参谋杨一鸣、张汝勤、周荣洛等，有的为国捐躯，有的积劳成疾，缺医少药，死在工作岗位上。总司令吴奇伟是北伐军第四军老将，与张发奎、薛岳、叶挺、李汉魂都是第四军中同事，我两次和他到第一线设战斗指挥所。第一次在庐山脚下一草棚内，正是敌从九江登陆，敌机终日扫射轰炸，我时而在树林中躺下隐蔽，时而进屋问吴总司令有何指示。他一直在茅屋里守着电话机，我去叫他出来避一下，他笑着说："不要紧，'爆'死算了（爆是广东话炸的意思），你快去隐蔽。"后来轰炸扫射更厉害了，我怀疑敌人已知道我们这里是指挥所，或者有汉奸指示目标，又跑进屋内去叫他，他却伏在桌上睡着了，鼾声还不小。他的沉着勇敢，镇定精神，我很佩服。还有他的夫人龙文娱，是黄埔军校武汉分校女生队学生，她放着后方无危险的生活不过，到前线任总部战地服务团团长，带着从沦陷区来的 100 多名男女青年，做救死扶伤工作。在湖北麻城宋埠，总部办了一个干部训练班，她任主任，我任教育长（刚筹备就绪，总部就奉命开赴南浔线），她穿军装打裹腿，腰插手枪，十足的一位女指挥员，她不愿人家称她吴夫人，要叫她龙团长或龙先生。新中国成立后，吴奇伟当了广东省政府副主席。他逝世后，龙文娱在北京当一个托儿所所长，孩子们称她龙奶奶。当年这些并肩战斗在抗日前线的人们，都是为着抗日救国一个目标而牺牲流血，艰苦奋斗，今天中华民族扬眉吐气了，为抗日而流血捐躯的人们，地下有知，也当含笑于九泉。

庐山阻击战

李　觉*

1938年六七月间，日军华中派遣军以海空优势，溯长江西进，攻陷马垱、湖口，武汉外围会战序幕遂在皖南、赣北长江两岸地区展开。当时我军在赣北的最高指挥官是张发奎，指挥第四军、第十军、第七十军、第七十三军、第七十四军及李汉魂的粤军等几个军。在日军陷湖口侵入赣北后，与敌在鄱阳湖两岸、庐山两侧展开激战。第七十军第十九师就是参加庐山战役的一支部队。

当时，我是第七十军军长兼第十九师师长，坚守庐山阵地，亲身经历了庐山战役，了解全盘战况，现就回忆所及，予以概述。

第七十军第十九师原是湘军何键的基本部队，辖2旅4个团，属乙种师的编制，武器陈旧。在上海会战中，由于官兵奋勇战斗，不怕牺牲，被评为成绩最优的10个师之一。上海会战后，蒋介石将第一二八师拨归第七十军建制，驻浙江东阳一带补训。1938年5月末，蒋介石令第七十军两个师集结金华；6月初先后到达武汉，随即开赴麻城、英山、罗田一带，赶筑工事，担任武汉外围守备任务。7月初湖口告急，又急调该军分由广济及小池口渡

* 作者时任第七十军军长兼第十九师师长。

过长江，以第十九师进驻九江赶筑防御工事，第一二八师在九江以东赶筑防御工事。旋湖口失陷，日军第一〇六师团从姑塘登陆,7 月 26 日九江失守后，与敌开始在庐山战斗。至 9 月 4 日换防撤离战场，战斗 41 天，坚守阵地未被突破。

马祖山阻击战

1938 年 7 月，日军华中派遣军畑俊六大将指挥第一〇六师团，以陆海空军的绝对优势攻陷湖口，然后疯狂轰炸九江及鄱阳湖沿岸地区，掩护其炮艇及步兵登陆艇侵入鄱阳湖。7 月 23 日，敌先头部队从姑塘登陆成功，向纵深扩展。我湖防各友军部队纷纷后撤，张发奎急令第七十军之第十九师撤出九江，在庐山以北的马祖山一线占领阵地，阻击入侵之敌，掩护主力转移。第十九师先头之第一〇九团于 25 日夜赶到马祖山，星夜赶筑工事，26 日晨，师主力亦陆续到达。午后，第十九师前哨阵地已与日军先头部队发生接触，敌经我猛烈阻击后停止前进，以飞机大炮疯狂轰炸我马祖山阵地。此时，前线友军不遵守张发奎所指定的时间、路线撤退，争先恐后，极其混乱。第十九师一面阻击敌人，一面还要阻止友军溃入我阵地，妨碍我师阻击敌人。入夜各友军争相夺路，大部队拥挤在公路上行动迟滞，人声、车马声、枪炮声震耳欲聋。天明后敌机 10 余架轮番跟踪轰炸，所幸南浔公路这一地段山多，丛林茂密，便于掩蔽。

第十九师为坚决完成阻击敌人和掩护友军后撤的任务，26 日整天与敌激战，午后敌 100 余人企图夺路追击我友军后卫部队，第一〇九团第一营奉令出击，将敌截住，营长易佐良负伤，死伤官兵 100 余人，敌受挫退回。

第七十军第一二八师原系湘军陈渠珍的土著部队，素质弱，武器差（旧汉阳造的步机枪），过去未离开过湘西，初次参加抗日战争，缺乏作战经验，经过几天的湖防战斗，伤亡很重，溃散后退。该师后卫唐名标团被敌围攻，我命令第一〇九团第三营推进至唐名标团侧面突袭敌人，使该师残部得以突围后撤。敌一部 100 余人企图跟追唐团，亦被第一〇九团三营八连截击，入夜敌我对峙。此时，敌主力尚未集结完毕，炮兵在稻田中行动困难，未敢冒进追击。27日，敌9次攻击我第五十七旅第一一三团阵地，均被击退，又成相持状态。28日，第十九师命令第五十七旅、第五十五旅逐步交替掩护，撤至马回岭以北地区集结待命。第一〇九团第三营为最后掩护部队，利用暗夜以一部分机枪火力虚张声势佯攻，迅速脱离敌人。黎明到达南浔公路，被总司令部督战队挡住，赋予掩护炮兵营后撤的任务，至7月31日才归还建制。

金官桥主阵地的战斗

这次江防、湖防战斗之所以失败，在于没有纵深配备，一点被突破就全线溃退。这时张发奎不得不将部队撤至庐山以西，利用南浔铁路两侧的丘陵地带占领防御阵地。防线右翼指挥官是军团长李汉魂，最初第一线的守备部队是李汉魂的粤军两个师及第十军等部队。第七十军为预备队，其左翼为第四军、第七十三军、第七十四军等部队。第七十军之第一二八师由于湖防溃退，师长顾家齐被蒋介石撤职查办，第一二八师番号亦被撤销，第七十军只剩下第十九师了。

7月31日，敌第一〇六师团主力在空军掩护下，分两路沿南浔铁路、公路南下，攻势猛烈，企图中央突破。粤军首当其冲，激战两日，颇有伤亡。军团长李汉魂下令第十九师接替金官桥——沙洲之线阵地守备任务，将第一五五师换下为军团预备队。我考虑到粤军阵地部署欠妥，主阵地兵力过于集中，徒招伤亡，不能持久，乃改变部署，以第五十七旅第一一四团团长周崑源、第一一三团团长王道纯及第五十五旅第一一〇团团长鄢乐知之一部接替第一五五师阵地，并将原来的主阵地的一部分改为前进阵地，使主阵地的地形更为有利；并以第一一〇团二营（营长刘咸宜）推至庐山西麓的土地庵高地，向西占领侧面阵地，以火力封锁右翼主阵地前沿。我第一〇九团第三营奉调进驻牯岭，防敌绕袭侧背。

黎明后，敌飞机大炮不断袭击我阵地，我官兵根据过去对敌作战的经验，阵地上仅留警备部队，其余进入待备所，准备迎击敌步兵。10时以后，敌步兵认定我前进阵地为主阵地，连续几次进攻，都遭到几处交叉火网的制压，伤亡很大，前进不得。午后3时许，我第一一〇团、第一一三团各以一连，乘敌机大炮延伸的间隙，突然反击敌前进中的步兵，敌受挫后撤，锐气大减。

次日，敌飞机大炮集中火力轰击我前沿阵地，仅以步兵小部队多次扰袭佯攻，试探阵地的火力点。我判断敌在侦探我阵地配备情况，必将发起猛烈攻击，令各部星夜加强阵地工事，特别是交通壕与待备所的掩盖；并令牯岭我军立即移至牯岭西南之鸡窝岭占领侧面阵地，以火力居高俯瞰敌人。第3日，敌飞机大炮继续猛烈轰击，我阵地工事多被摧毁，山上烟火弥漫，第五十七旅旅长庄文枢被炸伤，以第一一四团团长周崑源升代，副团长刘阳生升团长。我官兵向前沿阵地隐蔽前进，即以迫击炮、重机枪进行反击，突然压制敌人。9时以后，我前沿阵地发生了激烈战斗，敌多次冲锋肉搏，我官兵英勇反击，阵地失而复得者，形成拉锯，双方死伤均重，我第一营营长阵亡。午后第五十七旅两个团各以一部增援反击，敌受挫退回，阵地得以稳定。敌飞机大炮继续轰击，两个小高地已成焦土。黄昏后我补充兵力，修复工事。守在阵地的官兵因白天送不上伙食，只能吃晚上送来的馊饭和生水，有时只得饿着肚子战斗。如此4天，山上山下及稻田中，敌我遗尸及武器很多，咫尺之距，双方都为争夺遗尸和武器而增加伤亡。时值盛夏酷暑，阵地上臭气刺鼻，令人呕吐。

第5日拂晓，敌再度发起猛攻，第一一四团团长刘阳生率敢死队增援，反击时阵亡，前沿阵地终于失守。第一一四团官兵伤亡很大，师主阵地兵力作了局部调整。此后，敌连续几天向我主阵地进行全面攻击，我官兵英勇战斗，均予击退。在敌步兵攻击中，我第一一〇团二营在土地庵的侧击火力发生很大威力，给敌以重大杀伤。敌为排除此侧面威胁，企图夺取土地庵高地，我鸡窝岭阵地的迫击炮、重机枪居高俯瞰，突然倾泻，配合第一一〇团进行反击，敌仓皇溃退。旬日之内敌未敢大举进攻，只是小部队的袭扰和飞机轰炸。敌由于中央突破的企图未能得逞，即将其主攻力量转向铁路以西地区，我阵地正面呈对峙状态，阵地工事得以日益加固。从所获得敌遗尸的日记中看到：“几次进攻中，庐山上的迫击炮弹如雨点般从天而降，皇军大受威胁，死伤可怕。”我军为更好地发扬这个威力，遂将第一〇九团第一、二营的迫击炮排都调上鸡窝岭，归第三营指挥。

鸡窝岭侧面阵地争夺战

鸡窝岭阵地的特点是山高坡陡，攀登不易，早夜多雾，晴朗时对铁路以西地区的敌人行动都可以用望远镜看清楚，对我主阵地前敌炮兵阵地及陆空联络布置都能一目了然，既是一个良好的观察所，又是居高临下对敌侧击的重要制高点。

8 月中旬，铁路以西战斗最激烈，在庐山鸡窝岭可以看到敌用骡马每日拂晓向前线运送粮弹补给，午后返回，至九江的公路亦有汽车通行。我指示第一〇九团第三营，利用夜暗派小部队下山袭击敌运输部队驻地。营长陆承裕第一次派了个排长带两个班下山，以一个班掩护，一个班摸进敌驻地内奇袭。敌人并无岗哨警戒，都在酣睡，我士兵以手榴弹、轻机枪突然袭击，敌人被炸死很多，残敌仓皇乱窜，田野及公路上都是骡马奔驰，还炸毁了一些枪支、粮弹、医药等，并发现许多敌尸及麻袋装的手掌（编者按：日军官兵作战死亡，尸体不能当场抢回的，砍下手掌以代全尸），才知道这是敌人的粮弹补给站和伤兵转运所。由于袭击部队兵力小，士兵只夺些饼干、香烟、饭盒之类。数日后又对敌进行第二次袭击，敌已加强了护卫部队，戒备较严，袭击部队发现大群骡马在田中吃稻谷，即过早袭击，除了杀伤一些马匹之外，未取得如第一次袭击之战果，在战斗中还死伤士兵 4 人。

8 月中旬以后，敌为排除我鸡窝岭阵地的严重威胁，连日集中炮火轰击我阵地，并不断派出小部队佯攻土地庵第一一〇团第二营阵地。某日拂晓，我鸡窝岭山腰的警戒哨突然发现敌分三路爬上山来，遂一面阻击一面后撤，我阵地官兵待敌爬至有效射程内，手榴弹、机枪、迫击炮一齐泻下，使敌伤亡很大，残敌滚下山去。两三日中，敌不断进行报复性的炮击，我工事多被摧毁。第 4 日，敌趁庐山黎明浓雾，用 4 个敢死队，在一炮不发的情况下，悄悄上爬，持枪密集冲锋。手榴弹爆炸声和拼刺刀的喊杀声响成一片。敌一部 20 余人冒死突入我右翼第八连阵地，经多次肉搏，敌大部被击退，唯突入之敌凭借石岩作困兽斗，敌后退部队得以再次冲上。此时天气转晴，浓雾渐散，我机枪、迫击炮得以发挥火力，激战至午后 4 时，敌伤亡惨重，终于溃败。残敌 9 人被我火力压缩在一岩洞中，入夜敌 3 次企图突围未逞，天明后静寂无声，我第八连一班长自告奋勇，率战士 3 人冲入搜查，发现敌已毁枪集体自杀，其中一人重伤未死，瞪眼不语，踢打亦不发声，战士在愤怒之下，不顾不杀俘虏的禁令（上交一个俘虏，奖 200 元），补上一刺刀结果了性命。在整天战斗中，我第三营第八连田连长以下官兵伤亡 160 余人，山下土地庵第一一〇团二营营长刘咸宜，也在策应鸡窝岭战斗中阵亡。

由于战斗日久，各团伤亡重大，兵员锐减，我决定利用对峙状态进行阵地整编，缩编部分连队，各团将编余的班、排、连长成立官佐队，并将各团输送连等非战斗兵编入步兵连，充实第一线战斗力。根据当面敌情判断，敌对鸡窝岭势在必得，为加强守备，将第五十五旅旅长唐伯寅调上庐山指挥，第一〇九团团长刘湘辅率第二营（200 余人）及两个团所属的干部连加强鸡窝岭守备。

8 月 27 日，敌约四五百人分 5 股袭击我鸡窝岭阵地，拂晓后敌乘浓雾逐次接近我阵地，集中掷弹筒火力猛轰，顽强仰攻，几次冲锋肉搏，我战士体力不支，死伤很大，两处阵地被敌突破。幸我军拥有重机枪，而且第九连地势高，工事坚固，利于发挥火力，才控制了敌突破口。10 时以后雾散日出，我军加强火力，阵地得以稳定。午后，团长刘湘辅乘敌炮延伸之际，亲率第二营及另一个连，先敌发起冲锋，奋力反击，敌纷纷溃退，阵地得以确保。敌我伤亡均重，团长刘湘辅负重伤，营长以下官兵死伤 200 余人。

敌受此次重挫后，不敢再冒险仰攻。从所获战利品中证明，当面之敌为第一〇六师团渡边旅团之滕田联队。有个专科学校毕业的敌兵在日记中写道："庐山是支那名胜之地，'难见庐山真面目'，名不虚传，皇军在此遭到支那军精锐部队第十九师的坚强抵抗，前所未有的激战，中队、小队长的死亡很多，战斗仍在艰苦进行，与家人团聚的希望是困难的。”可见日军的伤亡是惨重的。

换防撤离战场

庐山战役是第十九师苦战最久，伤亡最大的一次战役。当时归李汉魂指挥的第八军军长李玉堂部伤亡也很大。蒋介石命令李汉魂：第十、第七十两军苦战已久，伤亡很大，应即换防休整。李汉魂这才以第一五五师接替第十九师的防御阵地，并指示我将交防后的残余部队仍留给第一五五师为警戒部队。庐山侧面阵地暂不接防。

9 月 4 日夜，第十九师将主阵地交防后，全部撤离了战场，经德安、靖安开赴奉新休整补充。

在这一战役中，官兵伤亡数千人，在战场上及战后的病亡数字也很惊人。其原因是庐山丛林茂密，夏季气候特殊，时雨时晴，早晚云雾似海，寒风刺骨，真是“晚穿棉袄午穿纱，风雨来时伞难遮”。官兵只有夏服棉毯，附近又无民房，只能挖地洞折树枝以避风雨。丛林中既潮湿又多疟蚊，所以病员日增。加以军政当局不关注官兵生活，兵站补给除大米及食盐之外，食油、蔬菜、肉食等副食品概不过问，全由连队自行采购。当时庐山附近居民早已逃亡一空，遍野金黄稻谷尚无人收割，哪有副食可供采购，所以战场上生活艰苦，官兵体力日见衰弱，疲惫不堪，死亡、疾病与日俱增，兵员大减。第十九师在战后休整、补充兵员时，进行过一次点验，仅剩较健壮的战斗士兵 780 余人（上海会战后，还存战斗兵 1500 余人，战后也无如此多的病员死亡）。

武汉会战是在国共合作、全民一致抗日的时期进行的，对官兵的政治教育和宣传鼓励工作，激发了广大士兵爱国热情和作战勇气。我当时曾聘请进步人士马子谷、共产党员陈希周、朱江赋为政治教官，并由陈、朱率文工团到各旅、团进行讲演宣传。所以官兵在上述生活艰苦、战斗激烈、时间持久的情况下，能同仇敌忾、英勇战斗、不怕牺牲，发扬了民族正义精神，涌现了许多可歌可泣的无名英雄。如一个身高有力的湖南战士（可惜已忘其名），在肉搏中被两个敌人围刺倒下，他迅即拉开胸前手榴弹与两个敌人同归于尽，极为壮烈。还有在金官桥前沿阵地失守时，有个班长负伤后仍将两个伤兵救回，在敌后稻田中爬行一昼夜，忍饥受饿，将步、机枪两支都带回来了。这样的事例很多，不胜枚举。

（陆承裕整理）

武汉地区空战纪实

吴鼎臣*

1938年2月武汉地区空战时，我是空军第四大队飞行员。2月17日下午，空军副总指挥毛邦初到樊城机场。他对我们说，武汉三镇屡遭敌机空袭，过去无论高射炮、飞机都没有击落一架敌机，我们第四大队过去有过光辉的战绩，现在马上要出发去武汉，希望我们继续发扬光荣传统，不辜负武汉三镇人民的希望等。讲话完毕，我们立即上飞机，全大队进驻汉口王家墩机场，那时候我们估计不出三天，必有一次大战。

2月18日，天气晴朗，我们担任警戒的战友们在飞机旁边刚吃过午饭，空袭警报汽笛声长鸣，不一会儿，我们大队的飞机全部起飞准备迎战。

当我们升到3000米高度时，敌机已到，这时敌机高于我们，我们处于劣势地位（飞机作战，高度越高越占优势）。一架敌机居高临下，向我俯冲下来，对我攻击。我不慌不忙地开始转弯，好像躲避他的射击，而实际上是引他入套。他果然跟在我的后面和我一起转弯，想咬住我的尾巴（战斗机格斗，都想咬住对方尾巴，便于射击），我看敌人已经入套，就来一个最小半径的急转弯，一下子就咬住了敌人的尾巴。敌人知道上当，就拼命想逃。但

* 作者时为空军第四大队飞行员。

是，敌人再也无法逃出我机关枪的瞄准镜的火力圈以外。这时，我抓住一个最好的机会，4 挺机枪齐射。当时，敌我两机相距只有 50 米，眼看敌机的脑袋倒了下去，飞机失去操纵，作直线飞行不再转弯。我明知敌人已被击毙，但还怕不保险，又补了一次射击，这架敌机彻底被击毁了。这时，我赶快检查自己飞机的后面，有没有敌机偷袭。检查结束并无敌机跟踪，我就放心地去寻找第二个攻击目标。我突然发现一架我军战机被敌机在尾后偷袭，情况十分危险，我立刻追到敌机后面，对敌机进行袭击。正当我准备射击时，我的飞机突然振动了一下，左机翼被别的飞机撞掉了。我完全失去控制，机头向下，机身向左猛烈旋转，我立即从飞机里跳了出来，满天飞机在我四周战斗，我右手握住保险伞的拉环不敢拉，人在空中，头朝下脚朝上向下俯冲，大约在离地面 600 米高度时，我拉开了保险伞，平安地降落地面。回队后，清查这次空战战果，我军共击落敌机 13 架。但我们大队长李桂丹、分队长吕基淳、飞行员巴清正、王怡等都英勇牺牲了。

当我们在空中激战时，武汉三镇的人民，过去敌机来后，都躲到地下室去了，这次都爬上屋顶观战，为我们喝彩助威。

敌人在武汉上空吃了大亏，有两个多月不敢侵入武汉上空，偶然于夜间向武汉偷袭。但是敌人的战术是很狡猾的。有一次夜间，本来是我们派轰炸机去轰炸敌人，回航时，敌人派一队轰炸机跟在我们飞机后面，骗过了我方防空监视哨，使我指挥官产生了错觉，以为都是我们自己的轰炸机。当我们回航飞机打开夜航灯要求着陆时，机场照例开亮了导航灯。我们的飞机刚刚落地，敌人的轰炸机就趁机投弹，使我们遭受了重大损失。

4 月 20 日左右，总指挥部派我们大队和苏联志愿队一道去消灭广东海外三灶岛的敌空军基地，当我们大队飞到南昌与苏联空军志愿队会合后，天连续下雨，无法起飞。这时，我驻孝感机场的一架飞机，在试飞中，发现在他下面有一架敌机通过，他立即俯冲下去，将敌机击落。在检查敌机残骸时，发现是一架双座侦察机，侦察员佩戴着金质领章，知道是一位高级空军军官来实地侦察，并且在他的日记本上发现一个重要情报：敌人准备在 4 月 29 日，日本天皇的生日，也叫“天长节”，以疯狂轰炸武汉表示对天皇的祝寿。总指挥部得此情报后，立即更改作战计划，将中苏两个大队的战斗机都到武汉集中，准备迎战。

4 月 29 日午后，敌机果然由战斗机和轰炸机编成的混合机群，据说有六七十架，向武汉三镇窜犯。我们中苏两个大队的战斗机起飞迎战，也有 70 多架。当时，我是副大队长的僚机，我的飞机在本大队的最前面，高度在 4000 米时，遇到敌机群。敌机群高度在 4000 米以上，我方在高度上又处于劣势。这完全是由于机场指挥紊乱造成的。当空袭警报发出之后，不等战斗机起飞完毕，轰炸机为了起飞到别处躲避，也争着起飞，使战斗机丧失了编队、占领高空有利位置的升空时间。另外，还严格规定战斗机在迎战之前，一定要在武汉上空巡逻，让武汉人民看得见自己的飞机。因此，敌人容易发现我们，造成先下手为强、后下手遭殃的不利态势。

空战中，敌机采用经常使用的战术，集中力量打击领队长机。由于我是大队长的僚机，在全大队的最前面，首先与敌机遭遇，我被 3 架敌机包围，情况十分危险，一阵子弹打得我椅背保护钢板叮当直响，我反而沉住了气，并相信防弹钢板很有效。于是我就想先拼它一架再说，突然一架敌机从我的右侧后向我射击，我的汽油箱中弹起火，飞机向前飞，火就向后烧，我一看情况不妙，左手立刻拉开保险带，右手将驾驶杆猛力向前一推，飞机机头突然向下栽，一个离心力就把我从火丛中甩了出来。

我离开飞机之后，过早地把保险伞拉开了，离地面还有 3000 多米，满天的飞机在我附近搏斗，我的伞下降得很慢，我先发现右脚皮鞋上被子弹打穿了两个洞，但我的脚并不疼痛，隔一会觉得左肩背有火烧般的疼痛，因为一枚燃烧弹把飞行衣打穿着火，两只手都够不到左后肩。后来越烧越痛，无法忍受，两条腿挂在伞带上，手就够到火，把火抓灭了。两手烧得都是泡。最后，我降落在武昌南湖附近的稻田里。后来被群众抢救送往医院。我在病床上听说这次空战，我军击落敌机 23 架时，高兴得把伤痛也忘了。出院后，我奉命调到云南昆明航校去当高级班驱逐组的飞行教官。当时，我满面伤容，左胸前佩戴着击落两架敌机的奖章，左臂上佩戴着两次受伤的伤劳臂章，博得全校官生的赞扬，也给后期学生树立了榜样。

新四军抗战

首战卫岗

粟　裕[*]

1938 年 6 月 11 日，国民党军第三战区司令长官顾祝同指令我新四军派兵一部，挺进南京、镇江间，破坏京沪铁路，并声称：“务于三日内完成任务，否则严厉处分。”（当时新四军隶属第三战区战斗序列，有时也接受战区赋予的作战任务——编者注）司马昭之心，路人皆知。他以为这是一道难题。因为我军成立伊始，装备窳劣，仓促深入敌后，无异是以卵击石，后果不难设想。其实，他完全盘算错了。殊不知，向敌后发展，开展敌后抗日游击战争，正是抗日战争时期我们党的战略方针，到敌人后方去打游击从来就是我军的特长。

当时，我任新四军第 2 支队副司令员。军首长命我率先遣队（共 4 个连），带电台一架，由现驻地溧阳县境内的李家山出发，于限期内兼程 200 里，赶到镇江、龙谭间，遂行这一任务。

11 日下午 4 时，我率部冒雨出发，预定当晚即通过天王寺、溧水间的公路进入敌后。不料到达新桥东北 5 里之王村时，被国民党军第七十六师的警戒部队阻挠，几经交涉不让通过。不得已，只好就地宿营。耽延到 12 日

* 作者时任新四军第 2 支队副司令员。

午后始由王庄继续前进。夜行晓宿，风雨无阻。途中电台故障，不能通报，反成为累赘。为便于行动，派兵一连掩护电台东去茅山。其余部队，经过 3 个雨夜的连续急行军，于 6 月 15 日拂晓前进抵句容至下蜀公路以东之徐家边隐蔽。

经侦察，下蜀敌军 20 余人，夜间移驻下蜀以西约 2 里之火车站及其附近庙内，构筑了堑壕、铁丝网等防御工事。为了震慑敌人，扩大影响，我决心把破路点选择在下蜀镇。

部队经过连续雨夜行军，个个浑身泥泞，十分疲劳，但情绪高昂，求战心切。经短促的动员、准备，于 15 日下午 4 时出发，至晚上 10 时进占下蜀街。以一个连向下蜀车站之敌警戒，准备必要时采取佯攻，掩护破路。另以一个排，向东警戒。其余部队迅速展开，以就便器材，甚至徒手作业，并动员当地群众帮助，进行破路工作。经 4 个半小时的努力，破坏铁路长约 40 米。鉴于任务已经完成，即按预定计划，一面命令警戒部队向车站之敌发起攻击，予以袭扰；一面命令其余部队散发传单、张贴标语，动员群众迅速出走，避免敌人蹂躏。16 日黎明前，我们全部安全撤退至下蜀以南 20 里之东谢村隐蔽休息。

16 日上午 8 时，敌火车一列，驶至下蜀出轨。随后又有 7 卡车敌军至下蜀示威，并修复被我破坏的铁路。汤水、桥头、高资各点敌军亦稍有增加，企图于 17 日向东谢、西谢、普渡桥一带搜剿我军。同时还发现，在镇江到句容的公路上，每天通过的敌人汽车有五六十辆，通行时间多在上午 8 至 9 时、下午 4 时前后。

虽然破路任务完成，但由于缺乏爆破器材，我觉得收效太小，似乎虚此一行，颇不甘心。为更沉重地打击敌人，迅速开展江南敌后抗日游击战争，更好地回答战区司令长官对我军的“考验”，也为了避开敌人对我们的搜剿突击，保持主动，必须再打一仗才行。经过琢磨，16 日夜，我决心立即率部向东转移，拟于 17 日黎明前赶到镇江以南卫岗附近的赣船山口，伏击镇（江）句（容）公路上敌人汽车运输队，争取以小的代价换取较大的胜利。

但这时，我全体指战员已极端疲劳，病员增加至 10 余人之多，加之天公不作美，仍然大雨如注，路滑难行。我边走边想，反复考虑，觉得在当前条件下去打伏击战，兵多不如兵精。部队少而精，以一当十，或打或走，能够得心应手，指挥自如。若以羸弱之众全部参加战斗，势必行动迟缓，顾此失彼，反而相对减弱了战斗力，甚至可能丧失战机。于是，行至杜村我即命令部队就地宿营。立即进行说服、动员，决定由各连挑选精干的建制班和精干人员参加伏击战斗。共挑选组成 6 个步枪班，1 个机枪班（2 挺轻机枪），1 个短枪班，各班均配备了得力的榴弹投掷手。经迅速的组织、动员和临战准备后，两支部队于凌晨 2 时，由杜村分途出发。不参战的部队，携带病员、行李，取道徐家边、小芦荡、神巷，经赣船山以南的东昌街、南青山镇，到上元庄附近集结待命。我率参战部队，经徐家边进到距预伏地域约 8 里的小芦荡后，稍事休息，进一步进行宣传鼓动，说明打汽车的方法和应注意的事项，具体分配、规定各班的任务和动作。做完这些之后，随即继续向预伏地域急进。

17 日上午 8 时，我率部进抵镇（江）句（容）公路西侧高骊山脚下，即遥见汽车一辆自句容向镇江急驰。可惜，我们晚到一步，让它跑了。8 点 10 分，部队开始在赣船山与高骊山之间的公路上展开，占领了公路两侧及山口南北两头有利的地形，我自己率轻机枪一挺进到山口之间的公路上。兵力、火器布置尚未完毕，即发现镇江方向来的敌人第一辆汽车，突然逼近我设伏区域，我之机枪当即仓促迎头射击，正好击中敌车汽缸。但敌车仍向前急驶，冲出我设伏区域约 1 里才停止。车上敌军弃车逃脱。我们设伏的区域在两山之间的凹部，没有村落居民，加之天雨有雾，路上没行人，枪声也不能远传，地形、天气都对我有利。打了敌一辆汽车后，我们加强了对句容方向的警戒，决心继续耐心等待，以期取得更大战果。

约等了六七个小时，敌人的第 2 辆汽车——一辆军官包车，又闯入我设伏区域，遭我机枪、手榴弹一阵猛击，即翻入公路西侧的水沟中。驾驶员和敌少佐军官土井被当场击毙。当我军搜缴车内物品，准备烧毁该车时，竟还有一名敌军狡猾地潜伏在车底，并用刺刀刺伤我一名战士，当即被我军击毙。经查明原来是一个上尉军官，名叫梅泽武四郎。在这辆车上缴获了敌少佐土井的手枪、军刀各一，保险箱一只，日钞7000元。战斗结束还不到5分钟，敌人的第3、第4、第5辆车又接踵而至，车上装载敌军约30余人。我们的战士情绪更加高涨，一阵猛射，即将敌军第3、第4辆车击中。敌第5辆车见势不妙，急刹车停在我火力射程之外，车上敌军跳下车，隐蔽于公路两侧草丛中，以密集火力抵抗，阻我冲击。我以一挺机枪于右前方的制高点，进行瞰制射击，始将抵抗之敌全部击溃，余敌仓促上车狼狈逃窜。至此，我们共击毁了敌车4辆，击毙敌军官2名、士兵13名，缴获长短枪10余支，还有4辆车上的全部物资。我军只付出了阵亡1人、负伤数人的代价。胜利不算太小，时间已经不早，估计镇江之敌一定很快来援。打扫战场后，我们迅速分路撤退到上元庄与未参战的部队会合，准备继续行动。我们撤离战场不久，镇江之敌计17辆卡车、坦克1辆，赶至战区大施淫威，并有敌机3架低空盘旋搜索，但都扑空而回。

新四军初到江南，立即深入敌后，破坏京沪铁路，首战卫岗，旗开得胜，产生了深远的影响：它严重打击了日军的气焰，威胁了日军的后方，使日军知道了在江南还存在着英勇抗战的中国军队；它鼓舞了人民群众，在京沪铁路沿线广大地区，扩大了我军的声誉；它提高了我军胜利开展敌后抗日游击战争的信心；它向世人表明，我军经得起“考验”，从而提高了我军在其他抗战军队心目中的地位。

新四军南昌办事处

黄知真*

新四军南昌办事处成立于1937年11月。项英赴延安向党中央汇报回到南昌，奉中央和长江局的指示，同陈毅、曾山共同筹建中共中央东南分局和组编新四军。与此同时，成立新四军南昌办事处，地点设在南昌市书院街二号危家大屋。1938年1月，黄道由中共闽赣省委书记调任东南分局委员兼宣传部长、统战部长，并接任南昌办事处主任。挂出的牌子是：国民革命军陆军新编第四军驻赣办事处。办公地址迁往原新四军军部驻地三眼井高升巷一号张勋公馆。中共中央东南分区和新四军办事处在一起办公。东南分局许多对外事务都是由办事处办理或以办事处名义办理。

办事处的主要任务，就是在东南分局的领导下，以公开、合法的身份，处理我党我军在东南地区需要办事处出面办理的各项事宜。大致有四个方面：

（一）宣传党的抗日民族统一战线政策和党的各项抗日救国主张，宣传八路军、新四军的战绩，以教育人民，团结人民，鼓舞人民；

（二）积极组织工人、农民、知识分子、青年学生，开展抗日救亡运动；

* 作者时任中共中央东南分局青年部干事，系新四军南昌办事处主任黄道之子。

（三）广泛开展抗日民族统一战线工作，广泛联系各界人士，包括国民党上层人士，发展进步力量，争取中间力量，团结一切可以团结的力量，共赴国难；

（四）向延安和新四军前线输送进步青年，输送军用物资，掩护东南分局的活动，处理东南分局委托办理的各项事务。

“张勋公馆”是一栋两层的洋房，东南分局机关住二楼，办事处机关住一楼，每间房子陈设都很朴素、简陋，除黄道因工作需要接待各界人士，多一间简单的会客室外，其他领导都是一人住一间或几人一间，每人一张木板床，一张三斗桌和一个洗脸架，洋房旁边的一栋平房是电台和其他工作人员住宿的地方。

中共中央东南分局委员有项英、陈毅、袁国平、张云逸、邓子恢、黄道、曾山，书记项英，副书记兼组织部长曾山，组织部副部长涂振农，宣传部长兼统战部长黄道，宣传部副部长朱镜我，统战部副部长薛尚实，妇女部长陈少敏（后为李坚贞），青年部长陈丕显，秘书长温仰春，我和赖大超（后来还有杨斌）在青年部任干事，罗孟文在组织部任干事，李跃平在宣传部任干事，贺怡在妇女部任干事，随分局机关经常在南昌的是曾山、黄道同志，项英、陈毅、袁国平、张云逸、邓子恢等同志主要在前线。

办事处机关更加精干，黄道任主任，没有副主任，李家庚（郑伯克）任秘书，当时大家都叫他秘书长，还有吴华友、胡金魁、卢伟良等几位副官，分管联络保卫和行政工作。

办事处成立时，上海、南京已经沦陷，日寇的铁蹄正踏进江西北部，南昌成为最靠近前线的城市，许多沦陷区的抗日团体、文化界人士、进步青年和流亡学生纷纷汇集南昌，整个城市热气腾腾，处于抗日救亡运动的高潮之中。我党的抗日民族统一战线政策和各项抗日救国主张，受到全国人民的拥护，平型关首战胜利，鼓舞全国人民的必胜信心，许多进步人士和爱国青年络绎不绝地来办事处联系，办事处也敞开大门，夜以继日地积极做工作，通过各种途径，采取各种形式，把外地和本地爱国青年组织起来，成立许多抗敌救亡团体，如“江西省青年服务团”“江西省宣慰工作团”“红十字会上海煤业救护队”“平津沪学生流亡团”“江西省乡村抗战宣传巡回工作团”（乡抗团）、“上海劳动妇女战地服务团”“青年抗敌后援会”“南昌大巷口码头工人俱乐部”“民族解放先锋队”“南昌农民工作团”等组织。这些团体中都建立了我们党的组织，培养和吸收了一批优秀青年入党。这些组织在党的领导下，组织文艺演出、街头宣传，举行各种集会等多种形式，开展抗日救亡宣传活动，一时间，《义勇军进行曲》《大刀进行曲》《青年进行曲》《救国军歌》《军民合作》《打回老家去》等歌曲响彻南昌城的大街小巷，激励人民群众的抗日救国热忱；组织进步青年学习我党《抗日救国十大纲领》，毛泽东同志《论持久战》《抗日游击战争的战略问题》《新民主主义论》等著作和马列主义书籍，培养革命骨干；组织各界力量，支援抗日前线，开展大规模的拥军慰问活动；组织抗日募捐，动员组织热血青年奔赴抗战前方。

这里值得一提的是，当时成立了“江西省青年抗日救国服务团”（以下简称“青年服务团”），这个团体是我党提出，得到进步人士支持的、并取得国民党当局正式承认的一个规模较大的团体。由于我党抗日民族统一战线深入人心，八路军、新四军威名与日俱增，团结抗战人心所向，根据当时的形势，为了将南昌的爱国青年组织起来，争取比较顺利地解决组建中的问题，黄道与当时在南昌的农工民主党人士王枕心等人商议，联合起来，争取建立一个合法的青年组织。这一提议得到了王枕心的响应，他还建议：“争取与江西省政府合办。若不合办，他们就可以找到借口，处处设置障碍，随时提出刁难，这样反而不好。”并且共同商定：“一定要肯定这个组织是一个群众性的青年抗日组织，这一点决不能含糊。”于是，我们一同找江西省国民党当局协商，几经周折，商定共同组建“江西省青年服务团”，由省政府出经费，请熊式辉当团长，由王枕心任总干事，我们则派夏征农同志参加干事会的领导工作，派一批同志到该团担任各大队负责人，并成立由余昕、郭敏、邝劲知等同志组成的中共临时总支部，积极按照党的指示开展工作。由于取得了合法地位，“青年服务团”很快发展成为江西省最大的青年救亡组织，1000 余名朝气蓬勃的热血青年活跃在各条战线上。新四军领导同志对这批青年学生十分重视，为争取、教育广大团员，曾给参训青年作了《抗日民族统一战线》和《游击战的战略战术》等报告，还应文化界的邀请，由陈毅同志作了《关于游击战争》的讲话。总之，通过艰苦细致的工作，教育和吸引了大批青年团结在我党周围，并培养、发展了一批党员，对国民党顽固派同我们争夺青年的阴谋进行了针锋相对的斗争，把他们派进的特务基本上孤立起来。最后当国民党顽固派准备把“青年服务团”合并编入他们的部队时，我们及时将1000多人安全地送往新四军。在此期间，办事处还遵照党的指示，为延安抗日军政大学和陕西安吴青训班选送了大批优秀学员，为部队输送了许多专门人才。

办事处为了加强、巩固和发展抗日民族统一战线，对国民党上层人士和各党派知名爱国人士做了大量工作。那时我们经常举办招待会、恳谈会、讲演会、群众集会，在各界人士中广交朋友，建立友谊，以求对抗日救国取得共识。那时同办事处有联系的国民党上层人士有李烈钧、彭程万、李中襄、王冠英和蒋经国，有各党派在赣的负责人和无党派民主人士许德珩、孙晓村、孙起孟、王造时、罗隆基、雷洁琼、孙席珍、王枕心、刘九峰、漆裕元等。

这段期间，东南分局和办事处还通过各种渠道掌握了一批舆论工具，由青年部主办的《青年团结》，通过地下党的同志创办《妇声》杂志，还一度同党外友好人士合编过《剑报》的部分版面。《青年团结》是16开的半月刊，由于国民党新闻机构的阻挠和刁难，只出了三期就被迫停刊了，但在青年中却起着很大影响。黄道同志还为生活书店在南昌筹办分店，亲自出面与各方交涉，排除种种阻力，于1938年初在百花州正式开业，通过生活书店，发行《共产党宣言》《国家与革命》《列宁主义问题》《西行漫记》等文艺著作和《新华日报》《抗敌报》《解放》《群众》等报刊。

办事处在东南分局的领导下，积极支持各地党组织开展党的建设，南昌办事处同东南分局住在一起，驻温州、福州、吉安、贵溪、景德镇等地的办事处和留守处，都是同当地党的领导机关在一起的，党委机关的同志根据工作需要也常常以办事处工作人员的身份进行活动。

办事处还有一个十分重要的任务，就是为新四军各部队采购、运送军需品。如武器装备、通讯器材和药品等。那时，新四军刚刚成立，部队物资条件很差，办事处积极设法筹集和购买器材、药品。这些工作，得到社会各界的支持和帮助，宋庆龄女士和海外侨胞曾多次从东南亚和香港筹集大批医疗器械、通讯设备支援新四军。我们还积极组织各抗日团体为前线抢送物资，"红十字会上海煤业救护队"的几十辆汽车曾在这个时期日夜奔驰在运输线上，把从上海、安徽、江西、江苏等地支援前线的物资和各方面人才源源不断地运送到前线。

1939 年 3 月 25 日深夜，日军已逼近南昌，国民党当局悄悄地安排了撤退，但是没有通知我们，我们是从在国民党江西保安司令部政训处的地下党员黄贤度的电话中得到这个消息的，办事处立即连夜清理文件，通知煤业救护队的车子协助办事处撤退。27 日，南昌沦陷。

离开南昌，办事处迁往吉安，继续工作。

新四军南昌办事处是 1937 年 11 月筹建，1938 年 1 月正式办公，到 1939 年 3 月迁往吉安，在南昌整整战斗了一年零三个月。这期间，办事处在党的领导下，在宣传党的路线、方针、政策，发展党的力量，开展抗日救亡运动，开展抗日民族统一战线，积极支援前线，同国民党反动派"消极抗日、积极反共"阴谋作斗争等方面，做了大量的工作，取得了显著成绩，得到各界人士的支持、赞许和肯定，对推动抗日救亡运动起到非常积极的作用，胜利圆满地完成党交给我们的光荣任务。

新四军驻瑶里留守处

李华楷*

我是 1938 年 1 月下旬到浮梁瑶里去过春节的。根据新四军驻赣办事处和中共中央东南分局的指示，瑶里改编完毕后，公开成立了新四军驻瑶里留守处，我任留守处主任，对内还组建了祁浮婺中心县委会，我任书记。留守处和中心县委就驻在浮梁（今景德镇市）瑶里敬义堂。那时，皖浙赣边各地游击队已从安徽祁门的舍会山集中到瑶里进行改编。陈毅在朱辉的陪同下来到瑶里，一方面看望下山改编的红军游击队，另一方面部署包括改编在内的整个党的工作。

瑶里留守处直属新四军驻景德镇办事处领导，景德镇办事处的主任是朱辉。中心县委除我之外，还有一位叫吴镇青的（又称小老吴），他任副书记兼组织部长，宣传部长周清明，青年部长李进茂（又称李矮子），妇女部长王赛荣。

祁浮婺中心县委下辖祁门、浮梁和婺源三个县委。祁门县委书记是李进茂；浮梁县委书记姓陈，叫什么名字记不清了，他家就住在离王赛荣家不远的地方，县委就设在他家里；婺源县委书记是周清明。各县委下面未设区

* 作者时任新四军驻瑶里留守处主任，中共祁（门）浮（梁）婺（源）中心县委书记。

委，只有若干支部。

当时党的工作还是处于秘密状态，主要通过留守处的合法地位进行活动。主力部队开拔以后，我们留守处的公开任务主要是：

（一）密切与景德镇办事处和新四军军部的联系，往军部运送枪支弹药，接待军部同地方上的来往干部。

（二）做好统战工作，一面与国民党地方当局交涉改编以后的有关事宜，如安置、抚恤革命烈士家属，交涉保释历次革命中被捕入狱的革命干部和群众；另一方面团结国民党政府与地方豪绅中的一切进步力量，向他们宣传我党抗日主张，扩大抗日民族统一战线。

（三）宣传组织和发动群众参加抗日救亡运动，争取政治上、经济上的合法权益，对国民党反动势力进行公开合法的斗争。

（四）继续联络散布在各地的红军游击队。

此外，我们还秘密地开展党的工作，努力恢复和发展祁、浮、婺地区的党组织。我们在瑶里工作时，国民党地方当局也派出一个别动队在瑶里监视我们。这个别动队的队长叫张甫成，因为他是国民党四省边区主任公署的中校参议，所以又称他为张参议。这个反动家伙是专门对付我们的。在群众会上他经常诬蔑苏联是赤色帝国主义，我就在大会上当场反驳。等我讲完了，他又上台抢着讲，继续放毒。我当然不会放过他。打嘴仗是经常的事，斗争尖锐复杂。尽管如此，我们在赣北特委和景德镇办事处的指导下，冲破重重阻力，在祁、浮、婺开展多种多样的抗日救亡活动，“新四军战地服务团”曾活跃在瑶里等地近 2 个月的时间。祁、浮、婺地区的各界群众在我们的宣传、组织下，抗日热情越来越高涨，许多青壮年热烈报名参军，新四军的队伍不断扩大，由下山时的 350 余人，猛增到 500 余人。同时，各县党组织迅速得到恢复，党员发展到 150 多人。

1938 年 4 月以后，在国民党江西省第五保安司令部的策划指使下，其别动队、特务分子，不断搞破坏，制造摩擦事件，骚扰留守处机关的正常活动。这时，都昌留守处遭国民党特务袭击，留守处主任、都湖鄱彭中心县委书记田英等 7 位不幸牺牲。鉴于形势恶化，为保存革命力量，同年 6 月，党正式通知我瑶里留守处机构撤销，我被调往吉安中心县委工作。但祁、浮、婺地区的党组织仍坚持地下活动，中心县委书记则由江天辉担任。

我在瑶里虽然只有半年的时间，但给我留下的印象是深刻的。那里的群众对我们非常好，汪振丰（又称土佬）就是他们的优秀代表。土佬自从参加革命队伍以后，真是一心一意跟着共产党。在红军时期，特别是三年游击战争时期，他不顾个人安危，为红军购置和保管粮食，筹集物资和药品，千方百计地为红军侦探情报，跑交通，当向导，直至参加战斗，救护伤员等等。汪振丰是一位“一不怕苦，二不怕死”的好党员。当瑶里留守处成立后，他又在留守处工作，名义上是当事务长，实际上留守处的内务全由他负责，而且安排得有条有理，为留守处工作的顺利开展出了大力。留守处撤销后，他又奉命留下，继续坚持斗争，一直到解放。

（闻炳炎记录整理）

广州失陷

血战南澳岛

李 鉴*

1938 年 7 月，在广东潮汕地区之南澳岛发生了广东省抗日首次大仗。这场血战在民众的大力支持下，国民党军第一五七师第九四〇团第一营 1 个加强连和民众抗日自卫大队英勇抗击，使日军伤亡 500 余人，开创了华南抗战的先声。因此，南澳军民受到国民政府行政院长孔祥熙的电令嘉奖，被中共《新华日报》等誉为“南澳抗战精神”。

我是位归侨，当时任潮（安）澄（海）饶（平）第九区民众抗日自卫团自卫大队第二中队的分队长，自始至终参加了这场血战，身负重伤，在九死一生中幸存。今将 50 年前的血战追忆如下。

一、日军侵占南澳

南澳县是一个孤悬于闽粤交界处的渔岛县，主岛面积 104 平方公里，抗战前有 3.7 万人口。战略位置险要，素有“闽粤咽喉，潮汕屏障”之称。

抗战爆发后，日军在华南不时进行牵制性骚扰，并早有进犯南澳岛的

* 作者时任潮（安）澄（海）饶（平）第九区民众抗日自卫团自卫大队第二中队分队长。

企图。

1937 年 12 月和 1938 年 5 月，金门、厦门相继沦陷，潮汕形势愈加紧张起来。当时，广东省最高当局，电令潮汕守军密切注意防卫，加紧肃清汉奸；动员民众参加抗日自卫团，武装保卫潮汕。这样，汕头市及潮安、澄海、饶平三县成立了第九区民众抗日自卫团，各县也成立自卫团（团长由县长兼），下设中队。南澳也设立了 1 个中队，下辖 3 个小队，队员近 100 名，加紧训练，做好抗战准备。

1938 年 6 月中旬，日军飞机不断窥视潮汕沿海，并用军舰炮击潮阳、惠来及澄海南北港和饶平的柘林半岛，以试探我守军之虚实。

1938 年 6 月 20 日，日军调来侵犯华南沿海的 29 艘军舰和 4 架飞机，炮轰南澳。21 日晨，日海军陆战队 300 余人，在炮火掩护下，由钱澳一带登上南澳岛。国民党守军保安营营长罗静涛，率 300 多名官兵与日军稍作交战，即全部撤退，逃往饶平县的柘林。县长林捷之也弃职逃往内陆。南澳自卫中队因缺乏武器，抵挡不住日军的冲击，或撤往海山，或藏在岛上。于是难民四散内迁。在汕头市、潮安县、澄海县东里及饶平县黄岗，皆设有南澳难民收容站。日军长驱直入，轻易占领了县城隆澳。潮汕守军最高长官、第一五七师师长黄涛很快将罗静涛和林捷之扣押，呈准驻广州第四路军总司令余汉谋，将罗就地枪决，林被解送广州总部囚禁。

日军占领南澳后，在县城迅速组织起维持会，建立傀儡政权，并拟建飞机场，以作进一步侵犯潮汕的根据地。

二、渡海收复隆澳

日军占领南澳 10 余天后，黄涛从师部所在地的丰顺县汤坑，来到汕头连夜召开军事会议。汕头市长何佟及第九区民众抗日自卫团要员 10 余人出席。黄涛先将南澳沦陷之事作了介绍，然后指出，南大门已被日军打开缺口，我们要乘敌立足未稳，出其不意，渡海收复失地。随即宣布行动计划，决定以民众抗日自卫大队洪之政部为先锋，以第九四〇团第一营吴耀波部为主攻部队，以饶平县海山岛黄隆为反攻基地。渡船由汕头警察局协助征雇。洪部、吴部抵南澳后由吴统一指挥，一律称“义勇军”（南澳人把吴部称为“中央军”），不暴露原番号。会议至深夜12点结束。

会后，第九区民众抗日自卫团统率委员会主任委员刘志陆来到我的家乡海山岛黄隆，调度指挥。他乘舟下海，观察南澳地形，并组织战地运输委员会，由刘国忠、朱进廷负责，征集黄隆乡、石头乡搭船及船工。这年，我21岁，以种田和下海捕捞为生。为赶走日军，我于3月的一天，报名到第九区民众抗日自卫团自卫大队（即洪之政部）第二中队当兵。初驻澄海县北港。两月后转驻南港时，我当上了分队长（班长），全分队15人。大队部设在东陇书院。

7月初，第一、第二中队奉命进驻海山岛，驻刘氏大祠堂内，准备渡海光复南澳。10日午饭后，大队长洪之政作战前动员。晚饭后，在第一中队队长陈序明（澄海县人，殉国）和第二中队队长吴超骏（饶平县人，阵亡）的率领下，由南澳县自卫中队队长李居甲和副队长吴承绵做向导，我们40多名队员，乘5只船，离开打断港，向着东南方向，偷偷渡过7.2公里宽的海面，8时许在南澳岛猴澳登陆。为了不暴露目标，船连夜驶返海山。我们则马不停蹄，奔过山间小道，偷袭约6公里远的南澳县城隆澳（即后宅）。

当时，隆澳正流行霍乱，故日军退驻深澳，隆澳只由维持会维持着。深夜，我们迅速摸到下坐庙维持会的住处民教馆，将维持会主席黄麟麒等11名汉奸活捉。我分队奉命押着这些俘虏，从江港上船驶回海山岛，天微明时抵妈宫前上陆，把汉奸交给了中队部。7月21日，呈余汉谋核准，在潮州市将这11名汉奸枪决。我与队员们暂住海山。

7月13日，第一五七师参谋长李宏达（五华县人）、第九四〇团团长李友庄，自汕头抵海山。同日，吴耀波营长也率部由澄海县盐灶渡海，来到海山岛黄隆，准备利用每晚退潮时间，乘木帆船分批偷登南澳。7月14日晚，吴耀波营长和洪部副大队长陈汉英，率精选的吴部便衣队员20余人，由我分队做向导，先行渡海，抵南澳。15日夜，吴营第二连连长陈永宸（海南万宁县人）率全连及机枪一连一排和自卫大队一部也登陆成功。16 日夜，师部的无线电班和工兵班最后渡海成功。当夜划竹排协助运粮食上岛的南澳隆西乡人吴某，渡至半海被敌舰发现逮捕，越二日就义。17 日夜，黄隆乡 4 艘运解粮弹的船，不幸遇到日舰，刘亚塘等 13 名船工，全部遭枪杀。

偷登上岛的义勇军，皆隐蔽山中。吴部官兵左胸佩戴布章，上绣“不怕死，不贪财，爱国家，爱百姓”12 个字。洪部官兵短衫左臂佩白底布章，上写蓝色“游击队”3 个字。7 月 17 日拂晓，吴耀波率本部 150 人、洪部 180 人、南澳抗日自卫中队 30 人，由李居甲等引路，离开潜伏地黄花山，向东挺进隆澳，收复了南澳县城。消息传开，收到很多祝捷函电，潮汕各地欢呼游行。

义勇军收复隆澳当夜，即派出便衣队员 60 多人，在陈序明、吴超骏率领下，由李居甲等带路，去 15 公里远处袭击驻深澳的日伪军。当便衣队进至深澳附近鸡心石岭下，误把校场插有日旗的稻草把当作敌哨兵而开枪，过早地暴露了自己，致遭到日军炮火的猛烈轰击，便衣队无法接近目标，只好撤回。

日军占领南澳不足一个月，接连受到我军的打击，乃将侵犯华南的敌酋海军少将大熊吉政召回东京，改派台湾海军陆战队司令佐藤清前来指挥。

三、血战孤岛

7 月 17 日下半夜，日军重又调集侵犯华南沿海的大小军舰 30 多艘（最多时达 93 艘），严密封锁南澳岛，并以汽艇，捕截我船只，妄图将义勇军困死。18 日，日军实施残酷的轰炸和炮击，使南澳笼罩在硝烟之中。19 日黄昏，日军增派海军陆战队 1000 余人，企图强行登陆南澳岛。

20 日晨，日舰炮击我沿海阵地，飞机投弹数十枚。此时，吴耀波营长在李居甲中队长等协助筹划下，调整了作战部署，确定吴本人在内埔指挥，义勇军共分 5 队，占据有利地形迎敌。每队由一名南澳自卫队骨干任指挥或副指挥，他们是：李居甲率第一队占宫前乡的龟山；小队长赖如率第二队占后江蚌寮港内的渔船腹下；吴承绵率第三队占金山（即馆尾山），吴超骏和我们分队也分配在这里据守；小队长黄炳祥（后宅猪母菜田人）率第四队占下寮；小队长林朝进（南澳人）率第五队占西阁庵山。各队领受任务后，立即进入阵地，准备应战。

20日上午，李居甲等在宫前龟山，首先与从深澳来犯的日军交锋。他身先士卒，冒着炮火勇猛地阻击来犯日军，将敌人击退。

下午，在后江蚌寮港，义勇军打了一场漂亮的伏击战。5艘汽艇载着一批日军，从后江登陆，分3路纵队齐头并进。此时，由洪部小队长陈标（澄海县人）带领，埋伏于船腹下及盐埕堤的30多名短枪队员，和吴部1名轻机枪手，突然猛烈开火。敌措手不及，被击毙数十名（其中有司令官山野次郎）。敌机疯狂轰炸，大增援兵。陈标及所部30多名队员战至弹尽援绝，全部光荣牺牲。接着，在金山、内埔、西阁港等地，也发生了激战。洪部副中队长杨俊清，率队在内埔附近的虎洞山与敌血战，身中数弹，为国捐躯。

下午3时许，日军向金山进攻，我与队员们英勇还击。酣战中，一颗子弹突然穿过我的腹部，我立刻失去了知觉。当夜，我苏醒过来，用布条捆住腹部，咬着牙，一步步地向西爬了5公里，才到黄花山龟埕。幸遇军医，但他无法做手术，正发愁时，忽然想起乡亲们说过，铁钉水可治枪伤。于是，请人煮了一碗锈铁钉水试饮，果然活了下来。

在隆澳激战时，数十名民众，冒着危险，不顾酷热，为义勇军煮饭送水。

由于日军人数多，又配有迫击炮，海陆空并进，义勇军只得边战边退，撤往黄花山上。是日，在广州的余汉谋亲用无线电与吴耀波通话，慰勉有加，并委任吴为南澳警备司令，洪之政为南澳县长。当夜，汕头市民举行火炬游行，声援南澳义勇军。中共《新华日报》也向全国报道了南澳军民英勇抗战的消息。

21日晨，敌出动近2000人，分3路进攻黄花山，即从下寮村进击烂洋嘴口山，从西阁乡进击鸭母坟（今水库），从钱澳进击马岭，强攻义勇军据守的龟埕等山区地带。义勇军占据制高点，对敌人迎头痛击。环岛敌舰在日机指示目标下，以排炮向我阵地猛轰。这天下午，我与一些伤员，躺在龟埕一间山寮里。附近炸弹声不断，伤员要转移，我因伤势太重而留下，他们转移到另一间山寮后，不幸中了日机炸弹，全部牺牲。

22 日至 23 日，敌人深知用步兵是很难攻破我军防线了，故出动大批飞机，低空向我阵地猛轰。我集中高射机关枪，向低飞的日机猛射，击伤日机 1 架，跌落在柘林海面，飞行员被汽艇救了回去。日机轰炸后，再以步兵强攻山头阵地，义勇军官兵浴血抗击，伤亡甚重。连长陈永宸，在指挥战斗中，头部中弹，流血不止，仍紧握枪杆，端坐不动，战士们要收他的枪，竟拿不动，用手一推，才发现已牺牲了。还有高强、林乡两位排长，被日军团团围住时，投尽身上所带手榴弹，炸死了敌人，而自己也身中数弹，但仍坚持着把驳壳枪带回来交给士兵们，才倒地而死。15 岁的勤务兵刘南茂，于送信途中被两个日本兵发现并紧跟着，他镇定自若，待敌走近时，方拉响手榴弹，与敌人同归于尽。23 日夜里，在龟埕上，我亲见吴耀波营长用无线电与余汉谋联系，得知没有飞机、军舰来援助守军。

由于敌人用飞机低空轰炸，故自 24 日起，义勇军防线开始崩溃。官兵们只得藏进山洞，与敌周旋。是夜，我也转移到一条山坑，巧遇自卫队员马雄（潮阳人），便一起藏入山洞。拂晓，我俩正准备转移到安全的地方去，忽听日军的说话声，便赶紧伏在深草丛中，待声远去，才向猴鼻头海边爬去，找到一个山洞，便躲了进去。

天亮了，日军搜山。我俩在洞内听到外面有日军说话声与脚步声。我因伤势太重，行走艰难，只得由马雄潜伏在洞口对付。一名日军要钻进洞内，脚刚伸进，便被马雄用短枪连击两弹，惨叫着退了出去。日军用枪向洞内猛射，又扔进手榴弹。幸得该洞有 10 米多深，又弯曲，我俩退至洞底石后，才没有受伤。日军很恶毒，又在洞口用松树叶烧火，煽烟卷入洞内，想熏死我俩。时值盛夏，洞里烟雾呛得我们喘不过气来。在绝望之际，我骤然发现洞的最底处，有一微弱亮光，我俩便试用脚猛力蹬去，蹬掉了土石，现出一个缺口。我从缺口往外窥望，只见十余名日军把枪架起来，在抢吃馒头。我俩意识到，日本兵决不会放过我俩，不如乘敌不备冲出去，或许能死里逃生。于是，我俩爬出缺口，击倒四五名日军，等敌人清醒过来还击时，我俩已滚下山坡了。马雄的左臂和肩下中了两弹，鲜血直流，我俩涉水藏进礁石洞内。日军追至海边，不见人影，以为我俩跳海自杀，就撤走了。

我在洞内，寻到青草白冬分，捶烂为马雄敷伤口。第 3 天下午，已听不到日军脚步声了，我俩肚饥口渴难熬，便偷偷爬出洞口，到附近的山园，拔花生充饥。当夜，我俩分头转移，马雄去长山尾找他们的小队，我上山找有水、有食物之处藏身。由于夜黑山崎，我走到黎明时，发现误过了龟埕山，竟返到东面离县城很近的长畔村！我冒险敲了一户人家的门，向一老妇讨了一碗稀饭喝下去。经过打听，才知 22 日至 23 日，日军在猛攻黄花山的同时，在隆澳严禁渔民出海，焚烧渔船、竹筏与民房，1 万余无辜老少被驱至澳角底、后江盐埕跪地两天一夜，日军到处随意杀人，使海岛变成了人间地狱。

天大亮时，我离开长畔村，上山藏进一间田寮。夜里，我又向西返到烟墩山，巧遇中队长吴超骏、大队副陈汉英及其亲随，一起藏进洞里。拂晓，我爬去东侧 3 公里远的双坑嘴，遇到自卫队炊事员刘春展。我俩同藏一洞。黄昏时，附近金高椅村枪炮声大作，后来知道那是第二中队第二小队 30 多人烧火煮饭时，炊烟暴露了目标，受敌围攻，全部阵亡。

在日军搜山期间，吴耀波部官兵，在山洞里坚持战斗，有的与日军同归于尽。7 月底的一天，日军联队长田太一郎率兵到黄花山搜索。在洞内，遇见吴部重伤兵张奎标。田会说几句中国话，不知对张说了些什么，张没回答。田见张伤势严重，满身鲜血，奄奄一息，遂不以为意，继续问话。张乘田不备，拼尽全力，将一颗手榴弹拉响对准田掷去，炸死了这个凶恶的联队长。敌对洞内射击了数百发子弹泄恨，张英勇牺牲。

7 月 30 日，义勇军无线电台被炸毁，与内陆的联系中断。自此，处境更加艰难。他们继续藏于坑壑洞穴，忍饥挨饿，各自为战，伺机杀敌。

8 月某日，黄涛师长把留在海山岛黄隆临时指挥所以无线电指挥南澳之战的团长李友庄召回汕头市。黄听了战况汇报后，认为已达到消耗战之目的，战绩可嘉，决定设法把登岛部队撤回来。几天后，适逢吴部炊事员陈水源（罗定县人）从南澳冒险泅出，至海山找到李友庄。李友庄便派陈水源将其所写“即全撤回来”5个字的命令纸条，用棉花包住塞在耳朵里，泅返南澳，找到吴耀波营长，完成了任务。

义勇军即先后分别设法离岛，有90余人越海侥幸生还。吴身负轻伤，带领6名部下由青年农民林清、洪添利等筹划，暗中购制竹筏，从凤仔港渡至澄海县着陆。陈汉英也负了伤，由西阁乡人杨烧舍划竹筏脱险，比吴耀波早到10天。吴超骏亦负伤，由前来的海山岛青年刘木救援，一起抱木板泅渡，幸运回归。可是亦由于日舰每晚大开探照灯，夜如白昼，又有汽艇巡逻，加上风大浪高，好多人偷渡不成而殉难。李居甲、柯友清、林亚六在家人掩护下，撤至走马埔海滩，已乘竹筏离岛，在海面被敌巡逻艇发现后交火，全部牺牲。还有不少伤兵在山洞里饿死。如潮安县沙地乡人翁歪（又名锡逵），原是县城种花匠，为救国请缨杀敌，救护吴耀波甚力，受伤后撤至鸭母坟顶夹石下饿死。

我在双坑嘴一带山洞，日伏夜出，忍伤受饿，过了20多天，日军放松了围捕。一天深夜，我坐在大石顶上，忽传来呼唤“李鉴”的声音。经询问，原来是同乡朱智鸡听说我未死，便约两人划小船来寻救。此时，偷渡时间不够，大伙便约定明晚偷渡。第2天（8月20日），我巧遇正规军伤兵4名，就招呼一起准备偷渡。当夜8时，即在日舰照例打照明弹一小时之后，我指挥大伙儿从大潭港顺南流出船，大家拼命划桨，避开日巡逻艇，天明以前抵达海山。此次随部队赴南澳作战的我分队15人，仅我1人生还。

南澳之战，自7月17日至8月初，前后约20天，敌伤亡超过500人（其中联队长2人），被击坠毁飞机1架；我方阵亡265人，其中连长、正副中队长5人；日军杀害海山、澄海县渡海来岛救义勇军的渔民数十人，惨杀、烧死无辜岛民近100名，烧毁民房400余间、竹筏及渔船462只。

国内、港澳、华侨报纸和各界人士，高度称赞这场南澳血战。中共《新华日报》这段时间转载的有关南澳抗战稿件多达29篇。汉口《大公报》于当年 7 月 28 日发表的《南澳抗战精神》社论，指出：“南澳这种抗战精神，真是我们全国抗战的模范。”尤其是郭少音所著《南澳血战记》，在当年 9 月由香港青年救亡出版社出版，发行国内外，产生了很大反响。

（林俊聪整理）

第六十三军参加惠广战役的述忆

彭智芳*

1938 年 4 月，余汉谋接到军事委员会通报，日军在台湾集结海、陆、空军，有大举进犯广东之势。余汉谋组织军师旅参谋人员侦察地形，决定防御阵地，部署军队。第六十三军军长张瑞贵奉命率第一五三师为前进部队，分驻宝安、东莞一线，并指挥虎门要塞，以后在惠宝一线参加惠广之役。

我时任第六十三军第一五三师副师长，现就虎门要塞和第一五三师在惠广战役的战斗概况，叙述于后。

一、虎门要塞编制设备概况

虎门要塞属第六十三军战斗序列，归第一五三师师长张瑞贵指挥。要塞司令部的编制如下：先后司令陈策、郭恩演，辖守备团 1 团（与陆军编制同）、水雷队 1 队（有视发水雷 100 只，官兵 60 余人）。有 3 个炮台总台：沙角炮台总台下设上游、下游、大角 3 个分台，有各种口径大炮 30 门，炮兵 600 余人；长洲炮台总台下设长沙路、牛山、鱼珠 3 个分台，各种口径大

* 作者时任第六十三军第一五三师副师长。

炮30门、炮兵600余人；威远炮台总台下设威远、上横档、下横档3个分台，各种口径大炮 30 门、炮兵 600 余人。大炮口径有 10 生的、15 生的、21 生的、24 生的等。

二、虎门要塞的战斗情况

自南京失陷后，日军派战舰 3 艘（有时增加）到珠江口宝安县属之大产岛附近海面停泊游弋，出没无常，不时对虎门开炮轰击，有时协同空军并进，作进攻状态；我方亦派肇和、海周两舰到虎门协助防守作战，同时利用广东江防残旧无用的舰艇和征用民船装载石头坠沉堵塞虎门河道阻止日舰驶入虎门。当时虎门要塞司令部被日机轮流炸毁，颇有伤亡。1938 年间沙角炮台被日机炸中，伤亡官兵一二十人；威远、上横档、下横档分台被日机炸中，伤亡十余人。

日舰 3 艘驶来广东宝安县属大产附近海面，我军事委员会派肇和、海周两舰协同虎门要塞司令部防守作战。有一次日舰驶近虎门向各炮台攻击，当时肇和、海周两舰出去迎击。我海周舰被日舰炮击中舵房，舵坏不能控制行驶，适遇潮退急向下流，海周舰顺水由虎门推出，形同向日舰冲锋，而日舰亦以为然，急急发炮阻击。该舰无舵盲目下流不停，此时我岸上官兵鼓掌如雷助势，吓得日舰慌狂远驶无踪后，我方乃用舰出去拖回海周舰。

虎门要塞司令陈策在任时，曾先将各种大炮射程距离测好目标，做好记号浮标，以待敌舰到来，射击准确命中。有一次日舰不觉竟驶近目标地点，我虎门炮台即向目标瞄准，发炮竟获命中。日舰慢慢下沉，适潮退急流推出危险界线，后为日舰冒险进来拖走。这是我虎门旧残大炮发挥相当作用，此后敌舰再也不敢大摇大摆进迫，而我军见到日舰，无不拍拍胸膛，欢迎进近。

三、惠阳失陷后作战概况

1938 年 10 月 11 日下午 3 时，第一五一师师长莫希德打电话给张瑞贵军长说，已得到香港方面情报，见到日舰艇和民船数十艘，从香港北端行驶，料必向我大亚湾澳头阵地进攻登陆。张军长得到电告后，即饬所部迅速准备应战。

10 月 12 日晚淡水失陷后，张瑞贵和第一五三师副师长彭智芳接到余汉谋命令，除留陈耀枢第四五七旅在虎宝防守外，即率该师钟芳峻第四五九旅赶赴石龙镇、常平镇待命。此时军部已移石龙镇设指挥所，指挥樟木头陈勉吾独立第二十旅、龙岗温淑海第四五二旅作战。10 月 15 日惠阳失陷后，探悉敌人并未分兵向我樟木头、常平、横沥、石龙进犯，对这些地方只派一小部分警戒，有集结兵力向博罗、增城前进的模样。此时余汉谋才急令钟芳峻旅由常平到苏村待机推进博罗、增城公路的福田附近，并令第一五六师李振师叶植楠团进至福田公路之北，第一五三师第四五九旅钟芳峻指挥，共同夹击向我增城进犯之敌。

当时钟芳峻率领第九一四团张孚亨团、第九一六团黄志鸿团两团于 17 日深夜赶到狗仔潭的福田布防。18 日拂晓，敌人先头部队到达向我进攻，战约一个多小时，将敌击退。旋敌军后续部队增加，并以飞机、坦克协助大举进攻，激战到中午 12 时左右，我黄志鸿团长受伤，扶返后方医治。部队由徐毅民副团长指挥。黄团长走后继续伤亡官长六七人，士兵 340 余人。由于官长伤亡惨重，士气锐减，敌以坦克从公路锥形突破，我军不支，一部向公路以北罗浮山败退，一部向公路以南石龙石滩败退。我张孚亨团在福田公路以北与敌接触，就在战斗剧烈中向罗浮山脚败退，该团长即在罗浮山收容准备再行反攻。但各部立脚不住，向增城派潭至从化上下清祠败退，该团第三营严建营长在敌坦克车冲锋时失踪，所部官兵伤亡和失踪 200 余人。当时各团纷纷北退，而钟芳峻仅率特务排坚守原地，执行任务不动，仍欲收容反攻，但被敌坦克追击伤亡星散，仅得旅部旗官 1 人、马弁 2 人，走到新塘附近村落自杀，气节可嘉。至叶植楠团是否参加战斗，情况未明。

钟芳峻旅由常平开动后，此时第六十三军张瑞贵军长率领直属部队和第一五三师彭智芳副师长于 17 日夜由石龙镇北端向狗仔潭、福田前进，于 18 日早到达距福田 10 余里地方的小圩场炮楼顶观察指挥。在上午以前听闻枪炮声甚密，也接到钟芳峻报告战况，午后三四时枪炮声渐沉息，派去联络的人亦不见回，尤不见钟芳峻报告，知道战况不妙，遂率领军部直属部队和第一五三师彭智芳副师长转移渡过增江河之西三江圩宿营，探悉福田之敌，自与我钟芳峻旅激战后，已稍事停顿。

四、增城失陷及第六十三军战况

10月20日早，增城正面之敌沿着增博公路，直扑增城，飞机数十架向增江右岸扫射轰炸，陆军炮兵集中大炮数十门。此时第一五六师李振师、陈崇范的炮兵指挥部和中央新由湖南方面调来增援的一个重炮兵团俱已到达，各级将领同时督率官兵拒敌。但敌炮火占优势，仍给它炸得一塌糊涂，连大炮、战车都不能运动，而在坑贝附近的总预备队的第一五四师梁世骥师还来不及增援，李振师且战且退，向钟落潭方面北去，敌军遂渡过增江侵占增城。敌自突破增城后，即实行追击，以一部进出从化、花县，企图截断广州至韶关的道路，其主力则沿广（州）增（城）公路直迫广州，经过莲塘以北公路附近，与我第一五四师第四六〇旅卜汉池旅打了一个小仗。

第六十三军军长张瑞贵在敌突破增城之际，即率军部直属部队和第一五三师副师长彭智芳及第九一六团一部，由增城之三江圩，向新塘铁路以北、广增公路以南转移，沿途收容。10月22日，张军长在新塘西北约三四十华里地方，得到所属第一五四师第四六〇旅（卜汉池旅大部）使用之后，同时又收容到第一五八师叶维浩第四七四旅，临时归张军长指挥。张瑞贵得到两旅之众，决定22日晚移动，向新塘西北越过罗岗洞大山进出罗岗洞，希望广州市守备指挥官李江能够固守阵地，乘机由罗岗洞进出夹击敌人之背后；如果不能取胜，决定向从化方面转移。谁知部队通过大山落到山脚已是23日上午1时，广州市已于21日被敌军占领了。而李江已事先离开广州，所有防守部队和宪警纷纷向清远、四会方面逃散。军部于24日正午即令卜、叶两旅向后转，再通过这个大山于25日集结在新塘西北一带村落，约距新塘40华里地方休息，一面派人侦察中新圩附近敌情，以便通过广增公路向北作归队之准备。26日军部与总部和第一五四师取得无线电联络，知道我军退回从化牛背脊东西之线的阵地固守。因此决定北返归队，并将部队向北移动，于27日晚分二路向中新圩之西横过广增路，28日到达从化矮洞。斯时第一五三师第四五四旅之张孚亨团和黄志鸿团亦由罗浮山撤退到了矮洞会合，归制以后继续向北移动，于11月1日通过牛背脊。除卜旅归返第一五四师建制防守新阵地，叶维浩旅继后北进归返第一五八师建制外，第六十三军军部和第一五三师到英德青塘。该师继开佛冈新阵地防守，军部驻于青塘，策划整补收容。这时伤病和失踪官兵纷纷回部，跟随钟芳峻旅长的旗官、马弁亦回来了。据说钟芳峻之死是他认为自己身任统率数千之众的旅长，今仅得几人，焉能复命，大败之罪，恐难赦免，不如自杀，免予受辱。乃将自用左轮手枪从下颚向上发射穿顶不死，昏迷不省人事。幸好该村民众所闻，群集围睹，争先慰问，救醒医治。唯自杀心决，第二天他又跳河自杀，又被民众营救捞起扶回村中，因伤口入水不治而死。钟芳峻之死可谓以身报国，尽忠职守，颇得村人崇敬，集资厚葬于该村。

五、广州失陷后的虎宝战况

广州失陷后，我第一五三师留置虎宝线的陈耀枢旅（第九一三团及第九一七团）及虎门要塞已处在敌后状态。旅部为适应情况变更部署如下：位置于公明圩附近，同时在其以东山区建设游击根据地，并向常平、樟木头警戒，同时构筑据点防御工事。第九一七团位置于新桥附近，派一部监视珠江。虎门要塞及守备团在原地防守，向东莞石龙方向警戒。11月上旬，谭邃曾由香港至深圳召集温淑海、陈耀枢两旅长及主任参谋指示游击计划及而后活动问题，并向温、陈两旅下达笔记命令。

12月29日夜晚，我获探报有步兵、炮兵联合之敌五六千人，是日到达常平附近集结，有向我前进扫荡模样。翌晨，我第九一三团罗基营即到达通向常平、樟木头之山地布防。30日上午10时左右，敌进到我阵地前沿突遭不意袭击，伤亡颇重，不敢冒进，旋敌后续部到达，向我展开进攻，激战4

小时，互有伤亡。下午 4 时，我罗营发觉右侧受敌威胁，此时第九一三团主力已进入第二线现设阵地，罗营在黄昏后转进至第二线阵地后方整顿，是夜敌我无多大接触。31 日拂晓，敌分三路向我进攻，我第九一七团亦参加战斗，阻止敌人前进。敌以飞机、坦克助战。激战至后来，我军伤亡很大，且敌逐渐向我形成包围态势，陈旅为准备突围，遂将主力逐渐向右侧山地转移。激战至暮，该旅乘夜脱离敌人，向唐头夏方面突围整理，同时奉命取道惠阳、龙门归制。是役我阵亡连长 1 人、排长 4 人，伤亡官兵 200 余人。

广州最后之日

夏　衍*

1938 年 10 月 21 日，广州沦陷。当时我任《救亡日报》主编，关于这一天的情况，很感谢李以庄给找到了一篇我当时所写的文章《广州最后之日》。读了以后，连这篇文章什么时候所写的、发表在什么刊物，我自己也想不起来了。现在把这篇短文重新发表，让今天的青年知道广州过去有这么一场悲剧。

10 月 19 日上午，我打给汉口郭社长的电报上还写着："社长一部暂撤梧州，此间尚安，报决维持至最后一瞬。"但是，就在这一天下午，在我托一个朋友带到香港去的一封信上，我却只能这样写了：

"看模样，广州的失陷已经是时间上的问题了。当局好像早已决心放弃这个中国仅有的富庶的城市了。警察无秩序地在驱逐市民，在仓皇地逃避了的市民后面，他们就从容地收拾了他们剩下的东西！对于战事任何机关都守口如瓶地不发表一点消息，而一切公用机关，邮政、电报、银行，都已经自动地停止工作了，整个广州像被抛弃了的婴孩似的，再也没有人出来过问。保卫大广州的口号也悄悄地从那些忙着搬家眷的人们嘴里咽下去了。我

* 作者时任《救亡日报》主编。

贪馋地想多看一眼这使我留恋了 10 个月的城市。”

这天晚上，广州文抗会发起的鲁迅先生逝世纪念会还照常开会，还到了近百的青年。我心里想，一个礼拜乃至 10 天，总还可以支持吧，看了改了版的 10 月 20 日的报纸大样，带着夸示的心情再校读了一遍特派战地记者草明和胡危舟的战地通讯，回宿舍去睡了。自从日军南犯以来，特派记者到前线去的只有《救亡日报》一家，草明、胡危舟和欧阳山三位从前线带回的文稿，也是在广州报纸上发表的最初的战地通讯。

像患了急病又无人过问的病人一样，20 日清晨广州的形势又急变了，报纸的印刷、发送都发生了问题，同业《国华报》《越华报》《环球报》都宣告自动停刊了。我们开了一次留粤社友的紧急工作人员会议，决定了另觅印刷所继续出版，并且立刻动员将这一天无法邮递和发行的报纸无代价地分送给了西濠口、黄沙车站一带的“难民”。

10 点半，《中山日报》的唐遂九兄打电话给我，说情势紧急，敌人已经过增城了，我想弄清楚这消息是否可靠，打电话去问省政府的黄祖耀，但是打一个小时也打不通。接着，《申报》的陈赓雅兄从香港来，说要上前线去看一看，我们还设法使他能够乘蒲风、许介诸位当晚上要到增城去的车子。广州的谣言一句来实在太厉害了，所以对于增城失守的消息，谁也不敢也不愿相信。

写了 21 日的社论，我直率地表示了一切愿意留守在广州的市民的愿望，我说：“假使当局认为广州需要守，可以守的话，那就应该给愿意留在广州，愿意参加保卫广州工作的人们与市民以一定的办法，至少，也该使他们以能够工作，换句话说，就是政府当局要维持广州的秩序。假使说广州已经不能守，不必守，那么也应该明白表示，使几十万市民能够及早离开，能够及早毁弃一切可以资敌的财物！”哪知道连这意见也没有和读者见面的机会了。

正午，一切消息隔绝，闷慌了，我到战区民众动员会去打听一下，遇见了钟天心先生、谌小岑先生，他们还很镇定地布置办公室的桌椅，姜君宸兄伏在桌上写一个计划草案。门口，成群的青年在探问参加服务队的手续，谁也没有一点惊惶的样子，我安了心，将增城失守的消息去问钟天心先生，他坚决地说：这是不会有的事情。再到财厅前去走了一转，关门休业的比前两天多了，但是照常营业的也不少。我买了一些日用必需的东西，这也就是在广州市街最后的散步了。

回到报馆，猝然的遇到了前天已离开广州的《新华日报》分馆的张尔华兄，衣服上血迹犹新，脚跛了，他们的船途中遇到轰炸，许多人受了伤，他的太太伤最重，满身是血，已经抬放在报馆营业部的那狭窄的走廊上了。接着，一下午尽是不吉利的消息，某某地方丢了，某某人失踪了，敌人离广州已经只有几十里，等等，中央社早已不发稿了，广州的晚报，一律停刊了，电讯断绝了，要发稿的时候，除开欧阳山兄的战地报告外，什么战事消息也没有，打电话问，什么地方都没有人接。没有消息，出什么报呢？再召集编辑部会议，决定在21日之后，暂行停版。黯然地写了一篇“忍着眼泪和广州的市民暂别”，我们是不能用捏造的消息来欺骗读者和敷衍自己的，我们的休刊只为了“无法获得正确的消息”！我们备函将暂时休刊的经过，报告了一年来热心地帮助了我们的5位本报的顾问。但是送信的听差回来说，大部分的机关，都已经迁走了。

我们作了必要的撤退准备，毁弃可供敌人参考的一切通讯地址和文件，收拾了必要带走的东西，并决定将21日的报纸分送之后，于下午4时，西撤三水。

大样还没有送来，一切准备都完成了。对于《救亡日报》，万一广州沦陷之后，敌人总不至于轻轻放过吧？我们利用空闲，在墙上遍写了对敌的宣传标语。编辑室正对面的墙上，林林用红黑两种墨水从容地写了一种套色的标语。我在整理残稿的时候，发现了一张大轰炸时的一群孩尸的照片，就把它贴在墙上，旁边写道：“这是日本空军的成绩！你们也是有妻子父母的人，看了这照片有什么感想？为着人道，打倒使中日两国人民陷于不幸的日本法西斯军阀！”膳室墙上，又写了一条：“即使你们占了武汉，占了广州，我们的抗战还是不会终止的，你们打算打十年二十年的仗吗？”

1点钟看了大样，好像了了一桩心事似的回到宿舍，闭上眼睛就睡了。记不清什么时候，邻室有人在讲话：“再听，再听……”这是启一的声音。

“没有，去睡吧。”林林回答。启一似乎有点不服气似地回到自己房里去，但稍过片刻，他又喊了：“听，这不是炮声？林林！”远雷似的炮声，大家听到了，有风的时候，还夹杂着煮豆似的机关枪声音。这时候，我们才真正相信敌人已经近广州了。

我们决定做紧急撤退的准备，启一到报馆去唤醒其他的社友。但是，不到 3 分钟，邝礼来说，印刷所的工友接到工会的临时紧急通知，一律编队出发了。他们还想把 21 日已经组版的报纸印出，把版子拆下抬回了报馆，但是还有什么方法可以印呢？

接着，是广州已经几个月不曾有过的夜间警报，警报未完，飞机声已经在头上了，满街是汽车的声音，远远的火车的吼声、炮声、铁甲车碾地的那种可怕的声音……全市漆黑，没有月亮，也没有星光。全社 12 个人，只拿了些日用必需的东西，广州天气还很热，秋冬用的衣服被完全抛弃了，拿了些报馆重要的文件稿，不辨路径，决定了向西出发。这是广州夜间从来不曾有过的黑暗，要再看一眼我们居留 10 个月的广州市容，也不能够了。

凌晨 4 时左右到了黄沙，伸手不见五指，一直到前面的哨兵大声喝叫为止，才发觉了我们已经闯进了正在撤退的一团机械化部队的中间，凭着向我们这一群盘问的哨兵的手电，我们才隐约地看见了四周全是装甲车、坦克、大炮。除了在六二三路附近遭遇过一队伤兵之外，路上并不曾遇到逃难的百姓，可怜他们都在梦中吧，想一想他们明天将遭受的悲惨，这是如何难堪的事啊。

前面是白茫茫的水，不渡过白鹅潭，还是没有法子到达石围塘的。但是一只渡船也没有，冷风声嘶力竭地喊着，谁也没有回答。一小时之后，好不容易有一条船靠岸，立刻被一个军官模样的汉子用武力劫去了。我们避开了他们，边走边叫，终于以平时 10 倍的价格，雇定了一艘船，12 个人分两批，于 5 时左右渡过了河。

在石围塘车站遇到锋社的朋友们，他们早一天出发，在车站上已经等了一日夜了。6 点，最后的一批火车撤退，我们侥幸地挤上了车，但是开了不多一会，警报又响了，大家下了车，决定步行到三水去。天已亮，从老百姓的炊烟中，东望广州，还没有什么异样，但是不多一刻，震耳的轰响连接地从背后传来了。

这一天傍晚抵达三水，敌人的兽蹄也在这一天的下午踏进了大广州的东郊。

《论持久战》发表

《论持久战》单行本出版

周　明　方炎军[*]

我们是 1938 年从延安来到晋察冀边区，先后分配到抗敌报社，在社长邓拓的领导下从事编辑工作。记得 1938 年“七一”后几天，邓拓拿着一本《解放》杂志（延安的中共中央机关刊物），对我们说：“毛泽东同志的《论持久战》发表了，你们先看一看。”接着他说：“《论持久战》写得太精辟了！实际、雄辩、逻辑性很强，通篇充满了辩证法，是指导抗日战争的理论武器，要让边区的干部和人民很快都能读到。我们的报社，不但要出报，还要出书，还要办成出版社。抗战一周年就要到了，我们就用‘七七出版社’的名义，先印这本书吧。”

这本对指导抗日战争胜利有着重大意义的书就是《抗敌报》（1940 年改名《晋察冀日报》）印的第一本书，就是邓拓在抗战开始不久积极地宣传毛泽东思想而出版的第一本书。从此以后，凡是毛泽东有新作问世，报纸发表后都印成单行本出版。这成为报社一个不成文的制度，一直到报纸终刊。

1940 年 2 月，毛泽东的《新民主主义论》发表了。我们最初看到的《新民主主义论》全文，是毛泽东修改过的复写稿。封面上有毛泽东亲笔批的一

---

*　作者均为晋察冀边区抗敌报社编辑。

句话："送晋西北转送五台山彭真同志指正。"下边有毛泽东的署名。彭真收读后，交给邓拓，叫立即排印出版。邓拓得到这本书稿后，就认真读起来。从《中国向何处去》中读到"举起你们的双手吧，新中国是我们的"的时候，他拍案叫绝，非常激动。他说："这本书太好了，是划时代的，是新民主主义革命的纲领，中国革命的根本问题解决了。"他对毛泽东的钦佩崇敬之情，溢于言表，很快就写出了一首诗：

万水千山只等闲，长城绕指到眉端。
阵图开处无强敌，翰墨拈来尽巨观。
风雨关河方板荡，运筹帷幄忘屯艰。
苍龙可缚缨在手，且上群峰绝顶看！

《论持久战》和《新民主主义论》这两本书，后来多次再版，大量印发到边区各地。同时还印刷了一种线装毛边纸本，把《论持久战》伪装为《文史通义》（上海广益书局印行），把《新民主主义论》伪装为《大乘起信论》（北平佛教总会印行），还用过《妇女问题》《红楼梦》《水浒传》等多种伪装的书名，经过刘仁领导的城工部发行到北平、天津、保定、石家庄、大同、太原、张家口等地，还经过韩光领导的东北工委，发行到沈阳、大连等地，在敌占区播撒了革命的火种。

听周恩来讲授《论持久战》

龙叔韬*

1937年七七卢沟桥事变以后，国共两党第二次合作，抗日战争全面展开。在华东主力战场方面，上海、南京相继失陷。到1938年5月，日军沿长江两岸步步深入，企图攻取武汉。当时国民党政府为了整顿部队，鼓励士气，于1938年7月，在武汉珞珈山设中央军官训练团，召集华东、华南国民党部队团级军官受训，计划重新调整战略战术，为下一步作战做好准备。我时任湖南省保安第六团上校团长，从浙江新登前线调来参加受训，时间为1个月。

武汉的7月，天气格外闷热。虽然东湖比较凉爽，但武汉旧式简陋的建筑，显得有些拥挤。那里的学校早已停办，我们就在体育场搭起临时讲台，各人带小凳子，露天坐着听课，一切都很简单艰苦。训练团团长万耀煌是保定军校的一位军官，他对训练也拿不出什么计划，每天只是安排学员搞小组讨论。大家只是把前段作战经验教训，作作总结，对上面指挥缺点发发牢骚而已。当时国民党由于形势紧张，来不及多派人抓训练工作，因此学员没精打采，搞不出什么名堂。

当时中共的负责人周恩来适在武汉工作，万耀煌就邀请他来团演讲。一

* 作者时任湖南省保安第六团团长，在武汉珞珈山中央军官训练团受训。

天，大家兴奋地集合在体育场等候。万团长带领干部到校外欢迎，随即陪同周恩来来到体育场。大家热烈鼓掌欢迎。周恩来身着灰色中山服，头戴小型草帽，神采奕奕。走上讲台后，把草帽放在桌上，向学员一再鼓掌致意。学员们又是一阵掌声之后，演讲开始了。学员们全神贯注地静听，周恩来表情严肃而又和蔼，显出一种乐观愉快的心情，略带苏北口音，开始讲授《论持久战》。

他首先介绍了《论持久战》是毛泽东集中全党智慧对抗日战争提出的总的战略方针，论述了战争必然要经“战略退却、战略相持、战略反攻”三个阶段，提出最后胜利一定属于我们的论点。他从战争性质、敌我双方力量、地理条件、国际国内形势等方面阐述这一论点的正确。说得我们学员都精神焕发，勇气倍增，那种没精打采的情绪一时烟消云散了。在批判各种错误思想时，周副主席说：目前有人对抗战存在两种错误思想，一是盲目乐观，认为日本是小国，经不得打，平型关和台儿庄两仗不是就把它打得晕头转向吗？一是消极悲观，认为日本工业发达，我国是小农生产，打它不赢，只能做它的附庸。这两种思想是我们抗战的最大阻力，我们要坚决彻底肃清这种错误思想。周恩来深入浅出地举了很多例证，详尽地阐述了中国抗战的特殊意义，科学地分析了战争的发展规律，把上述两种错误思想驳斥得体无完肤。当时，我一边听，一边就在默作自我批评。周恩来最后说，几十年来，列强侵略中国，日本是最危险的敌人，它从甲午战争起，就侵犯我国的领土和主权，且得寸进尺，这次又乘机进犯，妄想称霸世界。目前我国半壁大好河山，已沦敌手，日军所到之处，大肆屠杀中国人民，比希特勒屠杀犹太人还要厉害。这次抗战是关系到我中华民族生死存亡的大事，我们一定要把日军赶出去，收复我们的神圣领土和主权，这一光荣伟大而艰巨的责任就落在我们的肩上。同志们都是抗日的骨干和中坚，奋勇前进吧！抗战的最后胜利，祖国的光明前途，正在等着我们去争取……

周恩来话音刚落，大家肃然起立，热烈鼓掌，大有气撼山岳，盛况空前之慨。从那次讲演以后，学员精神振奋，对抗战胜利前途，充满了信心和决心，顺利地完成了训练任务，愉快地重返前线。

贺龙送我《论持久战》

何柱国[*]

抗日战争爆发后，还不到10个月，北平、天津、上海、南京、太原、广州等大城市，相继被日军攻陷，敌骑踏遍我神州半壁河山。广大人民流离失所，饱受日军的蹂躏欺压，于是在抗战阵营里，有一些人对抗战产生了怀疑和悲观的情绪，宣扬“再战必亡”论；及至台儿庄大捷后，又引起了“速胜论”的风行。

1938年五六月间，毛泽东在延安抗日战争研究会上，作了《论持久战》的讲演。系统地论述了抗日战争是持久战的基本问题，批驳了“亡国论”和“速胜论”两种错误的观点，指出了抗日战争是持久战，最后胜利将是属于中国，而不是日本的。他科学地预见了持久战的发展过程：第一个阶段是敌之战略进攻、我之战略防御时期，第二个阶段是敌之战略保守、我之战略准备的时期，第三个阶段是我之战略反攻、敌之战略退却的时期。

《论持久战》这一光辉著作的发表，粉碎了日本帝国主义者“速战速决”灭亡中国的谬论，驳斥了中国“再战必亡”“速胜论”的谰言，鼓舞了全国人民争取抗战胜利的信心，成为中国人民打败日本侵略者的强大的思想

---

* 作者时任骑兵第二军军长。

武器。

贺龙特地给我送来了《论持久战》100 本。为了巩固全军官兵抗战必胜的信心，我召集了全军团长以上的干部会议，认真学习《论持久战》。总结一年来对敌斗争的经验教训，以利再战。接着又举办全军干部训练班，分批抽调排以上干部学习《论持久战》的理论基础和战略战术的应用，提高了思想认识，明白了在抗战第一年中，陷城失地，是在战略防御阶段，现在大家努力学习，整顿军纪，勤奋操练，争取反攻阶段的早日到来。

在学习班里，教唱《义勇军进行曲》《大刀进行曲》《五月的鲜花》等救亡歌曲，用以激发学员们的爱国热情，不料却因此遭到一些政工人员的反对。学员们不理睬他们，这些政工人员为此向我提出质问。我知道这些人对我们和八路军友好相处，往来密切，相互支援，尤其这次我主张办训练班，学习共产党的理论，早已表示不满和反感，只是因为在“国共合作，一致抗日”的号召下，不敢公开来反对我。这次不过是借反对唱抗日救亡歌曲为名，来反对这个训练班而已。因此我郑重地反驳他们道：“我们现在既然以共同抗战为前提，那么宣传鼓动抗日有什么不好！”我知道我的答复是不能使他们满意的。但他们在我这种无可挑剔的答复下，也说不出什么反对的理由来。后来我听到外面传说“骑二军变色了”，自然事出有因，我想这件事恐怕便是我的“罪状”之一吧！

这时又传来了阎锡山、赵承绶等，在晋西北袭击八路军的不愉快的事。国共合作的宣言墨迹未干竟又变卦，前途堪忧！不久调动的命令下来，我快快地离开了晋西北。

（施文淇等整理）

东北抗联的西征和北征

西征和北征

陈　雷*

到抗联第6军工作

中共北满省委的秘密机关在巴浪河上游东岸的一座山上，下临悬崖，地形险要。在这里，抗联第6军张寿篯政委与省委负责人张兰生、冯仲云、魏长奎等一见如故，互相询问了分别之后的情况。省委秘书处长是崔清洙（外号“吹不响”，朝鲜族）。冯仲云我是认识的，他曾几次到佳木斯巡视工作，都是我们掩护和迎送的。冯仲云热情地与我握手，并向张兰生等介绍说：“这是佳木斯市委的负责同志”。经他介绍，我的组织关系问题自然就接上了，我非常高兴。

我把佳木斯市委“三一五”事件中被破坏的情况，向省委做了汇报。经过简短的研究，省委通知我说：“你到6军工作吧，跟随张政委去，先担任6军组织科科长。等你随军到下江后，一面做军队工作，一面设法恢复佳木斯市委的工作。”

---

* 作者时任东北抗联第6军西征部队党委书记兼第2师政治部主任。

西征路上

队伍到下江后，少年连改为军部教导队，队长张连长，夏凤林、曹玉魁是分队长，支部书记是裴大姐，李敏当时也在教导队，女同志还有一个金碧容，她们三位都是朝鲜族。教导队的主要任务是培养干部，警卫军部。教导队之上还有一个保安团，团长王居选，政治主任韩景波。教导队的军务由张寿篯政委亲自负责。

经过一个多月的整训之后，教导队的许多人员，都被陆续派到了各个部队，成为各部队基层的骨干。

时机成熟，张寿篯政委命令组织部队准备西征。8月初，下江的部队陆续集中到梧桐河岸的军部周围。集中的部队有军部教导队、2师11团、1师6团共300余人，都是骑兵。部队集中后，张政委召集了会议，6军参谋长冯治纲、2师师长张传福、副官长夏振华和我出席了会议。这次会议对西征的任务、行军路线、要求等各事项进行了部署。这次西征，是北满抗联部队第2次西征，我们属于这次西征的首批部队。

出发之前，张政委重新安排了我的工作。他把2师师长张传福找来，对他说:“这是军部组织科长陈雷同志，到你们2师负责政治工作，希望你们互相支持，配合好。陈雷同志从地方到部队，才来不久，尚无战斗经验，也请你给以关照和帮助。”

会后第三天，队伍便踏上了西去的征途。整个西征部队由参谋长冯治纲和2师师长张传福指挥，我担任西征部队党委书记，兼6军2师政治部主任。1师6团为西征的先头部队，先走一步。后续部队与先头部队相隔1天之程，第2天出发，以便相互接应。

农历七月上旬，细雨霏霏，部队出发了。走了一天多，部队到达鹤立河东南的黄花岗。鹤立机场的一架敌机飞到我们上空侦察。飞机的轰鸣使马匹受惊而四散逃跑，冯治纲参谋长立即派人骑马去追。时值大雾，几十米外不见人，但马匹恋群，不多一会儿，就追了回来。队伍整理停当，参谋长冯治纲向部队做了袭击黄花岗伪军的布置。黄花岗村驻有伪军四五十人，没有坚固的阵地。冯参谋长指挥部队在当天的夜里，向黄花岗的伪军发动了突然袭击，伪军在毫无准备的情况下仓促还击，被我击溃。我军缴获几十支步枪和一批战马，捉了几个俘虏，其余敌人逃散。

又隔了一天，我们部队在夜间进到了鹤岗东方的一个坡下。我们通过内部关系偷进鹤岗，补充给养。鹤岗周围全是电网，我们把战马留在电网外面（“打马桩子”）派人看着，队伍随即靠近电网。我们找来一些长木杆子，从电网的底部用力撬起一条能钻进人的缝，不多一会儿工夫，几十个人钻进去。他们很顺利地找到了内部的矿工关系，背出了许多面粉等给养，又悄无声响地退了出来。

离开鹤岗的第三天，我们与 39 团会合。遇上梧桐河涨大水，部队必须立即过河，否则就会与先头部队失去联系。因为船只不够，于是有的骑马过河，有的拽住马尾巴过河，有的游泳过河，有的不会游泳，只能循着拴在两岸的大绳，两手倒动，慢慢过河。有两名战士被大水冲走了。大家叹息之余，默默地为他们脱帽致哀。

过了梧桐河之后，西征部队沿小兴安岭南麓汤原境内的山南坡继续西行。过格节河，到了一个小屯。这个小屯是 1937 年敌人“归屯”时烧毁的，村民几乎全被杀害。在这里略事休息，又继续前进，到了耿家烧锅（耿家大院）。耿家属“两面户”，日伪和抗联都应付。我们本想在此宿营，但侦察兵了解到，白天曾有百十来日伪军经过，为免意外，决定取消在耿家烧锅过夜的计划。参谋长冯治纲说，进去看看，弄点粮食再走。冯参谋长是汤原县人，而且是伪满之前原汤原县县长的女婿，汤原大户几乎都认识他。冯治纲带人从后墙一跃而入，向老耿家说明了来意。老耿家面有难色，因为院内就有伪军驻扎。后来老耿终于想出了办法，说要进城卖粮，赶早装车，背着敌人，把粮食弄出来交给我们。我们带上粮食，部队当晚到山里露营去了。

为了避开敌人的“讨伐”队，我们西征部队晓宿夜行，又到了黑金河畔。黑金河是一条由山溪汇成的小河，河水不甚宽阔，但流水湍急，水声哗哗，很有气势。部队到达这里，正逢农历七月十五，天气晴朗，皓月当空。部队宿营，多在有屏障的河坝下，惟 2 师师部宿营在高坝上，这是韩参谋长、李副官安排的。我们这个驻地离高坝不远的东北面有一座小山头，我们就在这里放上了岗哨，警戒敌人。我和张传福在高坝上各搭了一个白布帐篷。张传福师长的帐篷里还点着蜡烛，他在阅读文件。经过一天多的紧张行军，战士们都累了，很快进入了梦乡。我把马鞍子卸下来，拿到帐篷里当枕头，躺在上面，朦朦胧胧将要睡着。突然，枪声大作，我忽地起身出了帐篷，见敌人已占据岗哨所在的小山头，用密集的火力向我们宿营的山坎上射击。我立即伏在马鞍子上与敌人对射起来。

我看见敌人的火力主要集中在这两顶白色的小帐篷上。张师长的帐篷有灯光，也成了敌人射击的主要目标。敌人的炮弹在我的周围爆炸。突然，我听到啪的一声，感到肩头一震，随着一声炮响，我的军帽被爆炸的炮弹掀起的气浪冲向天空，我就昏迷过去了。

几分钟之后，我苏醒过来，觉得右肩疼痛，右手动作失灵，我明白，自己的肩头和颈部受伤了。炮弹在我身边爆炸时，我没有经验，不知道要张开嘴。所以，右耳震聋了，造成终身耳聋。我被同志们搀扶到河坝下，避过了敌人的射击。枪炮声使马匹全都惊得四散而去。

冯治纲赶紧收集队伍，救出伤员，准备撤出战斗。大家在河坝的帐篷边找到了张传福，他已经身负重伤。战士们把他放在一架简单的担架上，抬着转移到河坝下。我虽然肩上负伤，还能行走，只是用一条纱布把右臂吊在脖子上，随着队伍前进。走了不到 3 里地，张师长因伤势过重而牺牲。

张师长牺牲后，2 师保安连发生动摇。这个连多是张师长的亲友和同乡，他们以为张传福一牺牲，便失去了依靠，在温连长的裹胁下中途逃跑了。我们的部队一下子减员六七十人。

我们在冯治纲参谋长的率领下，继续西进，过了汤旺河，进入了深山老林。这里的山，层峦起伏，到处是郁郁葱葱的原始松林。在深山密林中行军，比在山边阔叶林地带要安全得多，于是我们昼行夜宿。

在莽莽林海中行军，极为艰难。虽说遇到敌人的机会不多，然而茂密的林木却给行军带来了极大的不便。每前进一步，都要披荆斩棘，开辟道路。荆棘把我们的衣服挂破了。行军中不但要克服“倒木圈”（多年腐朽的大圆木，重重叠叠散乱在阴湿的深山老林中）和“闹瞎塘”（大片的荆棘丛生灌木林，很密集，行军也很难能过）给我们带来的困难，还要特别注意“吊死鬼”——折断了的多年朽木挂在了另一棵树上，一旦遇风，就会掉下来，一不注意，可致人以死命。我们有的战士就曾被“吊死鬼”砸伤。

七八天后，终于走出了密林，到了树木稀疏的丘陵地带。然而，密林之中尚无蚊、虻之害，出了林子，可就不同了。蚊扑人面，虻叮马身。白天行军，我们都是人人手中一把带叶的树枝，边走边轰赶蚊虻。即使这样，我们衣不遮体，还被蚊虫叮得满身奇痒难耐。夜间宿营，又受到成群“小咬”（一种学名被称为“蠓”的吸血昆虫）的袭击。因此，每次宿营我们都用柴草笼火沤烟，一可驱蚊虫、小咬，二可取暖烘鞋。夜间火堆旁值班的同志，主要是要看着战士们的脚，以免睡梦中伸入火堆烧伤。好在，黑金河一仗没有损失给养，因而尚不至于饿肚子，行军中翻山越岭的劳累，蚊叮虻咬的皮肉之苦，对我们来说也算不得什么了。

我负伤之后，领导上派了一位战士临时照顾我。因为无药医治，加上长时间行军，蚊叮、虫咬，伤口化脓，不仅臭气难闻，而且腐肉中已生出蛆虫。有经验的战士找了一种叫“老鸹眼”树皮，放在水里煮，就用这种水给我擦洗伤口，进行消毒。伤口的脓血被擦净，不再化脓了，日见好转。

北征嫩江畔

就这样，我们翻越一座座山峰，把层峦叠嶂抛在了身后，走了半个多月，到达海伦县东北部的八道林子。一天，我们正要在一座山脚下宿营，忽然发现有几个人从山后向我们这边走来。哨兵隐蔽在树丛中高声喊道：“哪一部分的？”“3 军的！你们是哪一部分的？”我们的哨兵回答之后，这几个人就到了跟前。原来是抗联 3 军的交通员，外出执行联络任务。他们告诉我们，转过山再走 20 几里，就可以到达抗联 3 军的密营。我们喜出望外，经过一个多月的行军，终于就要和 3 军会师了。其中一位交通员连夜回 3 军密营送信，我们当夜就在山下宿营。这一天，正是农历八月十五。

大家都忙着折树枝做垫铺，取干柴生篝火。忽然一阵晚风吹来，一股野果香味随风飘来。就听有的同志呼叫“这里有山梨，快来呀！”于是大家聚到梨树附近，把梨摘个干干净净。6军11团政治主任李元峰说：“这是天赐的，可不要暴殄天物呀！”于是大家又在梨树下的草丛里搜索，捡起掉在地上的梨子。我们在篝火旁吃着山梨，过了一个有趣味的中秋佳节。

第二天，交通员回来通知，北满省委书记金策请我们到密营会合。于是，冯治纲率领队伍在交通员的带领下，向3军的密营进发。安排部队就地休息，我和冯治纲去密营，会见金策书记。他热情地与我们握手、问候，问了我的伤势。我们向他详细汇报了西征的情况，汇报了张传福牺牲及2师保安连逃走的事件，并请示我们下一步活动的指示。

金策告诉我们：现在3军3师张光迪部、6军3师王明贵部，已经到达或即将到达海伦地区。这里集中的部队太多，容易引起敌人的注意，北满省委决定，组织队伍进行北征，依托大兴安岭之森林地带，向北然后向西、向南挺进，以达到贯通关内外抗日游击战争联系之目的。具体部署是，除王明贵部留在海伦外，3军3师张光迪部和6军的西征部队共同执行北征任务。

北征部队是分批行动的。第一批由3军3师、6军2师各一部组成，由常有钧、赵敬夫、韩铁汉带队。队伍出发两天后，到达通北县东山里，南北河边一撮毛地方。6军2师参谋长韩铁汉与副官李歪嘴发生动摇，企图拉走队伍去当土匪，并打算把3军密营中的全部女战士抢走。一天中午，他们开始了行动，首先把赵敬夫和王钧捆了起来，并打死了3军3师政治部主任常有钧。叛军企图缴3军3师部队的械，遭到抵抗，赵敬夫、王钧趁乱逃回省委，报告了韩铁汉叛逃的经过。第一批北征部队由于韩铁汉的叛逃而失败。

金策又组织了第二批北征部队，这支北征部队由6军1师6团和3军3师8团一个连组成，军事上由3军3师师长张光迪负责，我是这支队伍的政治负责人。这时，北满抗联部队已经改编成东北抗日联军第3路军，张寿篯任总指挥，金策任政治部主任。

9月下旬的一天，部队踏上了北去的征途。经过几天的休整，我们换上了黄色新军装，带上了充足的给养，沿着第一批北征部队的行军路线北进，顺着南北河走去。沿途没有遇到敌人的骚扰，行军比较顺利。

10 月中旬的一天中午，我们到达北安县东的南北河支流木狗河。这时已是深秋天气，到处是荒草和干枯的树枝，只有河边的柳叶尚余绿色。小河不深，尚未封冻，于是我们便蹚过木狗河向西前进。我们发现离我们一里左右的河湾处，有一顶白色的大帐篷，不知是什么人所设。帐篷外面似有人影晃动，引起了先头部队的注意。于是，大家便都趴在树丛中，请示张光迪师长怎么办。张光迪亲自察看一番，说："不理它，继续前进！"

6 团政治主任李云峰想得比较周全，他说："不行，倘若有敌人，我们会吃亏的。"他想了一个办法说："我们打起伪满洲国的旗子，大摇大摆、若无其事地向前走。"

张师长同意了李云峰的意见，以为这是应急的良策。于是举着伪满旗子，向前走去。我们一面大踏步地急走，一面回头看望。不一会儿，见帐篷里走出一个人来，年龄在四五十岁，腰里围着一块围裙。他向我们张望，见此情景，我们只好摇摇旗子。那人以为我们是日伪军队，于是走了过来。这人是伙夫，中国人。他到跟前发现我们穿的衣服颜色与日伪军不同，便产生了怀疑。我们向他讲明："我们是抗日队伍，请你不要惊慌。我们是从此路过，请你告诉我们实情。"这个人说：这里住的日本鬼子的武装测量队，有 1 挺机枪和几支步枪，他让我们赶快离开这个地方，以免受到损失。我们说：那你得给我们带路。他领我们往西边的大岗走去。

敌人发现伙夫不在了，出来一看又发现西方荒草坡上有队伍在向西岗上前进，于是开枪射击。但是，这时我们已经远远走出了机枪的射程，于是便放伙夫回去了。

我和张光迪注意到，队伍过处，荒草踏倒，有比较明显的痕迹，如不加以消除，敌人肯定会追来。我们听到后边枪声密集起来，并隐约看到人影，敌人果然追来了。我们见这秋天强劲的西风往东吹，张光迪急中生智，说声："快点火！"许多身带火柴的战士，各在行列附近一齐把脚下的荒草点着。火借风势，迅速烧了过去，形成一道火龙。一会儿，荒火沿着山冈烧了起来，火光和乌烟弥漫了天空。就这样，我们迅速转向另一个山冈，甩掉了追兵。

10月底，我们北征部队跨越北黑铁路，到达德都与北安交界处的辰清附近。一天傍晚，我和张光迪分别带领部队，在铁路西侧龙门山宿营。这里距铁路约有十几里地，而且山沟纵横，树林也密。张光迪决定在山下一座炭窑住下，我带另一部分到离他们稍远一些的山南岗上休息。我们约好，一旦与敌人作战不利而失散，3天后在五大连池会合。据炭窑工人说，这一带因离北黑铁路不远，时有敌人出没，我们在周围加派了岗哨。

北方的10月，夜来得特别快。吃过晚饭才下午5点多钟，已是满天星斗，一弯下弦月牙，闪着暗淡的青光悬在上空。经过一天的行军，已经十分疲倦的战士，很快就进入了梦乡。我睡不着，思考着下一步的行动。忽然，在坡下炭窑方向传来了激烈的枪声。战士们被枪声惊醒，一骨碌爬了起来，提枪在手，准备战斗。我派一部分人去接应张师长，率一小部分人在山坡上借着微弱的月光观察，准备随时配合战斗。我看见月光下，鬼子的一把把战刀闪着寒光，枪声密集。几分钟后，我正待指挥战士冲下坡去，但很快枪声变得稀疏了，敌人已被打退了。看来，这是与小股敌人的一次小小的遭遇。

战斗结束之后，我想张光迪肯定会派人来与我联系。等了一会儿不见来人，我断定他们已经离开炭窑转移了，便趁夜带部队出发，向五大连池方向转移，不久就进入遍布火山岩的大石塘。

这大石塘是几百年前火山爆发时的岩浆冷却后形成的，黑褐色，布满蜂巢状小孔的石上，有着尖和刃，手脚碰上即被划破，鲜血直淌。山岩之上长满青苔，奇滑无比，稍不留神，就会滑倒，其难行之状可想而知。加之夜黑难辨路径，常常是走了一圈又回到原地。好在李清林牵了一匹白马，后边的人以前面的白色辨别队伍的行进方向。走了一天一宿，白马已是筋疲力尽。怎么打，它也不再前进一步了。拖又拖不动，打又打不走。李清林说：“把它结果算了，留着反而是累赘。”我也没有更好的办法，只好由他们去处理。李清林他们用一块布蒙上马的眼睛，用石头在马的前脑门用力一击，这匹跟了我们一路的白马就倒毙了。我们把马皮剥下，把马肉分给大家烤成肉干，每人分到了一小兜。

离开龙门山，又走了两天，我们终于走出了大石塘火山岩区。前面就是一片荒原草甸，远远望去，五大连池的老黑山峰顶隐约可见。我对李清林说：草甸子的南沿是平原，有村庄，可能有敌人的据点，不能从那里走。应当沿北部的北坡走，远离村庄，去靠近五大连池。大约走了十几里地，来到了五大连池石头塘边上的一座房子跟前。我们看到，此处地形不错，退、守都比较有利，可以在这里休息。这个小房的主人是一位渔民，姓王，四五十岁。听说我们是打鬼子的抗日联军，他热情地把我们让到屋里。小屋不大，我们二三十人把屋子挤得满满的，也装不下，只好有一部分战士在门外靠石墙根坐息。老王又是烧水，又是做饭，忙个不停。他告诉我们，前面不远的水面，就是五大连池的第三池，他天天去那里打鱼。

第二天，老王也不打鱼了，东溜溜，西逛逛，为我们望风放哨。同志们经几天的行军已很疲劳，我安排放哨以后，大家都呼呼地睡起觉来。

吃过晚饭，同志们有的在屋里与老王唠嗑，有的在门前借着月光擦枪，我和李清林商量如何与张光迪取得联系。正说之间，忽然听到山坡上草丛中有“刷刷”的响动。这天夜晚没有一丝风，哪来的动静？院子里的战士们立即拿起枪，隐蔽在院墙后面观察。“唰唰”声渐渐远了，哨兵在岩墙后厉声喝问：“什么人？哪个部队？”

“团结”对方答完，随即发问：“你是什么人？”“合作”我方答。我一听对方的声音很熟，说的是汉语，带点侉味，心中大喜：这不是 6 军 1 师 6 团的李云峰主任吗！霎时间张光迪、李云峰带着队伍就来到了我们住的小渔房子。三四天来，大家互相惦念，见面后，又是拥抱，又是拍肩，又是欢笑。原来那天在龙门山下一仗，张师长他们没有受什么损失，而且打死打伤几个敌人。随后派战士找我们，没有找到。他们以为我们已经转移，于是也就带队走了，到此才得相会。

100 余人的队伍，这小渔房更无法容纳。老王说：“走，咱们到五池子的大房子那里去。”于是，老王带领我们穿过石塘小径来到了五池子南岸的大渔房子。这里有大、小两座渔房，大房住人，小房是仓库。渔民把小房里的渔具等杂物搬出，队伍住下，这时已是后半夜了。老王号召渔民提灯，扛着网到五池子破冰捕鱼。战士们唠嗑的唠嗑，睡觉的睡觉，直到第二天太阳初升，老王和渔民们，扛着一筐活鲜鲜的莲池鲤鱼回来。池水炖池鱼，味道真不离。西征以来，这是第一次尝到如此鲜美的佳肴。

午后，太阳西斜，南山冈上的哨兵向上空不断摇手示意：发现了敌人！张光迪师长和我立即集合队伍，占领了渔房西侧的隐蔽地带，准备迎敌。

敌人是从南边药泉山来的，爬上南山冈以后，因为山下就是一大片开阔地，他们不敢下岗坡，就在山头上向我们射击。机枪、步枪火力相当猛烈，子弹打起的尘土在我们的身前身后飞扬。我们只好凭借湖边坝岸，以猛烈的火力向敌人还击。双方枪战持续了1个多小时，天渐渐黑了下来。为防止敌人增兵，我们决定撤退。可是渔房子的北边，一下坝就是五池子的一片冰湖，不知能不能行走。老王来告诉我们：“池水结冰已有三四寸厚，只要没有太重的东西，完全可以过去。稍重一些的，可以用绳子拖着走。”于是，张师长留下阻击部队，其他队伍踏着还不太厚的冰，退到湖北面半岛上的桦树林中。池南枪声仍很激烈。为了掩护阻击部队撤退，我们在桦树林中用射得远、杀伤力大的连珠炮，向南山岗上的敌人射击。阻击部队听到连珠炮声，就知道是我们主力掩护他们撤出战斗。约半小时后，他们也退到五池子北岸的桦树林，这时天已经完全黑了，敌人没有追击。我们告别了渔民老王，当夜北去。

第二天，我们到了德都县的朝阳山，这时已是1938年11月中旬了，这是抗联部队第一次到达这一地区。一天，交通员来到部队通知我们，北征先遣部队已编为抗联3路军1支队，张光迪为支队长，我为政治部主任，交给我们的任务是留在这一带建立游击根据地。

朝阳山原是“天德金矿”的采矿场。由于采矿，山上的树木多被砍光，山坳里只剩下许多断壁残垣和旧房框子。大概是由于当时运输木材的需要吧，进出山的“口子”有好几处，都开辟得很宽阔，没有隘路险崖以利防御。在这种情况下，据守朝阳山，没有相当多的部队，不易守住。总之，从军事观点来看，这不是一个理想的地方。因此，我们只在这里吃了一顿饭就继续北行，又走了七八天，已经来到嫩江县地界。过了科洛河又走了三四天，部队到达嫩江东部山区的松门山，宿营于山顶。在这里，由于指挥失误部队受了损失。到达松门山宿营时，由于麻痹大意，没有派侦察兵在周围进行搜索，就住下生火做饭，点起火堆休息。其实，在山下就有人家居住。天将亮时我们听到山下有劈柴声，狗吠和马叫声，也没侦察。天明时，岗哨报告：上来了两个人，这两个人上来之后，听说我们是打日本鬼子的队伍，就告诉说，山下是日本人的一个伐木场，敌人的“讨伐队”就在山下。敌人利用南坡较陡，树木也较密的有利地形，隐蔽地向上匍匐攀到高处，直到敌人到了近处，才被哨兵发现，这时已经晚了。

敌人猛烈进攻，枪声大作。200 多敌人形成散兵线往山上爬，边爬边打枪。支队长张光迪正在观察，一颗炸子在他胸前爆炸，他的棉衣前襟被炸烂，鲜血直流，好在没有伤到要害处，他简单地裹了一下，仍继续指挥战斗。他命令 3 军 8 团一连到西边的一个山头去打，这个小山头上没有树木可掩护，又没有现成的可作掩体的山石，山头光光，十分不利。敌人见西边山头有情况，立即掉转枪口猛击西山刚进入阵地的我军。我们这边的压力减轻了，但 1 连的阵地却完全处于不利地位。全连的战士不顾敌人攻击，拼死抵抗。鬼子指挥伪军“哇啦哇啦”地又喊又叫往上冲。1 连战士虽顽强抵抗，但终因地形不利，火力不如敌人强，大多壮烈牺牲！

可能是这股敌人因为得了手而士气陡增，在我们撤退后仍尾追不舍。在森林中过了几个山谷，已是第二天的夜晚了。我们又饥又渴，以为敌人不会再追了，就在一座山顶休息。刚吃了这天仅有的一顿饭，战斗又打响了。深夜时分，敌人偷偷地从东、北、西 3 个方向包抄而来。张支队长一面指挥迎敌，一面布置部队撤退。东、西、北 3 个方向均有敌人，唯一的退路就是南坡。而南坡恰恰是一个陡坡，好在没有悬崖峭壁，我们边打边退，抱着枪顺坡就势往下滚。这时，山上只有 3 军 3 师 8 团的机枪手安英在阻击敌人。不到 10 分钟，队伍撤下来了，山上的机枪不响了，但未见安英下山，他为了掩护部队撤退而英勇牺牲了。

战火纷飞忆当年

乔海山*

1937 年，我参加了东北抗日联军，在第 9 军 2 师 2 团 2 连当指导员。当年，我们的部队活动在宝清县一带，与日、伪军进行了艰苦卓绝的斗争。

一、黑牛王山伏击战

1937 年冬，是抗日战争最艰苦的时期，为解决部队枪支弹药、服装和粮食不足问题，活动在宝清县一带的抗联部队决定伏击宝清县的日本自卫队。

这次战斗是在宝清县黑牛王后山进行的。黑牛王山山高林密，是打伏击的好地方，再加上那年冬季雪特别大，更便于隐蔽，为我们战胜敌人提供了有利条件。

中午 12 点左右，全体参战官兵提前进入阵地，我们在黑牛王屯东边的一间空房子里架起了机枪，其余大部分兵力都埋伏在宝清县通往双柳河和佳木斯公路旁的黑牛王后山上。

---

* 作者时任东北抗日联军第 9 军第 2 师第 2 团第 2 连指导员。

战士们在雪地里等了三四个小时，天快黑的时候，宝清县自卫队20多人大摇大摆地从宝清方向开了过来，我们立即做好战斗准备。正在这时，由于我们抗联的一位同志暴露了目标，敌人还没有全部进入我们的伏击圈时，发觉可能是中了埋伏，就如惊弓之鸟拼命地抢占了一座小山包，向我方阵地射击。面对这种情况，我把机枪从空房里调到黑牛王后山，这里要比敌人所抢占的小山包高得多，我重新调配火力，居高临下，压住了敌人的火力。又从两侧迂回上去，包围了敌人，取得了伏击战的胜利。

这次战斗，我方无一人伤亡，缴获敌人枪支20多支和一些战利品，武装了部队。战士们拿到缴获的枪支，精神抖擞地投入到新的战斗中去了。

二、对头砬子伏击战

这次战斗发生在1938年夏天。当时，我们通过侦察，决定在宝清县大梨树沟的对头砬子伏击敌人的押运桦子车队。

宝清县大梨树沟对头砬子地形险要，两座石头砬子之间呈腰窝状。公路两旁杂草丛生、林木茂密、山势陡峭，十分便于隐蔽，是一个打埋伏的好地方。

经过认真分析，我们五六十人于半夜时分来到了对头砬子，埋伏在公路两侧满是露水的草丛中。

大约清晨三四点钟，敌人的尖兵过来了，共有四五个人，东张西望，漫不经心。根本没看到我们，为了不打草惊蛇，我们放过了敌人的尖兵，尖兵与后边的马队相距大约有2里多路。过了一会儿，由20多人组成的日伪保安队押着20多辆拉桦子车开了过来。等到敌人全部进了埋伏圈，我便鸣枪为号，战士们向离弦的箭一样，猛冲向敌人，抗联战士这一突如其来的袭击，把敌人搞得晕头转向，他们来不及抵抗，就乖乖的缴械投降，当了俘虏。

这次伏击战，从开始到结束，共用了1个多小时，没费一枪一弹，缴获了敌人的所有枪支弹药、马匹、车辆和服装，及时地补充了抗联部队，增强了部队的战斗力，鼓舞了战士们的斗志。

三、敌众我寡的遭遇战

1938 年初秋，我们的部队驻扎在宝清县大梨树沟的炭窑窝棚。在一个细雨蒙蒙的夜晚，奉上级命令，我带领 7 名战士（霍排长、马守田、宋殿生、栾凤明、王友、周山东、韩某某）到离我们驻地五六里地远的一间空房子里去取由地方群众给我们筹集的子弹。

我们骑着马，冒着小雨，在晚上 8 点多钟来到了空房子等候。等了一宿也没见送子弹的人来，当时天已放亮，我主张撤退。因为此地离宝清县很近，只有 25 里路，随时都有可能与盘踞在宝清县城内的日军遭遇。有个战士说："指导员，再等一会儿吧，天还下小雨，敌人不会出来。"于是，我们又等了一会儿。大家都感到很冷，便找来柴火点燃取暖。大约又过了半个小时，天已大亮，不能再等了，大家把马从空房子里牵出来，准备返回营地。不知是我们笼火暴露了目标，还是赶得巧，一支由 100 多人组成的日本守备队，径直奔我们走来。我们刚出门，就与敌人的大队人马相遇。敌众我寡，不容迟疑，我立即命令 5 名战士抢占离房子一里多远的小山头，我带领 2 名战士掩护。敌人依仗人多势众，以凶猛的火力向我们攻击。子弹如暴雨一般，落在我们面前，打得尘土飞扬，压得我们抬不起头来，敌我双方的距离越来越近。我回头一看，那 5 名战士已经占领了小山头，我就带领这 2 名战士边打边向小山上撤去。我们 8 个人会合到一起后，集中火力向敌人射击。打了一阵儿，日本兵不反击了，因为他们正调集兵力企图包围我们。我环顾周围，发现离我们所在的小山头约一里地远的地方有一座草深林密的大山，于是我命令战士们向那里突围。有的战士为了行动方便，主张弃马突围，我说："马不能丢，骑马突围总比两条腿跑得快。"于是，我们 8 个人骑着马冲下山去，敌我混杂在一起，双方展开肉搏战。

8 名战士手中挥舞着战刀，在敌群中左突右冲奋力拼杀，敌人损伤不小，我们当中也有人负了重伤，霍排长被敌人砍掉了一只胳膊，他顺势滚到草丛深处，躲藏起来；周山东的脑袋被砍了一刀，露出了骨头；马守田的嘴唇被砍豁了，血肉模糊……当我和栾凤明、宋殿生 3 人冲到大山脚下时，栾凤明、宋殿生又不幸中弹牺牲，只剩下我一个人。我刚从马背上跳下来，就发现日本守备队长离我只有10来米远。这个日本军官30岁左右，中等身材，鼻子下面留着“小仁丹胡”，骑着白头芯、白蹄子的大红马。他高举着雪亮的战刀，疯狂地向我劈来，我急忙把长枪一顺，瞄准日本指挥官就是一枪，子弹打中了他的脑袋。小兵们见指挥官一命呜呼，便乱了阵脚。趁着敌人混乱之际，我赶紧向北撤退，刚跑了几步，一颗流弹打中了我，子弹从后背打人，从前胸穿出，鲜血如泉涌一般。我踉踉跄跄，捂住伤口，支撑着没有倒下。这时一匹战马从远处跑了过来，我一把抓住缰绳从外侧翻身上马。跑了一里多路，伤口疼痛难忍，实在坚持不住了，就从马背上滑了下来。脚一触地，就感到鞋里边硬邦邦的，坐下来一看，原来是血流到鞋里凝成了块。我放跑了马，爬到路旁草丛里闭上眼睛喘息着。我听见战场方向炮声隆隆，枪声密集，日军共向小山头打了 14 炮，轻重机枪扫射了近 2 个小时。但是，日军没有搜索战场，只是盲目地放了一阵空枪。

枪声停了，四周静悄悄的，已经到了下午，我不能在这里等死，得往回走，天黑就不好办了。于是，我支撑着站起来，没等迈步，就觉得头重脚轻，便一头栽倒在草丛中，我暗想，这回可能要死了。由于流血过多，渴得要命，嗓子眼干得好像要冒火。我向周围看了看，没有发现水，只好趴在草地上，让潮湿的泥土滋润一下焦灼的嘴唇。

回部队，找战友，这种心情驱使我又一次爬起来，一点一点地向前爬着。爬了几步，我跪在地上观察周围的情况，发现前方不远处有座空房子，我便艰难地爬去，等我爬进空房子时，天已经黑了。我浑身一点力气也没有，仰面躺下来，昏昏沉沉地睡着了。

与此同时，2 连连长刘玺忠正带领十几名战士在战场上寻找我们。经过他们仔细搜寻，发现了宋殿生、栾凤明的遗体和其他几名受伤的战友。他们掩埋了战友的遗体，并把受伤的战友营救回去，可就是没有找到我，悲伤地回到了驻地。

半夜，我醒过来，觉得脸上痒得难受，用手一摸，叮了一层蚊子，我本想拔些杂草遮挡一下，可是精疲力竭，竟连这点力气也没有，很快又昏迷了过去。

天亮了，被伤痛和饥饿折腾了一天一夜的我，疲惫不堪。但是，我坚定了一个信念——一定要活着回到部队。我从空房子里爬出来，向前方慢慢移动。值得庆幸的是，我发现自己的眼前有一片“红姑”（一种和楮、栲等树木的根系共生的菌根真菌），被早霜打过的“红姑”吃起来又甜又酸，还不太苦。我如获至宝，饱饱地吃了一顿，顿时觉得浑身增添了很多力气。我用手捂着伤口慢慢地站起来，向前走几步，就蹲下歇一歇，歇一会儿再站起来走。就这样，走走歇歇，歇歇走走，来到了路边的小水沟旁。我把头伸到水沟里，痛痛快快喝了个饱，又洗了几把脸，坚持了八九个小时，走完了四五里地，终于回到了我们的宿营地——炭窑窝棚。

这个炭窑有七八个烧炭工人，他们见我回来了，都很高兴。大家把我安置在炕头上躺下，一位山东工友给我熬了一碗大米绿豆粥，我喝了粥觉得好多了。我向这位山东炭工打听部队情况，他说：“部队转移到离这 10 多里地的山上去了。”我托他给部队捎信。这天深夜，刘玺忠带领 10 多名战士来接我，我终于回到了部队，回到了战友中间。

这次战斗，100 多名日本兵被我们打得丢盔弃甲，他们垂头丧气地抬着被击毙的指挥官回了宝清县。日本兵的指挥官被打死，这对他们是个不小的损失。他们岂肯善罢甘休，于是调集大量兵力对抗联部队进行了围剿。在我回到部队的第 3 天，我们又重新投入了战斗。当时，敌情特别紧张，我身负重伤也无法休息和治疗，仍然骑在马背上随部队行军打仗，在山里露营，伤口肿得像馒头。过了四五天，大部队要远征，把我留在当地休息养伤。几经周折，又把我安顿在抗联的被服厂，并找来了一位医疗技术较高的大夫给我治伤。当时，药品极其缺乏，为了不使伤口感染发炎，贴上膏药和红伤药，然后用干净的布条缠上，就这样调养了一个多月，我的伤情痊愈，又重返前线。

“八女投江”事迹查实

温　野*

1962年初，当时我任东北烈士纪念馆馆长，我们把查清“八女投江”史实列入当年东北烈士纪念馆的主要科研课题，制定了具体工作计划。首先汇集有关史料，以便从中找出调查线索，拟订调查计划。

当时能查到的有关“八女投江”事迹的有价值的史料很少，而且都不具体。最早提到“八女投江”的，大约是1946年5月，辽东建国书社出版的由原东北抗日联军第3路军政委、时任松江省政府主席的冯仲云等人撰写的《东北抗日联军十四年奋斗简史》一书，在回忆抗日烈士冷云时概要地写了几笔：“1938年秋天，佳木斯的一个小学校女教员冷云同志，她也加入了游击队做秘密工作。一天，随着一个小队的游击队员休息在牡丹江岸上，这里尚有其他妇女7人，大家正在举火做炊的当儿，忽然被敌人三面包围上来，前面是江，男游击队员会泅水的都泅过去了，但是所余下的她们8名妇女全部望洋无法，况且当时牡丹江秋水泛滥，水势又非常的急，她们8人宁死不肯被敌所俘，一同视死如归地投入了牡丹江的怒涛中去了。”

再有，我见到电影文学剧本《中华女儿》的作者颜一烟，她说：“我访

---

*　作者曾任东北烈士纪念馆馆长，本文系根据调查访问资料整理而成。

问了所有能够访问到的、当时在东北参加抗联的同志。从当时的领导者冯仲云、周保中、于天放、张瑞麟等同志，直到当时的战士，但是关于‘八女投江’却访问不到更多的材料，只是在哈尔滨抗日烈士馆，有一幅动人的‘八女投江’油画，再就是一篇冷云同志的介绍，很简单，只能知道冷云同志以前是佳木斯的小学教员，做地下工作，后来和丈夫一起到了部队。另外 7 位女英雄的生前，就连这一点材料也没有了。周保中同志当时是第 5 军军长（8 位女英雄都在第 5 军），但是，他也只能告诉我八女投江是事实，一次出发，在江边被敌人包围，抵抗数小时弹尽后，宁死不做俘虏，英勇壮烈地投江牺牲了。当我问到这 8 位女英雄的历史时，周保中同志除了告诉我有个胡秀芝打仗很英勇之外，还告诉我这 8 位女英雄中有 2 位朝鲜族同志，其中一位姓安。”

尽管颜一烟未搜集到有关“八女投江”的具体资料，但她讲到周保中说“八女投江”是事实，还说出了冷云、胡秀芝两个具体人名及姓安的朝鲜族女同志。为此我感到有必要去北京访问周保中。到北京后方知周保中有病，未接见，但却得到他在《中国妇女》杂志 1961 年第 8 期上发表的文章《东北抗日游击战争中的英雄妇女》，文中简要地讲了“八女投江”的情况：“在佳木斯当小学教师的党的地下工作者冷云同志，1937 年由地方转到抗日联军第 5 军做文化教育工作。1938 年初，她随抗联 4、5 两军西征部队游击到哈尔滨东南地区。冷云同志被编入妇女队，经过半年的战斗锻炼，革命意志更加坚强了。这年初冬，部队返回牡丹江地区整补，遇到日寇大兵进攻。在牡丹江乌斯浑河口附近一次激战中，冷云同志与安大姐、胡秀芝、杨贵珍、黄桂芳、王惠民、郭桂琴、小于等 8 位女战士，在战况极其不利的情况下，手挽手横渡急流，奋力对敌战斗。直到敌人从两岸夹击，上、下游兜围，她们战斗到气尽力竭，并有数人身受重伤，这 8 位中华民族的优秀女儿、无产阶级战士，最后高唱国际歌，高呼：‘共产党万岁！’‘抗日必胜万岁！’宁死不屈，葬身在牡丹江中。”

周保中在文中写出了“八女投江”战斗的时间、地点和人名，但仍不具体确切，还要进一步调查认证，但这已提供了很有价值的史料。

我们又得到一个重要调查线索，即写过革命回忆录《英雄的姐妹》一书的作者徐云卿，时任长春市制鞋厂副厂长。她原是5军妇女团的小队长，“八女投江”的女战士也都是 5 军妇女团的，八女中的冷云、杨贵珍、王惠民她比较熟悉。1962 年的 8 月中旬我去了长春市，16 日上午到制鞋厂找到徐云卿。对“八女投江”她是听说的，详细情况她不了解，但对八女投江的冷云、杨贵珍、王惠民比较熟悉。其他几人与周保中说的相似，即安大姐、胡秀芝、郭桂琴、小黄，还有一个记不起来了。1937 年夏，冷云参加抗联 5 军，先到依兰县五道河子抗联被服厂时，徐云卿就在被服厂工作。而且是她和同志们到山外去接的，与冷云一起来的还有冷云的爱人周维仁（原名吉乃臣，后面还要写到他）、刘宾野（5 军 1 师师长关书范的妻子）、王一知（后为 5 军军长周保中妻子）。冷云后来到 5 军妇女团当文化教员，还教过徐云卿她们文化课。不久徐云卿调走，她们就再没有见面。而杨贵珍则是 1936 年 8 月，5 军妇女团活动到她的家乡林口县东柳树河子屯时，徐云卿她们动员她参军的。那年杨贵珍 18 岁，从小丧母，17 岁出嫁，不久丈夫病死了，婆家打骂，还要把她赶到外地去，她受了许多苦。女战士们都很同情她，做了不少思想工作，她提高了认识，毅然参加了部队。她在家时没有名字，女战士们认为她参军很不容易，值得珍惜，就给她取名叫杨贵珍。在部队里她进步很快，无论是学军事、学文化，还是做军衣，都积极认真，什么工作都干在头里。1937 年秋天加入中国共产党，1938 年春，她与到部队后又结婚的爱人宁满昌一起参加了西征，任妇女团班长，始终表现坚强、勇敢、乐观。

王惠民牺牲时才 13 岁，由于部队生活艰苦，严重缺乏营养，再加上行军打仗，使她非常疲惫、瘦弱。这个小女孩因家庭贫困，生下来就没过一天好日子。她父亲参加抗联 5 军任军部军需副官，家里房屋被日军烧毁，她和弟弟妹妹跟着母亲到处躲避敌人的追捕。1937 年，她 12 岁就参加了 5 军妇女团，一直和徐云卿在一起，夜里躺在她怀里，枕着她胳膊睡觉。她仇恨日伪汉奸，抗日决心大，处处模仿大人，行军打仗送信样样争先，从不叫苦、怕累。她天真活泼，可总想装大人，不愿意别人叫她小孩。有一次，队伍从敌人手里缴获一架留声机，打开唱了一段，她从来未见过这玩意儿，不知是怎么回事，两只眼睛瞪得溜溜圆，不眨眼地看着。大伙哄她说：“小王，这里边藏着个小姑娘在唱。”她围着留声机转来转去地找，又要拆开来看，逗得大家哈哈笑。

参军不久，她爸爸就牺牲了，她更加仇恨敌人，也更坚强了。她经常给伤病员唱歌，进行宣传。她最爱唱的歌是：“日出东方分外红，曙光照满城，大家快觉醒，看看鬼子多奸凶，国家人民全叫它坑……”这首歌也不知道唱了多少遍，也教育了很多人。行军时大姐姐们抢着帮她背包，扛枪，她总是争着不让，和大家一样跋山涉水。有时一天走七八十里，脚磨破了，疼得汗珠顺着脸往下淌，问她：“疼吗？”“累吗？”她咬牙挺着说：“不疼！”“不累！”可泪珠却在眼角里滚着。大家称赞她说：“你真是个英雄的小姑娘！”她听了却像大人似的谦逊地说：“爸爸被鬼子打死了，妈妈和弟弟妹妹在家受苦，我是大女儿还能要熊？我得快点把鬼子打走，好回家找妈妈和弟妹们。”

徐云卿还说抗联5军的不少人都是依兰、林口一带的，有些后来又回了家，他们都能知道一些情况，可去找他们。对徐云卿的访问使我进一步增加了调查的信心。尤其令我兴奋的是她给我提供了一个极其重要的线索，即与八女一起战斗过的一位男同志，朝鲜族，名叫金世峰，他还活着，在吉林市郊区住。可先到吉林市龙潭区容器厂找他的儿子金寿山，他在那当厂长。

我急速赶到吉林市，8月17日上午访问了金寿山。由他知道了他父亲的住址和另一位朝鲜族抗联干部，名叫金镇浩，曾在抗联4军后方密营工作，时任吉林省农业研究所所长，厂址在九站。于是我坐火车去九站访问金镇浩。他对“八女投江”的具体情况不了解，但他知道八女之一的安大姐，名叫安顺福，是抗联4军被服厂厂长，牺牲时年仅23岁。她是穆棱县人，丈夫名叫朴德山，是4军4团政委，她是金镇浩前房妻子的儿媳妇。

与金镇浩谈过后，立即去吉林市郊大屯公社柳树屯大队找到金世峰，他已改名金尚杰，已70岁了，但身体很健康，不久前重新入党。他讲述了“八女投江”的全过程。他回忆说：

> 那是1938年春天，抗联4军、5军主力部队，向西南的五常地区进行远征，以便和在吉林地区活动的抗联第1路军杨靖宇部队及第2路

军所属第 10 军打通联系，开辟新的游击区。5 军妇女团也随队远征。途中，4 军女同志并入 5 军妇女团，随一师行动。8 月间，西征部队进入五常县境后，遭到日伪军重兵围追堵截，伤亡很大。5 军 1 师剩下的 100 来人决定返回牡丹江下游刁翎地区寻找军部，报告西征情况，进行休整。5 军妇女团原有 30 多人，经过几次战斗后只剩下 8 个人了，有冷云、安大姐、小黄等，其他人名记不起来了。

这年阴历八九月的一天夜里，我们走到刁翎河（即乌斯浑河）西岸徐家屯下边河口处休息，准备过河东岸去找军部。不料第二天凌晨遭到包围，敌人很多，火力很强。5 军 1 师师长关书范命令我带领 8 个女同志先过刁翎河。河在涨水，有 100 多米宽，河水又深又凉。八女跟在我身后下到河里，敌人还在打枪、打炮，我费尽力气游到对岸已冻僵了，回头一看，8 个女同志没有了，她们就这样牺牲在河里了，而关书范师长也未带队过河，他们撤向西山了。以后我就和队伍失去联系。

这里记的只是个概要，他讲的时间、部队、地点都与周保中、徐云卿说的基本一致，只是八女的名字记得不全。

“八女投江”的基本史实已清楚了，准备再进一步调查核实和丰富内容，这样便决定由我馆研究部主任陈雨静、文物保管部主任迟凤山和我组成“八女投江”事迹调查小组，深入当年抗联 5 军活动的林口县进行实地调查。

林口县委宣传部对我们的工作很支持，特派县文化馆创作员王作文（会说评书，“文革”后调到海林县政协文史办工作，现已故去）做向导，配合我们工作，他自己也顺便收集创作素材。

10 月 6 日午后，我们 4 人从林口县城出发，一直向西北走，沿着当年抗联活动和八女走过的道路，进行访问调查。这一带是抗联 5 军经常活动的地区，了解情况的当地群众和从 5 军下来的人较多，所以每天都有访问对象。

我们此行走了一个多月，行程千余里，访问了数十位知情人。其中有住在莲花公社东兴大队（原东柳树河子屯）的杨贵珍烈士的父亲杨景春老人，他回忆了女儿的一些情况："她是我大女儿，民国九年阴历十月生，属猴，没念过书，7岁母亲就死了，她就在家做饭，很能干。她团脸大眼睛，双眼皮，白白净净，挺好看，好说好笑。17岁那年阴历二月结婚，婆家就在本屯，也姓杨，丈夫叫杨国清，当年8月就有病死了。她两个大伯哥杨国瑞、杨国臣还都在东兴大队住。婆家人多，老公公经常骂她，受了不少气，后来婆家还要卖她。正好这年冬天，抗联5军到我们屯里来，妇女团的同志和我女儿处得很好，徐云卿、陈玉华一帮人和她拜了干姐妹，又劝她参加抗联，她也愿意，就在冬至月参加了5军妇女团。以后我见到5军柴（世荣）军长，想叫我女儿回来，但她自己不愿意。以后的情况就不太知道了。她牺牲的情况还是以后听说的。她有个弟弟叫杨云峰，也在东兴大队。"他讲的情况与徐云卿说的完全相同，证明"八女"之一的杨贵珍确有其人。

还有住在三道通乡大屯大队的刘广有，他原是5军教导团的战士，记忆力很好。他讲了部队西征和回来找军部及"八女投江"战斗的具体情况，与金尚杰讲的基本相同。我们也找到原5军妇女团的张淑兰（住建唐公社大盘道大队）等几位女战士，她们回忆了"八女投江"的姓名等情况。最后我们由知情人陈龙（住刁翎公社三家子大队）领路，找到八女战斗和牺牲地点——刁翎镇三家子屯附近柞木岗山下乌斯浑河渡口（这里距牡丹江入口处只有七八里路，河对岸是大、小关门嘴子山），进行了实地考察，绘制了地形图，拍摄了遗址照片。

我们还在三道通乡五道河子大队访问了当地老户卢英福，他说："伪康德五年（1938）八月节后的一天夜里，抗联5军一部分队伍露营在乌斯浑河西岸柞木岗山下的沙滩上。他们把费文金把头堆在沙滩上的木柈子垛烧着了取暖，被样子沟的大特务葛海禄发现，报告了日本守备队，连夜领着敌人来围攻抗联部队。第二天天刚亮，部队起队，先让8个女的从道口过河，敌人开枪，8个女的死在河里，大队边打边撤上西山。"卢英福因为当天有事，下午到了乌斯浑河渡口，他还捡到日军丢下的4条白手巾。当时抗联烧的火堆还有残火冒烟呢。他到了柞木岗沟里老王头的小窝棚歇脚，天黑时5军的一部分队伍又回到这里了解情况，讲了早上战斗的事。

这些人的回忆，使“八女投江”的史实更加具体、准确。

我们在到林口县之前和以后，还去了佳木斯、长春等地，访问了冷云的哥哥郑殿臣，冷云最亲密的同学、战友董若坤（后改名董杰）以及她在佳木斯读中学时的老师、参加革命的引路人，原佳木斯市地下党市委书记董仙桥，了解到冷云的家庭和她参加抗联的曲折感人、鲜为人知的身世。

当年的 12 月间，我们又去了吉林省延边自治州，访问了时任副州长的乔树贵，他原是抗联第 2 路军总指挥部的副官。“八女投江”战斗后，部队回到了总指挥部向总指挥周保中汇报情况，他都听到了。我们还第二次去吉林市郊区访问金尚杰，进一步与他核实我们到当地调查的详细情况，使一些具体情节更加细化和准确。

汇总多方面调查的材料，去粗取精，经过认真核对研究，以周保中、徐云卿、金尚杰等当事人的回忆为主，又加上其他人提供的情况，我们确定了“八女”的姓名，即指导员冷云，班长杨贵珍、胡秀芝，四军被服厂厂长安顺福（朝鲜族），战士郭桂琴、黄桂清、李凤善（朝鲜族）、王惠民。她们都很年轻，最大的冷云和安顺福也只有 23 岁。

后来，我又找到周保中将军 1938 年 11 月 4 日在深山密林中写的军中日记，距“八女投江”战斗的时间仅半月左右，他听汇报后确切地记录了发生在当时，后来名传中外的“八女投江”史实。日记写道：“又讯，我五军关师长书范于西南远征归抵刁翎。半月前在三家方向拟渡过乌斯浑河，拂晓正渡之际，受日贼河东岸之伏兵袭击。高丽民族解放有深久革命历史之金世峰及妇女冷云、郑 ××（即郑致民）、杨秀珍（应为杨贵珍）等 8 人悉行溺江捐躯。宝清有我联军第五军三师八团一连激战日贼蒙古军之烈士山（此战在 1938 年 3 月 18 日），乌斯浑河畔牡丹江岸将来应有烈女标芳。”这篇日记是一份非常重要的历史资料，更是一件极其珍贵的国家级革命文物，它将永传后世。

战时妇女儿童青年机构的建立

回忆新生活运动妇女指导委员会训练组

刘清扬*

（一）

1938年夏天，抗日战争周年时，我在武汉参加了宋美龄领导的新生活运动妇女指导委员会，担任该会训练组组长。史良担任本会的联络委员会主任，沈兹九担任文化事业组组长。史良是著名律师、救国会“七君子”之一。沈兹九当时是《妇女生活》杂志的主编，救国会女领袖之一。我是怎样被宋美龄罗致到会里的呢？

卢沟桥事变前几年，我在平津参加了文化界时事座谈会的救亡运动。七七事变后，我在沦陷区无法存身，于是就撇下孩子，和王椿裕（仲华，学生）同到南京去募款。这时南京正忙于撤退，沈钧儒见了我很高兴，要我赶快到武汉去一同开展抗日工作。南京只剩下冯玉祥撤退的一列专车了，沈老准备随此车西行，幸而车位还有空余，冯玉祥先生便邀我同行，于是我只在南京住了3天，就到武汉去了。

到了武汉，住在女青年会，和杜君慧、安娥等相遇。一天，大家谈起不

* 作者时任新生活运动妇女指导委员会训练组组长。

只是自己的孩子们需要集中教养，好让母亲们腾出精力、时间来参加抗日工作，更紧急的是战区儿童需要抢救。为此安娥和我到武昌郊区找了冯玉祥夫人李德全，她也很赞成这项工作。我们建议由她去会见蒋夫人宋美龄，说明我们要抢救下一代，以免遭受敌人残害，这件工作由妇女来做才合适。宋美龄当时正想领导妇女界，所以同意了。

1938年二三月间，在汉口女青年会由宋美龄召集了一次小型座谈会，到会10余人。李德全、杜君慧、安娥和我都出席了，国民党方面有沈慧莲、唐国桢、陈逸云等，还有女青年会总干事陈纪彝。会上讨论了成立儿童保育会的筹备、募捐，难童如何教养，以及如何派人到战区抢救儿童等问题。会议决定成立儿童保育会，宋美龄提名我为常务理事。

宋美龄为了进一步抓妇女界的领导权，于是召集各方面的妇女代表举行庐山谈话会。从1938年5月25日开始，会期一周。到会的共50人左右。邓颖超和孟庆树正式作为共产党的代表应邀参加。主席团除宋以外，还有李德全、吴贻芳、沈慧莲和曾宝荪、雷洁琼等。谈话会后，发布了一个《告全国女同胞书》，里面说："在妇女民众总动员之前，健全的机构及干部人才的训练是断不可少的……必定先要训练，做训练干部工作的人员，才能到各处去推动一般的女民众，所以我们决定于适当时期内，设立妇女干部工作人员训练班……"

会后，熊式辉硬把我留在江西工作。不久，宋美龄打电报催我回武汉。我到了她武昌的家中，她说想让我担任妇女指导委员会训练组组长。我警惕地感到将要发生什么问题，所以摇头："我看不相宜吧。"

"为什么呢？"她问。

我冷静地笑着说："我要训练的是真能为群众服务，为祖国赴汤蹈火的干部，那样一来，会有人说我刘清扬是共产党，专门训练出一些共产党。那样，夫人你就不好办了。"

她忍不住笑起来："啊呀，你说得一点也不错，陈立夫就对我说你是共产党，不能让你来训练干部。可是我相信你不是共产党，只要训练出能为抗日工作的干部就行，陈立夫他们管不了我的事，你做你的好了。"

"好吧，夫人如一定要交给我这个任务，我就试试看吧。"

记得当我在1937年冬到达武汉不久，曾被国民政府军委会政治部部长陈诚聘为该部设计委员。当时正值发展民族统一战线，团结抗日，一致对敌时期，周恩来任该部副部长，郭沫若任第三厅厅长，延聘了一些爱国进步人士为设计委员。在我接受宋美龄的聘任时，便向她声明我已受聘为军委会政治部设计委员，工资已从那边领取，不再领妇女指委会的工资。但她说："不行，你是我这边的负责工作者，必须拿这边的工资，不要他们的工资。"我向陈诚声明："蒋夫人嘱我不要政治部的工资，开会我还出席。"陈诚也不答应，非要我照领工资不可。结果双方工资各200元，我只好收下。

不久，在汉口的一座大楼挂起了"新运妇女指导委员会"的牌子，在汉口懿训女中挂起了妇女指导委员会所办第一期战时妇女干部训练班的布幅，因陋就简，确像个"战时"的样子。

在我接受训练任务时，恰好一二·九运动中北平各大学的优秀干部撤退到了武汉，成了妇女干训班的主力。

妇女指导委员会有9个组和1个联络委员会：训练组、文化事业组、战地服务组、乡村服务组、生产事业组、伤兵服务组、儿童保育组、生活指导组、总务组、妇女联络委员会，宋美龄自任指导长。

（二）

第一期训练班决定招生60名，训练一个月。后来实收59名，程度多半是高中或师范毕业，三分之二以上是武汉的小学教员，文化水平相当高。训练班从1938年7月25日开始。训练计划和聘请讲师全是我们组里决定的，宋美龄没有驳回。授课的教师及内容有：邓颖超讲"鼓励人民服役方法"，戴白桃讲"民众教育方法"，沈兹九讲"宣传技术研究"，王汝琪讲"妇女问题、妇女组训"，阎宝航讲"新运要义"（实际上是政治讲话），郭见恩讲"农村服务方法、地理常识"，陈传钢讲"中国农村社会问题"。当然，也让陈逸云、吕晓道她们讲了一些课。"三民主义"一课是邵力子讲的，过后不久，他就到苏联任大使去了。

第一期训练班，还曾特请周恩来讲演，很受同学们欢迎。

宋美龄在每期训练班中都担任所谓“人格教育”一科。她常说：“国民没有人格，国家就没有国格，一个优良干部最必要的条件就是高尚的人格。”

第一期训练班 47 人结业后（开班 59 人，有的中途离班或淘汰），分发到湖北黄陂、孝感、云梦、应城 4 县，深入乡村，称“抗日救国宣传服务队”。她们在武汉也曾参加了保育会的儿童抢救工作、新运总会的节约宣传、“八一三”宣传，以及武汉各界 30 万封慰劳信运动和缝制慰劳袋工作，做出了很好的榜样。第一期结业，按说应该马上招第二期学生，但是宋美龄及其左右想考验训练组的干部们，要我们带领学生下乡。我们在北平是做惯了农村工作的，经受得了考验，就分头率领学生下乡。

（三）

但是回到武汉以后，宋美龄还是受到了国民党、三青团的包围。等我们训练组的干部从各县回到武汉，距第二期 10 月 1 日开学只剩一星期了。宋美龄说：“委员长下了手谕，要三民主义青年团的干部人员训练班中的全体女生 70 多人（后实来 56 人）来本会继续受训。”我们接受了宋美龄的建议，又招考了 25 人，所以开班时是 81 人，结业时 77 人。

这一班只训练了三星期就匆匆结束。

10 月 20 日左右，武汉紧张地准备撤退，干训班奉命南移。宋美龄表示关心武汉妇孺，要铁路局备专车一列疏散她们，同时在本会自用专轮的底舱准备出 700 个座位给民众。这时武汉街头警察已撤，黄包车都稀少了，我们的干训班同学在 20 日、21 日全体动员作家庭访问，宣传了舟车消息，结果约有 2000 人及时离开了武汉。

（四）

我们在湖南工作了 4 个月，这时指导委员会已迁到重庆，在市商会里办公。我因同陈逸云常常冲突，为此曾写信给重庆会里，表示要去重庆，并且心想第三期干训班也该举办了。谁知他们竟来信叫我别回去。我知道其中有鬼，就在 4 月底搭了会里运输大卡车从湖南回到重庆，住在朋友家里。宋美龄和张蔼贞对我突然回来十分恼火，认为我不服从指挥。原来这时她们正要接收陈诚部下战干团的 448 名女生，转交这些学生的先决条件是不要我这个训练组长负责，所以她们不要我来重庆。但我既然来了，也不能不叫我参加新的一期训练班的筹备工作。我在会议中，完全旁听，不发一言。这 448 名女生是从武汉背着背包走了半年来到重庆的。原定 6 月 1 日开班，训练一个月，但在 5 月 25 日以前她们还不来和我商议训练计划和内容。本来她们在蒋的官邸开会时，已打算好找教育家俞庆棠来主持训练，但是俞在上海，去几次电报，她还是不来，这可把她们急坏了，因为 400 多人已在途中，计日可达。

当第三班的筹备会直到 5 月下旬还是七嘴八舌毫无办法的时候，我向张蔼贞提出辞职。张蔼贞一听慌了，说："这可不得了呀，学生再有几天就来了，你怎么提起辞职来了？"

我说："第三期训练班，你们一向没和我商议，我没有责任。你是筹备主任呀。"

"指导长说还请你担任教务主任，一定要勉为其难。"

我说："你们开了这么多的会，我还没有听到你们对这一期的训练计划，也不知道训练内容是什么，教员是谁，至今一点准备也没有，我怎能担起这个担子？而且一个星期以后就开办，实在来不及了。"

张蔼贞请示了宋美龄回来后，竟以恳求的口气要我一定担任教务主任的职务。我为了抗日工作，也为了教育将要到来的 400 多名女青年，终于答应了下来。但是提出两个条件：（1）既然担任教务主任，全部教员应由我提名，请指导长全部批准；（2）我们训练组的干部和一、二期同学还在湖南，一时回不来，第三期学员又多，必得容许我从各组挑选干部，一块工作。

我列了讲师名单，增加了钱俊瑞讲农村的经济，陶行知讲战时儿童教育，张友渔讲抗战形势，黄薇讲宣传技术研究，沈兹九讲妇女问题，史良讲妇女组训，我自己讲乡村服务，还请名导演应云卫讲授街头话剧。也请了国民党唐国桢讲伤兵教育，黄佩兰讲民众生活改进研究。另外，新运总会推荐陈文渊讲新运要义，加拿大人文幼章讲军民合作方法。

从各组调来的得力干部，其中有夏英喆、冯光灌等。冯是张蔼贞的秘书，中共地下党员，她工作踏实，很大程度地影响了张的工作方向和作风。张的发言稿和每天的工作日程，很大部分是她代为拟定的。有了她，我们在会内的工作得以比较顺利地展开。在我提出的两个条件全部批准之后，全部教务处的主权，便都掌握在自己手里，这又是一次胜利。

400 多学生来到了，一切起居住行，伙食管理，分队排班，组织纪律，井然有序，经过一星期筹备，6 月 1 日如期开课。

这 400 多人经过一个星期的初步训练，也就有了秩序。她们分两个大队，全部住在求精中学的大礼堂地上和宿舍里。

我们的学生在受训完毕之后，都有实习期，实习成绩及格方能正式毕业。第一期实习 1 个月，第二期以后增加到 3 个月。第三期的实习区在四川和湖南西部，有的在乡村服务队，有的在伤兵服务队，有的在生产事业实验区（妇指会自办的，在江津淞溉），有的在工厂或儿童保育院。

陈诚当年曾对这 400 多名战干团女生训过话，他说妇女解放，需要自己解决自己的问题，一定需要一个妇女界的伟大领导者出来领导，统一意志，集中力量。他讲的这个“领袖”自然就是指宋美龄。我们在训练中有意识地冲淡这种个人崇拜，把目标转移到真正的抗日工作、为群众服务的工作。

第三期同学结业后，第一队 30 人分发綦江，成绩很好。后又调赴川贵边界的彭水，工作了月余，很受人民欢迎，她们演出的话剧和歌咏，都深入人心。于是分小队再深入，江碧波、罗碧兰、郭友兰 3 个人赴乌江下游的江口服务，由谢道化队长送到该地。4 个人乘一叶木舟，谁知竟被乌江的激流吞没了。在当地开追悼会时，百里外的妇孺都来参加，许多人痛哭流涕。

回忆战时儿童保育会

郭秀仪*

性质和任务

战时儿童保育会是在卢沟桥事变后，国共合作抗日的形势下，由宋美龄发起和中国共产党参与领导的一个妇女救亡组织，主要的工作是收养儿童。当时我担任战时儿童保育会常务理事兼征募部副部长。

1938年初，日本侵略者的气焰日益嚣张，灾难深重的祖国大地，到处惨遭破坏，许多人妻离子散，家破人亡。流浪的儿童更是凄惨，他们有的死于日寇的屠刀下，有的死于战火之中，苟活者也是孤苦无依，再加上饥寒疾病又无时无刻不在威胁着他们那幼小的生命。然而他们却正是祖国的未来和希望，岂能坐视不管？我们妇女要为国分忧，就应该设法解除儿童的苦难，而且这项工作又适合妇女救亡工作的特点。在8年抗日战争中，这个组织做了大量保护和教育儿童的工作。可惜有好多事都回忆不起来了。

---

* 作者时任战时儿童保育会常务理事兼征募部副部长。

收养对象和分布情况

战时儿童保育会收养的对象有以下几种：1. 在武汉地区因抗战失去父母的流浪儿；2. 在敌机轰炸中失去父母的孤儿；3. 父母上前线后被送到保育院来抚养的儿童；4. 参加救亡工作人员的子女；5. 一般战区及后方的流浪儿童、孤儿等。这些儿童大多数是年龄在 3 至 14 岁的孩子。

战时儿童保育会下设保育院，分布于重庆、成都、贵州、广东、广西、湖南、江西、浙江、福建、陕西、陕甘宁、山西等地，共有保育院 53 个，收容的儿童，据 1944 年的统计数为 29751 人，到 1946 年的统计数则为 3 万人。当然，从整个来看，这个数字并不多，但在当时艰难的战争年代，妇女能如此尽责，也实不容易，其进步性也是不言而喻的。

成立经过

战时儿童保育会筹备会于 1938 年 1 月 24 日，在汉口青年会召集发起人会议，到会的有沈兹九、李德全（冯玉祥夫人）、郭秀仪（本文作者，黄琪翔夫人）、傅国祥、唐国桢、邓颖超及孩子剧团、生活教育社代表共 50 余人，推李德全为主席，决议成立战时儿童保育会筹备会，选出李德全、郭秀仪、钟可托、唐国桢、曹孟君等 9 人为筹备会委员，由我负责召集筹备成立及起草工作计划大纲等，具体起草人是曹孟君。

战时儿童保育会经两月余的筹备工作，于 3 月 10 日下午在汉口界限路圣罗以女子中学（今合作路市二十中）召开成立大会，参加者 700 余人，并在汉口黎黄陂路基督教女青年会设立办公室，宋美龄担任理事长，李德全担任副理事长，邓颖超、史良、张蔼真、曹孟君、安娥、许镜平、陈纪彝、孟庆树、董燕樑、刘清扬、吕晓道、唐国桢、陈逸云、谢兰郁、郭秀仪为常务理事，并请当时国民政府各省主席的夫人担任各地战时儿童保育会的负责人。

会上进行了捐助题名，最后由宋美龄致词，她说：“妇女参加抗战是世界一致赞美的，妇女具有教育儿童的责任，要把他们培养成国家的栋梁。”

当时的形势对妇女开展工作是很有利的。邓颖超在《纪念“三八”节与几项重要工作》讲话中指出：全国妇女要“人人互助”“处处合作”，实现真正的大团结，要抛开一切隔阂、门户、党派成见，共同为妇女运动的统一发展而奋斗！她的讲话进一步明确了妇女救亡工作的方向，给大家很大的启发和促进。宋庆龄在香港发表《向世界申诉》一文，愤怒谴责日本法西斯对中国的野蛮侵略，呼吁全世界妇女团结起来，制止战争，保卫世界和平，援助中国，援助西班牙，援助无数失去父母的儿童和失去丈夫的妇女。她的呼吁无疑为我们战时儿童保育工作创造了极为有利的条件。

经费的来源

为了筹集经费，儿童保育会设立了征募部，由李德全担任部长，我担任副部长，并由我和谢兰郁负责主持募捐工作。由于当时的舆论工作开展得很及时，开展得很好，我们的募捐活动很快就得到国内各界人士、各阶层人民和国际上的大力支持。记得在一个上午，向各界募捐就收集到捐款数万元，李德全当场捐献了 2503 元，我当场捐献了 20986 元。这样，仅 25 名战时儿童保育会成员和 8 个单位，在 1 个月之内即捐献现金 94845.23 元。到 9 月底时，经济委员会已征募现金 970418.4 元。比捐赠钱物更有效的是承担难童的生活费用，当时李德全自愿负担 511 个儿童的生活费用，实际上是一个保育院的全部生活费用；我自己也自愿负责募捐 442 个儿童的生活费用，也是一个保育院儿童的全部生活费用。当然，战时儿童保育会的整个经费绝不是少数人的一两次捐赠所能解决的。当时的征募工作是分国内和国外两个方面的，国内经济委员会分设了经济征募大队和物品征募大队，还设了一个联络组，“负经常与捐募者联络之责”；国外的征募工作由经济妇女团体协助进行。那时国外不仅有华侨的捐献，还有外国政府的捐赠，如英、美政府都捐赠过一些物资。可见举国上下以及国际友人都很支持这项工作。

孩子们在健康成长

战时儿童保育院的工作人员，对于自己所负担的工作都非常认真，大家不但在生活上照顾孩子们，而且注意培养孩子们的思想品德与情操。记得曹孟君在总会成立的第二个月，就举办了第一期保育人员培训班，从她提出的培训条件和培训内容可以看到，她重视保育人员的思想品行和对保育战时儿童考虑周到。正因为这样，那些流浪儿童和孤儿才在保育院里得到了照顾和帮助，生活也得到了稳定，他们在保育会请来的专职老师和工作人员的照顾和教育下学习各种知识。还记得当时我们去视察时，常常和孩子们一起唱歌谣。这些儿童是十分聪明可爱的，在他们幼小的心灵上，虽然受到了战争带来的创伤，但他们仍是天真活泼的。

我们在这一时期收养的儿童，现在分布在世界各地，李汉魂夫人吴菊芳女士从美国回来观光时告诉我，许多当时在战时儿童保育会里生活过的孩子，有的成为了科学家，有的是企业家了。我听到了这段话，心情十分激动，好像回到了当年的时光，同时也希望居住在海外的那些在战时儿童保育会生活过的孩子们，回到祖国的大陆来，为祖国的四个现代化贡献一份力量。

在我的一生中，在武汉的这一段生活虽然是很紧张的，但我认为也是很有意义的，因为我和许多朋友，以及无数的战时儿童保育会的工作人员一起，保护了许多儿童的生命，并使他们长大成人了。尽管仅仅做了一点我应该做的工作，我也为此感到十分快乐。

（刘沉刚整理）

云南妇女战地服务团散记

徐汉君*

一

七七事变后，全国各地青年纷纷行动起来，组织救亡团体，参加抗日工作。在云南省抗敌后援会和云南省妇女会的支持下，我们昆明市的女学生，相互联系，发动了1937年10月5日的游行请愿活动。游行开始才一百多人，经过几条大街，陆续加入游行队伍的女青年越来越多，最后形成4000多人的壮大队伍，浩浩荡荡向云南省政府所在地五华山前进。请愿队伍进入五华山，云南省政府主席龙云在光复楼前接见我们，作了热情的讲话，称女青年是云南省的新花木兰。

经过两天的酝酿，60名自愿报名的女学生组成云南省妇女战地服务团，公推我为团长，胡廷壁为副团长，吴秉坤、宋敏慧、姚仙名分别为第一、二、三区队区队长。每人凑出5元钱作伙食费，大家背上行李，到西山华亭寺集中食宿，开始了简单的医护、军训、宣传等科目的训练，待命开赴前方。

---

* 作者时任云南省妇女战地服务团团长。

二

西山华亭寺，成了我们女儿军的练武场。每天，我们鸡叫起床，首先爬山，继以军事训练，除学习医护常识外，还风雨无阻地到滇池游泳，或练习演讲，或在广场上进行歌咏文艺表演。我原来练得一套武术，为大家示范，勉励大家要吃苦耐劳，学好本领，为抗日救国献身。

一个月后，团部接到云南省政府的命令略称："顷接六十军卢汉军长来电，要战地服务团到前方工作，希即准备出发。"龙云并派军医处长周铭斋负责为我们进行必要的装备，如被服、背包、水壶、饭盒、工作衣、救护医药用品等。我们还在陆军医院进行了体检。体检时还出现一个感人至深的场面，1000余名女学生拥挤在陆军医院门前，要求参加体检，争取去前方。很多人带着眼泪迟迟不肯散去。

60名团员中除沙英华、马如琴、撒明腾、马少良、马玉仙、李淑珍6名系回族外，其余都是汉族。年龄最大的不过25岁，最小的才15岁。大家的战斗意志坚强，为了参加抗战，有的虽然婚期已订，也逃避家长的阻拦奔赴前线。

1937年12月13日上午7时，云南省妇女战地服务团出发。这一天，从昆明市正义路至东站，沿路站满了大、中、小学的学生，机关代表，各行各业的市民以及团员的家长亲属等上万人。标语贴满大街小巷，口号声此起彼伏；各单位和市民们放鞭炮，敲锣打鼓，给战地服务团赠送锦旗、纪念册、毛巾等。团员们全副武装，飒爽英姿，高唱着《义勇军进行曲》和《救亡进行曲》，乘军车缓缓行进，频频挥手向送行者告别，洒着激动的热泪踏上征途。

我们沿着刚修筑不久的京滇公路，驶过滇黔交界的胜境关到了贵阳市。贵阳人民团体为我们召开了隆重的欢迎大会，有关人员热情地赞扬和鼓励我们。

到长沙时，湖南省主席张治中特派他的女儿张素娥为代表，来我们驻地表示欢迎和慰问，赠给锦旗，并发给每人棉背心、绒裤、胶鞋等冬季服装及慰劳金5元。湖南的机关团体和人民，对我们很关心，大妈、姐妹常常拉着我们问长问短，请到家里殷勤接待。

第六十军在长沙设有一个办事处，处长邱向文奉军长电令：通知我们暂留长沙，驻在水绿洲集训，并参加野战医院服务。

云南籍辛亥革命元老李根源亲自来水绿洲看望我们，要我们努力锻炼，为国效力，为云南妇女争光。

1938 年元月底，我们奉军部命令离开水绿洲，来到湖北纸坊，卢汉军长和所属师、旅长接见和欢迎我们。此时正值农历春节，我们的同志分赴各师、各团去慰问官兵，演出一些文艺节目，受到云南子弟兵的热烈欢迎。

卢汉关怀我们的生活，要我们今后在部队里，把各级长官当父兄，把士兵当兄弟，互相关心、互相照顾，有困难随时报告，给予解决。并说，你们还是些小姑娘，来到前方战地服务，技术和知识都不能适应，现委托汉口女青年会总干事陈纪彝先生，借汉口心勉女子中学地址集训，集训时改称云南学生军训练班，由军部会同陈总干事聘请武汉的爱国知名人士讲课。卢军长还宣布给我们准尉级待遇，月薪 25 元，并发给军服、棉衣、黑皮鞋及其他生活用品。

大武汉，这时是全国的政治、文化中心，军事上的重镇，集结了数十万军队保卫，民众抗战情绪高涨。我们就在这种紧张热烈的气氛中接受军事训练。

我们训练班的主要科目有：日本侵华史、抗日民族统一战线、军事基本知识、游击战术、战地救护常识、野战医院临床实习、话剧和街头剧的排练化妆、救亡歌曲演唱和指挥、编写墙报和时事报告等等。邀请的教师有军委会政治部第三厅厅长郭沫若、知名人士邓颖超、史良、田汉、冼星海、曾昭正、安娥、金则人、金浪泊、王家齐、鲍超、董心铭、胡若愚、盛家伦等。还邀请一些大学教授前来演讲，并指定平汉铁路医院为我们学医护的实习医院。几家剧院、电影院借给我们作实习演出剧场，还组织参观了一些武汉救亡文艺的活动。

为了纪念滇军第六十军抗战业绩，我们邀请著名音乐家冼星海和安娥谱写了一支《六十军军歌》，歌词是：

“我们来自云南起义，伟大的地方。走遍了崇山峻岭，到了抗战的战场。

弟兄们！用血肉争取民族的解放，发扬我们护国、靖国的荣光。不能让敌人横行在我们的国土，不能让敌机在我们的领空翱翔。云南是六十军的故乡，六十军是保卫中华的武装；云南是六十军的故乡，六十军是保卫中华的武装！”这首歌，词曲雄壮响亮，我们在六十军官兵中教唱这首军歌，大大地鼓舞了士气，振奋了精神。

邓颖超给我们上了统一战线课，阐述国共两党紧密合作是挽救中华民族、战胜日本侵略的关键，教育我们要维护抗日统一战线工作，不利两党合作的事不做，不利两党合作的话不讲。她还从军事、政治各方面进行分析说，我国地大物博，人口众多，利于持久战，加之有国际上的支援，全国人民的团结奋斗，我们抗战必胜。她的讲话为我们指出奋斗的方向，加强了抗日的信心。

在我们训练班结业的前两天，郭沫若抽空来与我们开了一个座谈会。会上他亲切地询问我们学习的心得，鼓励我们要为抗战贡献力量，教导我们继承和发扬云南护国起义的斗争精神。

在训练班里，著名作曲家冼星海传授给我们许多抗战歌曲的演唱法和指挥法，讲解歌曲是激发千千万万人民和士兵的爱国情操最有效的武器，要我们很好地掌握它去鼓舞群众。

国立戏剧学校校长王家齐以及教师鲍超、董心铭、汤先生等亲自教导我们排练《放下你的鞭子》《最后一计》《流浪者之歌》《流亡三部曲》《新凤阳花鼓》等几十个舞台剧、街头剧。我们到武汉三镇街头演出了二三十次。戏演得真切感人，观众真把我们看成是逃亡难民，纷纷解囊捐赠钱物。

1938 年的“三八”国际劳动妇女节，武汉市妇女会邀请各方面人士开了一个女作家座谈会。参加座谈会的有来自全国各地的六七十位作家，还有邓颖超、史良、谢冰心、谢冰莹、丁玲、沈兹九、刘清扬、胡兰畦等知名人士，以及广西的学生军、工农妇女战地服务团的负责人和我们云南妇女战地服务团的负责人。大家欢聚一堂，畅谈抗战文学，许多光辉的作品，将千千万万妇女投入抗战活动的感人事迹加以报道。

3 月底，正是我们训练最紧张忙碌的时候，训练班的指导员余慧领来了几位英籍记者，他们是专程来对我们采访和拍摄纪录影片的。把我们受训的情况、救护演习、演讲宣传、文艺演出以及生活情况都录成影片，带回本国及西欧放映。他们还写了文章，纳入英国自修大学作为教材。当时，第二次世界大战将要爆发，英国记者报导我们的活动，目的是唤起英国妇女从军抗击法西斯。后来，《大陆报》还转寄给我们一份《五十五个云南女学生》的影印件，上面报道了我们服务团的事迹。

在心勉女中受训期间，我们编写了 4 期墙报，街头宣传 10 次，医院实习 10 余次。经过 3 次集训学习，我们确实锻炼了本领，扩大了眼界，增长了知识，熟练了技艺，提高了思想，坚定了抗战必胜的信心，为以后的战地服务打下较好的基础。

三

1938 年 4 月，集训结束即到湖北孝感花园参与六十军整训。我们在各团连队里教唱《六十军军歌》，演剧，编墙报，作时事讲述，代战士书写家信，还替他们缝补衣服。

4 月下旬，第六十军奉命北上，参与鲁南第二次大会战。云南健儿以血肉之躯，浴血奋战，重创了敌军。我军也遭受重大伤亡。

我们服务团部分团员带着后方慰问信和物品随第六十军作战部队北上，奔赴战场。只要枪声一停，马上就跑去救护伤员，或送水和食物到战壕里去。

徐州突围后，我们向运河方向转移，白天黑夜持续急行军。衣服又脏又烂，仅穿一件单衣裳，还帮助那些脚跛手断的兄弟，扶着他们过沟下坎。经过几个日夜的渴水饿饭生活，终于回到汉口，满身长出了又肥又壮的虱子。

我军在武汉的汉川医院、汉阳鹦鹉洲医院、武昌白沙洲医院里，半个月中，收容抢救了轻重伤员 3000 余人。由于伤员拥挤，我们配合后勤人员搭起几十个大帐篷，进行外科手术。我们服务团的女同志，夜以继日地辛勤工作，做医生的助手，为伤员动手术，换药护理，喂饭喂水，盥洗，洗衣缝补，代写书信。每当听到伤员们讲述英勇作战、壮烈牺牲的情景，或看到有的伤员因抢救无效、伤重死去，我们都会情不自禁地失声痛哭，唱出哀悼的挽歌。

我们在军医院 40 多天，坚持为伤员服务，还为伤员们演出，欢送养好伤的人员 1000 余名转回部队，重返前线。

四

第六十军参加了保卫大武汉的会战。这时，第六十军军部把我们服务团的团员，大部分分配所属各师政治部任政治队员，继续做宣传鼓动和战地医护工作。

分配到前线的同志在阳新、排市一带，随军阻击日寇，展开争夺战，持续 20 多天。日寇飞机空袭我后方交通线和后勤设施，轮番扫射村镇民房，硝烟弥漫，满目荒凉。但因为是山区狭道，日寇的重型武器、炮火、坦克不便活动，而我军的防守坚固，战局比较稳定。俘虏供称，日军碰上中国的“南蛮兵”很头痛，还把我们服务团的女同志称为“女南蛮兵”，我们白昼隐蔽空袭，常常谈笑风生，有人还凑了一首打油诗：

“古有花木兰，今有女南蛮。
奋起为国家，解放又何难？”

我们在这次战役中抬担架、抢救转运伤员，白昼隐蔽休息，夜晚参加战斗，配合作战部队阻击西进敌人。在虎头山战斗中，我军缴获了一些战利品，除武器上缴外，有的生活用品如军毯、照片、水壶等，部队还发给我们留作纪念。经过 20 多天的交锋，武汉沦陷，我军转移湘北。

五

1938 年秋，第五十八军由云南开赴湘赣，参加长沙会战。由于部队需要，我团白若芬等几个同志调到第五十八军新十一师野战医院工作。新十一师在湘赣北部运动战中截击敌人，转移频繁，军医处长徐尚甫以下 10 余人被敌人伏击，惨遭杀害，白若芬等同志毅然担负起医院手术及全部任务。在医药器械缺乏的情况下，抢救了不少伤员，较好地完成任务，受到了上级的嘉奖。

长沙大火后，敌人虽然撤退，但遗留下的伤、散兵员和难民是很多的，分配在第一八二师、第一八三师的 20 多名服务团同志，参加收容伤、散兵员送返原部队和救济一些难民的工作。事后随政治部到湘西晃县、芷江、辰溪、沅陵等地休整，组织群众，训练留守部队，作了大量的社会调查和文艺宣传工作。

赵凤稚、撒明腾、曾昭惠、马如卿、李淑珍、王琼珊等 6 人，随接收新兵人员回到云南。1939 年冬，又加入新三军第十二师第三十四、第三十五、第三十六团，由宣威背上背包，随军步行，沿京滇公路经贵州、湖南到江西万载，历时 3 个月，她们沿途书写抗日墙报标语，散发宣传品，教唱抗日歌曲，休整的日子里，还作文艺演出和时事报告。她们能同官兵打成一片，得到官兵们的热诚照顾和尊敬。

这个时期，从云南出发的抗日部队扩编为第一集团军，辖 3 个军即第六十军、第五十八军、新三军，驻防湘赣北部的平江、浏阳、铜鼓、修水、高安、奉新、万载、宜春地区。1939 年到 1942 年间，这 3 个军参加了第二、第三次保卫长沙战役，以及赣北奉新、高安的多次拉锯战。我们的少数团员，转到总司令部作译电工作。在军以下部队的，除负责政工外，还做些民众工作，如发动民众防谍、防奸，帮助军队运输、支援前线。

当时由于敌我双方战事均处于胶着状态，攻防进展不大，我们利用这一段时间在部队中积极开展了各项文体活动。如我们在老滇军的“雅集社”基础上成立了京剧团，由一批喜爱京剧的年轻官兵组成，作战间隙时为部队和友军演出，还去长沙、株洲、衡阳、吉安、赣州巡回演出，得到了当地军民的好评。

1939 年底，第六十军时驻赣北，击退了入侵高安、奉新的日军，收复了许多村庄，战地一片瓦砾，残墙败壁，遍地尸体，焦臭难闻。一些失去父母、无家可归的娃娃，枯瘦如柴，躺在破墙脚下发抖。我们把这些情景报告安恩溥军长。安军长说："你们是战地服务团，现在正好做这项工作。"他指示由团员张芝和政治部主任王林兴拟出计划批准后实施，即在驻地坳头村整理出三间民房，作为第六十军难童教养院，由张芝、王蕴莹、刘先德、杨日坤、宋桂轩等人负责。军部拨给经费。军部还通知所属各部队在附近 30 里范围内，发现无家可归的难童都可以送来。3 天收容了 37 人，后来增加到 57 人。

收容来的难童，男孩子比较多。多数患癞痢头、癞疮、生虱。入院后首先剃光头，换衣服，剪指甲，洗澡涂药脂。登记时都问不清姓名，听起来好像都是"丫仔""呀仔"似的。我们只好给他们起名字，男的用强字排，如张三强、胡自强……女的用"曼"字排，李曼丽、王曼蓉，教他们记清名字，喊名时答应"有"。

半个月后，孩子们的脸色开始出现红润，学习进步也很大，有的已学会 20 多个汉字，还普遍学会唱《义勇军进行曲》《长城谣》等抗战歌曲。我们对瘦弱生病的孩子喂饭、喂水、喂药，抱在怀中取暖，夜里同床睡，还用自己的钱买糖果给他们吃，教育他们大的帮助小的洗脸、洗脚、倒尿盆、扫地，像亲兄妹一样。天长日久，我们同孩子们结下了深厚的感情。

不到 3 个月，日寇又发动进攻，部队要迎战或调防，日机天天来骚扰轰炸，军长命令我们带领难童去赣南吉安，交给吉安难民收容所接收。我们率领这群小家伙，每天只步行二三十里。到吉安后最后一次为孩子们理发、洗澡、剪指甲、换衣服，排着整齐的队伍走进收容所，还嘱托他们要听话，不要乱跑。孩子们哭了，我们也哭了，全所的人都哭了。我们转回部队时，第六十军已由第五十八军接防，调回滇南保卫边疆，警备日军由越南进袭云南，我们分在第六十军的同志也一同随军返回云南。

云南妇女战地服务团 60 名战士，都想共同参加抗战到底，全始全终。但事实上，出发到长沙不久，就有李莹、邓秉珍等 6 位同志投奔陕北，加入中国共产党领导的革命队伍；吕传淑也打算去陕北，到风陵渡黄河时，不幸落水身死；李景淑、朱致和去陕北被阻，改道去新疆；其他同志随军抗日，足迹遍及贵州、湖南、湖北、江西、河南、山东、江苏、安徽、浙江、广西等省，接触千千万万民众，同滇南健儿一道，浴血抗战。1937—1942 年云南妇女战地服务团参与救亡图存、神圣抗战的战斗生活，于此告一段落。

江西省青年服务团的成立经过

夏征农*

我于1937年9月间，响应党组织的号召，由上海回到南昌开展抗日救亡工作。在南昌，我参与组织了“江西省青年服务团”，任宣传干事。有关情况回忆如下。

由于在江浙战场上，国民党军队节节败退，上海、江浙一带的青年学生纷纷流亡到南昌。他们大多是不愿做亡国奴的进步青年，而且是有组织的，特别是何士德率领的上海歌咏队，到南昌后，通过8次演出，产生了很大的影响。当时，国民党政府是把他们当难民看待的，要遣散他们。我想，如果把他们组织起来，就是一支重要的抗日力量。我同邹文宣等商量后，即着手一方面发动募捐，积极筹集资金，一方面与流亡团体接洽，征求他们的意见。大概在10月中旬的一天，邹文宣跑来告诉我：党中央代表陈毅同志到南昌来了。我真是喜出望外，即同邹文宣去看望陈毅（同陈毅一道来的还有涂振农，他们住在一个普通的旅馆内）。当邹文宣向他介绍我时，他好像见到久别重逢的朋友一样，握住我的手对我说：“我知道你是文学家，坐下来谈谈。”我请他讲一讲当前的抗战形势。他说：“形势很好，我这次来南昌，

---

* 作者时任江西省青年服务团宣传干事。

就是同国民党省政府讨论改编八省红军游击队为国民革命军新四军，但是要警惕，不要让大革命失败的教训重演。”我向他简要汇报了南昌的情况，说：“现在流亡到南昌的青年学生很多，我们想把他们组织起来，开展抗日宣传工作。”问他有什么指示，他立即回答：“这很好嘛！”临别时，他拿出 30 块银元交给我作为筹备费，并说：“很快要在南昌成立新四军办事处，以后你们有什么问题，可直接同办事处商量。”

这次谈话不久，新四军办事处成立了，负责人是黄道（他又是中共东南分局宣传部长）。黄道大革命时曾任国民党省党部宣传部长，我同他见过面。于是，在黄道的支持和指导下，组织流亡青年的工作很快就绪。这时国民党省政府来插手了，他们派王枕心来同我接洽，王对我说：“听说你正在把各地流亡青年组织成一个宣传队伍，政府很赞成，熊主席（熊式辉）特派我来同你商量，是否可以同政府合办，政府可以出钱。”显然，他们是企图用合办的办法来限制青年组织的活动，进而使之成为他们的工具，我没有直接回答他，我说：“这件事，我一个人不能决定，等同大家商量后再答复你。”我立即向黄道汇报，黄道指示：“可以合办，不合办他们可以随时刁难，反而不好，合办有了合法地位，事情就好办了。”同时又指出：“一定要肯定这个组织是一个群众性的青年抗日组织，这一点不能含糊。”我根据黄道的意见，答复王枕心同意合办。经过协商，规定组织的名称为“江西省青年服务团”，团长由熊式辉兼任，下设干事会，由王枕心、陈洪时和我三人组成。王枕心任总干事，陈洪时任组训干事，我任宣传干事，并决定由王枕心拟定工作手册，陈洪时拟定组训大纲，我拟定宣传大纲，提交第一次干事会讨论。

第一次干事会，在讨论陈洪时提出的组训大纲时，展开了激烈的斗争。大纲规定服务团的任务是集中训练，并开列了一大串训练项目，我坚决反对，指出这一大纲完全违背当时协商决定的宗旨。王枕心只好停止讨论，通过了工作手册和宣传大纲，把组训大纲搁了下来。从这以后，陈洪时再没有到过“青年服务团”。

“青年服务团”共有上千团员，编成 6 个大队（有同志说是 10 个大队）。

我记得：第一大队是以何士德的上海歌咏队为基础，大队长何士德；第五大队是以江苏无锡一带的流亡青年为基础，大队长陈某；第六大队是以上海暨南大学、大夏大学等学校学生为基础，大队长记不得是谁。还有桂家鸿、向法宜也是大队长。在编队时，又同王枕心等人发生争论，王枕心主张打乱各地青年原来的组织重新编队，用意是便于他们控制；我们坚决主张以各地青年原来组织为基础来编，没有组织的可以分别编到各个大队去。由于大多数青年反对打乱编队，王枕心只好取消他的意见。大队编成后，集中学习了半个月左右，即分别派赴九江、浮梁、吉安、上饶、赣州等城镇开展抗日宣传工作。时间在 1938 年 1 月。

“青年服务团”各大队一到指定的工作地，那些地方马上轰动了起来。他们通过唱歌、演戏、演讲、写标语、座谈会等形式，广泛开展宣传活动。同时，帮助当地青年组织起来，反对破坏抗战的汉奸特务。这样一来，触动了国民党地方政府统治的神经，国民党地方政府马上咆哮起来，大肆诬蔑“青年服务团”反对政府，破坏兵役，破坏抗战，向国民党省政府提出控告。摩擦一天一天尖锐起来，有几个县禁止“青年服务团”活动，并开始抓人。我向王枕心、熊式辉提出抗议：要求严令各县政府立即释放被捕人员，不得禁止青年服务团的抗日宣传活动。这时，国民党内部的顽固势力，也利用此事大闹起来。据王枕心对我说，省政府每一次开会，程时煌、范争波等人都要大嚷大叫一阵，攻击“青年服务团”是为共产党服务的，要取消，指名攻击我是共产党员，要监视我的行动。熊式辉则另有打算，青年服务团是熊式辉自己主张成立的，为的是想在这抗日救亡运动势不可挡的气氛下，替自己脸上涂上一层新的油彩（后来他又招揽许德琦、王造时等来赣工作，也是这个目的，利用他们装装门面），便不管程时煌等人的叫嚷，告诉王枕心：省政府已命令各县政府释放被捕人员，青年服务团各大队必须在各地政府领导下工作，不能煽动青年反对政府。当然，我们不能照着熊式辉的意见做。我对王枕心说：“我们的宣传和所做的事没有一点违反政府法令的，建议编印‘蒋委员长抗战言论’和‘熊主席抗战言论集’，发给各大队，以后就根据‘言论集’进行宣传，这样总可以放心吧。”他表示赞成。我又请示黄道，他也同意了。但摩擦终于在团总部爆发起来了。

为了能够经常为各大队提供一些宣传材料介绍交流各大队的工作情况和经验，宣传组办了一个小刊物《青年服务》，由胡某负责编辑。大概在 3 至 4 月间，《青年服务》发表了一篇介绍苏联情况的短论，这本来不成什么问题，苏联是当时唯一援助中国抗战的国家。叛徒傅惠忠却以为有把柄可抓了，他大肆攻击《青年服务》替苏联宣传，中国共产党是苏联的工具，还四处活动，指名骂我是苏联走狗。我忍无可忍，去找王枕心，问他为什么让这样一个共产党的叛徒、国民党特务在这里捣乱？王枕心没有正面回答，只是劝我不要理他。我知道，傅惠忠是国民党特务机关派进来的，王枕心是管不了的，其目的不仅是要把我轰走，更主要的是要破坏“青年服务团”。我向黄道作了汇报。经研究，为了尽可能保存“青年服务团”，避免正面冲突，决定我退出“青年服务团”。5 月间，我向王枕心正式提出，退出“青年服务团”。我和“青年服务团”的关系便到此结束。

滇缅公路的修建

我参加滇缅公路修建工程的经过

徐以枋*

1937 年 11 月，上海沦陷，南京危急。我当时担任全国经济委员会公路处督察工程师，出差安徽屯溪归来，知道经委会已撤离南京。公路处副处长赵祖康临走时，留下条子派我去江西与江西省公路局洽商加固公路桥梁。不久，又接赵祖康副处长电报，嘱兼程前往昆明协助省方修筑滇缅公路。当我坐车沿公路经长沙、桂林、贵阳到昆明时，已经是春节的前一天。在江西和湖南境内，沿途伤兵甚多，因此行车耽搁了一些日子。

滇缅路概况

1937 年 11 月，国民政府行政院下令云南省政府主席龙云，由中央拨款 200 万元，要他负责限期修通滇缅公路，打通国际通道，以利抗日。经委会公路处已派出工务科长赵履祺率领技士汤仁寿、技佐吴文熹来协助。云南省公路总局的负责人是督办禄国藩和会办杨文清。还有一个技监段纬，是美国普陀大学航空系毕业的，在云南省算是唯一的一个高级技术人员，他已陪同

* 作者时任全国经济委员会公路处督察工程师。

赵履祺等去路上查勘路线。我和杨文清会面后，他表示要亲自陪我去看路，并电约段、赵等在保山聚齐会商筑路事宜。路上，杨文清向我介绍了滇缅公路的一般概况。

滇缅公路全长959公里。从昆明到下关一段411公里，省方早在1935年修通。这次准备修筑的是从下关起至与缅甸交界的畹町河为止的一段，长548公里。修筑这条路，在天时、地理、人力、物力等方面都相当困难。这里每年雨季达6个月，特别是澜沧江和怒江两旁，雨季时期瘴气很厉害，据说一到清明节后，居民不敢出门，民间有"要过怒江坝，先把老婆嫁"的谚谣。地势方面，沿线越过横断山脉，山岭崇峻，水流湍急，石方艰巨，架桥困难。人力方面，云南省人口稀少，在西段筑路，民工须从东段各县招往。边境地区民族复杂，很多人吸鸦片烟，体力较差，做工效率很低。技工非常缺乏，吊装工人无处招雇。物力方面，除沙石材料可就近采用外，木材则须远途伐运，五金材料和机械设备更无来源。

保山会议前后

杨文清与我抵保山和赵履祺、段纬会齐后，商量如何在限期一年内打通滇缅公路问题。大家认为存在的主要困难有二：一是开山石方数量大，工程艰巨；二是桥梁多，特别是澜沧江和怒江的江面宽达90米左右，水流湍急，号称天险，要在短期内建桥通车，相当困难。经过大家分析实际情况，大体上商定几项原则：土方工程由省方负责组织各县民工办理；石方工程决定本着先求通后求畅的原则，暂时把开山路线的宽度改狭，由省方招工承办；省方对桥梁工程一再表示如一般河流上架设石拱桥或石台木面桥，还可以勉强承担，但澜沧江和怒江两座大桥，实在无力解决技术问题，要求中央帮助（后来交通部决定这两座大桥由我——这时我被派为交通部公路总管理处技正——在技术上负责，施工力量的组织与施工准备工作由省方办理）。会上还商定：全路尽快成立四个工程处、两个桥工处，边测量、边设计、边施工。禄督办和杨会办轮流赴路督工，段技监驻路领导各工程处施工，赵科长在路上协助督导帮助解决施工中的问题，我主要负责设计两座大桥并在施工时作技术上的指导，全路工程上遇有重大问题时，由大家一起商量解决。

保山会议商定施工决策之后，立即分头筹划进行。当时从全路整个工程情况来看，能不能在一年之内打通全线，关键在于澜沧江上的功果桥和怒江上的惠通桥能否及时抢修起来。而设计这两座大桥最感困难的是一点参考资料都没有，要是按照通常设计程序来做，时间上绝不允许。同时，高强钢索及水泥钢料构件，省内又没有条件购制，只能到缅甸的仰光想办法。因此省方配备一个能讲缅语的事务员给我，立即启程赴缅。临走前，我考虑为了争取时间，必须根据实地情况，采取应急措施，向杨文清提出两点建议：1. 根据澜沧江功果附近沿岸路线地形，不适宜马上建造正式桥，只能先造临时桥，争取早日通车，将来另选路线桥址。功果原有人行铁索桥的跨径宽度，请他派人量好告知，并迅速成立功果桥桥工处，立即组织施工力量，准备我到仰光后很快送回桥塔设计图，即能施工。我又想到我在仰光设计，分身不开，电请交通部公路总管理处调派副工程师郭增望兼程赶来，担任施工上的技术指导。2. 怒江上的惠通桥，我初步考虑利用原来只能通行骡马的一条新式悬索桥加以改建，但是要等我在仰光获得该桥原来的设计图纸，研究后再定。

功果、惠通两桥的设计与施工

我和杨文清等从保山出发，在途中勘察了老的惠通桥，完全符合我的设想，可以改建成公路桥。抵芒市后，杨文清向当地土司换了缅甸币“罗比”，并告知我在腊戌（缅境第一个市镇）有个朋友刘经理，可去拜访，或能得到一些帮助。当时进出缅甸边界都不需要护照。我和事务员坐车沿简便公路到腊戌，找到了刘。他谈起我国政府正委托中国外交协会的王艽生在仰光与缅甸当局谈判修筑滇缅公路的问题，并告知王艽生的地址。我到仰光后，就去访问王艽生，并通过他，会见了缅甸政府国防部秘书，谈到滇缅公路交界处畹町河桥归哪方修建，他表示请我方设计修造。我又得到他的帮助，从仰光工务局材料仓库了解了仰光造桥材料的供应情况。他还介绍一家华侨开设的铁工厂，厂主名金飞。我国驻仰光总领事馆证实这家铁工厂有相当信誉。于是我们前往这家铁工厂访问，承厂主热情招待，让我们住在厂里。我们经过这许多周折，才安顿下来，买到一些技术书籍，开始紧张的设计、绘图工作。我们把设计好的图纸分批送到桥工处，同时把在仰光采购的水泥、钢索和定制的钢构件，也陆续运回。在运输上也有不少困难。仰光有铁路到腊戌，但从腊戌到芒市，只能用小型卡车运送，而且要抢在冬季运完，因为畹町河上只有一条竹桥，仅能通过一辆轻型的卡车，一到雨季，竹桥被水冲掉，汽车就无法通行。到了芒市以后，还得改用骡马驮运到桥工处。

澜沧江上的功果桥是在 1938 年 2 月 25 日开工的。这条跨越澜沧江的临时桥，是一条柔性的悬索桥，跨径 90 米，木桥面净宽 3 米，可以通过 7.5 吨的标准货车一辆。施工时没有吊装技术工人，只好在仰光招了一个印度技工，让本地的工人跟着学习。建桥没有机具，就用土办法解决，连绞车也用木制的。这条临时性的大桥，在物质十分困难的条件下，花了 100 天时间，在 1938 年 6 月 5 日建成通车，对抢修该路其他工程在运输上起了一定作用。

位于保山以西 92 公里处的怒江上面，原来筑有一条比较新式的、能通过骡马和行人的悬索桥，名惠通桥。这是缅甸华侨梁金山（云南人）捐款修造的。怒江当时没有桥，他通过银矿的英国人请来一位印度籍工程师，设计建造了这条惠通桥。现在滇缅公路要求在短期内抢通，原则上决定把原桥改建为可通汽车的钢索桥。经访问梁金山和银矿的英国人，才探听到那个印度工程师在仰光的地址，并从他那里找到了原桥设计图纸。根据图纸进行了分析验算，定出改建旧桥的设计方案和施工计划。将旧桥改建成为一座桥面净宽 4 米、跨径 84 米、载重 10 吨货车、有加劲木桁构的悬索桥。该桥于 1938 年 7 月，即功果桥完成后不久开工，我和郭增望亦由澜沧江畔转移至怒江边继续指导施工。改建期间，除换桥面板外，仍维持人畜通行。我们克服了木料迟到，以及交涉掉换劣质钢索等种种困难，终于在 1938 年初冬抢修通车，又继续装建加劲木桁构等之后，于 1939 年 1 月全部完成。职工们在惠通桥桥塔的混凝土柱上，刻凿了一副对联“努力后方运输，增强抗战力量”，表达他们支援抗战的坚强决心。

全线修通　中外瞩目

滇缅公路能不能在一年之内全线修通，当时国民党政府极端重视，而许多外国人却十分怀疑。我在仰光时，宋子良也在那里主持筹备成立专门负责军事运输的军事委员会西南运输处。他通过我国驻仰光总领事把我找去，要我汇报全路路工布置情况和如何解决澜沧江及怒江上架桥的问题，问我究竟要多少时间才能全线修通。我说，工程浩大，困难不少，大家为了抗日正在全力赶工，估计 1938 年底以前可以修通。10 月间，惠通桥旧桥面尚未改建完成时，突然从缅甸开来几辆满载军火的卡车，上面坐着宋子良，非要通过惠通桥不可。要是不让通过，或者过桥时发生危险，便可以把贻误军运的责任推给交通部和筑路人员。在这种形势下，我们详细核算了旧桥各受力部件的最大荷载能力，同意卸下军火，搬运过桥，空车驶过。当卡车慢慢地驶过时，桥面呈现蛇形起伏。这次大胆尝试的成功，使大家在担忧中松了一口气。卡车过桥后，即装上军火，直驶昆明。于是宋子良便说什么西南运输处已把美援军火运进国内。实际上正式的军运，一直到惠通桥完成后约半年才开始。

国际方面也关心这条公路的修通。开工初期，英国大使馆参赞在赵履祺的陪同下上路视察，他对一年内修通的说法表示怀疑。国际联盟派来中国的一个法国籍专家穆欣到路视察时，指手画脚，也不信一年内能够修通。缅甸交通部长曾上路看了施工情况，对一年内修通的说法频频摇头。1938 年冬，功果桥已经建成，惠通桥改建也已大部完成，只有桥面板尚未铺上。美国大使詹森奉美国总统罗斯福的命令，取道滇缅公路回国，以便实地调查滇缅公路的修建情况。桥工处得到消息后，日夜赶工，把桥面铺好。他到达惠通桥时顺利驶过。他在桥上询问了工程情况，并拍摄了照片。听说他回到美国曾向罗斯福报告了这条公路工程和两条悬索桥的修建经过，对中国人民的伟大力量，表示十分钦佩。

公路西段的施工情况

滇缅公路西段的新修工程，起自云南的下关，经漾濞、永平、保山、勐腊、龙陵、芒市、遮放而达中缅边界的畹町河。从整个施工过程来说，可分为两个阶段。

第一阶段工程的目的在于抢通，由云南省政府负责，交通部派员协助。这一阶段省方动用了15万民工雇工，完成土方1998万方、石方187万方；修成了近100座桥梁，其中较大的除功果、惠通两桥外，还有洱河桥、漾濞江桥、胜备江桥、小老河桥等。其余小桥和涵洞颇多，一般采取临时措施，平原地段基本上铺筑了泥结碎石路面。从1937年11月下令修建之日起，至1938年11月，全线如期修通。工程质量虽因抢修关系，标准较低，但动员及时，部署适当，所以完工之快，确使中外称奇。另外，云南在龙云统治下，行政内幕情况我们不敢过问，只从表面看到一些现象。他们所谓“雇用民工”，我们在路上看到的是从几十里外自背十天半月干粮来应征的农民，困苦万状，所住窝棚极为简陋。至于医疗卫生设备，更谈不到。我在功果桥工地曾患痢疾，得不到医药，幸亏郭增望自带西药给我吃了，得以治愈。本省施工人员大部分暮气沉沉，有的工段主任还吸食鸦片。我们初到该路，看到一般工作效率很低，工作人员上午起床很迟，坐在办公室内听汇报，很少上路。一天吃两顿饭，下午4时下班后，即赌博玩乐。封建迷信也很浓厚，改建惠通桥的工人都不敢住在江边工地，即使晚上加班，连续浇混凝土至10时，仍不顾疲劳，一定上山去睡，屡次劝解不听。据他们说：“山下住不得，要死人的；你们都是天上星宿下凡，不要紧，我们不行。”当地还普遍流传一种说法，早晨太阳没有出来，不能出门，一出门就死。凡此种种，严重地影响了赶工的进度。当时龙云严令限期完成，压力很大，督办禄国藩和会办杨文清都很着急，力图整顿。我们及时提出一系列的建议，他们据以订出赶工的办法，严格要求全体筑路人员遵照贯彻执行。其中最重要的是破除迷信，延长工作时间，上午7时应即开始工作，一日改为三餐，收工时间根据具体情况决定，工段负责人及施工人员应上路工作等。云南省各级人员对长官命令不敢怠慢，因而办法一经公布，很快行动起来，对赶工起了很大作用。在公路总局，上自督办，下至工段主任都佩有手枪，下级不敢稍有拂逆，触犯长官。

艰巨的改善工程

滇缅公路于 1938 年 11 月修通后，施工的第一阶段结束，接着进入第二阶段，大力进行改善工程。交通部决定成立滇缅公路运输管理局负责施工，并兼办运输业务，而云南省公路总局就不再过问。部派谭伯英为局长，杨文清、安钟瑞为副局长。谭伯英是德国留学生，学机械工程，来滇缅公路之前任交通部西北公路管理局长。他不懂公路工程，从上海等地找来一些技术人员帮他工作。我以奉派协助云南省公路总局修通滇缅公路的任务已经完成，准备调回重庆交通部公路总管理处，但谭伯英因我熟悉该路情况，要求暂时帮他接管。后因该局工务科长周赞邦因病辞职，他请交通部派我兼任科长。但是我对谭伯英的作风已有看法，觉得很难共事，而且我早已向交通部讲明，维持过了雨季后，就调回重庆。1939 年冬，日军侵入内地，铁路人员大批撤退至后方，交通部调铁路上的李耀祥为滇缅公路运输管理局副局长兼总工程师，容祖浩为副总工程师。李一到任，就主张把滇缅公路主要工程人员全部调换他带来的人。消息传出，人心波动，特别引起谭伯英的严重不安，生怕李耀祥要夺他的权，立即向交通部表示反对，要求留我在局，并以他的去就力争。交通部长张嘉璈左右为难，不得不电嘱李耀祥和我飞回重庆面商。他单独找我谈话时，勉以继续办理滇缅公路改善工程为重，说："看样子，你只好留下去；李副局长我另外安排工作。"后来李耀祥奉派修筑滇越公路。我仍以公路总管理处技正名义，兼任该局副总工程师及工务科长。我和容祖浩两人配合，将李耀祥带来的一部分工程人员分别安排在工务科和各总段，大家尚能融洽无间地完成改善工程。

滇缅公路改善工程的范围，主要是把打通时那些路基太狭、弯道太急、坡度太陡、行车困难甚至危险的路段，加以拓宽或改线。工程量很大，全路有羊老哨、级三坡、天子庙坡、定西岭、杨梅岭、澜沧江和怒江两岸的双坡及三台山等几十处。因限于经费，经过改善之后，路基的宽度、坡度、弯度等还没有全部达到规定的标准，但比以前行车安全得多了。此外，还改建了临时桥涵，补铺了路面。但是由于当地气候特殊，每年 6 月至 10 月为雨季，雨量常在 1500 毫米左右，加上该路修建初期，没有时间进行路线比较测量，有些地段山层陡斜，土质不良，一到雨季就发生大量坍方，阻碍交通。我们根据各个地段的具体情况，沿路配备工人，随坍随抢，以免运输中断。1939 年秋天，山洪暴发，省方建造的胜备河桥、小老河桥被冲毁，临时抢修便桥和便道，维持军运。8 月间，我在视察工程时，接到漾濞江桥被冲断的电告，连夜赶到桥头。漾濞江桥是一条 5 孔 10 米的石台木面桥，一个桥墩已被洪水冲走，江流汹涌，无法用一般方法抢修。当即决定搭建一座临时性悬索桥，迅速调集惠通桥的贮备抢修材料，日夜抢修。这时一个邻近桥墩又被冲掉。经过周密调整需用材料，前后只花了 21 天时间，就把桥修通，恢复了正常运输。这一阶段，员工们为支援抗战，付出了巨大的辛勤劳动。

回忆滇缅公路修建过程

莫　喊*

修建滇缅公路，记得大约是在 1938 年。在修之前，芒市到缅甸已有一条牛车路，只是不宽，一般只是马帮通行。芒市土司去缅甸有时也坐他们自己的小车，但因路太窄，小车走走停停，从来没有顺利到达过。弄得小车驾驶员（芒辛寨塔芒新）毫无办法，只好请附近傣族群众帮着推。到 1937 年腊月，芒市土司派“法画准”到法帕召集老田亢、老辛，传达云南省总管官关于修滇缅公路的条文。条文中说：“现在国难当头，形势紧张，军火都停在缅甸的八莫，运不进来，只有在短期内把这条路修好，才能打败日本，中国才有出路”。第二天，各寨每家都出一人到木康放马场一带修路。放马场山高坡陡，野草比人还要高，男男女女只好搭草棚住下。修路相当辛苦，天不亮就得起来挖土，又没有推土机，完全靠畚箕和双手，人们只好一个挨着一个用锄头把土挖平，用畚箕挑土。管修路的司署官员对修路人特别严，白天劳动时，随时看着，哪个不积极便大骂。吃饭时间也很短，有的还没有把饭吃完就得继续去挖土。晚上一般要干两小时才让休息。到 12 点正司署官员开始清点各寨人数。清点时，“法画准”大声叫：“那

* 作者时为参加修路的民工。

应寨人齐了没有？法帕寨人齐了没有？”记得点到轩岗村时少了一个傣族壮年，到第二天点名时还没有来，司署的官员气得要死，到第三天那个傣族刚回到工地，“法画准”便大声问：“这两天你跑到哪里去了？修路那么紧张，你却不在！”那人回答：“我的大米吃完了，回家去拿大米了，请官家恕罪。”说完弯下头给司署官员磕头，“法画准”立即用脚重重地踩在那人脖子上，顿时鲜血从嘴巴流出来。人们看到此情景，都吓得面如土色，从此大家都不敢跑回家了。

修了将近半年，毛路基本上修出来了，接着叫我们铺石，当时采石没有什么机器，完全靠人工、靠双手。这一步工程相当艰巨，也进行得很慢，大家从芒市大河里找来石头，从山上扛来石块，先一个个地铺平镶在路上，搞了半天，有一个汉族监工手里拿着望远镜一样的东西顺着路走过来，看了我们这样铺路，他说：“这样铺是不行的，要先挖土坑，再把石头竖放下去，路面才牢固”。我们都照着他说的重新铺起来。他又告诉大家说：“石头铺好后，还要垫沙砾一层，这些沙砾太细不行，太粗也不行，沙石要有拇指那么大才合格。”

过了几天，“法画准”特别到我们工地告诉大家，说芒市官家已从缅甸跟英国人买了 16 辆卡车，用来运石头和沙子。当天下午，果然见 16 辆卡车开到工地上，一卡车颜色是红的，这时工地上人山人海都忙着看汽车，足足有半个小时大家才又劳动。

那天晚上，“法画准”把我叫去他的住处，对我说：“明天你跟我顺着这条公路到缅甸看一下，你的任务是帮我拿拿东西。”第二天我就跟着他，顺着还没有完全修好的毛路出发，一路上所看到的尽是修路者，人山人海，特别是广母至风平一带的飞机场附近大约有几千人。当时飞机场也同时修建。我们潞西人一直修到遮放户拉这一带。

我和“法画准”走了两天才到南坎。停在南坎的待运货物很多，一箱一箱的不知里面装着什么。大卡车也很多，我数了一下，足足有 63 辆，都顺大路摆着。

大路铺好石头沙子后，又传来土司的命令，说要在路面铺一层柏油，当时倒柏油的桶也是修路的傣族人从自己家里拿来的。柏油的气味很难闻，加之又烫，大家都很怕，有的傣族青年倒柏油时骂道：“修这么宽的路干什么？真累死人！”土司说：“人家要 3 辆卡车能平排通过，不修这么宽怎么行！”

（方向红整理）

忆滇缅路上的华侨技工

胡文义*

1937年七七事变后，交通运输线的争夺，一直是战争胜负的一大策略。敌人始终以切断和封锁我沿海运输线，断我外援，为其侵华的主要手段。我国采取反封锁、辟新线等对策，保持了国际通道的畅通，使物资源源不断送到前线，保证了抗日战争的胜利。

八一三淞沪会战爆发，上海沦陷，物资进口只有广州一口岸，当时香港、广州、武汉的物资接转，由1937年11月1日在广州成立的军事委员会西南进出口物资运输总经理处（简称西南运输处）负责。由于军运的对外保密，对外称兴运公司，后改称西南运输公司。先由广州市长曾养甫兼该处主任，因业务繁忙，1938年，中央派宋子良接替。所属机构遍及国内外，在越南河内、缅甸仰光，以及香港、昆明、贵阳、重庆、长沙等地段设有分处。先从美国进口载重汽车，并在广东、广西、湖南等省训练驾驶员和技工。云南人民在滇缅边境增辟了这条公路新线，省政府在1938年2月动员民工25万人，在原有昆明至下关、芒市至畹町的公路基础上抢修，建筑惠通、功果、漾濞三座大桥，经过蛮瘴荒僻之地，克服疟毒疾患之苦，于

* 此文系作者根据有关资料整理而成。

1938 年底，历时仅 9 个月，路线修通，粉碎了敌人的封锁计划，震惊了法西斯，名闻世界。

1938 年敌寇进攻广州，西南运输处迁来昆明，总处设在大绿水河，并在潘家湾成立运输人员训练所，地址在今昆明师范专科学校，学校的后层部分，划给辗转迁来昆明的北京、南开、清华大学成立的西南联合大学。运输人员训练所前面是茭瓜塘和菜地，现在已变成都军区第二招待所等建筑和宽阔平直的昆师路。

运输人员训练所除培训驾驶员、保修技工外，并开办乙级干部班、电讯班、管理班等配套人才培训。学员多属国内招考，另一部分是海外广大爱国华侨青年。华侨机工响应“南洋华侨筹赈祖国难民总会”的号召，回国参加抗日。这个总会设在新加坡，侨领陈嘉庚先生任主席，庄西言、李清泉任副主席，在新加坡、马来亚等埠号召捐献汽车，组织华侨青年参加“南侨技工回国服务团”；宋庆龄女士在菲律宾的“华侨抗日动员总会”，组织华侨技工和侨居各国的侨胞，热烈响应出人、出钱的号召、踊跃输将，于是汽车和人便不断运回祖国，运回的福特、道奇、白氏、司蒂倍克等牌载重卡车，装备了 3 个大队，每大队 200 多辆车。南侨技工回国服务团的熟练驾驶员、修理工、医务人员等，共达 3032 人。

回国的华侨机工，先在昆明潘家湾运输人员训练所，接受短期的军事训练和技术操作训练，以适应战时和防空的需要，毕业的驾驶员分编为华侨先锋第一大队和第二大队，驻在滇缅边境的遮放、腊戍，担任缅甸进口的边境运输任务。他们和国内司机一起，在敌机轰炸和袭击中，流血流汗，不避艰险，前赴后继，使这条包括缅甸境内的全长 1000 多公里的滇缅国际交通线，像大动脉血管一样，使抗战顺利进行。每日由国外输入的军用物资，保持在 300 吨水平，保证了祖国持久抗战的需要。华侨机工的光辉业绩与滇缅公路的重要作用，为国内外人士所称颂。

西南运输处共有 27 个汽车运输大队，其中 3 个大队全是由归国华侨组成，每个大队的 200 多辆卡车，全是海外侨胞捐献。为了识别华侨司机与国内司机，西南运输处给每人发给一条手链，链上刻有本人姓名、籍贯，由何处回国等字样。抗战胜利后，华侨机工复员时，每人又赠送铜质纪念章一枚，刻有“华侨技工回国服务团荣誉纪念章”和“保卫祖国”，中心刻有汽车方向盘图样，下面署名“军事委员会西南运输处赠”等刻字，是华侨机工极为珍贵光荣的纪念品。当时联合国救济总署拨款，每人赠给500元美金，其中300元是奖金，200元是旅费，分5批复员，送回原侨居地。已在云南建立家庭、愿留在国内的200多人，参加了昆明侨联的组织，并成立了一个华侨机工组，留下的200多人中，有20多人返回了自己的原籍家乡安居乐业。

回国参加抗战的华侨机工，在运输工作中，有的在敌人的直接轰炸袭击下光荣牺牲，如曹岳生、蔡崇礼、钟少伟、谭锦凤等，还有的死于瘴疟，他们为祖国的独立生存，贡献了宝贵的生命。可歌可泣的事迹，令人景仰，他们与滇缅公路运输史的功勋，将永垂不朽。

西南运输处与滇缅公路、归国华侨，对抗战的贡献是同体相连的，它由国外运入物资，又在国内分散接转，随战场的转进而发展，机构遍及国内外，当时是我国公路运输力量最大最重要的运输机关。除运入军用物资外，还运输出口钨砂、桐油、猪鬃等特产。全处员工不下2万人，汽车3000多辆，他们不怕牺牲，辛勤劳动，受到盟军和国人的赞扬，业务蒸蒸日上。但由于仓储设备考虑不周，仓管不善，运入的庞大物资，仓库不够，堆积露天而引起爆炸惨案，是业务上的过错。

1939年初，西南运输处在遮放以东2公里处建仓库6座，容量为5000吨。开始时吞吐量尚可应付，1940年春季，因柳州抢运物资，滇缅路国内段的部分车辆，奉令内调减弱了国境线上的接运力量，由缅运进的物资，积存日多，仓库爆满。4月初又遇交通部运到修筑铁路用的烈性炸药数百吨，在无安全堆放地点情况下，暂存放在遮放东仓库附近200公尺的围墙外。4月12日晚9时炸药爆炸，火焰冲天，声震大地，流弹四射，守库员工及邻近居民，被烧死和中弹者40多人。爆炸延续到次日晨4时，火势和炸声稍减，施救人员才能近前抢救，仓库物资已焚毁殆尽，成了一片焦土。经过调查，其爆炸原因，是多向的，主要是烈性炸药堆积过多，加以气候炎热，温度升高，引起化学作用，性质属于自然爆炸着火。事件发生后，西南运输处主任宋子良、副主任龚学遂，及警卫稽察组长张炎元等，从重庆赶到现场，处理善后和查究事故。当时中央派军法处人员来调查处理，将所有当事人员，概行分别轻重议处，但鉴于这些人员，历次抢运有功，应受之处分，均奉命免于执行，而西南运输处因此缩编机构、裁减人员，受到舆论的指责，虽有功绩亦免不了予人以攻击之实，影响到了整个业务的前途！

实业界内迁

中国实业界的“敦刻尔克大撤退”

卢国纪*

1937年7月爆发卢沟桥事变。为实行对日抗敌，国民政府行政院在8月10日举行的324次会议上，通过首先将上海工厂拆迁内地的提案。八一三事变的突发，使这项提案的施行变得更为紧迫。8月21日，上海工厂迁移监督委员会在沪成立。从8月27日起，爱国的工商业者和广大职工冒着枪林弹雨，日夜奋战，将大批机器设备和技术人员，陆续撤向内地。

根据国民政府当时的决定，由沪拆迁工厂的第一站为武昌徐家棚。但随着战局的恶化，国民政府于11月20日宣布迁都重庆，南京随之沦陷，武汉亦告危急。

在此情况下，1938年3月28日，在武汉的各内迁厂方代表与国民政府经济部商定，将所有已撤至武汉的工厂设备再次迁往大后方重庆。已撤至武汉的大批机关和学校，亦拟分批撤至重庆。

当时中国的交通运输工具少，如此大规模的撤退任务绝大部分有赖于水运。因此从抗战一开始，国民政府即委任掌握了大量船只的民生公司总经理卢作孚为国民政府军事委员会第二部副部长兼运输联合办事处主任，随后又

---

* 作者为民生公司总经理卢作孚之次子。

委任他为交通部次长。至此，一个大规模紧急撤退的重担，落在卢作孚的肩上。

一、抗战初期的抢运工作

抗战之前，民生公司的主要业务是办理重庆、上海之间的客货运输。淞沪战事一起，上海烽火连天，江阴水道封锁，民生公司的主要航线顿时被割断。当时有人对此十分悲观，认为战事一开，民生公司的生命就完结了。

其时，正在南京帮助国民政府研究总动员计划草案的卢作孚却并不这样看，他说:“国家对外的战争开始了，民生公司的任务也就开始了。”他认为，长江下游的水道虽然沦入敌手，长江中、上游的水道仍大有民生公司的用武之地。他以“民生公司应该首先动员起来参加战争”为口号，号召公司职员积极拥护抗战，投入全民抗战的洪流。

1937 年八九月间，为支援江浙前线的战斗，四川部队 4 个师、两个独立旅的数万官兵要出川抗日。民生公司集中了所有船只，在半个月内将这批部队由重庆、万县两地赶运到宜昌，圆满地完成了运兵任务。

此后，上海战事吃紧，长江下游及沿江各省的厂矿陆续内迁，居民相率逃难，长江航运顿时紧张。于是，民生公司的船只便改以镇江为起点，除搭载难民外，还抢救各种物资约 5000 余吨，联运至南京或武汉。

由于日军步步紧逼，上海弃守，民生公司的船只又改以芜湖为起点，撤退金陵兵工厂，以南京为起点，撤退国民政府的人员、公物，学校的师生、仪器和图书等，以汉口为起点，撤退所有的兵工厂及钢铁厂。

在此期间，民生公司的船只第一期运送物资 1.2 万吨，两个月完成。第二期运送物资 8 万吨。按卢作孚的意见，第二期的运输划分为两个区间：集中长江上游轮船，担任宜昌、重庆区间的运输；集中长江下游轮船，担任汉口、宜昌区间的运输。第二期除运送物资 8 万吨外，还运送了国民政府中央机关的全部人员、学校的大批师生、航空委员会的全部航空器材以及大批工厂设备，其运输量也在 8 万吨以上。

1937 年 12 月，南京失陷，武汉时受日机轰炸和骚扰，民生公司遂以长江中、下游船只及海运轮船的全力，与招商局、三北轮船公司合作，将已撤至武汉的人员和器材，再次抢运到宜昌。

1938 年 5 月，当民生公司在武汉承担抢运汉阳兵工厂、汉阳及泸河沟铁厂器材的时候，蒋介石借“统一调配运力，便利抗战运输”的名义，强迫民生公司把全部船只交给军政部，由运输司令部掌管分派差运事宜。面对民生公司的生死关头，卢作孚一口承担所有撤退物资由民生公司包运，并且每吨货物只收平时运费的十分之一，负责将积压在宜昌的 8 万吨器材全数运川。另一方面，卢作孚又通过张公权（时任铁道部长）等在何应钦（时任军政部长）前为民生公司游说，以抢运金陵兵工厂的成就来说明民生公司有承担大规模运输任务的能力。同时还提醒何应钦等人，如果政府将自愿的承运改为硬性的派差，可能反而会干扰运输和完不成计划。而这样一来，民生公司也会因此破产，引起舆论的谴责。蒋介石反复权衡利弊，最终撤销了前令，民生公司才得以继续存在。

二、宜昌大撤退

1938 年 6 月，日军调集南北两战场兵力，沿陇海路和长江大举西侵，准备夺取郑州和武汉。国民政府在组织武汉保卫战的同时，将前期运至武汉的物资陆续撤至宜昌。

汉口、宜昌区间由大船上运之物资，集中到宜昌后，均由民生公司的川江小轮转运入川。这两区间行驶船只的载运量相差悬殊，往往是汉宜段大船每航一次的载运量，川江船只必须转运若干次。这种在转运上脱节的情况，使在宜昌待转的货物器材滞积日多，以致仓库、货栈、驳船等设施都不够用。

当时，虽然民生公司增设了临时的仓储设施和驳船，增建起重设备，增添雇用 300 多名装罐工，卢作孚还特派童少生以重庆总公司业务经理兼宜昌分公司经理长驻宜昌，加强布置和指挥。但是，由于长江上游已近枯水季节，宜昌以上河段不能行驶大船，所以，宜昌物资积压的情况仍然未能得到缓解。

1938年10月下旬，在日寇南北夹攻之下武汉失守。此时尚有3万以上的待运人员、9万吨以上的待运器材在宜昌拥塞着。全国兵工业、航空业、轻工业的精华，完全滞留在这里。

宜昌城内一片混乱，敌机不时临空骚扰，满街都是撤下来的公职人员和难民，人心浮动，惶恐不安。城外江边，从宁、汉运来的兵工器材、飞行器材、武器弹药，后勤辎重等等黑压压地沿江堆放，绵延数里。这堆积如山的宝贵资财，为国家的经济命脉所系，如果一旦被炸毁或落到日军手中，后果不堪设想。

宜昌告急！宜昌告急！

驻宜昌的各轮船公司从大门口起，直到每一间办公室里，都塞满了来要船只的各部门人员。轮船公司的职员们，主要精力都花在办公交涉上，甚至没有时间来办理运输，情形十分紊乱。

此时，卢作孚已由渝飞宜，他以军委会水陆运输管理委员会主任的身份，在宜昌召开紧急会议。会上，依据船长、领江们提供的情况，估计川江水位尚能维持较大船只航行40天左右。于是，卢作孚提出以40天为限作出运输计划，由各机关据此分配吨位，各自选择重要器材，配合成套，次第起运。

当大家听到40天内保证可以撤走的消息后，人人心中都放下一块石头，混乱的状态被克服，各职能部门转入有效的工作。

紧张的抢运展开了。

由于川江滩多水急，只能白昼航行，于是民生公司的船只便尽量利用夜间装船。因为从宜昌上溯至重庆的航程需要4天时间，下水至少需要2天时间，民生公司又采取尽量缩短航程的办法。除将最不容易拆的设备直运重庆外，一般的货物只先运至万县、奉节、巫山等地，有的货刚运进三峡即下。这样，每日清晨均可从宜昌开出5艘或7艘轮船，下午也总有几艘空船驶回宜昌，保证了运输的不间断。

为了缩短装船时间，卢作孚还要求各交运单位将待运物资提前装箱，运上囤船，作好种种准备。而从上游驶回宜昌的空船，也在途中将船舱盖板揭开，舱门敞开，起重机检修待用。

空船一驶进宜昌码头，那一条条早已装满物资的驳船即被拖轮拖至空船边加固。空船上的起重机也立即伸出吊臂，从囤船上吊起大宗货物，堆放在早已敞开的货舱内。无论是敌机临空扫射，还是风雨交加，抢运工作都在不停顿地进行。宜昌两岸和轮船、囤船、驳船上的灯光相互辉映，犹如从九天撒落下无数颗绚丽的星星。岸边的工人们分为数人或数十人一队，吆喝着响亮的劳动号子，肩挑背扛，将一台台机器设备源源不断运上驳船。这紧张的撤退抢运，谱成了一首极其悲壮的交响曲，显示了中国人民团结一致反抗日本帝国主义的无比威力。

经过 40 个日日夜夜的抢运，滞留在宜昌的人员全部脱离了险境，积压的器材抢运出了三分之二。卢作孚的好友晏阳初事后曾惊叹这一规模宏大的成功撤退，将之誉为“中国实业界的敦刻尔克大撤退”。

晏阳初的这一比喻并非夸张，因为当时在长江上游仅有 24 艘中国轮船，其中还有两艘不属于民生公司。从这个意义上讲，民生公司为抗日战争作出了不可磨灭的巨大贡献。当时虽亦有数条外轮在长江上游，均因保持“中立”而拒绝运送有关中国抗战的一切物资。

在此次宜昌抢运中，民生公司为了报效国家，对兵工器材每吨仅收运费 30 元至 37 元，其他公物收费仅 40 元。民间器材每吨收费 60 元至 80 元不等。而承运商品的外国轮船，每吨收费竟高达 200 元至 400 元。在此次抢运中，民生公司有 116 名职工为祖国献出了宝贵的生命，另有 61 名职工受伤致残，这是我们永远不能忘记的。

三、最难的是准备战时运输

从宜昌到重庆的大规模撤退工作，是整个抗战运输中的一项最艰巨的工作，这项工作之所以最终能够完成，与卢作孚的远见卓识分不开。早在抗战初期，卢作孚就认为，在抗战中最难的还不是运输，而是如何准备运输，做到未雨绸缪。

抗战开始后，民生公司有46艘轮船，其中的32艘均以柴油为燃料。江阴水道封锁后柴油断绝了来源，当务之急是要寻求这种燃料。于是，民生公司接连派人到香港、广州和长江沿岸，千方百计购买油料，共得4000多吨。这批油料在汉口至宜昌的撤退中就用去2000多吨，否则有船也开不动。

抗战前民生公司有16艘轮船，一半以上在上海维修，五金材料完全取自上海。一部分船用机器设备是外国制造的，其配件主要来于国外。战争开始后，上述材料完全断绝了来源，而维修船只的重担，也落在民生公司自身上。这样，寻求五金材料和扩充民生机器厂，就算民生公司的第二件大事了。

好在民生公司一向善于改造轮船，遂尽量在宜昌及其附近接收长江中下游逃难而无所依归的旧船，将其锅炉、机器及船壳彻底改造和整修，使之能勉强航行于长江上游。

民生公司便这样先后接收逃难船只60余艘，但其中可以改造的适用的并不多，乃决定新订造以煤为燃料的新船，前后共15艘。另又造以油为燃料的浅水船2艘，以满足川江航运的需要。

国民政府迁川后，川江航运成为大后方运输的主干。为了战时运输的需要，民生公司不断增添船只，其最多时为1939年，共有轮船116艘，30400余吨。那时收购的旧轮达到最高纪录，订造的新轮则尚未完成。此后新轮17艘陆续加入航行，又购得海关轮船4艘，共有船舶137艘，36000余吨。过了一段时间，又因部分船只不适用于川江的航行而拆解了20余艘，被炸毁沉没15艘，仅有7艘被打捞修复。

一般人觉得，拥有大量船只的民生公司维持战时运输，绝不至于感到为难。事实上，在运输过程中要准备油料、零配件和备用船，还得培养后备船长，准备工作的量是很大的。

四、巨大的损失与牺牲

在宜昌沦陷前，民生公司为了抢运长江中下游的难民和物资器材入川，把抗日部队不断运往前线，付出了巨大的损失和牺牲。在此期间，共有 100 多名职工伤亡，令人伤悼。此外，先后被敌机炸毁炸伤船只 16 艘，其中无法打捞及修复的共 11 艘，9700 吨。在撤退抢运中，因汽油着火、炮弹爆炸等，又损失驳船 4152 吨。至于民生公司被敌机炸毁的厂房、仓库、机器设备，以及被损坏的码头、囤船、货栈等等，亦为数甚巨。

在抗战期间，运费、票价都由政府当局限定，而运输开支却无法限定。远在一般物价尚未限价之前，轮船即开始限价了，其水准比一般物价为低，更比轮船本身所需的油料、零配件的价格为低。例如，1943 年钢板的价格已超过战前 1000 倍以上，圆钢条超过战前 300 倍以上，柴油超过战前 300 倍以上，机油超过战前 200 倍以上，煤炭超过战前 120 倍至 160 倍以上，其他物价也无不超过战前百余倍乃至数百倍。唯有轮船的票价、运价平均仅比战前提高 40 余倍，再加上名目繁多的差运，遂使民生公司的收支失衡。

民生公司除战时被炸毁沉没的船只外，尚有 98 艘船。其时川江航运的最大限度，仅可从其 40 艘船只运行，其余船只无法航行，但得准备航行。因为，首先需根据差运的缓急备好船只，其次因江水涨落的变化需要备好船只。嘉陵江水易涨易落，涨水时使用 5 艘烧煤的船，退水时立刻要改换 5 艘烧柴油的浅水船。要维持一组轮船的经常航行，即需要一倍以上的船只备用。凡此困难，均是外人难以理解的。因此，在战时参加运输的若干轮船公司中，民生公司亏损最大。

抗战胜利后，因民生公司对抗战勋劳卓著，国民政府曾传令嘉奖，授予其总经理卢作孚一等一级奖章，副总经理童少生一等三级奖章。

内迁重庆的冠生园

俞少庵[*] 萧宇柱

冠生园是抗战时内迁的大型食品企业。它在后方开办第一家罐头厂，兴建了机制糖果、饼干工厂，填补了食品工业的空白。并以重庆为经营中心，设立重庆分店，又向西南大中城市发展，在昆明、贵阳、成都、泸州相继开设分店和食品厂，产销结合，工商一体，在战时后方食品行业中居于领先地位。

辗转内迁

1937 年七七事变发生，同月 28 日国民政府资源委员会林继庸等衔命由南京赴上海动员民营工商业内迁，加强后方实业建设，以适应抗战建国需要。上海工商界的爱国人士积极响应，掀起内迁的热潮。

冠生园总经理冼冠生将冠生园加入内迁行列。他于 8 月 10 日从上海去南京，与军政部所属的军需署商洽在后方设厂，日产 3 万听（每听 1 磅）的黄豆牛肉罐头供应军用，双方于 12 日深夜完成合同签订手续。第二天冼冠

* 作者俞少庵时任重庆冠生园会计主任。

生即赶回上海，这时八一三事变发生，京沪铁路军运繁忙，客运停止，只得改由京杭公路乘汽车到杭州，再搭火车返沪，在一片战乱纷扰中，将罐头生产设备和糖果、糕点制作机器等抢先拆卸装上轮船首先运出，抵达汉口，随去的有技术工人多人。紧接着又将从德国进口的生产饼干机器、加拿大面粉几百袋和向国外购进制造罐头用的马口铁皮一批，向内地转移。战况日紧，敌机对驶往长江中、上游轮船狂轰滥炸，这批器材、物资改用两艘大木船装运，从内河行驶，到安徽和县，再经芜湖驶往汉口。船到和县停下等待押运人员接家眷西上，因耽误行程，敌军推进甚速，已占领了芜湖，截断去路，两船器材、物资全部落入敌手。

冼冠生忙完了生产设备、器材物资内运和安排好冠生园上海总管理处生产经营后，才动身离沪。因长江被敌封锁，他乘飞机赴香港，再由香港飞抵汉口。这时已是1938年初，冼冠生立即筹划建立罐头厂，在职工们不分昼夜的辛勤努力下，安装好生产设备，投入生产，刚要完成首批生产任务时，日军节节逼近，又将生产设备拆卸，准备迁往重庆。当时大批人员、器材、物资壅集汉口，转运入川，运输船只供不应求，军需署以前线需要任务紧迫，不容久等，同冼冠生研商后，改迁湖南桃源，由该署设在桃源的粮秣实验厂协助，因陋就简草建厂房，邻近的常德一带是产牛区，原料供给便利，生产了大量的牛肉罐头，源源供运军需。后来，日军进犯湘西北，再度拆迁，经贵州撤至重庆。经济部工矿调整处给予拨地和贷款，在近邻化龙桥按设计施工正式建厂，成为西南地区仅有的罐头厂。

开拓经营新局面

冼冠生在安排罐头厂内迁的同时，亲自主持了冠生园经营重心向内地转移。上海沦陷后，冠生园的四层钢筋水泥结构工厂，被日军占据，设立司令部，未运出的生产设备全被拆毁。冠生园总管理处和总营业所因在英租界内，暂时得以幸存，但也只靠临时设立小手工作坊来勉强支持。其他各地分店，在日军和伪军双重骚扰下，业务无法维持，相继停止。由上海、南京、杭州撤至汉口的员工及家属数百人。这个时候，汉口的人口骤增，各行各业呈现短暂繁荣，食品、饮食行业的生意特别兴旺。冼冠生抓住有利时机，对冠生园汉口分店进行督导和扩展。把各地来汉的部分职工作了安排，增加生产，加强业务经营，约半年时间，获利竟达 30 万元。但战火日益逼近，汉口终非长久之计，冼冠生乃将经营重心移转重庆，积极筹划开办冠生园重庆分店。汉口分店这段时间的盈利，除先后汇去上海总管理处 10 多万元偿还债款外，其余几乎全部汇往重庆，并将生产设备和原材料运去，这是冼冠生筹办各地分店投入资金最多的一次。他指派原南京分店副经理谭子韶和 40 余名职工去重庆进行筹组工作。

冼冠生于 1938 年夏末来到重庆，在最热闹的都邮街开设重庆分店，经理由徐佩瑢（原南京分店经理）担任，会计主任由俞少庸（原上海总管理处会计、汉口分店会计主任）担任。并在赣江街设立食品厂，来龙巷设立饼干厂。其后，罐头厂迁来，选定化龙桥为厂址，由厂长程道生（原汉口分店协理）负责新建。

重庆地处西南水陆交通枢纽，也是西南经济中心，抗战爆发后，国民政府西迁，又成了战时首都，人口稠密，市场繁荣。冠生园重庆分店成立后，仍是经营各类糖果及新式糕点的产销和粤菜粤点的供应，同业不多，竞争没有上海激烈。本地同业中著名的华山玉、稻香村、日升桃片厂等都是从事川帮、苏帮糕点和杂糖、蜜饯产销，与冠生园没有矛盾。由江浙和湖北等地迁来的同业，虽然生产水果糖和一些糕点，因是手工作坊制作，质低、量小、成本高。而冠生园的各种水果糖、饼干等，都是机器生产，产量大、质量高、成本低，因此冠生园几乎以压倒优势独步重庆市场。它的粤菜粤点供应，在京、沪、汉已负盛誉，饮食部开业以来，经常门庭若市，座无虚席。为了满足广大消费者的需要，在关庙街（现在的民权路）设第二支店；道门口设第三支店，这地带是金融业的集中地，特设西餐部；太平门设第四支店，因山货业、药材业等行号颇多，附设饮食部；还在游览胜地南温泉特设支店，附设饮食部、招待所以及面包车间等。重庆分店及所属各厂、支店共有职工 400 多人，规模颇大，经营面宽，仅次于抗战前的上海时期，而凌驾各地分店之上。

冼冠生谋求事业的进取、发展，风尘仆仆，亲赴各地筹建分店，对选定店址，安排生产经营，布置店堂等，都详加规划，力求得当。由重庆派去的管理和生产人员安置在各地分店作为骨干。1939 年建成昆明分店。1941 年建成贵阳分店，同年又建成泸州分店。1943 年建成成都分店。这些分店均设有支店、食品厂和饮食部。除此之外，还设有不少的代销店，分布在一些较大市县。

申新纱厂西迁记

章剑慧*

迁厂奇迹

1937年日本发动全面侵华。不到一年，江浙沦陷，南京失守，敌骑蹂躏大江南北，遍地哀鸿。而上海租界，仍金迷纸醉，为富人享乐之所。亡国悲剧，即在眼前。当时政府声称长期抗战，首都初迁武汉，继迁重庆，并号召各工厂内迁。但当时因西北及西南内地缺乏建立工厂之条件，不少工厂无法内迁。

此时我适为汉口申新第四纺织厂厂长。我们老板荣德生，亦因无锡失陷，避难来汉，常常召我谈话，称我年轻有为。

某一天早晨7时，我尚未到办公室，有一门卫来报告：“有一批客人，包括男女多人及外国人一人，仅说是政府派来的，未得允许，已直进车间参观了。”我亦急进入车间，遇到了他们即自述身份并予以招待（因我一看即知是蒋夫人宋美龄）。参观完毕找我谈话。我即延请他们同往我厂旁的厂长住宅客厅内。此时方知内有外籍顾问端纳及“新生活运动”总会的四五位负

* 作者时任汉口申新第四纺织厂厂长。

责人员。其中有一位女士，系前南京某大学校长，邑人唐慰芝之长媳俞庆棠，其正在负责发展手摇纺织机，称为“七七纺纱机”。蒋夫人问了我厂的范围及生产量后，即对随来人员讲：“你们七七纺纱机，千辛万苦地发展了十万个厂，还不能抵这一个厂。所以为供应抗战后方衣被所需，这个厂是非迁不可的。”我就提出抗战最后根据地是何处，应该搬到什么地方去？并报告我们这个厂有 5 万纱锭，1000 台布机，1 个染厂。机器装箱，就要木箱 2 万多只，运输吨位要达到 1 万吨，没有政府力量是不可能的。她听了未予置答，立刻就走。待中午 12 时，市长吴国桢来电召我开会。到会场时，武汉有名的纺织面粉界老板 20 余人均已在场。吴大发雷霆，他说：“我很久催你们迁厂，为什么你们至今不理？现在已有蒋委员长命令下来，如再不迁厂，你们都要作通敌论罪。”回头再问我：“是不是你请蒋夫人去看纱厂的？”

此时，荣老板及纱粉两厂经理、副经理均已离汉到上海租界去了，幸经理李国伟走时给我全权处理有关工厂的一切事务。我回到厂中即召集了各部主管及工程师蒋叔澄、黄亦清、章则汶等开会，决议立即停工，动手拆机。幸而我成竹在胸，早有准备，木箱已准备到 80%，并赖蒋、黄、章三位主要人物，均为我知己好友，大家同心同德，率领全厂 2000 余工人，日夜动手，拆机装箱。但又发生了运输的困难。因此时日军已溯长江入侵，而国军军运紧张，无交通工具可以利用。我乃亲见运输总司令，他先置之不理，后经站在他门外 3 个小时，方始得其手令，要铁路当局尽力协助。因此铁路上的货车，源源到厂，使我厂机器得由京汉路转陇海路而抵宝鸡。该处为当时陇海路的终点站。同时我更向宁绍轮船公司的经理郑君力争到专派轮船，由长江船运到宜昌。当时该地为大轮船可到之处，再上驶须用小轮船及木船了。以后我分批运到重庆的机器，连小轮船都无法利用，大都用木船运去。在后有追兵，上有飞机轰炸的情况下，其艰难情景及今回忆，犹有余悸。

我系申新纱厂厂长，而福新粉厂则另有厂长，此时亦已离去，无人负责。时武汉申、福两厂同在一处，中间隔一马路。我就自作主张，将面粉机及一台发电机亦连夜拆机装箱运出。当时该台发电机虽在粉厂范围内，但电力兼供纱粉两厂。此时陕西内地，尚无此种发电厂设备，如此电机不运进去，则其他所有机器都将无法运转。后来证明我这措施是非常正确的。

1938年9月，日军已溯长江而上，侵入安庆、九江，逼近武汉。此时三镇一夕数惊。所有政府机构，由南京撤退来的，再度撤退，人心惶惶，不可终日。拆机装箱工作，几度中断。幸经同仁群策群力，夜以继日不顾一切地工作，机器得以陆续运出。在最后几天，我亲自送走各负责同事，自己留到最后，以实践我决不先遁之诺言。到最后一天，我身上尚有唯一的一张飞机票，亦以此送走了助我的最后一位同事。我惟默祷上天，让日军迟来几天。

那天武汉三镇已是风声鹤唳，十室九空，寂静无声。我踽踽独行，不胜凄凉沉重之感。但当时出于爱国爱厂的热情，日夜主持迁厂工作，把什么危险都忘了。在中午12点左右，敲开了一家平日相熟的饭店，勉强吃了一餐，却遇到同乡友人徐祖善君。他海军出身，当时任江汉关监督，见我却急问："你为什么还不避走？"显出无限惊讶的神情。默默无言而别，我一人独自回寓。束手无策，生死置之度外，埋头且睡。约在下午3时左右，有人大声叩门。徐君急促来临，从怀中取出机票一张交我，说晚上6点起飞，嘱我立刻到机场，不能再错过此最后的机会。时间紧迫，不容我辞让，随即空手只身而行。他还说："到机场时，机务员叫我的姓名为徐祖善时，你即应声上机可也。"我不得不立即问他："那你把自己的机票让给了我，你自己又怎么办？"他说："我是白崇禧的高级参谋，此时我可随他大军行动，撤退到湖南去，你就不必为我担心了。"我此时内心激动，徐君舍己顾人、患难相救的高尚品德，如一股热流，涌上心头。双方依依不舍地紧紧握手，互道珍重而别。

创办了各项企业

1938年11月中，我到了重庆，此时政府已正式公告，重庆为抗战首都。各地逃难和撤退的人士群集山城。三年前汉口申新纱厂为推销产品"新新布"，曾在重庆"小梁子"设立一办事处，派有殷文彪、厉无咎两君负责其事。在此以前半年，又在南岸“猫背诧”买了一块山地，由章映芬带了一批职工，陆续到达，即在山前空地上将原来的乡屋修葺做住处。我到后即计划造厂房。当时由汉口撤退时，曾运渝有棉纱 1000 余件，本拟利用此资金以造厂房，但上海总公司迭电嘱卖去后将款项汇回上海。因之连建筑费用都无着落。终夜彷徨，愁肠百结。最后我向当局工矿调整处呼吁借款，蒙其允诺，始得建木架平房，容纺锭 1 万，因陋就简，迅速装配。其时隔邻的裕华纱厂方挖掘山地，大兴土木，工程浩大，估计约在一年之后方能装机。我纱厂不到半年即陆续生产棉纱，当时在报纸上报道，为四川第一个迁入的纱厂。四川农村本有手织机无数，但因纱多取于上海，为上海最大之顾客。抗战发生后，四川棉纱来源已断，一闻我厂出纱，乡人蚁集到厂，现购现出，连打包都来不及了。

其时我又不得不感谢一位银行家赵汉生君，他是当时上海商业储蓄银行撤退到重庆的负责人。在我房屋建成，机器装好可生产时，困难又来了，没有资金购买棉花，真所谓“巧妇难为无米之炊”。我向各银行借款，均认为我仅是一个厂长，并非经理，虽属“申新”范围，却是“蜀中无大将”。当时的银行界是势利的，如何敢借钱呢？我忧心如焚，走投无路，常常于重庆小梁子及新街口间徘徊街头，彷徨焦急。一次走至上海银行门口，心想我弟曾为上海银行高级职员，且进去看看该行负责人赵君，作礼貌上的访问。不料赵君不待开口，即问：“你的厂如何了？”我说：“各事俱备，只欠东风，无钱买原料。”他说：“你要多少钱？”我说：“要 50 万。”他毫不踌躇地一口答应，立刻叫重庆银行李经理签约。我说急如星火，最好不等签约，先付如何？他立刻答应予以解决。此时重庆市面上亦有商人逃难，运来的棉花，价格 40 元一担，50 万元差不多可购一万余担。至今回忆，我不得不感谢这位银行家的眼光和魄力。不是他的慧眼识人和果断的有力担当，是不会这样做的。现他早已逝世，追怀往事，不胜神往！但其哲嗣赵无极君为国际名画家，蜚声中外，善人有后，其信然矣！

重庆纱厂开工之际，我忽接在香港养病的汉口申新四厂、福新五厂经理李国伟电报，嘱我即刻到香港与他会谈。李是我的表兄，长我 12 年，是我的领导人。我立刻设法坐飞机经越南到香港，在跑马地他寓所与其长谈了两天两晚。他说：“你一定要再到上海去，与荣老板一谈，否则无法交代的。”

此时日人尚未进入上海租界，但已无飞机，去上海有轮船可乘。我即乘船由港到沪，与荣老板谈了三天。他一再劝我放弃在内地开厂，并说你如回来，可给你任何职位。最后在我坚持之下，答应我在内地开厂。我此时心挂两头，只盼早走。翌晨即乘船回港，向表兄汇报后，得到他的赞同，飞返重庆，立即开厂。改用庆新纱厂及庆新粉厂的名义，正式注册备案，组织公司，我亦开始成为老板了。

1938 年至 1939 年庆新纱厂开工顺利，生产蒸蒸日上，获利颇多，同时庆新面粉厂利用由汉口运来的小型磨粉机器亦开工出粉，大为政府及社会人士赞赏。此时业务经理为厉无咎，厂长为黄亦清，副厂长为章映芬，均甘冒艰险，同德一心，才得有此收获。

更有一件趣事，即我到陕西去后，友人告知西安的香烟厂烟叶为当地所产，但卷烟纸均系舶来品，现为日人封锁，无法开工。我在重庆与某友人谈起，他说他系造纸机器专家，可代为设计一小型纸厂。当即由其绘图设计，交公益机器厂制造，运到西北，在宝鸡开办了宏文造纸厂。开始每天仅能生产半吨卷烟纸，即可使西安的烟厂不致停工了。其后扩充至每天出纸一吨半，到胜利时已获利二三百万美金了。对日战争胜利后，李国伟表兄回到上海，即以此资金在上海龙华创办了一所日产 40 余吨的宏文纸板厂，从国外引进当时最新式最先进的半自动化设备。新中国成立后苏联派人前来考察时，亦认为较苏联的设备尤为先进。

以前四川及西康两省，向有羊毛出产，但无毛纺厂。在抗战发生之初，上海有一毛纺厂将其部分机器装运到渝，一直搁置在仓库中。适有川人高士愚君，曾在英国读纺织后回故乡，在学校执教，闻后欣然出面办厂，乃即成立了民治毛纺厂，此为四川第一家毛纺厂。

此时我又因各厂机器经长途搬运，损坏及缺件在所难免，建立了一个小规模的机器厂。初则专门负责修理，其后发展自造机器，除自造需要的部分纺织机器外，更造了两套小型面粉机，一套运到昆明，一套运到桂林，在该两地各创建了一家面粉厂。

同时又有友人将沙市的一家面粉厂机器搬到重庆，其老板无信心在渝开厂。我与友人袁国梁及四川殷商宝元通之老板创办了福民面粉厂，推荐刘洪源任厂长。此时在重庆，连同原有之鲜伯良君办的面粉厂，已有三家面粉厂，但因陪都外交人士云集，面粉仍供不应求，每天早晨市长吴国桢都亲自到我公司来，了解三家面粉厂的所产面粉的销售情况，此亦古往今来所鲜见的。

南昌中意飞机制造厂的创建与西迁

李　祺*

孙中山高瞻远瞩，在北伐以前就着手飞机的研究制造，最初在广州试制过第一架双翼教练机。1931 年国民党海军在上海制造成功“庚—1 式”江鹤号、“庚—2 式”江风号水上教练机，继又制成“宁海号”水上侦察机，在上海试飞成功。这是中国制造飞机的开端。航空工程硕士朱霖、留意航空工程师马德树等曾参与当时的飞机设计制造工作。

当时，世界飞机工业的发展，一日千里，突飞猛进。国民政府也意识到发展航空工业的重要性，于是在试制飞机成功的基础上大胆设想，与美国签订了建立中美飞机制造厂的协议，并于 1934 年开始建厂，是为航空委员会第一飞机制造厂，建立在杭州笕桥机场。这是中国第一家制造飞机的正规厂家。抗日战争开始，我空军与日寇较量，屡挫敌焰的空中英雄们所驾驶的战斗机多半是这家厂制造、装配起来的国内产的美式飞机。

1934 年国民政府又与意大利签订了建立中意飞机制造厂的协议，择南昌顺化门外老飞机场东为厂址，历时 2 年建厂完成，到 1936 年正式开工投产，命名为中意飞机制造厂，对外称南昌制造厂，实为航空委员会第二飞

* 作者时为中意飞机制造厂创建时期中方派厂负责招工、人事的主办者。

机制造厂。该处靠近湘浙赣铁路，交通方便，离南昌市区 4 公里，补给容易，与老飞机场——青云谱机场咫尺相望，试飞、储机都极为便利。一流建筑，厂姿雄伟，一列列厂房宽敞宏大，生产、生活、办公设备，都来自意大利，空调装设，极为先进。高级技术员工的任用，原则是中意双方各半，到 1937 年春为止，实到意籍技术人员才 200 余人，厂长阿康波娜，是一个精明干练、40 出头的航空工程老手，技术上信得过，我方监理对他深为信任。制造厂设有装配、车工、铣刨、机工、工具、发动机、机身、机翼、缝工、木工、白铁、焊工、锻工、锅炉、材料库等车间，分布于几十座建筑中，还有设计、绘图、厂办公楼。特别醒目的一座高层建筑，位于入口左侧，那就是中方的监理大楼。厂内设有膳宿设施，上班一齐来，下班全部走，除了警卫巡查之外空无一人。

各车间由意方人员负主要技术责任，均配属有我国技术人员或实习人员，留意航空工程技术人员都集中在本厂。

我方设有中意飞机制造厂监理处，负责监察协议的执行、制造设计的实施、质量的检查、财务的审核等。监理处设监理一人，航空工程硕士朱霖担任，级别技监。佐理陈再安（留意工程师），检查员向惟萱（留意工程师），中英文秘书葛兴，其余有会计师、书记、司书等 10 余人。全厂人事权属监理处，由我承办。

监理处是国民政府的代表，是对厂方进行监察的权力机构，有一定权威，意方相当尊重，素无任何争执。当时航空委员会主任周至柔、黄光锐都很关注，航空委员会秘书长宋美龄经常下厂视察，亲临监理处指示机宜。监理处责任相当重，工作量相当大，但人员极少，如何应付繁重的生产、行政事务呢？依靠科学管理，一般事务电话解决（作电话记录），较重要的领导碰头商量，重要事项一张复写的备忘录就行。

厂内安全保卫工作十分重要，任务分为两种：对外监视警卫工作，由航空委员会派地面警备部队担任；厂内另设巡查室，置总巡查一人，由税警团团长娄剑如担任，巡查员若干人，更番巡视，警惕护卫。日日夜夜，不眠不休，两位一体，自始至终，在那样遭轰炸、大动乱、大搬迁的日子里都没有出过半点乱子。

骨干技工大部由上海招来，在上海设有驻沪招工处，南昌方面也随时招工。技术方面的考工，意方设有考工部，考核技术、核定工资，体检、政审后由监理处审核录用。员工除月工资以外，没有其他福利待遇，新进职工 3 个月满，按技术和工作表现升降工资，定级别。全厂员工 3 个月甄别一次，除少数外，一般都有提升。每 3 个月普通检验身体，体格不合格者即行停工，绝无例外，即使是痧眼小病也不允许在厂继续工作，病愈即行复工。

中意双方协议以后，意大利首相墨索里尼为了寻求盟友，结好中国，同时希望多做飞机交易，曾赠给我国“萨弗亚”72 座巨型运输机一架，为蒋委员长专用机。但飞行不到一年就发生故障，适好“中意厂”开工，就送厂修理，我厂人员得有幸运试坐萨机或试飞翱翔。

“中意厂”首先承担制造“萨弗亚”重轰炸机的任务，接着又赶制“菲亚特”双翼战斗机，可能是准备抗日战争的需要吧。当正进入大批量生产的时候，日军侵略变本加厉，国民政府忍无可忍，下令抗战，参加英、美、法、苏同盟国阵线，与德、意、日轴心国敌我对峙，旗帜鲜明，决策坚定，于是停止中意制造飞机的协议，辞退全部意人，限立即离境返国，“中意厂”正式命名为航空委员会第二飞机制造厂。把意人赶走的同时，将苏联盟友请来了，继续制造飞机。由苏联专家指导，工作不受影响。苏联人员下班给我们教俄文，上班教技术。当此之时，上上下下精神振奋，陆上空中热血沸腾，中苏人员同仇敌忾，每日空战，中苏飞行员奋勇争先，杀敌致果，地面工程人员夜以继日，不眠不休，每有伤机，即时修复，重又参战，为了共同一个目标：把日本鬼子消灭，把轴心国打垮！共同一个信念：同盟国一定胜利！当时南昌空中英雄们屡战屡捷，大建奇功，这个丰硕战果，二厂员工们也应有一份功劳！

虽然南昌战场的修机任务急迫，但为了持久抗战，为了后方航空工业的建设，为了制造更多的飞机支援前方，航空委员会命令二厂立刻西迁，重整旗鼓。于是将所有精密机件、大型机器、重要设备、紧缺物资，一切贵重材料装箱起运。一部分乘轮船溯江而上，一部分装火车绕南而行，一部分用汽车长途跋涉，兵分三路，直指重庆。所有员工一部分轻装先遣，去重庆准备接应；少数随未迁机件留南昌配属机械学校接受航空部队的修机任务；其余均分乘轮船、火车、汽车押运器材，先后登程。一路上或遭轰炸，或被空袭，或因惊涛骇浪而沦沉水底，或遇崎岖路滑而坠入深谷，冒险犯难，安危莫测。

我率全厂眷属随部分迁川人员、工程师向惟萱等取道衡阳西上，适逢衡阳方面空战紧急，待修飞机积压多架，要将我们留下修机。军令如山，责无旁贷，于是遵命停止进发，在河西女子中学驻下，即时装机器、运材料，说干就干，工作于斯，食宿于斯，日无暇晷，人无遗力，一个人顶几个人用，一天做几天的事，甚至空袭不避，午夜不眠。记得 1938 年中秋夜，敌机滥炸衡阳，全市大火，我们还冒险为护卫飞机淌着汗水。当时衡阳空战仍频，伤机要求随坏随修，立刻上阵，人人争先恐后，个个不惜牺牲，热气腾腾地干着，唱着："打不走鬼子心不甘呀！打不走鬼子心不甘"！在衡阳大概停留了一个多月，修复飞机 20 多架，说起来这不是奇迹吗？

待我到达四川时，想不到又是奇迹！我们二厂短短几个月已在南川县丛林沟的一个石洞里——海孔洞，从零开始建成了一个安全的飞机制造基地，这个洞石地石顶，三面峭壁，高有 50 多米，前洞深 300 多米，后洞莫测高深，可以停放飞机 30 架，运用本厂的技术力量在洞里建起了三层办公楼，防潮防火设备齐全，发动机、机工、装配、机身、机翼、钳工、木工、工具、白铁、电镀等车间和飞机库也建起来了，还在洞外建成了发电厂、锻铸、缝工、修配等车间。蜿蜒十几公里的宽敞汽车道，都是在崇山峻岭之上劈山开辟出来的，附近的山阴丛林中建起了生活区、住宅群、娱乐园、游泳池……而且都有确实完备的防空设施。敌机始终没有找到过我们的目标，外国人也翘起拇指说这是万无一失的战时飞机厂，这样的飞机制造厂是世界罕见的。

东南各地航空工业西迁以后，航空委员会确定新编建制如下：以原设广东的韶关飞机制造厂为主迁昆明，改为航空委员会第一飞机制造厂；以原设南昌的中意飞机制造厂迁四川南川县，改为航空委员会第二飞机制造厂；以原上海海军制造飞机厂部分与其他航空工业单位迁成都，合并为航空委员会第三飞机制造厂；原杭州笕桥的中美飞机制造厂迁滇缅边境，改为中央杭州飞机制造厂（未列编）。

第二飞机制造厂迁川建厂之后，任务是每月制造飞机 20 架，还有临时修配任务随时调配。制造的飞机有 E–15 双翼驱逐机、E–16 单翼驱逐机，还有重轰炸机等苏联式飞机。这些飞机在抗日战争时期的千百次战斗中，屡挫顽敌，屡建奇功，如当时空中英雄高志航就是驾驶这种飞机制胜的。1939 年又成功设计制造了忠–28 甲式教练机 30 多架。1945 年又制造了小型运输机中运–1，这架飞机由重庆长途试飞到成都，美国航空驾驶员也很赞叹。之后又在这个成功的基础上更跃进一步，制成中运–2 运输机，还制造了滑翔机为空军幼年学生学习使用。

二厂于 1946 年由南川迁回南昌三家店，厂长仍由马德树担任，1948 年 12 月并入航空研究院，迁往台湾。马德树最后在员工大会上宣布：“航空委员会第二飞机制造厂从今结束”。此乃后话。

华侨抗战

陈嘉庚在国民参政会上的电报提案

肖　用*

陈嘉庚是20世纪20年代东南亚最大的企业家，是著名的倾资办学的社会公益事业家，是一位伟大的爱国主义者和坚强的民主斗士，早为国人敬仰，历受政府奖励。1938年10月，正当抗日战争的困难时刻，汪精卫等投降派在重庆大肆散布和谈空气，制造投降谬论，准备叛国出逃，陈嘉庚从新加坡连电重庆国民党当局，严斥汪贼，力挽时局，给人们留下深刻印象。特别是他在一届二次国民参政会前夕发来的"电报提案"，直骂汪精卫为"汉奸国贼"，痛快淋漓，掷地有声。1941年，邹韬奋在香港《华商报》上连载《抗战以来》一文，其中以《"来宾"放炮》为题，列举提案内容："官吏谈和平者以汉奸论罪"11个字，称赞它是"古今中外最伟大的一个提案"。

近年来，为纪念抗日战争胜利40周年和纪念陈嘉庚先生诞辰100周年，出版了不少纪念陈嘉庚的专书、画册，发表了数十篇研究陈嘉庚的学术论文、回忆文章，对陈嘉庚通过"电报提案"痛斥汪精卫卖国投降的壮举，众口称颂。但对"电报提案"的具体内容和时间先后则说法不一。

一种是邹韬奋在《"来宾"放炮》中列举的原电"官吏谈和平者以汉奸

* 此文系作者根据有关资料整理而成。

论罪”11个字。

一种是陈嘉庚应福建新闻社之请亲笔书写的“在敌寇未退出国土以前，公务人员任何人谈和平条件者以汉奸国贼论”，刊登在文史出版社编印的《陈嘉庚画册》上。该书编者在注释中说，这个提案后来缩减为“敌未出国土前言和即汉奸”11个字。

一种是福建人民出版社出版的《陈嘉庚年谱》说原电为“敌人未退出我国以前，公务员谈和平便是汉奸国贼”，后来改成“敌未出国土前言和即汉奸”11个字。这个材料的来源可能是陈嘉庚的《南侨回忆录》中《提案攻汪贼》一节，但作者未注明出处。

另外还有一些说法。然而，尽管各家对“电报提案”的内容各说不一，时间先后有异，但有一点是共同的，即皆认为有个“11字提案”。查其来源，盖出自邹韬奋《“来宾”放炮》一文。

陈嘉庚在国民参政会上用“电报提案”同汪精卫进行的斗争，是他平生的伟业之一，应该载诸史册，流芳百代。但对事实真相，特别是提案的时间、内容则需要弄清。这对于陈嘉庚的研究很有必要，同时，也可从这一侧面看出抗日战争时期，坚持抗战的爱国志士同投降卖国的汉奸国贼的斗争。

一

抗日战争全面爆发之后，国共两党实现了第二次合作。中国共产党和其他抗日党派强烈要求实行抗日民主，进行全面抗战。1937年8月，国民政府在南京成立了国防参议会，邀请中共及其他抗日党派、无党派人士的少数代表参加。1938年，国民政府将国防参议会扩大为国民参政会，由各省市代表、蒙古西藏代表、华侨代表、各重要文化团体或经济团体代表四部分共200人组成。议长由国民党副总裁、国防最高会议副主席汪精卫担任。参政员以国民党为主，容纳了中共和其他党派方面的代表。陈嘉庚作为经济界“努力国事，信望久著”的代表，被遴选为第一届国民参政员。7月6日，国民参政会第一届第一次会议在武汉隆重开幕，它成为全国人民团结抗战的象征，对于掀起全面抗战的高潮，发挥了积极作用。

与此同时，世界各地的1000多万华侨也掀起了轰轰烈烈的反日爱国运动。在南洋的英荷美法各属以及泰国、缅甸华侨纷纷组织起来，抗议日军侵华暴行，捐款支援祖国抗战，对日进行经济制裁。当时，陈嘉庚住在新加坡，因为股份有限公司“收盘”而闲居在家。他一面注视着时局的发展，一面着手拟订新加坡以至全马来亚（今马来西亚联邦西部地区）的筹赈工作计划，动员南洋华侨，捐款支援抗战。南洋各地侨领李清泉、庄西言等人也纷纷要求陈嘉庚出面组织南洋华侨救亡总机关，领导南洋各属的抗日筹赈运动。陈先生毅然担此重任，出面筹备南洋各属华侨筹赈祖国难民会代表大会，因此，他没有回国出席一届一次参政会。

1938年夏，日军猛攻武汉，该城失守已成定局，国民参政会也由武汉迁往重庆。为坚定全国人民的抗战信心，参政会决定于10月28日召开一届二次会议。10月1日，参政会秘书处电请陈嘉庚回国出席会议。然而，此时也正是陈先生最为忙碌的时候，无暇回国。就在这年10月10日，来自香港、菲律宾、爪哇、苏门答腊、西里伯斯、婆罗洲、越南、泰国、缅甸、马来亚等地45埠的华侨代表，齐集新加坡，召开了南洋各属华侨筹赈祖国难民会代表大会，会议决定组织南洋各属华侨筹赈祖国难民总会（简称南侨总会），选举陈嘉庚为总会主席。从此在全南洋800万华侨中，打破地域、帮群、血缘、行业的界线，成立了一个团结南洋华侨，领导全南洋抗日救亡筹赈运动的领导机关，陈嘉庚也成为800万南洋华侨共同推戴的领袖。这一事件在国内外都产生了重大影响。国民党总裁蒋介石、副总裁及国民参政会议长汪精卫、国民政府主席林森、行政院长孔祥熙、宋美龄，以及各省政府主席、各战区司令长官、政府部门等，纷纷致电祝贺。南侨总会的建立，标志着南洋华侨的抗日爱国运动进入了一个新阶段。

二

南侨总会的工作方针有四，而第一条就是“抱定抗战必胜的信念”。陈嘉庚一待总会初具规模，立刻就把注意力转向国内政治领域。

抗战以来，国内就存在着一股以汪精卫为代表的妥协投降暗流。随着日本侵略的步步深入，汪派势力也逐步公开抬头。当南京失守，政府迁到武汉时，汪派分子就开始露骨地宣传“亡国论”，在1938年7月召开的一届一次参政会上曾遭到大多数参政员的痛斥。会后，汪精卫到了重庆，更是公开大放“和平”烟幕，制造投降谬论。他在接见路透社、海通社记者时鼓吹：中日“和平”只是迟早而已，“吾人愿随时和平”，“如日本提出议和条件，不妨害中国国家之生存，吾人可接受之为讨论之基础，……一切视日方所提之条件而定。”与此同时，国民党党报上的“和平”言论连篇累牍，骤然剧增。汪精卫又召集汪派分子统一思想，策划逃离重庆，叛国投敌。当时，日军已兵临武汉、广州城下，身为国民党主持后方工作最高领导人的汪精卫的这些言论和行动，对国内政局产生了重大影响。加之外电盛传汪精卫已与日本议和，蒋介石即将辞职，更加剧了形势的恶化，稍有良知的中国人无不痛心疾首。但当时由于国民党政府当局对报刊舆论的控制，所有斥汪言论，无法刊出，一段时间，重庆笼罩在妥协投降的乌烟瘴气之中。

陈嘉庚与汪精卫素有私谊，陈曾打算聘汪为厦门大学校长。陈嘉庚在致力于组建南侨总会，从事抗日救亡筹赈运动期间，虽早已风闻汪精卫“言和”之事，非但根本不信，而且予以反驳。直到1938年10月中旬，当他将注意力转向国内政坛时，才发现妥协投降确已成为一股逆流，因此，决定向汪精卫本人调查此事。10月22日，他从新加坡向重庆的汪精卫发出了“养电”，电称：

> 敌暂时得意，终必失败。路透社电传先生谈和平条件，侨众难免误会，谓无抗战到底决心。实则和平绝不可能，何若严加拒绝，较为振奋人心也。

陈嘉庚是满心希望汪精卫的回电能证实“言和”之事，确系谣传。即使汪精卫对抗战前途稍有动摇，他也希望这封“养电”（旧时电报采用“韵目代日法”，22日为“养”）能促使汪精卫改弦易辙。

但此时的汪精卫已今非昔比。他深知陈嘉庚是南洋华侨拥戴的领袖，威望很高，蒋介石都在争取他的支持。而就在“养电”发出的前一天（10月21

日），华北汉奸王克敏手下的江朝宗、池尚同（原集美校长）、王大贞（福建泉州人）等 21 人，也曾联名致电陈嘉庚，鼓吹对日和谈，希望他能赞同“中日亲善”，竭力拉拢。汪精卫决定利用他和陈嘉庚的交情，动员陈与他携手合作，因此于 10 月 23 日复电（“漾电”因 23 日的韵目代日为“漾”而来）陈嘉庚，大谈抵抗侵略与不拒绝和谈并不矛盾的投降理论，鼓吹接受以无害于中国的独立生存为条件的“和平”，最后表白自己绝无屈服之意。电称：

> 养电诵悉，深感先生主持正义爱护友谊之盛意。中国为抵抗侵略而战，故对外向无拒绝和平之表示。去岁比京会议，主张调停，中国接受，而日本拒绝，国际遂决定日本为祸首，而援助中国。今岁国联大会，援引第十七条主张，以和平方法解决纠纷，中国接受而日本拒绝，国联遂决定对于日本实行第十六条之经济制裁。凡此皆证明日本为戎首，中国为抵抗侵略，故能博世界之同情与援助。盖抵抗侵略与不拒绝和平，并非矛盾，实乃一贯。和平条件如无害于中国之独立生存，何必拒绝？否则，中国自无接受之理。中国之立场如此，决心如此，光明正大，绝无丝毫屈服之意。侨胞误会，尚祈开示为荷。

汪精卫回电之快，出乎陈嘉庚预料，而内容之荒唐，则使陈嘉庚震惊。堂堂党国二号领袖，事隔 3 月，就把在参政会上“抗战到底”的闭幕词抛到九霄云外，而侈谈“和平”，把一派投降理论讲得头头是道。中国抗战，前途何在？为了进一步证实汪精卫的投降活动，陈嘉庚于 10 月 24 日向孔祥熙、宋子文连发两封相同内容的“敬电”（因 24 日的韵目代日为“敬”而来）：

> 电传甚炽，现已与日寇议和平条件，蒋委员长将辞职，影响筹款至大。是否事实，乞速电示。

然而，国内反应冷淡，孔祥熙回电仅“谣言不可信，盼相机纠正”，寥寥数字。

10 月下旬，武汉、广州相继失守，抗战局势到了紧急关头。而后方中心的重庆，妥协投降势力却占了上风，国家危亡，民族危亡。陈嘉庚决定以

800万南洋华侨为后盾，发起攻势，轰开这种沉闷的局面，以阻止国内妥协投降逆流的发展。

10月25日，他发出致汪精卫的“有电”（因25日的韵目代日法为有而来），驳斥“漾电”的投降理论：

> 漾电敬悉。比京会议，国联大会，诸代表居在客位，任何时可以发表和平意见，但无论诚伪虚实，均不致影响抗战力量，动摇我抗战决心。若先生居重要主位，则绝对不同，一言兴邦，一言丧邦，关系至大，倘或失误，不特南侨无可谅解，恐举国上下，皆不能谅解。昨日路透电谣传，和平将实现，蒋公将下野，世界观听为之淆乱，可不警惧耶。万望接纳老友忠告，严杜妥协之门，公私幸甚。

“有电”发出后，陈嘉庚感到对汪精卫主和野心声讨还不够。次日（10月26日），他又收到国内提供的汪精卫投降活动情报，阅后义愤非常，遂马上拟成“宥电”（因26日的韵目代日为“宥”而来），历数现在主和将给国家民族带来的深重灾难，痛斥汪精卫如秦桧、张昭之流，翻云覆雨，警告汪精卫好自为之。电称：

> 有电计达。顷接国内可靠消息，先生主和甚力，事虽绝不能成，难免发生摩擦，淆乱观听。今日国难愈深，民气愈盛，宁为玉碎，不为瓦全，坚持抗战，终必胜利，中途妥协，实等自杀，孰利孰害，彰彰明甚。若言和平，试问谁肯服从，势必各省分裂，无法统摄，不特和平莫得实现，而外侮内乱，将更不堪设想，坐享渔利，唯有敌人。
>
> 呜呼，秦桧阴谋，张昭降计，岂不各有理由，其如事实何哉！先生长参政会，犹记通过拥护最高领袖抗战到底之议决案否？态度骤变，信用何在，二次之会，又何必开？海外全侨，除汉奸外，不但无人同意中途和平谈判，抑且闻讯痛极而怒，料国内群情，亦必如是。万乞俯顺众意，宣布继续抗战到底，拒绝中途妥协，以保令誉，而免后悔。不胜迫切待命之至。

10 月 25 日、26 日陈嘉庚致汪精卫的“有”“宥”两电，是他整个攻势的第一个行动。10 月 27 日，他采取了第二个行动，发出了致蒋介石的“感电”（因 27 日的韵目代日为“感”而来）。他希望蒋介石在汪精卫主和的情况下，不要妥协，实践其抗战到底的宣言。他说：

汪先生谬谈和平，公必被误，万乞坚决实践庐山宣言，贯彻焦土、全面、长期抗战三大策略，宁为玉碎，不为瓦全，以博最后胜利。国内外同胞，咸抱此旨，拥护我公。若中途妥协，即等自杀，秦桧张昭，无世不有，幸公明察之。

这两个行动是对汪、蒋私人而言的，如若不被理睬，就达不到目的，岂不前功尽弃。因此，陈嘉庚决定采取第三个重大行动，将他致汪、孔、宋、蒋，以及汪的回电共 7 封电报公之于世（即养、漾、敬、敬、有、宥、感 7 电），借用国际国内舆论的力量，来阻止汪派活动。7 封电报由新加坡各日报公开发表以后，国际舆论和南洋华侨为之震动，纷纷对此发表评论，认为中国政局将发生重大变化。然而，国内的反应仍旧冷淡，交给重庆某报的“有”“宥”两电在汪派分子的控制下不予登载，重庆似乎无动于衷，汪派分子好不得意。

对此，陈嘉庚也有预料。为了冲破汪精卫的禁锢，他在采取上述三大行动的同时，还采取了一个冀图陷汪精卫于绝境的举动。10 月 25 日，他向重庆国民参政会秘书处发去了一封电报，对不能出席 10 月 28 日召开的一届二次参政会向秘书处请假，同时提出了三个提案。原电全文如下：

重庆　参政会

议长、秘书［长］公鉴：

东电（10 月 1 日，参政会请陈回国开会之电——作者注）悉。庚因事未能赴会，甚歉。

兹有提案三宗，乞代征求参政员足数同意，并提请公决：

一、日寇未退出我国土之前，凡公务员对任何人谈和平条件，概以汉奸国贼论；

二、大中学校在抗战期间，禁放暑假；

三、长衣马褂，限期废除，以振我民族雄武精神。

陈嘉庚叩有（10月25日）

陈嘉庚的这一举动，用意深刻。他估计到汪派会在重庆报刊上封锁他的言论，但他身为国民参政员，有向大会提出提案的权利，只要够连署人数，任何人不得压制。因此，此电一可在参政会上将汪精卫的投降嘴脸公之于世，大白于天下，又可直接让汪精卫在会上难堪，以吐不快。可谓一箭双雕，一石二鸟。

三

在重庆，一届二次国民参政会正在紧张筹备。10月26日上午，国民参政会秘书处收到陈嘉庚的电报提案，当即以“收文第713号”的形式摘报秘书长王世杰。王批示：“列报第四次会议（电复：已报告议长及大会)”，交议事组审议。

一届二次参政会是在武汉、广州失守，抗战进入严重困难，妥协投降势力极其猖獗的背景下召开的。10月28日大会开幕之日，毛泽东致电大会指出：要“驱逐日本军阀出中国，奠定抗战最后胜利基础，首在坚持抗战，坚持持久战，坚持举国上下精诚团结之民族统一战线。”这代表了全国军民的一致要求，坚持团结抗战，反对妥协投降，成为与会参政员共同关心的重大问题。

当时在国民政府内部，蒋介石是抗战派的象征，而汪精卫则是妥协投降派的代表。坚持抗战，反对妥协的斗争，就表现为拥蒋反汪两个方面。广大参政员鉴于当时汪精卫的投降面孔还未最后暴露，他仍是国民参政会议长，故未公开点名批判，而代之以“民族败类”“叛徒”“汉奸国贼”一类的名词。

在提交大会讨论审议的近 100 件提案中，最引人注目的是两件。一件是中共参政员陈绍禹、秦邦宪、林祖涵、吴玉章、董必武、邓颖超提出的《拥护蒋委员长和国民政府，加紧民族团结，坚持持久战，争取最后胜利案》（简称“共产党提案”），另一件就是陈嘉庚的“电报提案”（简称“陈嘉庚提案”）。共产党提案痛斥了汉奸亲日派妥协投降的无耻谰言，重申“蒋委员长为领导抗战建国的民族领袖，国民政府为领导抗战建国的最高行政机关，我全国军民一致信任和拥护”。提案强调指出：“任何人如果有妥协投降的阴谋活动即等于民族的败类和叛徒，全民族应群起而攻之。”光明磊落，旗帜鲜明。刚一提出，就赢得了与会绝大多数参政员的赞同，有 67 人联署，创造了国民参政会历史上提案联署人数的最高纪录，很快获得通过。而陈嘉庚提案，因为直斥议长汪精卫投降要害，言词犀利，锋芒毕露，寥寥几句，一语中的。但汪精卫既不敢隐匿不报，又不甘心原文通过，于是怂恿爪牙，背着陈嘉庚和与会参政员先作了一番“修正”。

在会前，他们将原电三个提案砍去两个，只剩第一个，并在文字上作了手脚，将原文“日寇未退出我国土之前，凡公务员对任何人谈和平条件，概以汉奸国贼论”中的“条件”二字删去。陈嘉庚的提案就由“30 字”变成了“28 字”：“日寇未退出我国土之前，凡公务员对任何人谈和平，概以汉奸国贼论。”作为第 29 号提案交大会审议。在一般人看来，似乎无伤大雅，其实大有文章。这“条件”二字恰恰是针对汪精卫的。因为汪精卫的投降理论之一就是“和平”，只需看“条件”。“条件”如有利于中国，为什么不能接受“和平”呢？所以，这次“修正”，就模糊了陈嘉庚提案的针对性。

陈嘉庚轻财爱国，正直敢言，早为人知。尽管被汪派分子作了手脚，但他的提案仍有习习锋芒，振聋发聩，道出人们久压心中的愤怒，因而立即得到中共和其他参政员的支持和拥护，几分钟内有许德珩、褚辅成等 20 位参政员联署（按规定，提案均须有 12 位参政员联署，方为有效），因而成为正式提案列入议程。

10 月 31 日，第三审查委员会举行会议，讨论内政方面的提案。根据国民参政会议事规则，讨论提案之前，须先由议长宣读提案题目。陈嘉庚提案的题目也就是内容，所以尽管汪精卫心虚嘴软，但也无法回避，只得战战兢兢地向与会人士朗读一遍，当念到“汉奸国贼”几字时，“面色突变苍白”（邹韬奋语），后来神色又十分不安，皆因刺激太深所至。讨论时，梁实秋等对陈嘉庚提案群起围攻，一致反对。有的还挖苦说，如通过了此案，我们的外交官都得辞职，企图转移视线。另一些妥协派人物也竭力为汪精卫辩护，提出“修正”意见。而相当一批正直的参政员，也顾不得“批评官吏就是反对政府”的官方纪律，利用国民参政会的合法讲坛，奋起批驳投降论调，赞同陈嘉庚提案。观点对立，辩论激烈。

由于有汪精卫坐镇，汪派分子控制会场，会议决定“修正”陈嘉庚提案。他们首先就砍去了最令汪精卫胆战心惊的“汉奸国贼”，把“28 字”变成了“21 字”:“日寇未退出我国土前，凡公务员对任何人不得言和。”

这种修改并不令汪精卫满意，因为“日寇未退出我国土前”这个时间状语限制了汪精卫这个国家“公务员”的“和平”言论，因此，命令再作修改，“21 字”又变成了“9 字”:“公务员不得谈和平案。”

这下基本上令汪精卫满意了。

由于受共产党、陈嘉庚两个提案的影响，广大参政员纷纷要求本次参政会通过一项决议，坚定全国上下坚持抗战、反对妥协的信心。因此，胡景伊等 44 人、张一唐等 41 人、王造时等 66 人分别提出了三项临时动议，表示拥护蒋介石持久抗战宣言，要求参政会发表抗战到底宣言，以防日寇汉奸反间而安定人心。会议决定于 11 月 1 日将共产党和陈嘉庚的两个提案，以及胡景伊、张一麐、王造时等人的 3 个临时动议，合并讨论，通过一个总的决议案。会前，大会秘书处起草了一份决议草案，分送与会参政员讨论。陈嘉庚提案以“公务员不得谈和平案”9 字，载诸其间。

11 月 1 日下午，参政会在国民政府军委会礼堂举行大会。除正副议长汪精卫、张伯苓及 122 名参政员出席会议外，国民政府行政院长孔祥熙、司法院长居正、监察院长于右任、经济部长翁文灏、国民党中央委员邹鲁、陈公博、邵力子、王法勤等也出席了会议。会议最后在讨论共产党、陈嘉庚、胡景伊、张一麐、王造时五案和决议案时，又爆发了激烈的争论。焦点是陈嘉庚提案。大多数人认为，这种修改不伦不类，含糊不清，形同儿戏，表示反对。一些汪派分子也认为“公务员”一词于汪精卫不利。因为，当时的政府官员又称“公务员”，这个词专指国家工作人员，提案中保留“公务员”一词不是和汪精卫过不去吗？因而也提出修改。最后大会主要根据汪派的意见再次修改了陈嘉庚提案，去掉了“公务员”一词，将“谈和平”改为“言和”，不得已恢复了时间状语“日寇未退出我国土前”，陈嘉庚提案由“9 字”变成了“14 字”：“日寇未退出我国土前，不得言和案。”

最后与其他四项提案合并在决议案中“鼓掌通过”。

按照《国民参政会组织条例》，参政会的任何决议都须经国防最高会议通过后，才能交有关部门执行。因此，当天大会之后，参政会秘书处便立即将大会对五项提案的决议送请国防最高会议批复。在那里，陈嘉庚提案又被作了一次修改，由“14 字”增加为“19 字”：“在日寇未退出我国土之前，公务员不得言和案。”

这“19 字”就作为国民参政会的正式文献，记录在案，对外公布，刊登在 1938 年 11 月 2 日的重庆《中央日报》等大小报刊上。

经过这番“修正”，提案变得模棱两可，抹去了原案的锋芒，歪曲了陈嘉庚的原意，尽管获得通过，但已黯然失色。对此，汪精卫是心中有愧的。参政会秘书长王世杰在 10 月 26 日就批示电复陈嘉庚：提案已报告议长和大会，并列入第四次会议。但此电并未发出，直到 11 月 1 日，陈嘉庚提案“通过”之后，参政会才给他发去了一封电报，电文是：

新加坡

陈嘉庚先生：

有电（10 月 25 日）悉，已报告大会，特复。

国民参政会东（11 月 1 日）

这封电报既不谈对陈嘉庚提案的修改，又不谈大会讨论通过的情况，更不谈收电人“汪议长”的态度，只以“已报告大会”五个字搪塞。明眼人一见便知，汪精卫要对陈嘉庚封锁消息。因为参政会 11 月 6 日才能结束，他怕陈嘉庚知道消息后，从3000里外的新加坡向重庆再轰一炮，让他下不了台。而过了11月6日，会议一散，陈嘉庚纵有百封电报，汪精卫也混得过去。果然，一个多月后，汪精卫就逃离重庆，叛国投敌了。流氓手段，可耻可悲。

四

这就是陈嘉庚用“电报提案”斥责汪精卫事件的经过。

我们可以看出：

一、陈嘉庚是在一届二次国民参政会开会之前，1938年10月25日向参政会发去“电报提案”的，而不是在会议之中。原电是三个提案，只是由于汪派分子的删改才变成了一个提案。

二、陈嘉庚斥汪的提案原文是“30字”，经汪派分子的私下删改变成“28字”后列入大会议程。在会上几经修正，由“28字”变为“21字”“9字”，最终以“14字”经大会通过，以“19字”正式公布。

三、邹韬奋“11字提案”的说法恐是记忆失误。陈嘉庚在《南侨回忆录》中关于提案后被修改成“11字”的说法，也只是根据“友人来函”中提供的并不十分可靠的材料写成的，不是第一手材料。①

四、陈嘉庚为福建新闻社手书的提案条幅，不论是字数还是内容，与他当年的原电是基本一致的，只是个别文字略有不同。但为保持历史原貌，今后在引用时还是以提案原电中的“30字”和最后正式公布的“19字”为好。

事情已过去半个多世纪了。回顾往事，翻阅当年的这些珍贵档案，使人更加敬仰陈嘉庚的热诚爱国，正直敢言，更加痛恨汪精卫之流卑鄙无耻的卖国行径。

---

① 见《南侨回忆录》第69页。

缅甸华侨救护队回国抗日纪实

马兴惠*

筹　建

由于蒋介石顽固坚持"攘外必先安内"的反动政策，密电张学良将军对日寇入侵不予抵抗，将我东北大好河山，拱手送给敌人。九一八事变消息传到缅甸，广大侨胞群情激奋、痛心疾首。

1937年7月7日卢沟桥一声炮响，20万缅甸华侨的抗日情绪沸腾起来了，在仰光华人区街口的两座中文报栏周围，每晚都是人山人海，水泄不通，常是深夜方散。救国宣传晚会、抵制日货委员会、抗日救国募捐会等社团的活动十分活跃。不少爱国华侨青年纷纷回国，奔赴抗日前线。经过充分的酝酿筹划，于1938年1月，缅甸华侨救护队在仰光成立了。

组织领导这个救亡团体的是缅甸华侨抗日救国筹赈委员会。侨领们被推举为筹赈会的领导成员：林克逊（广东人）为主席，陈洪安（福建人）、陈福顺（广东人）、王相尧（云南人）为副主席，连委员共计15人。救护队的队长（广东人）是位开业医生，队员们多为闽、粤青年学生、工人、店员

* 作者时为缅甸华侨救护队队员，后参加八路军。

等。最初报名被录取者为 50 名，其中有两位是印度共产党总书记辛格介绍的印度医生：一是 A.M. 达斯，一是 A.S. 车格拉迪。他俩是医学院校的毕业生，精通英语，是救护队中年龄最大而文化程度、医疗水平最高的人。后来，因故中途退出了 20 人，回国者只有 31 名。

救护队组成后，住在仰光市金塔路 23 条东段 18 号的广东会馆里，教室在楼下，宿舍在楼上。全队每日三餐，均由附近陈洪安酒家等捐赠。

培　训

救护队从 1938 年年初筹建、招考，经过一番周折，拖到 4 月 5 日才开课。培训时间原定半年，因开学延期和祖国抗日形势的要求，不得不一再缩短，最后改为 100 天。

队员的爱国热情高涨，都能积极学习和参加各项活动，但文化程度相差悬殊。招考时要求初中以上程度，录取中却有少数小学毕业的，加之培训时间短促，这给教学上造成很大困难。

培训班没有文化、政治、军事课程，仅开设简易生理解剖、初级医学等科目，重点是止血、包扎、固定、搬运这些战伤救护技术，还讲授部分抢救化学战创伤等常识。教员多数为仰光市医院中国籍专科医生，也聘请一些英、印、缅著名医学家做专题报告。

短训班的特点是课程安排非常紧张，教员都嫌时间少，都想多讲一些，所以常常超点加班。教学方式也打破常规，没有课本和讲义，全靠笔记、脑记、挂图、表格、模型和实物等，边讲课、边示教、边实习参观，所以队员们都能深刻、扎实地掌握教学内容，学习成绩大多数很好。回国后在战地上的救护能力，也充分证明当初的训练是成功的。

我们是战地救护队，要在困难复杂的条件下抢救伤员，所以，队员要有壮实的体格，从招考时起就认真挑选，训练中更是重视体育锻炼。伙食标准也很高。结业时，队员们个个像小老虎似的，能跑、能搬、能吃苦耐劳。

我们又是抗日救国团体，除紧张训练外，也常利用课余时间开展宣传、募捐和其他救亡活动。每天特别紧张劳累，有些队员开始时不能适应，经过一段时间的磨炼才习惯。也有少数体质差的和娇生惯养者，自动退学了。

7月30日学习结束了，队长宣布放假一周，让回家整理行装并和亲属朋友告别。归队后，大家都穿上白卡其新制服、结红领带、戴大盖帽、穿着黑皮鞋，这一装扮，救护队的队伍更显得雄壮威武了。

回　国

从1938年8月10日起，各侨团、学校、会馆等，分别举行电影、戏剧、宴会等招待救护队员，其情热烈，其意深长，令人难忘！

8月13日，旅缅各界侨胞联合举行了盛大隆重的欢送会，印共总书记辛格光临致辞；筹赈会主席林克逊讲了话，大意是：一向来宾表示衷心谢意；二是宣布救护队归国后隶属中国红十字会总会指挥；三是救护队回国后全部医药、生活费用，仍由筹赈会供给；最后勉励全体队员奔赴抗日前线，救死扶伤，英勇战斗，为祖国立功，为20万旅缅侨胞争光。队员代表也在大会慷慨陈词，表示要在战场上立功，以答谢海外父老兄弟的无限关怀。会后，举行了盛大宴会，各地侨领也不远千里赶来饯行。我们许多救护队员都是有生以来第一次经历如此隆重热烈的场面。旅缅侨胞的深情厚谊，永远是我们献身祖国的巨大动力。

侨领王相尧先生，是我侨居仰光时的近邻，就是他介绍我报考缅甸华侨救护队的。他和廖仲恺先生是孙中山建立的同盟会里的至交密友。我登门向他拜别时，他特地写封介绍函件，记得信是这样写的：

承志贤侄如晤：

兹者缅甸华侨救护队马兴惠先生欲赴延安，希助之。

王相尧（签署）

1938年8月15日，仰光市夜雨晨晴，碧空如洗，天气格外爽朗。我们排成两路纵队，步伐整齐，威武雄壮，高举着洁白的红十字队旗，旗边一面绣着中文“缅甸华侨救护队”，另一面绣着英文“The Burma Oveveses Chinese Ambulance Corps”，在锣鼓齐鸣、鞭炮震天、掌声如雷中出发了。各侨领、学校、社团、商会、同乡会等送行代表，排成熙攘浩荡的长蛇阵，延续到轮船码头。汽笛长鸣了，岸边、船上的人们，彼此频频挥手，惜别之情依依。这热烈的气氛，这深厚的情谊，给救护队的伙伴们增添了反击强敌保卫祖国的无穷力量和莫大勇气。再见吧！亲爱的侨胞们！我们这群血气方刚、风华正茂的华侨青年，决不辜负你们殷切的期望。

客轮徐徐驶出了港口，仰光这座热带名城的轮廓逐渐模糊了。我们刚回到舱内各自床位上，却意外地获悉，马上又要参加另一个欢迎会了。他们是先从孟买（Bongbay）上船的印度援华医疗队，刚才看到我们救护队登船前的欢送盛况，知道大家都是共赴一个沙场的战友，立即决定在船上开会欢迎。我们认为对方是援华国际友人，欢迎会应由我们主办才对。经过友好的协商，最后改为联欢会了。彼此正为客舱狭窄而发愁时，船长闻讯后主动借船员的俱乐部给我们使用。我方派救护队的正、副队长和两位印度籍的队员作代表，参加了这个洋溢着国际主义精神的感人至深的茶话会。

由于我曾侨居过印度，粗通印地语，经我们队里印度医生的介绍，在共赴香港的航程中，与印度援华医疗队多次接触交谈，双方都非常热诚而成为新交了。1942 年，在革命圣地延安再次相遇时，巴苏华等医疗队的同志，已是亲密的老朋友了。这是后事，暂且不提。

我们的客轮抵达马来半岛西北角的槟榔屿（Penang）时，又受到当地各界侨胞的热烈欢迎。目睹那里的炎黄子孙把抗日救亡运动开展得如火如荼、气势磅礴，我们再次受到非常生动、深刻的爱国主义教育。船沿着马六甲海峡继续南行，到了号称为东方直布罗陀的新加坡。英国总督借口社会治安问题，不准当地侨胞举行欢迎会，也不允许我们整队集体登岸。受人统制，任人摆布，愤怒之甚，迄今未忘。无奈，欢迎的人们，只好派代表将大批慰问品送到船上，而我们也只好利用停泊时间个别分散登岸，或寻亲访友，或游览市容。

8 月 30 日早晨船抵香港，这里的情景与英属海峡殖民地——新加坡迥然不同了。刚抛锚停泊，欢迎的代表就拥上甲板。我们列队鱼贯下船，码头上新闻记者竞相拍照，港九各界同胞夹道欢呼。顿时眼睛湿润了，深感这里毕竟不是异国他乡了。香港是祖国不可分割的神圣领土，这里的居民是同祖同宗的骨肉同胞。

中国红十字会香港办事处，把我们安排到九龙海滨的一家旅馆里，并承担全体队员的食宿费用，还组织参观游览和招待宴会，记得那次宴毕，我将廖仲恺好友王相尧的信函面交廖承志，他热情地和我握手，并说："一定尽力而为！"

华侨救护队从缅甸出发时，就明确宣布我们的目的地是中国红十字总会的所在地——湖南省长沙市。然而，由于队长陈雅云居心叵测和迷恋香港奢侈生活，借口需要时间与国内联系和要在此地采办大量药材，迟迟不肯启程北上。直拖延至武汉失守、长沙大火了，我们仍滞留港九。队员们心急如焚，再也按捺不住了，纷纷要求立即启程共赴国难，否则，就将队伍拉回缅甸算总账去。无奈，陈雅云才率队乘船赴广州。事后获悉，缅甸汇交中国红十字会驻港办事处的款项，凡超过千元之开支者，要经过红十字总会批准，队长想在港提出大量现款，另有所图，几经交涉，均未得逞。

9 月 15 日中午抵达广州。这座南方名城气氛紧张，满目凄凉，高楼大厦，多数被敌机炸成一片瓦砾。登岸后，经简单茶点招待，便被安置在中山纪念堂北面山坡上的越秀中学里头。广州市本来只是我们救护队的中途站而已，可是陈雅云又借口日寇飞机每天轰炸，粤汉铁路已不通车，北上须先联系好才可动身。后悉队长原籍是广东台山人，日前在港时，余汉谋（当时国民党政府的广东省主席）得悉缅甸华侨救护队财源丰富、实力雄厚，就派人串通，许以高官厚禄，挽留陈雅云率队留粤工作。目下，全队人马和大批药品器材既到广州，勾搭拉拢的活动自然加紧了。队长一是地方观念极其浓厚，二是被高官厚禄所诱惑，竟然不顾中国红十字会总会和缅甸筹赈会的决定，蓄意在穗盘桓，旷日持久，以达到留粤不走的企图。

逃　难

敌机每天骚扰轰炸广州城，大批日舰出没于大鹏湾，广州形势日益紧张，物价飞涨，谣言四起，社会动荡，民心惶惶。记得9月18日那天晚上，召开了保卫大广州誓师大会，万人参加，群情激昂。余汉谋亲临会场，慷慨陈词，当众发誓："兄弟决与诸父老兄弟，同敌人血战到底，誓与大广州共存亡。……"讵料翌晨他竟坐飞机溜之大吉了。于是广州市局势更为混乱。

陈雅云昼夜在妓院寻花问柳。救护队的同伴急得团团转，真是叫天天不应，下地地无门，睡不着觉，吃不下饭，踯躅在珠江桥畔，仰天长啸！

9月20日夜深，大街上巡逻的坦克络绎不绝。人们清楚地看到这些庞然大物去时是青天白日徽，归来怎么竟变成红膏药徽？民众发愣一刹那，立即大惊失色，奔走相告，抛弃家产财物，争相逃向江北。守桥的士兵手挥白旗，高喊炸桥的导火线已经点着了。我们救护队此时已舍掉全部药品器材和公私财物，赤手空拳，不顾一切地猛冲过去。刚跑到大桥中孔，身后就响起爆炸的巨响。但幸而未被炸死，也没沦为日寇的阶下囚，这可说是不幸中之万幸。这种突然事变，传说是余汉谋的守城师长被日本鬼子重金收买，叛国当汉奸了，让敌人长驱直入五羊城。祖国的一片大好河山就这样被民族败类拱手送与敌人，爱国华侨青年身处此境，目睹此况，怎能不顿足捶胸五内俱焚呢？

救护队逃出广州城以后，连夜奔至佛山镇，在一所小学校教室里，地铺稻草，和衣鼾睡。醒来时，见陈雅云也赶到了。他自称炸桥时已在江北桥边，知道队员们都过了江，就尾追而来了。

局势严峻，无数国民党军人也作鸟兽散，混杂于难民中逃亡。我们救护队饿着肚子昼夜兼程，边走边刨田间生地瓜充饥。急行军48小时，途经大良、小良赶到江门，宿一中学校舍里。第二天早晨，陈雅云又不见了，听说他回台山县老家去了。大家情绪低落，想散伙，可是护照及手续都在陈雅云手中，谁也走不了，只好在一家小饭馆里集资就餐，静候陈雅云。

全队在混乱、焦虑、怨恨中度过了5天，陈雅云归队了。他从家乡带来了“新夫人”、弟弟和一位陆“秘书长”，还有叫何芳、余梅、伍秀莲的三个姑娘，这些人都摇身一变成为“缅甸华侨救护队”的成员了。此情此景，众皆怒而不宣。当晚陈雅云宣称：“广州突陷，北上无路，今赴香港，另寻别途。”全队只好随之渡江涉水，经澳门再赴香港，暂在港一旅馆栖身。回顾陈雅云的所作所为，大失众望。队友们悲愤交加，纷纷要求给路费、发护照，或就地解散各奔东西，或集体重返缅甸。陈雅云无言答对，只劝静候待命。

双十节时，武汉失守，广东沦陷了。然而，香港仍像世外桃源，大街小巷，家家户户，都挂着蓝天白日满地红的旗帜。不过，什么庆祝活动都没有，各家报纸也不发表社论或评论，只刊登国内外零星新闻。这一天，队友们三三两两溜出旅馆，有的相约去茶楼饮茶吃早点，商讨前途去向；有的合伙下酒馆痛饮消愁。我和另几位同伴早餐后，在港口海岸上散步谈心，他们同意我的主张：“我队处境恶劣，应去红十字会驻港办事处反映一下情况，并问问应该怎么办？”

前　线

中国红十字会香港办事处设在东亚银行四楼上。接待我们的是伍连德先生，他耐心听完我们倾诉这段坎坷的经历后，深表同情，倍加安慰，并且透露说：“上午已将队长找来了，告诉他广东惠阳前线我方与日寇激战，伤员甚多，中共香港办事处提出派人救援。可是队长却说什么目前全队思想混乱，药品器材又全部抛弃了，实况难以开往前线。”我等听后，觉得救死扶伤如救火，同胞在沙场上流血牺牲，我们怎能在后方逍遥自在呢！要求立即奔赴前线。

这两个办事处共住一层楼，伍先生转身领我们到中共香港办事处，并将我们的意见面告负责人廖承志。他赞许我们的行动，简短而明确地说：“前方伤员急需救治，你们回去动员，愿意去的，即刻动身。”我们欣然领命了。听到此消息的队友都愿意参加，于是过海乘车赶往深圳。没想到陈雅云带着药品器材也随后赶来了。

在深圳，曾生热情地接待了救护队。他简要介绍前线的战斗情况，提出伤兵的救治和安置的具体要求。大家都异口同声郑重承诺了。

我们按照原来组建的三个分队开展工作，那两位印度籍医生和几位女同志参加了第三分队，在一家旅店里立即投入抢救已到伤员的战斗中。第二分队负责筹组临时收容所。我率领第一分队沿着广九铁路北上，一昼夜在铁路两侧就发现百余名轻重伤员。轻者经包扎处理后指定方位自行转移，中等伤员急救后派人护医，尚有十几名重彩号则动员或雇请农民用棕床、门板、藤椅等抬到深圳大饭店——这里是党领导的东江纵队的第一个战地医院。

按照医院的要求。我们救护队对 50 多名中、重伤员精心治疗和护理，并负责照管他们饮食起居。全队各尽所能、分工合作、昼夜奋战，真是既紧张又有秩序，伤员们高兴极了。

日寇的便衣侦探、汉奸到处探风问讯，加上海中若干艘汽艇的窥视，很快摸清深圳除伤病号外我方并无战斗部队，鬼子便分兵两路向深圳合击。我军获得情报后便通知立即转移。我们连夜将全部伤员或背或抬到边界前，由我驻港办事处组织东华医院转运去香港继续治疗。

完成伤病员疏散任务后，救护队也后撤过界河，在英界上水镇边一座空庙里，以草铺地和衣暂息。陈雅云的弟弟烧水做饭，虽是野炊，但饭菜可口，队员们都很满意。队长那位“新交夫人”和陆“秘书长”，早在赴前线之前就被我们撵跑了。

日寇入侵深圳后，奸淫烧杀，洗劫一空，经一周才撤走。我率领第一分队首先重返深圳。敌军的血腥罪行，惨不忍睹，令人发指。我们用整天时间，忍饥耐渴，来往奔波，才将数十具腐烂尸体和许多死亡动物，一一抬到野外掩埋处理，并对所有饮用水井进行检查消毒。当天晚上，我因劳累过度和被腐尸污染中毒而病倒了。

敌军撤出深圳后，我军就在南头成立宝安县政府（原设在深圳镇上）和临时指挥部。红十字会香港办事处派人送我到那里组建两个卫生队和一个小型医院（拟以我们救护队为基础）。我带病遵命前往筹办。南头是个依山面海的小港口，地形十分险要。这里已有病伤号十几名，我到达后立即参加治疗工作。但我是山东人不懂粤语，与当地同志语言不通，凡事都得用纸笔传意，彼此都极不方便，所以他们同意我请假返港要求换人代替。经请示香港办事处，批准我“仍回拟北上之缅甸华侨救护队，目前可暂入东华医院治病”。

副队长从红十字会香港办事处那里知道我从南头回来后，就进东华医院就医，便领队友们到院探望我。彼此都介绍了办事处已批准我们北上抗日救护伤员，大家乐得手舞足蹈起来，兴高采烈地在香港度过 1939 年元旦。

行前，我去拜别廖承志。那天正好是元旦，简叙片刻，他知我去延安心切，主动为我写封引荐信，记得内容是这样的：

林克胜兄：

兹介绍缅甸华侨救护队马兴惠先生拜见，如有相求，祈予惠助。

廖承志（签名）

一九三九年元旦

北　上

1939 年 1 月 3 日，我们从红十字会香港办事处领了北上的路费和介绍信，由香港乘船赴广东汕头市。在汕一小客店休息三天，便整装徒步北上了，行约三小时，在一高坡处休息，遥望灰尘滚滚处，由汕头方向开来三辆大汽车。我等当即决定集体拦路截车。车刹住了，问明此三台车是广东省卫生厅的，运医药品赴粤北韶关的。经恳切请求，押车人员允许我们搭车，徒步跋涉的困难问题解决了。

为防避敌机空袭，汽车夜行昼息。途经兴宁、梅县等粤东北山区，公路崎岖，颠簸难走，达五昼夜之久，方抵韶关城。在省卫生厅下车后，受到热情接待，并力劝留粤工作。我等详述北上既定的任务，婉言谢绝他们的挽留。

翌晨到韶关车站，承蒙铁路工作人员实言相告：“好久没车往来了，可能等会儿，有一列闷罐车北上。”果然不久，车进站了，我们就一跃而上。闷罐车里空空如也，1 月份的湖广，昼夜蒙蒙细雨，运行中的车上更是寒气逼人。我们这些来自热带的华侨既无棉衣又无被褥，沿途车站什么吃的也没有，冻得我们相互缩成一团。真是越饿越冷，越累越寒，尝到饥寒交迫的苦头，更觉得火车开得特别慢。而车却逢站必停，有的一停就是半天。今日的韶关到衡阳快车只两小时，而那时竟行驶了两天两夜。到了衡阳市，有 3 位体弱的队员，因长期又冷又饿，竟然站不住走不动了。好容易把他们扶下车来，两人架 1 个，慢慢出了车站。大约 60 个小时没吃喝了，进了一家饭馆，10 个人要了 10 个菜，放在一起会餐，狼吞虎咽，秋风扫落叶似的，吃得干干净净。

饱餐之后，经多方询问，得悉湘桂铁路新通车，只军运不售客票。湘桂路与粤汉路隔江未接轨，越过湘江浮桥至车站约两公里，为赶点跑步前进，有 3 位队友沿途呕吐。当冲进车站时，列车已缓缓开动了，我们拼命抢上了火车。坐下来歇口气，才发觉霏霏细雨和浑身大汗，把每人的衣衫全湿透了。衡阳市到祁阳县快车只 1 站，不知何故火车又是走了一宵又一个白天。

1938 年秋长沙大火之后，红十字总会迁到祁阳远郊。我们冒雨沿着湘桂公路步行约 10 公里，抵达目的地时已是黄昏，机关都已下班了。好容易找到总会办公室，适遇总干事林克胜先生尚在屋。他是世界著名生理学家、美国檀香山的华侨。我们将香港办事处的介绍信面呈给他。据翻译说，他早收到香港的电报，了解我们救护队概况。对我们到来，他表示热烈欢迎。接着叫总务部连夜送来了内衣、制服、大衣、棉被褥，拿热菜热饭招待大家。我们极为感动。

第二天，又发给救护队每人全套红十字会服装和生活费 50 元，并通知我们休息待命，春节过后再分配工作。这天下午，我将廖承志的亲笔信送交林总干事，他听翻译念完信，就用英语问道：“你求我干什么呢？”我回答：“去延安。”他又说：“好吧！待有机会。”

春节后，红十字总会办公室写信介绍我们去祁阳一三七伤兵医院中卫训班学习。两周后又函告回总会共迁贵阳。于是，我们独乘一辆汽车，随红十字总会在 1939 年抵达贵阳图云关新总部。

3 月初，将我们编入战时公共卫生人员训练班学习 4 个月。6 月底毕业分配工作，留 2 人在总会办公室，余者派往红十字会第 54、第 56 两个救护队各 4 人，至此，北上的缅甸华侨救护队便不复存在了。

第 56 救护队去山西省中条山八路军总部，从此就和他们失去了联系。我和陈天民、刘传霄、彭才挺随第 54 救护队经西安抵达延安，暂住西北旅社。当晚八路军总卫生部秘书马寒冰（缅甸归侨）来访，我将一路上情况简要报告后，当即要求参加八路军。第二天晚上他告诉我："你们被派往甘谷驿第二兵站医院工作，首长已批准你参军了，但暂时穿便衣，仍在 54 队，便于做统战工作。"

到 1940 年底，红十字会第 54 救护队，除两三名队员外，都先后参加八路军了。

结　语

继东北、华北失守之后，上海、南京等名城重镇也都沦陷了。缅甸华侨救护队，在祖国危难关头，在"中华民族到了最危险的时候"，带着 20 万缅甸侨胞的火一般的爱国热情，回祖国抗日了。这是一件了不起的爱国壮举，因为回来的不只是 29 名爱国志士，还有他们在缅甸的后援——源源不断的大量财力、物力的支持，更重要的是从这一小小队伍中，迸发出中华民族冒着敌人炮火奋勇前进的思想光辉，在国内外引起强烈的反响。

1938 年 10 月，救护队光荣地参加了惠阳、东莞一带的东江纵队的抗日战斗，抢救了大批流散的伤员，在深圳大饭店创办了东江纵队第一伤兵医院。其后，有的队员转战到湘北前线，为祖国八年抗战的伟大胜利，尽了海外华侨的应尽义务。

我国的抗日战争是反侵略的正义战争，博得全世界人民的广泛同情。我们这支救护队，由于印度共产党总书记辛格同志的积极支持，介绍了两位受过系统医学教育的印度医生参加，共赴抗日前线。因而，这个队伍开始时就带有鲜明的国际色彩，曾引起国内外的相当重视。

救护队回国后，由于政见不合。于 1938 年底终于分裂了。一些队员经中国红十字总会的安排，北上革命圣地延安，在中国共产党的精心培育下，逐步成长为我军卫生战线上的骨干力量。

回忆越南华侨的爱国救亡运动

徐安如*

旅越华侨的经济、文教以及有关社团，当年都集中在越南南方南圻的堤岸市（现为胡志明市的一个地区），故提到越南华侨，一般就以这里的华侨为代表。

一、从“国难会议”说起

九一八日本强占我沈阳继而侵占东北的消息传到越南后，大家奔走相告，特别是华侨青年，更是义愤填膺，痛失国土。但由于当地华侨报纸消息闭塞，对日本强占东北和东北军不抵抗的原因不大清楚，因而议论纷纭。有人认为，张学良守土有责，失去东北的责任应由他负；也有人认为，张学良当时已“易帜”，依附了国民党政府，应否抵抗，要听命于政府，因此，不抵抗的责任，应由国民党政府来负。

正当侨社众议纷纭之时，国民党驻越总支部（在堤岸市）负责人香玉堂、郑满霖、周启初等人害怕侨众有所“异动”，急忙召开会议，商量对策。

---

* 作者时任越南华侨教育会常务理事、越南华侨救国总会理事。

除电请国民党中央派特派员外，并决定召开有侨团、侨校代表参加的所谓“国难会议”，以图“安抚”侨胞，防止“异动”。

所谓的“国难会议”，于 1931 年 12 月间举行。被邀参加的侨团、侨校代表约 100 多人。会场借用堤岸市的南圻华侨中华总商会的会议室。会上，当国民党特派员正念着讲稿时，突然一位青年教师打断了他的话，质问说：“日本侵占我国东北，为什么政府不下令抵抗？”接着会场四周响起了一片质问和斥责：“为什么不抵抗？”“是谁叫张学良不抵抗的？”这些话像连珠炮一样射向那个特派员和主持会议的几个当地的国民党头头。他们被问得目瞪口呆、支支吾吾，无言以对。会议无法再开下去，便在喧闹声中宣布散会。

二、爱国救亡怒火的喷发

1932 年 1 月 28 日，日本又在上海挑衅，驻守上海的十九路军，奋起抵抗，大挫日军。消息传到越南，一家爱国侨报《群报》（爱国报人余群超主办）用特大号标题:《蔡廷锴大胜日军》发出号外，并在报社门前，大放鞭炮，以示庆祝。侨胞们闻讯，不顾违犯当地平时不准燃放鞭炮的警律，甘愿罚款，纷纷购买爆竹，大放起来。顿时整个堤岸市，鞭炮轰鸣，群情振奋，那些留待春节时才出售的鞭炮，竟被抢购一空。这天，比过春节还热闹。

三、爱国“有罪”

一·二八之后，爱国救亡怒潮更加汹涌。但在当时的情况下，爱国华侨不可能公开组织爱国团体进行救亡活动，因为法国殖民当局是不允许华侨搞政治活动的。一些华侨青年只好采取隐蔽的方式，如建立书报社、读书会以及一些工会等组织，暗中进行爱国救亡活动。这些组织对外宗旨是联络感情，团结互助，购书共读，增进知识等等。而内部的主要活动是购置和学习国内的进步刊物，提高爱国救亡的认识；开展歌诵活动，大唱救亡歌曲，鼓舞大家的爱国情绪。此外，还出版壁报，组织时事讨论会等。当时先后成立的爱国团体有进德书报社、海燕书报社、女子工余读书会和茶居工会、金银工业工会等。

但是，这些团体的建立和开展活动，并不是一帆风顺的。首先是受到法国殖民当局的监视。因为华侨开展抗日救亡活动，殖民当局害怕日本的抗议，同时也怕华侨的爱国活动会引起当地越南人民的连锁反应。其次，是国民党驻越总支部的破坏。当时国民党主张“先安内、后攘外”，因而“抗日有罪，爱国无理”。它是不愿意让侨社搞爱国救亡运动的。由于法殖民当局同当地国民党反动派在这一问题上利害一致，因此相互勾结，彼此配合，对华侨的爱国救亡运动加以压制和破坏。

如有一次，正当我们在进德书报社召开有几个爱国社团参加的会议，讨论如何开展文化社团的爱国统一战线工作时，突然那个负责侦查和监视我们这些社团活动的越籍便衣特务闯了进来，这人懂粤语，我们都叫他“豆皮（粤语：麻子）亥（越语：老大）”。当时是我主持会议，身后是一块黑板，我情急智生，立即在黑板上书写：B、P、M、F 和ㄅ、ㄆ、ㄇ、ㄈ几个拉丁字母和注音符号，装作在教授拉丁化新文字，并对该越籍便衣说：“我们正在学习拉丁化新文字呢！因为中国的方块字，难认、难写、难记，我们准备像你们的越南语一样，要改用拼音呢。”他看不出我们有什么动静，便无可奈何地走了。我们后来知道，这是国民党反动派向法殖民当局告的密。

又一次，大约是在 1936 年的夏天，一批爱国青年学生要筹募捐款，支援祖国的抗战将士，他们集合了 100 多人，其中有文化社团代表和青年工人，向国民党驻西贡领事馆请愿，要求当时的领事沈觐扆代向法国当局申请许可募捐。沈不但不予理睬，反而招来法当局的宪警，将为首的一个学生和一个茶居工友抓走并驱逐出境。

四、越南华侨救国总会

七七事变后，由于日本进一步侵占我国的上海、南京等地，侵犯了英、美、法等国的在华利益，他们不得不改变初时那种纵容和姑息日本的态度，转为同情和支持中国的抗战。对在东南亚等地华侨的爱国救亡运动，也稍示“宽容”，不再严格监视和压制。

越南华侨的爱国社团，经过几年的隐蔽斗争，积累了不少开展爱国救亡活动的经验，并积聚了一定的力量。当时，这些社团已经半公开地联合组成了抗敌后援会，领导和推动爱国救亡运动。但由于还未得到侨社上层人士的支持，因而宣传工作和募捐工作，还不能得到广泛而深入的发展，特别是还未能将爱国救亡运动，推向南圻所属各省和各地。

同年 11 月底，杨虎城和杨明轩由欧洲回国路经西贡，逗留两三天。抗敌后援会便利用这一机会，和另一救亡团体缩食救国会（工商界人士的组织，由各商号自动节约每日菜金，收集后汇回祖国），分别在堤岸市的太湖酒楼召开欢迎会，杨虎城是全欧华侨抗敌联合会的负责人，杨明轩是我国西北救亡工作的负责人，会上他们深入地阐述了爱国救亡的道理，并详细介绍了旅欧华侨和国内同胞爱国救亡活动的情况。他们的讲话，极大地鼓舞了到会侨众的爱国热情，推动了当地爱国救亡运动的开展。

抗敌后援会的各社团便利用这一时机，分头联络活动，推动侨社中的上层人士出面，建立一个更为广泛的包括侨社中各个阶层、各个方面人士的爱国救亡组织。经过多次联络磋商，并得到南圻各省侨胞的响应，于 1938 年初组成了越南华侨救国总会。

当时，该会选出的理、监事名单如下：

常务理事：张长（广肇善堂副主席）、颜子俊（布商公会主席）、陶笏庭（芳泉汽水公司老板）、陈肇基（出口商）、张伟堂（美群书店老板）。

理事：陈炳权（钟表业公会代表）、吴敬业（中国图书公司经理）、徐磐石（即作者，越南华侨教育会常务理事）、张广标（进德书报社代表）、陈树（木屐业公会代表）、翟沛林。

监事：李康（建筑商）、蔡子南（洋行买办）、关觉民、曾继贤（茶居工会代表）、吴醒民（国民党代表）、邝鲁久（记者公会代表）、陈石坚。（以上理、监事姓名、人数，如有错漏，请知情人补正）

救国总会成立后，便分头派人去南圻各省推动成立分会。各省侨胞纷纷响应，一两个月内，各省便都成立了分会。计有：芹苴、茶荣、永隆、东川、沙沥、迪石、蓄臻、薄寮、金瓯、美萩等。此外，还有中圻的芽庄、藩切两市。柬埔寨的金边和马德望，以及老挝南部的桔井等地，也都建立了分会。北圻的河内，虽然没有成立分会，但也经常将募到的义款寄到“救总”来。

救国总会的工作，除经常募集义款，汇回祖国支援抗战外，还经常利用节日、纪念日或其他集会，宣传抗日救亡运动。有时还请一些路经西贡的国内知名人士到会，向侨胞演讲和介绍抗日事迹。例如当陶行知从印度归国，船经西贡时，正值救国总会成立，我们曾请他到会演讲有关抗日救国道理；当十九路军抗日将领翁照垣由巴黎回国，船过西贡时，也请他在上千人的集会上，讲述十九路军淞沪抗日的经过；当“义勇军之母”赵老太太（赵洪文阁）赴海外宣传东北义勇军抗日斗争的英勇事迹而抵达越南时，救国总会利用她的名声，进行了大规模的宣传工作，除了请她在堤岸演讲外，还派人陪同她到南圻各省作巡回演讲。这些演讲，大大鼓舞了侨胞们抗日救亡的情绪。

五、救亡号角——《全民日报》诞生

为了正确传播祖国抗日战争的消息，报道当地侨社爱国救亡运动的情况，救国总会理事陈炳权、吴敬业、张广标、徐磐石等，便倡议创办一份日报，作为救国总会的喉舌。此议得到救国总会常务理事、老国民党党员张长的支持，并由他出名号召，向爱国侨胞募款创办。不到两个月，便募集了一笔款项，1938 年年底，《全民日报》出版了。

该报由张长任社长，陈炳权为副社长。吴敬业任总编辑，张易、张广标、徐磐石、陶亦夫、陈子彰、陈健中、许侠（最后两位是后期参加的）等都在编辑部工作。

该报的言论主张是：拥护国共合作，坚持抗战到底，反对投降妥协。由于这些主张符合广大爱国侨胞的要求，加上该报每天的电讯消息较多，经常转载国内进步报刊的文章，所以，受到当地侨胞的欢迎。该报除了在南圻各省销售外，还销售到北圻的河内，中圻的芽庄、藩切和柬埔寨的金边等地。

正因为该报主张团结抗战，反对投降妥协，经常揭露国民党的消极抗战、制造分裂、阴谋妥协投降等，使得当地的国民党顽固派非常恼恨，因而千方百计对之进行破坏。其破坏的办法是：

首先向当地法当局诬告《全民日报》是共产党办的报纸，该报的工作人员大都是共产党。其根据是该报创办伊始，经费困难，对工作人员每人每月仅发生活费 30 元（越币）。顽固派便向法当局告密说：该报的工作人员，不论职位高低，都发一样的工资，这就是共产制度。还说，他们能这样吃苦，不是共产党是什么。另一根据是：1939 年 6 月，因为《全民日报》在副刊《新启蒙》上，刊登了一篇张易写的纪念高尔基逝世三周年的文章，题为《高尔基三年祭》，并配有高尔基的相片。顽固派的头子香玉堂便拿着这份报纸，向越籍便衣“豆皮亥”说，你看，他们写文章纪念俄国共产党的著名人物，连相片也登了，这不是共产党的报纸又是什么！

其次向爱国侨胞进行恫吓：凡是向《全民日报》认过股、捐过钱以及订阅该报的，名单已被抄去，将来不但当地政府要查办，即使回到国内，国民党政府也是要查办的。在顽固派的恫吓下，有些人退订了，有些人改为零购，《全民日报》销量减少了些；有些股东和同情该报主张的人，也不敢到报社去了。

《全民日报》虽然遭受如此威胁，但仍能坚持下去，直到救国总会被迫停止活动，才被迫停刊。

六、救亡运动被迫停止

1939 年 9 月，欧战爆发，法国被迫向德国宣战。远东方面的日本也趁机向法越当局施加压力，迫使当时的法驻越总督加托卢斯将军封锁了由海防、河内经谅山到镇南关（即后来的友谊关）的中越交通线，阻止了援华军用物资的运入，并派一个军事小组进驻河内，进行监视。

与此同时，日本还迫使法越当局，下令停止当地华侨的爱国救亡运动，因而救国总会和《全民日报》于 1939 年底先后被勒令停止活动和出版。

《全民日报》同人早有预料，为了继续进行爱国救亡的宣传，事先已用另一人的名字，申请取得另一出版证，报名改为《华商日报》。当《全民》方告停刊，《华商》便由原班人马，继续于 1940 年初出版。言论主张，虽已较为隐晦，仍不为敌所容，出版不到三个月，又被勒令停刊了。

救国总会和报纸被停止活动后，我们知道越南已入日军魔掌，救亡工作已无法进行，大家认为以迁地为宜。于是，吴敬业、陈炳权、张广标、徐磐石等 4 人，于 1940 年底取道越北老街经河口到昆明，然后经滇缅公路，转赴缅甸仰光。本拟在该地再建据点，继续从事救亡工作，但因人地生疏，活动不易开展，除徐磐石转赴新加坡参加《南洋商报》工作外，吴、陈、张等三人退回滇缅交界处缅方一侧的小镇九谷，经营小商贩维持生活。不幸的是，有一天，陈、张两去滇省一侧的小镇畹町（同九谷只隔一条小河）吃早点，竟被国民党宪兵逮走，罪名是共产党，后被送至重庆集中营，关押到日本投降后才释放回越。此外张长和张易、陈健中、陶亦夫等，则先后迁入南圻内地小市镇隐居，陈、陶二人从事教育工作；许侠亦辗转到了马来亚的柔佛，在该处教书。

值得我们怀念的是：张长年老多病，迁入内地后，因生活条件不好，又因过度忧郁，不久即去世。这位爱国老人，老国民党员，原任广肇善堂副主席，一贯热衷侨社慈善事业。他参加救亡工作后，不怕国民党反动派诽谤，不怕法特监视，毅然肩负起领导爱国救亡运动的重任，是一位爱国华侨的典型，永远值得我们怀念。

回国参加抗战记

黄人晓*

我于1923年出生在泰国北部清迈府南邦市的一个华侨家中，祖籍是广东台山县。我的父亲是一个医生，他温文尔雅，和蔼可亲。尽管身居国外，但他非常热爱自己的祖国——中国，从小我们就听他讲过许多关于中国的事情。他年轻时，曾和我的大舅父一起参加过华侨支持孙中山先生革命的活动。他们对孙中山先生非常敬仰，曾亲耳聆听过孙先生的演讲。我的大舅父还曾参加过孙先生创建的同盟会。我生长在这样一个家庭里，从小就耳濡目染地受到了爱国思想的培育。

1937年中国爆发了卢沟桥事变，当时我正在南邦的华英中学读书。华英中学是一所英国教会办的学校，招收了不少华侨子弟。由于是英国人办的学校，因此学生在学校必须讲英语，如果讲汉语或泰语就要挨打。可以说我们从小就尝到了当亡国奴的滋味。

学校里除了普通学校的课程外，还要读《圣经》，每天早上我们要集体到礼堂背《圣经》，背不下来也要挨打。在这样的环境中，很多华侨学生产生了反抗的思想。正在这个时候，中国爆发了抗日战争，青年华侨学生的爱

---

* 作者时为泰国华侨，回国后在救护总队第七支队参加战地救护工作。

国热情一下子迸发出来，群情激昂，自发地组织起来，为中国的抗日战争开展募捐活动。我们还组织了宣讲队，在街头、到华侨家中宣传抗日，募集资金物品。许多华侨慷慨解囊，那种场面至今令人难忘。

不久，在曼谷育才中学上学的一位华侨学生来到南邦，他带来了许多登载中国抗日消息的报纸，记得其中还有《新华日报》。他号召华侨学生积极响应中国共产党的抗日主张，投身抗战。我们在他的鼓动下，热血沸腾。后来他又多次找我们，说想组织一些青年人回国，去延安投考抗日军政大学。

当时，父母也正想在我毕业后送我去美国读书。但因为家里较穷，一时筹措不到那么多钱，因此还在犹豫中。我有一个很要好的朋友，姓张（名字记不清了），她家里比较有钱，也准备送她去美国读书，但她不想去，她说可以把这笔钱借给我，让我去。在这个节骨眼儿上，何去何从，我一时拿不定主意了。

过了不久，一些同学来找我，说他们已经决定回国上抗大，问我去不去。我很想跟他们一起去，但又担心家里不会同意，父母怎么会让我这样一个当时还不满 15 岁的女孩子只身远行呢？但此时回国的愿望已牢牢地占据了我的心。我暗自决定要与几位同学一起回国参加抗战。于是经过一番“秘密筹划”，我们终于出发了。那是 1938 年初。

记得出发那天，天还没亮我就悄悄地爬起来，带上事先准备好的一个包袱（一套换洗的衣服），溜出家门。路过父母的房间时，我心里突然升起一股眷恋之情，我就这样悄悄地背着父母走了，家里还丢下几个需要照顾的弟弟妹妹，心里实在不安，也觉得对不起他们。我心中默念：抗战一结束，我马上就回到你们身边！

到了会合地点后，我们几个人就向北进发了。我们一行是 6 个人，我是年龄最小的，也是唯一的女性，因此大家很关照我。由于当时交通不便，大家也没有什么钱，所以基本上是徒步行走。第一天一切都觉得那么新奇，因此有说有笑，但到了下午就感到疲劳了。我们决定在路边宿营。由于疲倦，我倒头便睡着了。不知睡了多久，忽然觉得有人在推我，我以为天亮了又该出发了，醒来一看，四周一片漆黑，而父亲却站在我的面前。我又高兴又惊讶，不知父亲为什么会来到这里。父亲告诉我，他们发现我不在了，非常着急，到处找我，后来才打听到我随一些大年纪的同学回国走了，因此急忙找车追赶，最后终于在路边找到了我们，他才放心。当时泰国北部山区还很穷，也很荒凉，不时还有老虎出没，父亲说他非常担心我们遇到野兽，这种走法实在很危险，而且父亲责备我这么大的事情不该不跟家里讲，父母会支持的。经过商量，父亲决定先将我们送到清莱，然后带我回南邦。我和其他人约好，等我三天，如三天过后我回不来，他们就继续北上。

回家后，父亲严肃地跟我进行了一次长谈。他从家里迁居海外说起，讲到西安事变，又谈到中国的抗日战争。他对蒋介石的不抵抗政策深为不满，而对中国共产党和毛泽东的抗日主张十分赞同。他对我说，如果你一定要回国，我也不阻拦，但是你要去找毛泽东，要抗日，中国人不能当亡国奴，任人宰割！父亲的话深深刻在了我的心上，对我后来加入中国共产党产生了很大的影响。但是我也非常惊讶父亲对政治的事情了解得那么多。

临行前，父亲送给我一架照相机（他非常喜欢摄影），母亲送给我一些首饰和一条她亲手织的线毯。他们嘱咐我，一旦遇到困难，可以把这些东西变卖掉。我心里又激动又难过，我只有一句话：抗战一胜利，我马上就回来。谁知这次与父母的分别竟成了永久的诀别，在他们生前我未能再看到他们！50年后我再回到泰国时，只能在他们的墓前说一声：爸爸、妈妈，我回来了！

我们从泰老边境的小镇清孔（音译）上船，顺湄公河下行，来到老挝的首都万象。在这里我们小作停留，又继续北上。一路上我们跋山涉水，完全靠两只脚。最后经过千辛万苦，经过越南的河内，到达了越南东部的城市海防。因为我们在河内听说南洋华侨支援抗战的汽车物资和医疗用品等都集中在海防，中国的红十字会经常从那里接收各种物资回国，因此我们才来到海防。

越接近中国，回国的心情越迫切。在海防我们四处打听前来接收捐赠物资的中国红十字会的有关消息，然而一连好几天过去了也没有音信，我们十分焦急。终于有一天一位同学带来了好消息，说中国红十字会来人了，让我们赶快去会面。我们赶到指定地点，看到一位潇洒的青年正在指挥一些人装运物资。他见到我们十分热情，对我们回国参加抗战表示欢迎。他看我年纪小又是女生，非常照顾。后来我才知道，他是当时中国红十字会战地救护总队运输队的队长，他就是后来成为中国出色外交家的章文晋。那时他已是中共党员。在以后的几十年中，我们一直保持着深厚的友谊。

我们经睦南关到达广西南宁，以后又随车队一起到了设在贵阳郊外图云关的中国红十字会救护总队队部。经章文晋介绍，我进入了救护总队护训班学习。这个救护总队由协和的著名医师林可胜大夫负责，当时美国著名记者史沫特莱也住在这里。由于是国共合作，这里既有国民党干部，也有共产党的干部。我在护训班学习结业后，被派往第七支队参加战地救护工作。当时我们这些华侨回国是经泰共介绍的，所以我们在救护队的工作基本上是由中共长江局救护总队特委领导。这些情况是我在若干年以后才知道的。

我随战地救护队先后在四川的绵阳、陕西的褒城等地参加战地救护工作，基本上属于后方工作，没有直接上前线。但从送来的伤兵伤势可以看出战事是很激烈的，许多重伤号的伤情惨不忍睹。我在救护队除参加一般护理工作外，也接受了党交给我的一些任务，主要是负责把要求北上的进步青年通过接力方式转送到延安去。为了帮助一些身无分文的青年北上，我陆续变卖了从家里带来的各种物品，最后连照相机也变卖了。后来不少青年到了延安或走上了抗日前线。当时很多青年学生亲切地叫我“黄阿姊”，其实那时我年仅 15 岁。

1939 年春，组织上派我去洛阳。临行前在救护总队工作的中共地下党负责人之一、我的入党介绍人郭绍兴通知我，组织上已批准我加入中国共产党，此次去河南就是接转关系，同时接受新的任务。我到洛阳后，与组织接上了关系，并正式宣誓入党。过了些日子，组织上通知我，派我到延安学习。这是我盼望已久的，我听到这个消息万分激动，又非常兴奋。经过千辛万苦、长途跋涉，就是盼望着能到延安学习，现在终于要实现了，怎不令人高兴？

以后又经历了千难万险，终于到达了延安。我在延安度过艰苦的抗战岁月，这段生活使我终生难忘。现在每每想起这些事来，心里总感到很激动。有些年轻人对我们当初回国参加抗战表示不理解，其实很简单，当时我们所想的是：祖国再穷，也是自己的母亲；母亲有难，我们做儿女的能袖手旁观吗？

民主人士活动

郭沫若与《新华日报》

张志凡*

郭沫若是中国近代的文学大师、历史学家、著名诗人。周恩来称赞他是继鲁迅之后带领文化界前进的导向，在反对旧礼教战斗中是旗手，在保卫祖国的战斗中是号角。人们都尊称他“郭老”。在抗日战争时期，他从日本回国，先在上海、广州、桂林、武汉等地从事抗日救亡的舆论宣传工作。1938年底从武汉来渝，12月27日到达陪都重庆，开始住在城内天官府7号，后来住在歌乐山赖家桥全家院子。

郭老原名郭开贞，生于1892年12月，卒于1978年，四川省乐山县人。1913年中学毕业，1914年留学日本，攻读医科。1917年后积极投入新文化运动，提倡革命文学，是中国新诗的奠基人。大革命时期，投笔从戎，担任北伐军政治部副主任和代主任。大革命失败后，参加南昌起义并加入中国共产党。后来亡命日本历时近10年，进行中国古文字学和中国古代史研究，成为中国马克思主义历史学的开拓者。他热爱祖国，1937年7月7日抗日战争爆发后，冒着生命危险，克服重重困难，毅然孑身从日本回国，参加抗日救亡工作。7月27日，他到达上海时，看到人民群众的抗战情绪十分高涨，

* 本文系作者根据有关资料整理而成。

便立即投身到了这股抗日救亡的伟大革命热潮之中。为了宣传党在抗日战争中的路线、方针、政策，宣传党的民族统一战线，他特别注意抓抗日救亡的舆论阵地。一方面积极筹办了《救亡日报》，任社长，夏衍任总编，并经常同夏衍等深入前线采访，写了许多激励人们抗日斗志的报告、速写和诗篇；另一方面，对其他报刊特别是《新华日报》十分关心和支持。

《新华日报》是中国共产党在国民党统治区唯一公开出版发行的报刊，是适应抗日救亡的需要而创办的。1937 年底，筹备于南京，1938 年 1 月 11 日创刊于武汉，同年 10 月迁重庆，继续坚持办报。中共南方局利用这份报纸，积极宣传抗日主张，传播革命理论，报道党的方针政策，揭露国民党的黑暗统治，支持各界人士的正义斗争，指导人民群众开展民族民主解放运动，夺取抗日战争的胜利。而郭老来陪都期间，担任国民政府军事委员会政治部第三厅厅长，领导文化界人士进行抗日宣传工作。由于国民党当局实行“消极抗日、积极反共”的政策，第三厅被改组，郭老的厅长职务被撤。经过周恩来的巧妙斗争，当局另设立文化工作委员会，由郭老担任主任，作为政治部下属的学术研究团体。郭老利用他的职务和身份，关心和支持《新华时报》，做了大量工作。

当《新华日报》1938 年 1 月 11 日在武汉创刊时，他就为《新华日报》题词：“发动全民的力量，从铁血之中建立新的中国。”刊登在 1 月 14 日的《新华日报》上，这充分表现了郭老对党报寄托的无限希望和对伟大、光明的新中国的无限向往。《新华日报》创刊两周年时，又刊登了郭沫若的亲笔题词：

> 防民之口，胜于防川。连话都不让老百姓说，那是很危险的事。反之，能代表老百姓说话的，那力量也就比长江大河还要浩大。

这个题词，是对党所领导的代表人民说话、反映人民愿望的《新华日报》恰如其分的评价，也是对国民党反动派压制人民群众呼声、迫害进步报刊、破坏抗战、制造分裂行为的无情揭露和批判。1943 年 1 月 18 日，郭老又亲笔书写了《祝新华五周年诗二首》，以纪念《新华日报》创刊 5 周年。

一首诗是：

气作长虹贯碧霄，心随字水涌新潮，循春木锋道人健，颂岁辛盘燕语娇。日月光华明旦旦，风云变幻蔚朝朝。民人资尔张喉舌，万口为声声自遥。

另一首诗是：

扫荡妖氛在此年，战虽弥苦志弥坚，鼓鼙远震声悲壮，炬火高撑气浩然。为得人群谋解放，凭将心血写明天，如椽大笔期常健，寿比中华岁万千。

这些诗句，不仅抒发了郭老对《新华日报》在艰苦卓绝斗争中的丰功伟绩的无限赞美之情，表达了他为人类求解放和建设新中国奋斗到底的豪情壮志，而且也反映了他对报纸的党性、人民性、战斗性的鲜明观点。

郭老还常常会见新华日报社记者，并积极地大量为《新华日报》写稿。当年在《新华日报》工作的一位老同志回忆说："当时，政治斗争是尖锐的、复杂的，有什么重大事件发生，请他写文章，他总是落笔如神，一挥而就，警句盈篇，传诵一时。"1938年1月25日，《新华日报》刊登了一篇《郭沫若谈抗战形势》的消息，郭老坦率地向记者发表了自己对抗战的看法，提出："抗战到底，胜利归于我们的一句口号，今天已像铁一般的坚定。""只要全国一致，决心抗战到底，则民族的光荣前途，自然就不成问题了。"这说明郭老在抗日战争的艰苦斗争中，始终都充满了必胜的信念，并且把这种持久抗战、抗战必胜的思想，宣传给全国广大群众，动员和武装全体人民起来斗争。为纪念鲁迅逝世两周年，郭老在1938年10月19日《新华日报》纪念专页上，发表了《持久抗战中纪念鲁迅》的论文，指出："鲁迅精神便是不屈不挠，和恶势力斗争到底。"把学习鲁迅同抗日救亡斗争密切结合起来，使鲁迅精神具有了更加伟大的现实意义，教育和鼓舞人民以鲁迅的"硬骨头"为榜样，为争取民族解放、抗战胜利而英勇战斗。

1941年5月4日，郭老又在《新华日报》上发表了《青春哟，人类的春天》，纪念五四运动22周年，阐明了这一运动的伟大历史意义，论述当今青年抗日救亡的神圣责任，号召“青年自己应该以民族的主义、文化的创造者自尊自重”，为抗战救国作出贡献，体现了郭老迫切希望青年人在斗争中经风雨、见世面，在党的抚育下不断成长起来的心情。尤其是郭老于1944年3月19日在周恩来的支持下，在《新华日报》以连续4天的显著版面发表的著名论文《甲申三百年祭》，通过崇祯的彻底垮台，预告了蒋介石的必然灭亡和人民中国的必然诞生。同时，又通过李自成农民起义失败的深刻教训，告诫革命者永远不能骄傲，胜利以后仍要保持艰苦奋斗的本色。对此，国民党反动派吓得惶惶不可终日。《中央日报》连忙抛出陶希圣炮制的《纠正一种思想》的社论，诬蔑李自成等农民起义领袖是“流寇”，攻击郭文“鼓吹战败主义和亡国思想”。这恰好证明郭老这篇论文刺痛了敌人。毛泽东对这篇文章十分重视，指示在延安和各解放区印成单行本，发给大家学习。毛泽东在延安高级干部会议上的讲话《学习与时局》中指出：“近日我们印了郭沫若论李自成的文章，也是叫同志们引为鉴戒，不要犯胜利时骄傲的错误。”

抗战胜利前夕，郭老曾应邀访问苏联，当时在《新华日报》副刊部担任编辑工作的刘白羽去送行，约他回来写点文章给报纸发表。郭老欣然应允，并带回了《访苏见闻》（日记）在《新华日报》副刊上刊登。尤其感人的是，在发表文章的过程中，郭老总是虚怀若谷，从不坚持己见。正如刘白羽回忆说：“报社有什么意见，由我转达给他，他总是一一接受，苦思修改。”郭老这种谦逊谨慎和尊重别人意见的作风，正是在长期的报刊工作中形成的。

史良在重庆

肖永生*

史良是在1938年10月下旬武汉失守前夕来到重庆的。一年多前曾被国民党当局以“危害民国罪”起诉的史良，莅渝的身份是妇女指导委员会委员和国民参政会参政员。妇女指导委员会是1938年5月宋美龄召集全国各地的妇女代表和妇女工作者在庐山召开座谈会商讨后，于7月份在汉口成立的，宋美龄亲任指导长，史良、邓颖超、李德全等任委员。国民参政会于1938年7月在汉口召开，史良和邓颖超等10位妇女代表一并被聘为参政员。从阶下囚到“座上宾”，史良这个身份的变化，倒也形象地反映了当时抗日民族统一战线逐步建立的时局。

抗战期间，云集重庆的妇女团体有66个之多，妇女指导委员会是一个统一战线组织，内部包括国民党、共产党、救国会等各党派，还有其他不同政治倾向的人。史良是作为救国会的代表参与其间的。在工作上，史良形式上接受宋美龄的领导，但她更多的和邓颖超、卢竞如、孟庆树等在一起开会，研究和讨论工作。

关于抗战期间妇女运动的方向，史良有自己独立的见解。在武汉期间，

* 本文系作者根据有关资料整理而成。

史良写了《妇女运动中的一点意见》，提出抗战期间妇女工作的基础，“应当建立在大众的妇女、劳动妇女、农村妇女的基础上”，知识妇女的任务则是“培养干部、提拔干部，做妇女总动员的发动机”。来渝之后，史良更是不遗余力地利用各种场合宣传自己的主张，并在妇女指导委员会的活动中付诸实践。

次年春天，重庆各界为支援抗战，开展了献金竞赛运动，史良参与领导了妇女界的献金运动。此时正值三八节前夕，重庆妇女爱国热情高涨，仅第8日一天，即创纪录地献金632359元，这个数字不仅超过以往7日的献金，而且超过第6日银钱图书业的献金数额，累计8天中妇女献金达1396089元。这件事当时轰动了整个山城，政府和各界人士对广大妇女的爱国热情普遍地给予好评，《新华日报》还特地为此事发表短评给予肯定赞扬。

另一件让全国各界对女界抗战热情刮目相看的事，是这年秋天妇女指导委员会在重庆发起的为前线将士征募寒衣运动。妇女指导委员会号召全国妇女完成征募50万件棉衣的任务，送上前线支援抗战。史良热情地投入了这项工作，而且特地写了《透过寒衣运动的教育和组织妇女工作》一文。文中，史良言辞恳切地写道：“在这寒风袭人的深夜，又当前方拼命杀敌的紧张局面，谁不关心将士身上的衣薄。”劝告和号召姐妹们积极投入到这场运动中来。利用这个机会，史良也再一次阐述了她要教育和组织全体妇女参加到抗战建国中来的主张，即应该通过耐心和切身的教育，动员每一位妇女都参加到征募寒衣的运动中来，要透过此来奠定“民族意识之初步教育”之基础。在史良等的努力下，取得了圆满的成功，50万件寒衣带着姐妹亲人的温暖送到前方将士的手上，大大地鼓舞了士气。

抗战前期，武汉和重庆的妇女运动搞得有声有色，作为中国的“第一夫人”，宋美龄也因此大出风头，不仅国内妇女拥戴她，在国际上也有影响。美国纽约妇女俱乐部以她在“国难中组织领导全国妇女从事抗战，其无上果敢之精神，至可景仰”，赠予她荣誉金章。苏联《真理报》对中国妇女积极参加抗战也著文予以赞扬。在这里面，史良是有一份功劳的。史良性格开朗豁达，善于交际和应付不同的环境，结交人士甚广。她和宋氏三姐妹都是很好的朋友。20 世纪 30 年代在上海，因营救“政治犯”和参加救国运动，史良就怀着敬佩的心情和宋庆龄时有交往，宋庆龄也非常喜欢和看重她。七君子事件中，宋庆龄为营救史良等人出狱，倡导了救国入狱运动，给国民党政府很大的压力。妇女指导委员会成立后，由于工作中的关系，史良和宋美龄有了较多的来往，又因之结识了宋霭龄。

史良的工作能力强，思维敏捷，善于打开局面，这一点很受宋美龄的赏识，很多工作宋都交给史良去做。有一次，宋美龄请史良吃饭，蒋介石也在座，席间宋美龄对史良讲:“国民党需要增加新的血液，在国民党中央委员中，妇女就太少了。”又说:“国民党的确腐败，你为什么不加入国民党，一道把它进行一番改革呢？”并表示愿意作史良的介绍人。这一番话，赏识和拉拢溢于言表，史良却委婉地拒绝了。个人的私交模糊不了政治立场上的分歧，在这一点上，史良的头脑是清醒的。这也恰如在妇女指导委员会的工作中，各派之间团结归团结，但在宣传和发动群众这些事关全局的问题上，史良总要团结进步力量同国民党的唐国桢、陈逸云等人争论直到取得胜利。

史良在重庆住在枣子岚垭犹庄 23 号，与“七君子”中沈钧儒、沙千里、邹韬奋等的住所相距都较近，彼此也经常见面。当时，救国会的组织形式虽不复存在，但仍时有活动，救国会还组织了“十七人座谈会”，定期开会研讨时局讨论工作，史良也是成员之一。

1939 年 9 月，国民参政会第四次大会在重庆召开。其时，国民党政府的政策都在逆转，各抗日党派不同程度地受到压制。会前，《新华日报》记者采访史良，史良就此次大会发表谈话，希望政府切实优待抗战军人家属，从多方面扶持妇女团体。在这次大会上，各抗日党派参政员一致要求政府结束国民党实行的一党专政，立即实行宪政，开放民众运动，保障各党派的合法地位。有关这方面的提案共有 7 个，史良对这些提案表示完全赞同和支持，还单独提了两个关于妇女的提案，一为《请政府从速救济抗敌军人家属以励兵役案》，一为《请中央改进女子教育以适应抗战建国之需要案》。在这两个提案中，史良从自己女参政员的特殊身份出发，阐述了女子教育和救济抗属之重要意义，并且提出了具体的改进办法。

由于各抗日党派和部分无党派爱国人士的强烈要求，国民参政会第四次大会通过了“请政府明令定期召集国民大会、制定宪法，实行宪政”的决议，并设立了国民参政会宪政期成会，其主要任务是“协助政府促进宪政”，具体工作是讨论并修订1936年制定的《中华民国宪法草案》（即五五宪草）。宪政期成会由25名参政员组成，史良是其中唯一的女参政员。此外，史良还被推选为参政会大会休会期间的驻会委员和重庆宪政促进会的常务委员。

此次大会闭幕后，宪政运动在重庆、桂林等地热烈地开展，史良义不容辞地承担起重庆妇女界宪政运动的领导工作。从1939年11月中旬开始到1940年3月，重庆各妇女团体共召开过7次宪政座谈会，全国的20多个妇女团体参加了会议，史良担任会议主席，并且亲自为座谈会拟定了讨论提纲。在讨论中，妇女代表们提出修改宪法草案，除了在有的条文中须加上“不分男女”4字外，还必须对国民大会中妇女代表名额有明确的规定。在这个问题上，史良主张妇女代表至少应占20%至30%。她讲，在国民大会中妇女所要提出的问题，绝对不是她们的父兄或丈夫所能完全代表的，但依照《五五宪草》中国民大会代表产生办法，妇女简直没有当选的可能。

在宪政期成会的讨论中，史良提出的20%到30%这个比例引发了激烈的争论。一位男会员问史良：“为什么全国妇女放弃其余20%或30%的代表名额？”这个问题提得很巧妙，史良的回答简洁而有力，她说：“从我国历史的实情上，相信在目前男女要做到绝对平等还无法实现。所以我认为我们妇女宁可不要形式上的男女平等。假如宪法上规定国民大会中妇女代表名额最少在20%的话，我们妇女代表就有20%的保障，否则连10%的希望也没有。”由于史良为维护妇女合法的参政权利而进行了不懈的努力和必要的斗争，结果“于宪政期成会上，曾在24位男会员，对一位女会员之恶劣比率下”，“居然通过了国民大会特设妇女代表名额一项”。

要吸收妇女参政，保证国民大会中有足够的妇女代表，这在当时妇女界是一致的，但在妇女代表如何产生这些具体问题上却产生了分歧。1940年3月11日，国民党方面马超俊夫人沈慧莲举行茶会请客，来宾32人中有20多位是妇女运动委员会的，史良是其中之一，其他有些是主人的朋友。茶会间，沈慧莲提议组织“国民大会妇女竞选会”，向政府请求多选妇女充任国民大会代表，并主张即席推出筹备员进行筹备。史良当即表示：现在所到的妇女代表，既不能包括重庆各界妇女，更不能代表全国妇女，建议至少须邀请重庆各妇女团体共商进行。但与会的人未能理解史良的真意，纷纷附和沈慧莲的提议，主张立即产生筹备会。史良即席声明“放弃该会（茶会）中的选举权与被选举权”。当天的茶会推出了 9 位筹备员，进行筹备事宜。14 日，史良和刘清扬再次去访沈慧莲，仍以上次的意见供她参考，希望重庆各妇女团体都能参加筹备会，但未被采纳。18 日，在史良的倡导下，重庆 37 个妇女团体召开谈话会共商筹组竞选问题，议定每个团体推 1 名代表参加筹备会，并当场推出 7 名代表，于 19 日赴国民党重庆市党部接洽。31 日，沈慧莲等的妇女竞选会召开成立大会，史良没有出席，当日她与韩幽桐主持召开了宪政座谈会以示抵制。

事后，史良就此对《新华日报》记者发表谈话，说，“本人始终认为，妇女竞选运动，必须建立在群众基础之上，才是真正民主的表现，否则只有少数人参加，结果无异于闭塞了妇女解放运动之门。”冯玉祥夫人李德全也向《新华日报》记者谈到，“妇女参加国大竞选，其动机必须站在民族的立场上，而为妇女大众谋福利者，非为个人利益而参加竞选。”李德全在 31 日的成立大会上被推为理事，但她表示由于“未知悉于前，故亦不拟参加”。她的观点和史良是一致的。

朱学范争取国际工人援华抗日纪实

陆象贤*

一、抗战前夕

1936年6月1日，朱学范以上海市总工会理事长、全国邮务总工会常务理事的身份，作为中国劳工代表出席在日内瓦举行的第二十届国际劳工大会。临行前，他在上海各工会举办的欢送会上说："中国劳工问题的特性，自始即包含民族的抗战性质，换言之，中国劳工问题即为中国民族解放问题，故吾人必须于谋求劳工本身解放外，同时不可忽视民族复兴之重要。"

他到了日内瓦，在国际劳工大会上发表演说，指出中国生产落后的外在原因是受到不平等条约的束缚和帝国主义的侵略，并揭露日本在华北正进行着大量的走私，"根据中国海关的报告，在9个月期间（1935年8月1日起到1936年4月底）日本走私造成的损失达2550.6946万元……它不仅扼杀中国的新兴工业，而且也阻碍着同外国的正常贸易"。他在劳工组的会议上发言，要求各国劳工援华反对日本侵略。他还举行招待会，招待国际工联代表和欧洲、美洲、拉丁美洲、亚洲一些国家的劳工代表，单独招待苏联工

* 作者时为中共地下党员。

会中央理事会主席什维尔尼克，提出访问苏联的要求，得到什维尔尼克的同意。

7月，朱学范从日内瓦经过柏林到达莫斯科，因什维尔尼克休假，由苏联工会中央理事会国际部长和苏联邮电工会接待，瞻仰列宁墓，参观列宁博物馆。通过苏联工会的联系，朱学范在莫斯科郊外的一个公园里秘密会见了中国共产党驻共产国际的代表，商谈合作抗日，开展工人运动问题。

1937年4月，朱学范代表中国劳工出席在美国华盛顿举行的国际劳工局纺织工业会议，发表演说，会后自费出版英文版小册子，揭露日本、英国在华纺织厂严重压迫女工和童工的状况。并访问美国海员工会主席柯伦，向他提出发动美国海员援华停运日货问题。5月1日，他在美国共产党于纽约中央公园举行的庆祝国际劳动节大会上发表演说，呼吁美国工人停止运送日货，并与美国共产党主席白劳德会晤，向他介绍了中国工人和人民反对日本侵略的情况，希望美国工人援华反日。

6月，朱学范出席在日内瓦举行的第二十三届国际劳工大会（第二十一届为1936年举行的海事会议，第二十二届为1937年举行的纺织会议）。他在大会上发言，揭露和谴责日本从1935年以来在华北有组织地武装走私，并且指出帝国主义国家强加于中国的治外法权是对中国劳工受害的根子，中国工人期望国际劳工组织采取行动来去除这种障碍，以利于中国工人劳动条件的改善。

在这次国际劳工大会上，朱学范当选为国际劳工局理事院副理事。

二、抗日战争初期

1937年7月7日，日本帝国主义悍然发动了全面侵华战争，8月13日进攻上海，伟大的抗日民族战争开始。

中国劳动协会打电报给国际工会联合会，揭露日本帝国主义侵华暴行，呼吁国际工人伸张正义。9月，国际工会联合会向全世界劳工发出宣言，表示国际工联对于中国人民十分同情，国际工人一致团结愿为后盾，并通过决议:(一)建议国联制裁日本;(二)通过会员国抵制日货;(三)发起募捐援助中国受灾害工人;(四)组织小组委员会研究援助中国办法。

10月，国际运输总工会通告各国运输工会禁止运载军火到日本。此后，英国、美国、法国、比利时、荷兰、挪威、希腊、阿根廷、澳大利亚、新西兰等国工会相继开展停运日货运动。

1938年6月，朱学范出席在日内瓦召开的第二十四届国际劳工大会。在大会劳工组开会的第一天，他报告了中国工人英勇抗战的情况，呼吁各国工人联合起来，采取有效办法，制止日本侵略，援助中国抗战和救济中国工人。各国劳工代表纷纷响应，美国、加拿大、澳大利亚、法国等劳工代表均发表演说，同情中国工人抗战。劳工组通过决议:“参加本会之英、美、法、比、荷、加拿大等24国劳工代表，对于日本、意大利、德意志侵略者不顾世界普遍的愤慨，屡次轰炸中国及西班牙人民，提出最强烈之抗议。本劳工代表等，对此不幸的民众，谨致以同情与团结之意，并深信中国与西班牙人民，于短期内，必可谋取确切的解放。”

出席这次国际劳工大会的日本政府代表，因朱学范曾在以前几次大会上发言揭露日本侵略中国、迫害中国工人的种种事实，这次大会又是在日本帝国主义南京大屠杀、疯狂轰炸武汉、广州之后召开的，生怕他在大会发言中把日军的侵华暴行暴露于国际。因此以退出劳工大会为借口，要挟国际劳工局，阻止朱学范在大会上发表演说。大会主席当时颇有袒护日本政府代表的意向。朱学范在了解这一情况后，即先行向劳工局局长表示，在大会演说为各代表的自由权，劳工局如接受日本政府代表的无理要求，则中国劳工代表即作单独退出大会的声明。

后由中国政府代表李平衡出面周旋，将演词中的“日本”二字改为“侵略者”。朱学范即出席大会作演说，揭露敌国侵略中国的暴行，指出上海已有1905家工厂被破坏，35万工人失业。其他工业中心遭到猛烈轰炸，至少已有8920多家工厂被敌人毁坏，使1200万工人失业。在战区，无数工人和妇女儿童遭到杀害。远离战区的广州，据《巴黎邮报》的报道，1938年5月28日至6月8日的12天内，遭到空袭竟达19次之多，有2700人死亡，

5300 人受伤。他在演说中严正指出："本席深信，除非采取有效的方法来约束侵略者，这个世界不免要违反局长的预期而重近于另一野蛮混乱的黑暗时代。在那里面，世界人民看见这国际劳工组织消灭时，将毫不以为可异……为此，敢请本组织各会员一致地英勇地保障和平，维护正义，唯有如此，这国际劳工组织才有存在的价值。"

朱学范在国际劳工大会上的斗争，引起各国记者的深切注视，第二天的日内瓦报纸上就有责备劳工局的评论。各国劳工代表更是深表同情，中国劳工代表请大会表示斥责侵略国并谋救济失业工人的提案，得到英国、美国、加拿大、爱尔兰、澳大利亚、瑞典、南斯拉夫、丹麦、瑞士的劳工代表的联合署名，作为 10 国劳工代表的共同提案。但大会主席认为提案的时间性已失，不予接受。朱学范即向全体劳工代表报告，希望主持公论。经劳工组全体代表一致决议，用大会全体劳工代表名义，再行提出此案。大会主席不得不召集全体大会职员会议，讨论此事，并由领衔提案的中、美两国劳工代表到会申述理由。翌日，大会主席用公函答复 10 国劳工代表，表示同情，并认为提案具有重要性。最后劳工局局长表示将此议案在局长向大会的报告中，提出结论，因之全体劳工代表始告满意。

朱学范还在劳工组会议中，提出请求援华的具体办法 3 项："一、日本向国外购买废铁、化学品、汽油及其他军用原料甚多，各国劳工大众为制止日本侵略起见，应请共同对日施行制裁，例如运输工人之拒绝卸运，最为有效。二、今日日本因购买大批军火，其输出品更不能不采用倾销政策，以求苟延战争，则将来日货价格必更减低，其充塞于各国市场之数量亦必更多。故各国果能抵制日货，则不仅足以制止日本之侵略，且能制止日货与其他各国货品之竞争，须知日本自采取倾销政策以来，对各国工业之发展已有莫大之威胁。三、捐款救济中国工人。"

这个提案当场得到通过，作出决议："此次劳工大会出席全体劳工代表，对于中国千百万灾害劳工受日本之蹂躏与惨杀，表示十二万分义愤。对于日本之侵略，用尽战争残酷方法，屠杀中国民众，轰炸不设防城市，及毁灭大量建筑物，实行其侵略野心，表示痛恨。第一，各国有组织之劳工团体，应督促其本国政府实行国际盟约规定之经济制裁。第二，全世界有组织之工人团体应用种种有力行动、有效办法，实行援助中国人民抗战。”

当时各国劳工代表对中国抗日战争的态度，比之出席国际劳工大会的各国政府代表、资方代表有很大的差别。在劳工组会议上，可以直接指责日本侵略者，尤其是已受到德国法西斯蹂躏的欧洲各国的劳工代表，对援华抗日的态度比较明朗和坚决。因此，朱学范借日内瓦中国国际图书馆举行招待会，招待英国、美国、比利时、荷兰等国劳工代表和国际工会联合会领导人，放映了揭露日本侵略军在南京对中国人民进行大屠杀的影片，举办了中国抗战照片展览会，展出三星期，天天挤满了观众。

7 月，朱学范到巴黎会晤法国总工会总书记石屋，向华侨和法国工人放映揭露日本侵略军在南京大屠杀的影片、还出席世界反侵略大会，作中国工人和人民抵抗日本侵略、英勇战斗的演说，并在大会上与印度的尼赫鲁相识。朱学范还到伦敦会晤英国援华委员会英共党员乔奇・哈代和汤姆（20 世纪 20 年代曾来过中国），到煤矿工会基层组织向矿工和工会工作者介绍中国工人抗战的情况，放映揭露日本侵略中国暴行的影片。在英国援华委员会主办的展览会上，他认识了丽莉・劳伦斯和她的丈夫马丁・劳伦斯，他们的朋友爱维林・布朗夫妇（都是英共党员），并列席他们的党小组会议。经过马丁・劳伦斯介绍，到英国共产党主席波立特家中作客，向波立特介绍中国工人抗战的情况。波立特表示支持中国抗战，并说中国抗战胜利后应成为独立自由的国家。

1939 年 5 月 1 日，朱学范在华盛顿参加庆祝国际劳动节大会，发表演说，要求美国加紧援华制日。6 月 8 日，他出席在日内瓦举行的第二十五届国际劳工大会，发表演说，呼吁国际工人共同反对日本对中国的侵略战争，以及意大利对埃塞俄比亚和阿尔巴尼亚的侵略战争、德国对奥地利和捷克斯洛伐克的侵略战争。大会期间，朱学范先后举行招待记者茶会、对欧洲国家劳工代表团的招待会、对美国劳工代表团的招待会，又同李平衡联合举行茶会，招待各国代表团和国际劳工局全体职员，呼吁团结一致，援华抗日。

7 月 5 日，朱学范出席在瑞士苏黎世举行的国际工会联合会第八届代表大会，发表演说，主要内容为：一、申谢各国工友援助中国抗战之热忱；二、说明中国上下一致抗战到底之决心；三、陈述中国工人为抵御侵略所遭受之苦难；四、揭露日本独占东亚侵略世界之野心；五、说明中国占有世界上四分之一的人口与土地，在世界上地位之重要；六、中国胜利之基础已奠定，日军深陷泥淖之中，必趋失败；七、中国不仅为独立自由而战，且为世界和平人类幸福而抵抗强暴，各国应加强援华制日，以消灭侵略气焰。他的演词深得各国代表的同情，大会为此作出决议："国际工会联合会第八届代表大会，聆中国劳动协会代表朱学范同志之陈述，藉悉中国工友同志因日本军阀侵略而遭受之悲苦情况，大会除向中国工友寄予无限之同情及诚挚之慰问外，认为日本对中国之侵略，实为法西斯整个侵略行动中之一环，与国际工会联合会之政策与宗旨完全背驰，是故中国人民抵抗法西斯侵略而胜利，亦为各国劳动阶级之胜利。大会据此，爰特宣言：全世界工人不但应予中国工友以道德的同情，抑且应给予切实有效的援助。"朱学范又在大会上提出"加紧制裁日本，援助中国案"，国际工会联合会为此采取了以下各项措施：一、将实行抵制日货方案，分发各国工会遵照实行。各国工会均复函响应，咸愿采取抵制日货行动。二、捐款援助中国被难工友，各会员国工会已捐款55.6 万法郎。三、呼吁对日本实行制裁，国际工会联合会曾与社会主义工人国际联合草拟制裁日本具体办法，内容有停止对日信用借款，停止军需物品输日，禁止日货进口等项。在这次大会上，朱学范当选为国际工会联合会理事。

8 月，朱学范到荷兰阿姆斯特丹会晤国际运输总工会总书记爱德华·菲曼，接受国际运输总工会赠送中国海员工会的锦旗，表扬中国海员在反对日本侵略战争中的英勇行动。

朱学范回国后，10 月，在重庆曾家岩与中共中央代表周恩来会晤，提出今后在国际工运活动方面，希望陕甘宁边区总工会共同参加的建议，得到周恩来的赞同，建议让陕甘宁边区总工会加入中国劳动协会为团体会员，朱学范表示欢迎。12 月，中国劳动协会召开第二届年会，通过了接纳陕甘宁边区总工会为团体会员的决议。

1941年10月，朱学范代表中国劳工出席在纽约召开的国际劳工大会非常会议。这次大会是在世界法西斯势力最为猖獗的时刻，也是中国抗战极端困难的时刻召开的。在这次会议召开前，重庆《新华日报》发表社论，指出："我们希望这次大会，成为一个反法西斯的大会，成为一个促进建立国际工人统一组织的大会。在大会中规定斗争的纲领，以便国际工人集中力量，统一行动，有效地打击东西法西斯，积极地援助中、苏、英三国的抗战，这是这次大会的紧急任务。"朱学范在会外和会上进行紧张而有效的活动，在会外，他联络美国主要劳工团体，要求美国政府采取有效行动援华制日；举行招待会，宣传我国工人和人民的英勇抗战，并以绣着"全世界工人联合起来，击溃法西斯侵略"的锦旗，赠送给国际工会联合会，表示中国工人与各国工人共同击溃法西斯侵略的决心。在大会上，他提出对中、英、苏人民因轴心国军事侵略所受的痛苦及英勇抗战表示深切同情和敬佩，敦促世界自由民族对中、英、苏及其友邦供给军械，以加强抗战力量。这一提案获得通过，大会作出决议："大会业已接到被轴心军队占领国家代表之报告，获悉在轴心军队占领之国家，集会结社自由及一切民主权利与自由，已被压制。特向中国、英国、俄国及欧洲大陆亿万之人民，表示最深切之同情。轴心战争对此无数人民加诸无可描述之痛苦，而使彼等现时在精神上物质上忍受辛酸之生活……大会敦促所有自由民族尽其权力之最大限度，以工业所能生产之军用品供给中、英、俄及其盟国，以求胜利。"在这次大会上，朱学范当选为劳工组副组长。美国总统罗斯福在白宫接见代表，朱学范要求美国以军火接济中国的抗日战争。

长沙大火

长沙大火前后的亲历和见闻

陈　正*

一、军委会武汉行营便衣警卫队

1938 年 7 月，我在军委会武汉行营便衣警卫队第二分队任分队附。这个队以保护蒋介石和行营的安全为主要任务，队长张业，副队长许建业，下辖两个分队，队员 90 多人，其中 60 人为临澧特训班第一期的学生，其余的老队员都是浙江警官学校的学生，他们都是经过严格的考核选派来的，被认为是忠实可靠的分子。这个便衣警卫队，表面上由行营秘书处领导，对外的一切活动与联系都以秘书处的名义出现，实际归军统局直接指挥，是军统局的一个特务组织。

二、押解犯人到长沙

1938 年 9 月 20 日，便衣队奉行营秘书处的命令，派遣第二分队 40 余人到武昌火车站押解一批重要犯人到长沙，转送常德陆军监狱。我奉命率队

---

*　作者时任国民政府军事委员会武汉行营便衣警卫队第二分队分队附。

前往。到达火车站时，便衣第一分队用七八部小轿车将这批犯人送到，我按名册清点接收，共 26 人。其中有一名女性（姓名忘记），约二十六七岁，长得相当漂亮，谈笑风生，若无其事，据说她原是行政院工作人员，因泄露国家机密，有汉奸嫌疑而被逮捕。还有个男犯，名叫杨俊昌，据说原是广西部队的师长，因失守宿县，而受到军法审判。其他的男犯，多是高级军事将领，由于作战不力，贻误战机，而受到军法制裁。他们都戴着手铐，有些还戴着脚镣，人人愁眉苦脸，非常颓丧。我也是个军人，认为这样实在太难看了，对他们颇有些同情之感，于是我对他们说："你们大家老实一点，严格遵守纪律秩序，不要乱跑，我就把你们的刑具卸下。"他们听后异口同声地说："绝对服从命令，严格遵守纪律秩序，互相联保，决不逃亡。"于是我命令队员将他们的刑具卸下，大家皆大欢喜。我对他们的生活也特别优待，每人每天给 3 元的生活费。大家共坐一个车厢，两个警卫看守一个犯人。火车中途靠站稍停，他们就报告要买食物吃，像是几天没有吃饭似的。当天下午 6 时许，火车到达长沙市小午门车站，军统局已派副队长许建业在此等候。他对我说：上级指示，你的分队留下来，由此地派一个便衣小组和宪兵一排，将这批犯人送到常德。你将犯人点交清楚后，带队到潮宗街第三号梓园休息。晚上 8 时许我把犯人移交清楚后，就带队到梓园暂住。由于这里是市中心，长沙常有空袭警报，约一个星期后，我分队又移住小午门外东庄。此地又名米家花园，原是谭延闿的别墅，建有亭台楼阁，金碧辉煌，被人们称为"长沙第一公园"，军统局局本部临时就驻在此地。

三、开赴南岳执行任务

1938 年 10 月 23 日，行营秘书处要我即率本分队开赴南岳，执行任务。我分队奉命后，分乘汽车于当天下午 4 时到达南岳，即向军统局南岳办事处报到。该办事处主任曾广勋（湖南益阳人，原任军统局国际科少将科长）对我说："委员长（指蒋介石）马上就要到这里来了，准备安排他住圣经学校（在衡山上面，稍上一点就到半山亭）。这个地区的警卫，我们要负完全的责任，你的分队担任由市区到山上沿途警卫安全之责。你们是便衣，到处游动性地侦察监视；其他地区由罗湘负责，由他与宪警确实联系，使坏人无隙可乘。”我当即遵命照办。这个军统局南岳办事处也是以保卫蒋介石的安全为主要任务，同时接收各方发来的电文，快速送给蒋介石批阅。这虽然是个临时性组织，却也是保密的。罗湘是此地的便衣队长，兼衡山县县长，他的便衣队有队员约 200 人，多数是临澧特训班的学生，他们都配有自来得 20 响手枪。宪兵五团派有宪兵一营，衡山县政府派有警察一队，这些宪警都是公开放哨的，戒备森严。我分队与办事处住在山脚下的周家圮。

四、蒋介石到达南岳

1938 年 10 月 26 日，蒋介石抵达南岳，一行数十部小轿车，他究竟坐在哪一部，谁也不知道。下车后，他下榻在圣经学校，侍从人员也住在圣经学校附近。11 月 2 日或 3 日，蒋介石召集部分高级军政人员到南岳商讨国事，我见到的有冯玉祥、汪精卫、何应钦、白崇禧、陈诚、张治中、张群、陈布雷、戴笠等人。他们一部分住在圣经学校，其余的人住在山脚下的中国旅行社，该社为临时招待所。也就是在这个时候，敌机到南岳先后空袭 3 次。圣经学校附近构筑有坚固的防空洞，是为蒋介石避难而准备的。当敌机飞临南岳上空时，配置在半山亭附近的高射炮不断向敌机开火，因此敌机不敢低飞，只有一次投下 20 多枚炸弹，在山脚大庙附近和左侧 100 余米的风景林中爆炸，炸死 10 余人，伤二三十人，多数是机关工作人员和妇女小孩，形状极惨。这次蒋介石在南岳开会，讨论些什么问题，非局外人所能了解。事后从戴笠口中透露出一些片断消息，我所听闻的是这样：他们检讨了武汉会战失败的原因，吸取经验教训，准备成立军事委员会统一指挥全国的军事。同时调整战略，采取持久作战的方针，以游击战配合正规战，用空间换取时间，以待国际形势的转变。当时与会者都认为长沙是守不住了，白崇禧提出等敌人进到长沙时纵火焚城，以迟滞敌之行动，国军逐步抵抗逐步后撤，即使敌人占领了长沙，也不过得到一个焦土空城。此建议得到蒋介石的同意，交张治中执行。11 月 8 日，蒋介石离开了南岳，去向保密。

五、由南岳返回长沙

蒋介石离开南岳后，我的分队留在南岳已无必要，戴笠指示我率领分队转回长沙。9 日上午 8 时，我们由南岳分乘大小汽车北上。若按平时的行军速度，两个多小时即可到达长沙。但现在的情况不同了，由长沙疏散出来的难民络绎不绝，拥挤不堪，沿途公路为之阻塞，老人扶着拐棍，妇女背着小孩，男人挑着行李或拉着装满家具的板车，哭喊叫骂之声不绝于耳。南下的大小汽车排出一条长龙，争先恐后向前挤，秩序混乱不堪。我们的汽车只得缓缓而行，当天下午 7 时许才到长沙，仍住于东庄军统局临时本部。这时，长沙市已呈现出萧条冷落的景象，街上的老百姓已很少了。究竟前线的战况怎么样？有的说敌人快到长沙了，有的说还在汨罗江附近激战中。传说纷纭，莫衷一是，弄得人心惶惶。当时我到高处听前方传来的枪炮声，炮声听得很清楚，机关枪声隐约可闻，判断前线距离长沙市不过百把华里，说在汨罗江激战中当比较可靠（汨罗江距离长沙市仅 100 华里）。但这前线的作战部队究竟有多少？实际的情况当然不知，只听说有杨森、张发奎、李玉堂、李默庵等部，最少不下 10 多万人。假使前线顶不住，最多不过两天的时间，敌人就可到达长沙。由此看来，长沙可能凶多吉少。

六、军统局加紧撤退工作

由于局势如此紧张，军统局加紧撤退人员，一批撤到湘西沅陵后转到重庆，一批撤到衡阳后再到重庆。老弱病者坐小车，其他一律坐大车。按点名的次序上车，忙到 12 日尚有约 200 名干部、眷属无车可运。最后戴笠决定这批没有车运的人，一律步行，经广西、贵州到重庆。他对这批人说：“现在既然没有车运，大家辛苦一点，体念国难时期的困难，早日离开长沙，因为情况很紧急，由秘书曾坚、交通科长胡子萍领队，到衡阳搭乘今晚最后一班火车，祝大家一路平安！”我是步行队伍中的一员，遂整理行装，准备出发。

七、离开长沙前夕所见

1938 年 11 月 12 日下午 4 时半，我跑到小午门火车站看看情况，见分配给军统局的车皮上面已装满了汽油、弹药和各种公物，其他车皮也是一样。这列火车 20 多节，都是无篷的，全给军委会各部委分占了，有军令部、军训部、政治部、航空委员会、军统局等单位。这是由长沙南开的最后一趟列车，各部委正在紧张地装载公物。我回来时跑到市区，巡视一周，街上已看不见老百姓，只见散兵伤兵三五成群，东闯西窜，打开民房乱拿东西。街上虽然还有宪兵维持秩序，但也不加干涉，听其自由行动。7 时许，我回到东庄，再到高楼上，听到前方传来的枪炮声已非常清晰，判断敌人离长沙不过 30 多华里了①，可能是在捞刀河一带与我军激战。情况确实非常紧张了，我即刻下楼对同事们说：“看来敌人快接近长沙了，赶快到小午门上车。”大家顿时慌张起来，即刻动身，到了火车站，爬上装满公物的车厢，等候各部委装好公物后开车。时间到了晚上 12 时左右，仍没有动静，于是派人到车站催促即刻开车。但由于这趟列车装载过重，机车试开几次都开不动。怎么办呢？与车站负责人商量的结果，只有多加一个车头，但长沙火车站已无车头可派，只得打电话到株洲车站调来。

八、长沙起火和车站混乱的情况

13 日凌晨 1 时 30 分左右，长沙天心阁起火了，一条火柱直冲云霄，人们大喊：“长沙起火了！”同时见到戴警备司令部袖章的军人和宪兵警察等，

---

① 据湖南省政协文史委编《长沙大火》所载潘公展（时任湖南省政府秘书长）、许权（时任长沙警备司令部参谋处长）、史说（时任湖南省政府行署参谋处副处长）等多人回忆，均谓当时日军尚在 200 里外的汨罗江北岸。

提着火灶火油，有些手上拿着打火机，来去匆匆，这些人大概是放火者了。天心阁先起火，是因为地势高，长沙附近都可以看得到，这分明是放火的信号。霎时长沙市到处都起火了。这列火车停在小午门车站，前面的大火已挡住去路。由于浏阳门外风很大，将火焰吹过西侧，把民房又燃烧起来，很快铁路两旁已是一片火海。此时在车站或在车上的人，无不惊恐万状，喊叫哭骂之声到处皆是。我们都认为这次不为敌人所俘，也必被大火烧死。情况如此紧急，秩序更加混乱，难民伤兵强蛮地挤上车，车上的人也无法制止，根本也不可能制止，所以每节车厢里都是人压人，挤得水泄不通。有一个上校军官，搀扶着他有病的爱人，要求搭上我们的车厢，我说你挤得上就上吧。情景如此凄凉，令人不胜心酸。当时我要到车站商讨开车的问题，那位上校是否挤得上车，也就不知道了。

九、由火海中冲出

由株洲调来的火车头，在未起火前已经到达，开始两个车头都放在前面，试开几次还是开不动，于是建议把一个车头调到后面，前拉后顶，试看开动开不动，结果列车开动了。车上的人无不欢天喜地，我回头看看车站，尚有不少的人，因挤不上车，破口大骂，以泄胸中之愤；一些可怜的伤兵无法上车，见火车驶行，就在地上打滚，伤心地痛哭。此种悲惨情景，车上不少人都洒下了同情之泪！火车快驶近起火之处时，几只军号不断地吹奏冲锋号。有些火焰已接近车厢，幸亏事前大家将棉被打开，盖在汽油和弹药箱上，才避免了意外事故的发生。四五分钟后，火车才驶出危险地带，虽然有些人的眉毛头发都被烧焦了，但大家都拍额称庆，幸得生还。13日凌晨5时许火车才到达第一站猴子石。

十、几经险阻到衡阳

火车在猴子石暂停，不久天已微明，忽闻飞机声，抬头见有一架敌机飞临上空，离地面不过 100 余米，盘旋侦察。因车上有不少难民，也许敌机误认为是难民车，只用机关枪略加扫射，即向前飞去。为了避免敌机的空袭，火车暂时停开。果然不到半小时，第二批敌机又到了，但不停地继续南飞，以轰炸株洲。当时我回望长沙，好似一个漫无边际的大火海，烟雾弥漫，火光冲天。此情此景，令人惊心动魄。这时车上的人已饥渴不堪，附近又无村庄，见到农民的几块红薯地，大家便纷纷去挖红薯充饥，红薯没了就吃红薯叶和藤，真是饥不择食。由于前面的铁路，有些被敌机炸坏，正在抢修，14 日火车才开到田心站。当时，谁也不知道有些上不了火车的难民偷偷地用木板搭在车底的支架上，人爬在木板上，因火车调动倒退，冲击过大，木板上的难民有 4 个掉下来，当场被碾毙，死状极惨。15 日火车到达株洲，因株洲的部分铁路也被敌机炸坏，火车续开续停，16 日才到达衡阳。总算脱离险境，幸获平安。

十一、中央社发出湘北大捷的战报

11 月 17 日，我们在衡阳，听到中央社发出的战报：湘北我军大捷！喜讯传来，人们无不笑逐颜开，奔走相告，顿时衡阳市鞭炮齐鸣，以示祝贺。中央社发出这个消息，确实出乎人们意料之外，想不到长沙会转危为安！中央社的这一捷报，当时起了相当的作用，暂时安定了民心，振奋了士气，我也信之不疑。我听说这次大捷军统出力不小。当时军统受命在岳阳附近破坏铁路，阻滞敌之增援部队，配合我军的反攻。戴笠奉命后，立即选派临澧特训班学生谭扬波等 10 人，组成敢死队，并派工兵爆破技术人员马振中为指导，携带 200 斤黄色炸药，配给自来得手枪 1 支，于 11 月 8 日由长沙出发，次日到达岳阳附近地区。经过侦察地形，大家研究决定，爆破地区选在湖滨和麻塘一带为适当，这里是丘陵地带，有几条小路，易于行动。敢死队将所带的 200 斤黄色炸药分 3 处埋置于枕木之下，每处距离五六十米，待敌之车头驶入第 3 个炸药埋置点时，才开始爆破，用一个 B 电池引爆。在炸药埋置就绪后，派两人负责爆破，一人担任观测，其余的人伏在附近，爆破后掩护安全撤退。因为白天敌人戒备很严，铁路两侧附近的山岭，敌人都设有岗哨，见人接近铁路就开枪射击，只能利用夜间，才容易接近铁路。到了11日晚，满天乌云，兼有小雨，伸手不见五指。时机已经到来，敢死队即行出发。因为队员多数是岳阳附近的人，地形非常熟悉，且得本地人的协助，对敌人的动态已经掌握。敢死队接近敌哨时，匍匐前进，敌人始终没有发觉，敢死队顺利地接近铁路。除派一人担任望哨外，其他的人分3组紧张地工作。约半小时后，炸药已经埋好，但尚未装好导火线，忽闻岳阳方向有火车驶来，敢死队及时向后隐蔽。很快，列车已经到达爆破地区，由于导火线尚未接好，无法爆炸，只见几节车厢在前面，火车头在后面，当时敢死队意识到这是压道车，车厢所装的可能是石子。这列车向汨罗方向开去了，敢死队马上装好导火线，以待敌列车再次到来。这列压道车放出“呜呜”的汽笛声，也许是敌人的联络信号，似乎告诉岳阳方面的敌人：前面的铁路没有问题。果然，岳阳方面的火车同时也放出一声长汽笛声，不到10分钟，敌列车开来了。两个执行爆破的队员，隐蔽在离铁路100余米小沟的石桥下，待敌列车驶进预炸地带，我队员猛地拉动导火线，只见列车下面3处同时发出强烈的火光，爆炸之声震耳欲聋，山摇地动，列车四散飞腾，头部车厢竟飞起10余米高。这一爆炸，给敌人以沉重的打击，顿时附近的敌军和岗哨盲目地用机枪到处扫射。12日凌晨1时左右，敢死队全部安全撤退，到预定的地点集合，完成了爆破任务。12日天明后，敌派出几支部队，向铁路两侧搜索，见人就开枪射击，但附近的老百姓已逃避一空。据事后调查得知，此次被炸的列车，装运的是敌之一个化学兵团，由池田少将率领，增援湘北的敌军作战，官兵共2000余人，全被炸死。炸坑3处连成一片，长200余米，宽70余米，深30余米。这条铁路即使抢修，最少也需要十天半月。敌列车被炸后，敌人由岳阳方面抓来不少老百姓，搬运敌军尸体。这时前线的敌人已到了捞刀河，我军受到很大压力，敌军也认为攻占长沙已无问题。就在此关键时刻，敌化学兵团全部被我炸毁，且铁路受到很严重的破坏，交通阻断，迟滞了敌之增援和前线弹药给养等的补给，形成远水难救近火之势。而敌军深入长沙，唯恐被我军围歼，从利害得失上分析，自动安全撤退乃属上策。因此敌人到捞刀河以后，变更了作战计划，逐步抵抗，逐步后撤，造成我军的有利形势。当时我军前线的一些高级指挥官，都被弄得莫明其妙，敌人来势如此凶猛，为什么后撤？敌人退到新墙河以北后，与我追击部队保持对峙状态，湘北第一次会战暂告结束。后来敌人的广播说，池田少将是在随枣会战中阵亡的，不敢承认其在湘北被炸毙。因为这次爆破的成功，蒋介石对戴笠和参加爆破的人，殊多嘉勉，并给予 5 万银元的奖金。以上这些情况是谭扬波亲口对我说的，后来我再问马振中，证实谭所说的话并非虚构。

长沙文夕大火前后

席楚霖*

一、大火前的长沙

1938 年 8 月，我由湖南第七区行政督察专员兼黔阳县长，调任长沙市长，于 8 月 25 日就职。这时，长沙临近抗日前线，已经显得相当混乱了。撤退的国民党中央政府和地方政府官员都把长沙作为歇脚地，他们一到长沙就向省、市政府要房子、车子、民夫，稍不如意，便刁难责怪。从皖、苏一带逃来的难民、伤兵，充斥街头巷尾，有的甚至露宿在屋檐下。当时虽设立救济站，但面对潮水般涌来的大批难民和伤兵，也无法应付。他们饥寒交迫，就向政府请愿。当局置之不理，常发生伤兵与军警冲突的事。更令人头痛的是，日机经常窜犯长沙上空，投弹扫射。在我到任的前几天（8 月 17 日），18 架日机第 7 次轰炸长沙，投弹 100 余枚，被炸 20 余处，伤亡 800 余人。这时，前方又不断传来战败的消息。谣言蜂起，人心惶惶。10 月 25 日武汉沦陷后，形势更为紧张。11 月 1 日，省、市政府动员市民疏散，并决定将省政府迁沅陵，市政府迁邵阳。逃难需要车船，而这些仅有的交通

* 作者时任长沙市市长。

工具已被各机关占有，哪有老百姓的份呢？当时的车站码头更是混乱极了，因争夺一个座位相互殴斗，造成流血事件经常有之。长沙像一只在狂风巨浪中颠簸着的破船。

武汉失守后，日军大举南下，国民党军队不战而逃，长沙危在旦夕。各方人士都很关注长沙的命运：是守卫呢，还是放弃？是打呢，还是不放一枪让给敌人？正在这时，蒋介石来到长沙。11 月 7 日，我接到紧急通知，下午在蓉园（在小吴门外，原是何键的别墅）召开重要会议。我到蓉园时，客厅里已经坐满了国民党的党政军高级人员。随后，蒋介石由湖南省主席张治中陪同进入客厅。他穿着一身黄呢军服，态度很严肃，大家起立欢迎，他只举举手点点头，嗯嗯几声，就训起话来。大意还是“抗战必胜”“建国必成”的自欺欺人的滥调。我当时是迷信蒋介石的，认为他既来长沙，态度又很坚决，时局是有希望的。后来事实证明，他的那一套全是骗人的鬼把戏。原来蒋介石这一次来长沙，并不是布置如何保卫长沙，抗拒日军，而是面谕张治中火焚长沙，不惜以几十万人口的古城，作为“焦土抗战”的牺牲品。

11 月 10 日晚上 7 时许，张治中在南门外陶广住宅召开了一次紧急秘密会议。出席会议的有民政厅长陶履谦、财政厅长尹任先、建设厅长余籍传、教育厅长朱经农、省府委员宾步程、易书竹，省保安处长徐权；列席的有省府总参议周斓、军管区参谋长滕杰、长沙警备司令酆悌、长沙市长席楚霖等 10 余人。张在会上首先讲话，大意是：日军进逼长沙，难于坚守，但长沙决不能资敌。为了削弱敌人的力量，要采取“坚壁清野”“焦土抗战”的办法，准备将全城焚毁，一点物资都不留给敌人。他说得很坚决，好像不是开会征求大家的意见，而是传达命令。接着，徐权提出放火的办法说：“先放警报，使老百姓逃避后再用燃烧弹放火。这样，就好像是日本鬼子烧的。”他说的话很多，这几句我是有深刻印象的。徐权讲完后，张治中询问大家还有什么意见，当时房子里很沉闷，大家都低着头，没有什么表情。坐在我旁边的宾步程，只是闭着眼睛在抽烟。在一阵沉默之后，有人表示烧长沙值得考虑。张看到有人不同意，顿时怒容满面，说：“这件事我本不打算提出来的，予可（徐权别号）却要我告诉大家。放不放火是军事机关的事，我们管不着。大家切不可在外面说。要是有人听到省政府开会商议烧老百姓的房屋，那还成什么话！好了，好了，不必说了！”从张治中的讲话中，可以看出放火一事显然是受了蒋介石的指示，而他又已于会前与徐权等人商议计划好了的。这次会议也就证实了蒋介石来长沙的真正意图。

二、长沙大火经过

11 月 12 日是孙中山先生诞辰纪念日，上午，省会各界在教育会坪举行了纪念大会。晚间，我率领市府所属人员及各团体人士约 300 人参加火炬游行。当时形势紧张，很多店铺都闭户停业。我们游行时，还奉命动员明日开业。游行队伍经过水风井、八角亭、南正街等主要街道，一直到南门外才解散。看看表已经 10 点多钟了，我走到学院坪省政府，门岗已撤，屋子里灯火辉煌，满地是书报杂物，不见一个人影。我觉得很奇怪，心里想为什么不通知我一声，大家就都逃走了呢？既然大家要逃走为什么还要我率领市民火炬游行，叫商人明早开市呢？我越想越害怕，跑到省会警察局找局长文重孚。警察说他不在局里，只见礼堂里堆满了桌、椅、板凳。又到长沙市民众抗日自卫团团部找副团长王伟能（市长兼团长），他正在打电话布置什么事，见到我马上迎出来。我问他张主席要明早派 800 名民伕替军政部搬运军用品上车的事办好了没有？他说：“张主席已有重要任务给我。”我问他什么重要任务？他说是指挥放火（他是北区放火指挥）。我听了大吃一惊。急忙赶到市府，通知未走的人员赶快向邵阳疏散。我由市府奔回南门外回龙山住宅，沿途看到手执干柴和洋油桶的军人三五成群，源源不绝地由南门进城。我刚一进门，勤务兵对我说：“张主席来电话找你，我说你不在家。主席已搬到二里牌公馆，他要你回来后打电话去。”我随即打电话给张，他问我明早军政部要的 800 名民夫办好了没有，我说：“刚才正为这事找过王副团长，他说主席另有重要的命令给他，他无法办这件事。”张说：“我没有给他什么命令呀！”我本想把王伟能受命指挥放火的事告诉他，但我没有这样做，只“哦”了几声就把电话筒放下了。我为了保全自己脱离危险境地，略加考虑后，便赶快坐上小汽车逃命。这时，只见天心阁火光四射①，接着全城起火，市民从梦中惊醒，面对熊熊烈火，上天无路，入地无门，老少妇孺的哭喊声和火烧房屋发出的爆炸声汇成一片，构成一幅极端悲惨的景象。我督促司机加足马力向湘潭方向驶去，沿途混乱情况更非笔墨所能形容。拖儿带女的，提箱背包的，裹着被条背着老人和小儿的，哭的、骂的，争先恐后，络绎不绝。路上塞满了大小汽车，人挤人，直到天明时才到达下摄司。

三、大火后的长沙

11 月 13 日上午到达衡阳，我首先去找国民党军事委员会军法执行总监何成濬，把 11 月 10 日晚省政府召开秘密会议的事原原本本告诉了他。同时也将 12 日晚上同张治中打电话以及火烧长沙的惨状和我的思想顾虑都说了。何成濬安慰我说：“你是不同意放火的，他们可能因此不通知你。现在日寇还未到长沙，你可回长沙看看动静。这事不至于牵连到你身上，因为你提出了你的意见。”我在他的督促下，便驱车回长沙。刚到下摄司时，遇着一辆从长沙方面来的小汽车。车上坐着陈诚和蒋锄欧。心想他们都逃出来了，我还去长沙干什么呢？乃取道湘潭，赶到市政府迁去的所在地邵阳。

11 月 14 日接到张治中的电报，要我速返长沙。我星夜离开邵阳，次晨赶回长沙。这时的长沙市真是满目凄凉，一座繁华古老的城市，已变为断壁残垣、遍地瓦砾的废墟。全城房屋被焚毁者达百分之九十以上（计 56200 余栋），仅有中山东路国货陈列馆和极少数的建筑物未被焚毁。可见放火计划周密，做得彻底，烧得干净。灾民们三三两两在废墟瓦砾中挖着、哭着、骂着，寻找他们想要寻找的东西；被烧死的残骸也有些还未掩埋。

---

① 天心阁地势高，起火易见，实际上首先起火处应为城南。

特别是皇仓街的粮仓，余火未熄，也有人在火中取谷。我见到这一残民以逞的悲惨情景，深受良心的谴责。

当天，我去二里牌唐公馆见张治中。张从房里出来，愁容满面，精神萎靡，仿佛大病了一场似的。他拉着我的手说："唉，我这次吃了亏了！"我望着他，一时竟想不出用什么话来安慰他；相对多时，才谈到火灾善后工作。张说："已决定成立长沙市火灾临时救济委员会，由尹任先任主任，你为副主任，你们要好好地干。"当时政治部第三厅的田汉、洪琛也协助抚慰灾民、安顿伤病，清理废墟，恢复交通。

长沙大火，惨重的损失是无法掩饰的，单是死伤人数就无法统计，其他财产损失不可数计。人民遭此浩劫，无不义愤填膺，纷纷要求惩办纵火罪犯，发放救灾物资。在人民的压力下，国民党政府如何向公众交代呢？蒋介石不得不采取一些措施以平民愤。于是，组织军法会审，判处长沙警备司令酆悌、警备第二团团长徐崑、省会警察局局长文重孚三人死刑，于11月18日执行枪决。张治中受革职留任处分。蒋介石却装出一副同情人民的慈悲像，假惺惺地准备巡视灾区。如果没有蒋介石的命令，张治中决不会布置放火。真正的纵火犯是蒋介石，酆、徐、文三人不过是作了蒋的替罪羊。

我在酆悌等三人被处决后，就向省政府呈请处分。当时省府给了我免职留任的处分。1939年1月，在张治中主持的最后一次省府常会上，以"办理火灾善后异常出力"为理由，又撤销了对我的处分。这都是国民党掩饰罪责的官样文章。

杀了酆悌等三人，革了张治中的职，虽然在一定程度上平息了人民的愤怒，但几十万元的救济抚恤金并不能对全市十几万人民的损失有什么补益，尤其是商界人士损失巨大，无法弥补。因此，他们纷纷向政府请愿。国民党行政院为了收拾人心，派周震鳞、赵恒惕、仇鳌、彭允彝、胡彦远等人回湘调查和慰问。周、赵二人于12月17日到达长沙，进行了一番查询，1939年1月3日行政院提出报告称："查火灾经过，具如中央政治部宣布。省府组织临时救济委员会，办理急赈及恢复市场，清理街道，维持交通秩序等事，甚为得力，仅救济一项用费达90余万元。受灾难民12万余人。现市民逐渐来归，市面日益活跃。经与省府商议，请陆续举办小本借贷，俾维灾民生计。……省府当局事前疏于防范，而事后救灾之切，负责之诚，补过之勇，弥堪嘉当。”这份给省政当局抹脂涂粉的电文，曾刊载于当时《国民日报》上，成为旧社会官官相护的一个生动例证。

前面说过，大火前从苏皖一带流亡到长沙的难民，数以万计，这些人虽已走出了大部分，而来不及逃走，葬身火海的人仍有不少。对此，政府无法交代，但又害怕责难，于是玩弄花招，把两湖监察使高一涵搬出来，搞了一篇谎话连篇的报道：两湖监察使高一涵曾为长沙大火一案，亲自前往调查，已将查得情况向监察院详细呈报。兹因高于调查该案时，曾对长沙大火前之各地留长难民情形关怀查察，旋悉该批难民已于大火前悉数疏散；嗣于回署后据湖南赈务分会陶主任履谦、中央赈济委员会运送难民总站程主任永言会函电告，略谓：“此次长沙大火，各方对于在长沙难胞之安全关怀殷切，函电查询者极多。查长沙大火前，滞留长沙难胞原有31000人，经本会本站赶筹疏散内地，至大火前一日止，已悉数安全离长，无一遇难受惊。请代宣布，藉释众念”等语。高氏以来电所言各节与所查尚属相符，已允代为宣布，以慰人心，云云。

1938年12月21日长沙《国民日报》明明是说疏散了大部分，这里硬说是悉数疏散了；明明是不少难民被烧死，却硬说是无一遇难受惊。这种自欺欺人的鬼话，又有谁会相信呢？

国民党当局除了玩弄欺骗伎俩之外还采取了恫吓手段。例如：当时有一部分人发起共谋长沙的复兴问题，号召各界灾民推派代表于1939年1月8日齐集湘潭县商会开会协商进行。国民党当局害怕他们聚众开会，指使《国民日报》于开会前一天以“敬告长沙受灾同胞”为题发表措辞严厉的社论。名曰“敬告”，实是警告，有几段是这样写的：

此次大火经过，具如中宣部、政治部之所宣布。……今有人焉，于中央说明以后，另持谬论，复妄冀以其谬论掩蔽火灾之真确说明，是其另有作用，彰彰明甚，复有人焉，于领袖处置之外，另作狂妄要求，或另持荒谬偏见，是其别有居心，又复彰彰明甚。此次长沙大火，虽未能把握时机，究不能指为地方当局之驱纵，更不能根本反对焦土抗战之实施。

在受到恫吓的情况下，湘潭的会议开是开了，但仅仅成立一个“长沙市民救济火灾复兴长沙委员会”，选了一些执监委员。特别值得注意的是，会址竟设在长沙国民党湖南省党部内。这当然只是一块空招牌。

武汉撤退与长沙大火

刘访滨*

七七事变后，我受命为铁道部交通警察总局派驻粤汉铁路的警察署防空护路大队第一中队队长。由于上海、南京相继失陷，国民党政府首迁武汉，粤汉铁路便成为中南军事上的大动脉，军运频繁，任务繁重。日军日夜出动飞机向沿线城市、桥梁轮番轰炸，扰我后方。我队从 4 月起，即担负该路徐家棚站和路局所在地的地面防空警备任务。当时苏美飞机一同停在武汉机场，为配合我军作战，常截击来犯敌机，在空中激战中，互有损伤。日军慑于我地面高射炮炮火猛烈，不敢低飞，仓皇投弹后就掉头逃窜，但也常被我军飞机歼击，从空中坠毁，大快人心。

南京失守后，路局即择定全线中心的衡阳苗圃作为后撤基地。在 10 月武汉未沦陷前，即将器材、物资陆续安全转移到该处。待田家镇要塞失守后，路局即奉命南撤衡阳。我队官兵陆续押护车船离徐家棚南下岳阳、长沙等地，我中队担负最后一批撤退员工的安全保护任务。待一切撤退工作完毕后，才登轮南驶。

武汉未撤退前，曾传闻蒋介石提出了“焦土抗战”“坚壁清野”的方针，

* 作者时任警察署防空护路大队第一中队队长。

打算在撤退前将武汉付之一炬，以免资敌。报传各国商团反对与俯顺舆情，故而中断。

在此之前，鉴于敌机沿线跟踪疏散车船盘旋扫射，为避免敌机骚扰，乃绕道洪湖。于次日下午驶抵长江北岸的上车湾，转抵岳阳，再换车南撤。当时各小站铁路岔道开始拆卸南运，员工亦作撤退准备，迄抵长沙，约是 10 月下旬和 11 月上旬了。我们暂驻在浏城桥附近。

文夕前某日，有老友蒋旭（当时任长沙警备司令部某团第一营营长）来访，据云“敌如迫近长沙，准备纵火烧城，不为敌用。此是上峰决策，一切准备就绪，只待敌来”等语。此时城内已是人心惶惶，大家忙予疏散。

12 日深夜，卫兵将我喊醒，说:“城里起火了。”我急奔车站值班室车站司令部问讯，均说刚与汨罗通话，尚安然无事。究竟因何突然起火，谁也不知。大家瞠目相视，惊恐万状。转回途中，火势更大，人们如潮水般地向浏阳门外奔跑。我不明情况，只好通知中队紧急集合，然后率部离城，随人流开赴小吴门外的陈家垅。天明后，城内火势更大，浓烟滚滚，轰隆之声，此起彼伏，辨不清是爆破声还是炮火声。沿途所见，扶老携幼，背箱抱被，行李到处乱丢，谁也不屑一顾，只顾如何快些逃命。清晨，我中队即选定原湖南监护处长唐赞宇的隔壁民房为驻地。唐家两层楼数十间房子，已为长沙车站司令部进驻，这两栋大宅，因为我军驻扎才幸未被毁。

13 日凌晨，我急步进城打听虚实，先到火车站，员工均已逃之夭夭，只见车站内外到处是行李箱，成箱成捆的布匹、药材弃置月台，无人问津。再问路人，谁也不知为何起火，旋巡视附近的宝南街、水风井、中山路几条街道，火焰未熄，有的继续燃烧，店内谷物烧得啪啪作响，除三五成群的伤兵外，别无行人，此时一架飞机低飞过来，盘旋几圈后而去，是敌机还是我机，不曾识别。

大概在 15 日或 16 日，衡阳路局派警察署长史铭来料理善后之事，我又随他巡视各大街小巷，到处断壁残垣，满目凄凉。

汪精卫叛逃

汪精卫叛逃之我闻

武和轩*

1938年12月，汪精卫叛逃的时候，我正在重庆任国民政府蒙藏委员会参事，是个半大不小的官。过去我曾参加过以汪精卫为首的改组派，和汪系的一些主要人物如王法勤、王懋功、陈树人及谷正纲、谷正鼎兄弟等都有过从，因此，对于汪精卫及其一伙叛逃的经过和原因，有一些耳闻目睹。

汪精卫是1938年12月18日（另一说19日）由重庆到昆明，19日逃往河内的。随同汪到河内的有他的老婆陈璧君，亲信秘书长曾仲鸣以及周佛海、陶希圣、方君璧等人。对于他们的叛逃，我和王懋功等人事先都不知道。19日（星期一），是国民党举行纪念周会的日子，按照常例汪精卫是要出席的，但这次纪念周会事前已发出通知，将由蒋介石对国民政府各机关简任以上、军队少将以上人员发表训话，国民党副总裁和国民政府主席以及五院院长都不必参加。我记得在前一次纪念周会开始前，汪精卫、林森及孔祥熙等，早就坐在主席台上，而这一次会议即将开始，主席台上却空无一人，正点开会时，才听到军乐齐鸣，只见蒋介石身着戎装，佩戴着特级上将徽章步入会场，登上主席台后，向会场环视一周。当时我站在台下靠前排，在第

* 作者时任国民政府蒙藏委员会参事。

一排站立着的还有行政院代院长兼财政部部长孔祥熙。当蒋介石发现孔祥熙也站在台下时，就用一种疑问的口气对孔说："今天的会没有你呀！"孔答称，他今天是以财政部长的身份参加会议的，蒋介石这才没说什么。汪精卫就是利用不出席纪念周会这样一个机会逃往河内的，这样既可躲避特务的监视，又可不致引起蒋介石及各方人士的注意。

纪念周会后的当天下午我去王法勤那里，不一会儿王懋功也到了，他带来了汪精卫已离开重庆的消息，并述说了事件发生的前后情况。原来，王懋功去汪公馆看汪精卫，但除了汪的管家汪屺及仆人外，汪精卫、陈璧君都不在，他很觉惊奇，就问汪屺：汪到哪儿去了？汪屺告诉他汪已去昆明了。那时乘坐飞机要经过有关机关批准，重要人物甚至要有蒋介石本人的许可，不然飞机票是不容易买到的。王就追问汪屺：汪先生的飞机票是从哪儿得到的？汪说是由彭学沛送来的中国航空公司的机票。中国航空公司的董事长是曾仲鸣，彭学沛当时任交通部次长，主管航空事务，彭也是汪派人物，对他来说，汪精卫要预订飞机票，是不会不给的。

汪屺还对王说：汪先生在离重庆前交给他两封信，一封是给国民党中央委员会秘书长朱家骅的，另一封是给国防最高会议秘书长张群的，让他在飞机起飞两小时后再送出。汪精卫在一封信中说他应程天放之邀，去成都大学发表演讲；另一封信则说他去了昆明了。俗话说做贼心虚，汪精卫怕人获知他的真实意图，就耍了一个花招，故意说了两个去向，使人不易获知他的真实去向。这也可以看出汪精卫的为人诡诈。汪在离开昆明时还给蒋介石拍了一封电报，称他因"飞行过高，身体不适，且脉搏时有间歇现象，决多留一日，再行返渝"。

汪精卫逃往河内的消息，不久就在重庆私下迅速传开了，汪系人物都为此惴惴不安。蒋介石获悉汪精卫逃走以后，为了安抚和稳住汪系人物，就把陈树人、王法勤等人叫到重庆中山一路官邸，告诉他们说汪精卫已经走了。但汪去哪里了他并没有说明。蒋还要陈等不必惊慌，不要听信谣言，并说汪不久就可回来。

由于私下对汪精卫逃走的说法越来越多，蒋介石只好在 26 日的纪念周会上公开承认汪精卫已去了河内，但仍称汪是去河内“养病”的。他说：“汪精卫此次赴滇途中，忽又发现旧疾与脉搏不良之症，遂赴河内治疗。”为了表示汪逃往河内之事与他无关，他还特别强调说，汪的行动与党和政府无关，“纯系个人行为，毫无政治意味”，因此，“外间一切猜测与谣言，国人必不置信”等等。

汪精卫之所以叛国投敌，不是偶然的。众所周知，汪精卫是以亲日反共著称的。九一八事变后，在他任行政院院长时，面对日本帝国主义日益加紧对中国的侵略，就鼓吹所谓“一面抵抗，一面交涉”，其实他讲抵抗是假，妥协投降是真。全面抗战开始以后，汪精卫虽然也发表过《最后关头》的讲话，但那只不过是慑于全国人民抗日怒潮的压力，不得不作一些表面上的表示而已，实际上是极力主张妥协投降的。为什么呢？因为他对抗战毫无信心，并且怕得要死。他一再宣扬日本是一个工业强国，中国工业发展比日本落后几十年，一个落后的中国和已经发达的日本相对抗，“胜负之数，不问可知”，所以“战必大败”，甚至“国亡种灭”。他认为“抗战到底，最后胜利”，不过是唱“高调”，只有与日本化敌为友，实现和平，才可共存共荣。在对内政策上，他极力反对国共合作，说共产党提倡抗日民族统一战线是假，借抗战的名义获取民心，乘机发展自己的势力等等。

以汪精卫为首的一些投降反共分子自称是唱“低调”的。在南京失陷以前，他们以南京西流湾八号周佛海私宅为据点，组织了一个“低调俱乐部”。其主要成员除汪派的一些骨干分子如陶希圣、林柏生之外，还有胡适、周佛海、梅思平、高宗武等人。胡适与汪精卫素来关系密切，也是一个抗战失败论者。周佛海等人并不属于汪派，而是 CC 派。周当时任蒋介石侍从室副主任兼宣传部副部长，梅思平原任江宁县实验县县长，与周关系密切，高宗武当时任外交部亚洲司司长，一直负责与日本进行外交谈判事宜。他们因观点一致、主张相同而互相结合起来，并以汪精卫为领袖。“低调俱乐部”并不具有一种公开的组织形式，因此，当时不为一般人所知，他们的活动主要是策划与日本谋取妥协。当时，日本提出诱降条件，并通过德国大使陶德曼一再进行劝降。汪等极力要蒋介石接受陶德曼的调停，汪精卫还亲自主持国防最高会议，通过接受日本所提条件的决议。

南京失陷以后，国民政府的各主要机构及主管人员都集中到了武汉。战时的武汉，在共产党抗战救国的号召和组织之下，抗战气氛极为浓厚。面对汹涌澎湃的群众抗日怒潮，国民党尤其是汪精卫一派非常害怕。为了推脱战败罪责和控制舆论，汪精卫一伙组织成立了一个文化团体——艺文研究会，拉拢收买了各种反动文化人物，妄图建立反动的文化联合战线。艺文研究会总部先设在汉口，后迁重庆，并在长沙、广州、成都、重庆、西安、香港等地设立分会，其主要负责人为周佛海、陶希圣。他们办刊物，出版丛书，鼓吹“民族至上，国家至上；内求统一，外求独立；一面抗战，一面建国”。其目的就是反对共产党的独立自主主张，妄图取消共产党，取消边区政权，取消八路军和新四军，为对日妥协投降扫清障碍。

1938 年 1 月陶德曼“调停”失败，日本首相近卫文麿于 16 日发表对华政策声明，宣称日本“今后不以国民政府为谈判对手，而期望真能与帝国合作的中国新政权的建立与发展，并将与此新政权调整两国邦交，协助建设复兴的新中国”。这是日本对华政策的一个重大变化，它表示日本在不能迫使中国政府投降的情况下，妄图采取扶植亲日汉奸势力成立“新政权”，以实现其灭亡中国的目的。在此形势之下，汪精卫一伙一方面害怕与日本谈判的渠道完全断绝，抗日战争会进一步扩大；另一方面又企图乘时而起。于是，他们派遣高宗武、梅思平、林柏生等人往香港，与日本秘密联系。7 月，高宗武直接去日本，试探实现“和平”的办法和条件。高在东京与日本当局经过一系列的秘密磋商之后，最后确立了由汪精卫组织反蒋势力，成立“新政权”，以汪与日本谈判“和平”。

汪精卫早年留学日本，追随孙中山参加同盟会，是国民党第一次全国代表大会主席团成员之一，在国民党内是一个有相当影响的人物。他的政治野心很大，领袖欲极强，一直与蒋介石明争暗斗。抗日战争爆发后，他虽然担任了国民党副总裁，但仍处于蒋介石以下的地位，并没有实际权力，虽耿耿于怀，但也无可奈何。高宗武由日本回香港后，派其翻译周隆庠将东京谈判结果的书面报告交给了周佛海，然后转交汪精卫。当汪看到日本支持他成立政府后，真是喜出望外。不久，日本继占领徐州之后，又相继占领了广州、武汉等地，华中、华南大片国土沦入敌手。在此形势之下，汪精卫、周佛海对抗战前途完全失望，遂决心投靠日本。

在周佛海等人的支持下，11 月初，汪精卫密派高宗武、梅思平由重庆经香港往上海，与日本军部特务机关的影佐祯昭、今井武夫等进行卖国降日的秘密谈判，并签订了《上海协议》。《上海协议》在原则上确认：汪精卫接受日本所提各项条件；日本则支持汪精卫成立反蒋的“新中央政府”。在会谈中，双方还详细拟定了汪精卫等逃离重庆的时间，以及成立“新中央政府”的具体步骤。这个协议条文，后来由梅思平密藏在他的西服夹层里，由香港到重庆交给了汪精卫，并且得到了汪的完全同意。

在此前后，汪精卫也在重庆公开发表文章和讲话，对日乞和，攻击全面抗战和抗日游击战。他曾先后接见海通社和路透社记者，声称中国政府绝不关闭“和谈”大门，只要条件适合，就与日本谈判恢复和平。他还利用地方实力派与蒋介石的矛盾，对广东的张发奎、四川的刘文辉以及云南的龙云等进行了一系列的拉拢活动，妄图以他们为其成立汉奸政权的基础力量。他派陈璧君来往于重庆、昆明、广州、桂林、香港和河内，进行周密的准备，连他们逃往河内后住的朱培德公馆，也都是由陈璧君安排好了的。

12 月初，汪精卫为外逃积极进行部署。他在重庆上清寺私邸分别召集陈公博、周佛海、陶希圣等人密商，拟定了最后的逃跑计划。为了逃避蒋介石特务机构的监视和外人注意，他们决定分别往昆明集中。除汪精卫、陈璧君、曾仲鸣等直接由重庆出发外，周佛海以视察云南宣传工作为名，先往昆明等候；陶希圣家眷住成都，就取道成都去昆明；陈公博当时任国民党四川省党部主任委员，就在成都等待汪的起程消息后去昆明会合。后来，陈因未及时获知汪飞离重庆消息，而在汪逃走后的第三天直接到了河内。

汪精卫在逃离重庆的前几天，就先派陈春圃去昆明，名义上是让陈送其幼女汪文恂、幼子汪文悌赴香港读书，实际上是担任联络任务。陈春圃在送走了汪文恂姐弟俩后，留在昆明向龙云说明了汪到昆明的时间，并转告汪的意思说：汪先生到昆明时，除龙云外，切勿让其他人到机场去接，也不要悬挂旗帜欢迎。龙云当面答应了陈的要求，说到时只他一个去机场。但是，当汪精卫抵昆明机场时，龙云却组织了盛大的欢迎场面，所有省政府的各厅、局、处长都在机场列队迎候，军乐队大吹大擂，市内各街道也都挂满了欢迎旗帜。龙云此举本来是想讨汪的欢喜，但汪却担心因此会引起各方注意，使阴谋暴露，因此大为惊恐，很不高兴，责怪陈春圃不会办事。汪到昆明下榻龙云公馆，伪称心律不好，不能见客，所有厅、局、处长一律拒不接见。只留龙云一人在楼上进行了长时间的密谈。次日，汪精卫、陈璧君、周佛海、陶希圣、曾仲鸣等，便乘上由龙云包租的欧亚航空公司的班机，飞往河内，走上了公开卖国投敌的道路。

12 月 22 日，按照汪精卫与日本预定的步骤，日本首相近卫文麿发表了对华政策声明，表示要“和中国同感忧虑、具有卓识的人士合作，为建设东亚新秩序而迈进”，在所谓“善邻友好、共同防共、经济提携”三原则下，与“新生的中国调整关系”。近卫的声明实际上是公开号召汪精卫降日和组织卖国政府。29 日，汪精卫即让陈公博、周佛海、陶希圣将他响应近卫声明的通电携往香港，在香港汪派报纸《南华日报》上发表，即所谓《艳电》。

汪精卫逃往河内后，蒋介石起初对其意图并不怎么清楚。由于有《艳电》的发表，他不得不赶忙召开中央常务委员会议，讨论对汪处置问题。会议经过长时间的争论，最后于 1939 年 1 月 1 日作出决议：开除汪精卫国民党党籍，撤销其一切职务。但是，这次会议并未对汪下令通缉，其目的是为了留有余地。接着，2 月中旬又派谷正鼎去河内对汪说项。谷正鼎原来也是汪派人物，和汪的关系很深，后来被蒋介石收买。谷氏兄弟四人，他是老四，老三谷正纲，我们习惯称他们二人为大谷、小谷。

小谷去河内的使命是很秘密的，事也凑巧，当时任参议员的马乘风先生从西安乘飞机到重庆，在珊瑚坝机场一下飞机，就碰见了正在候机起飞的谷正鼎，他就问谷去哪儿？谷说他去昆明。他把这件事告诉了我，我们都很惊奇，心想他去昆明干什么？我就去问大谷，大谷说，谷正鼎是奉委员长（指蒋介石）之命，去河内见汪精卫。并嘱我事关机密，切不可告诉别人。后来大谷还对我说，谷正鼎这个人真鬼，蒋介石当面对他交代了五条，主要意思是要谷正鼎告诉汪不要和日本勾结，更不要往日本占领地区去，如果有意去欧洲旅行，可以发给旅费和护照。谷正鼎当时把蒋介石的话一一记下，然后读给蒋听，问对不对？他在河内见汪时，照本传达了蒋的话，并把汪的答复一一记下，然后读给汪听，问对不对？回重庆后又照本向蒋转达。大谷说，谷正鼎此举主要是为了避免承担任何责任。

谷正鼎从河内回重庆后对我说，汪拒绝了蒋的要求，汪声称：“我在重庆主张和平运动不允许，难道我在河内主张和平运动也不允许吗？”意思是说，河内是法属殖民地，你蒋介石奈何我不得。汪还一再要小谷留在河内，与他一起进行“和平运动”。小谷怕走不脱，就只好说：“我是委员长派来传达意见的，我总得回去把你的意见转告委员长才好。”汪无奈，只得同意他走。

汪精卫逃往河内后不久，蒋介石就派陈恭澍等军统特务前去进行严密监视。谷正鼎游说失败后，3 月 21 日凌晨，军统特务便翻墙进入汪的住宅，向室内猛烈扫射。只是由于汪精卫的卧室和曾仲鸣的卧室临时进行了调换，汪精卫才侥幸逃脱，而曾仲鸣却成了替死鬼。

（蔡德金整理）

汪精卫出逃河内前后

罗君强*

庐山谈话会

1937年7月，蒋介石、汪精卫想拉拢共产党及其同情者以外的全国知名之士，见面谈心，以孤立中共，统一舆论，遂联名具柬，邀请他们在庐山举行“谈话会”。会上，蒋、汪并坐主位，张群任秘书长，曾仲鸣任秘书主任，我和陈方任秘书，无其他组织形式。发言是随便谈的，出席者当然以国民党人占多数。我大约记得参加的人如下：张君劢、曾琦、胡适、张伯苓、陈立夫、萨孟武、周佛海、梅思平、熊式辉、陶希圣、张肖梅、洪深、叶楚伧、高宗武……7月17日，蒋介石发表讲话，要求团结御侮。汪精卫表面显得情绪有点激昂。只有洪深义愤填膺地发言，使我当时为之一惊，现在记忆犹新。他最后说：“希望蒋、汪两位先生不要学阿比西尼亚的皇帝，口称抗战抗战，却把黄金带向英国去了！”我记得我那次是和叶楚伧等从南京同轮赴九江的。7月8日船抵九江，叶楚伧在早餐桌上对我们说：“刚才接到电

---

* 作者曾任国民政府军委会办公厅秘书处长、民国政府行政院简任秘书等职，后任汪伪政府边疆委员会委员长、伪司法行政部部长、伪安徽省省长兼伪蚌埠绥靖公署主任、伪上海市政府秘书长等职。

报，北方的战火已经燃起来了，卢沟桥的炮声已经响了。”大家为之愕然。第一次“谈话会”仍然如期召开，但嗅不出一点战争气息，大人先生们个个都很笃定的样子。本来计划还想第二次第三次依期开下去，由于情势日见紧迫，蒋介石只好带着张群下山回南京去了。

由于全国人民抗日浪潮的澎湃，由于非嫡系军人，特别是桂系的主张抗战，更由于害怕中共方面将取得抗日战争的领导地位，内外交迫，蒋介石才不得不采取了表面抗战、实际拖延的策略，来维持自己的统治地位。同时，也为了乘机更加扩大个人的战时权力，蒋介石把军事委员会改组为大本营式的包揽全国军政大权的统帅部，以何应钦为参谋长，张群为秘书长，好像是左右丞相。下设一至六及管理等 7 个部。其中第二部是“政略”部，以亲信熊式辉兼部长，陈布雷、周佛海副之。据周佛海向我透露，这个部主要是研究对日和平的。第六部（党务、特务）部长陈立夫，军统中统两头目戴笠、徐恩曾分任该部第一、第二两组组长。

把特务部门上升为“部”的级别，这还是第一次。

蒋介石虽然在八一三搞起了上海抗战，他心里还是希望国际联盟出来帮忙，搞成国际调停的局面。英国驻南京大使许阁森本来想来尝试调停，不料他坐着汽车往来沪宁公路时，虽然汽车顶上漆了大幅英国米字旗，日军飞机看见这汽车有些特殊，怀疑这是蒋介石借用英国国旗来掩护自己在战地巡视的诡计，仍然无情地加以射击，许阁森受伤，调停的工作也不提了。

低调俱乐部

蒋方内部最高统帅部的两个幕僚长何应钦、张群，都是愿和不愿战的。汪精卫和陈布雷、周佛海（分任蒋介石侍从室第二处正、副主任）以及陶希圣等，也经常密议如何收拾战局、导致媾和的问题。周佛海在 1934 年于南京西流湾 8 号建筑住宅时，即已特造一间地下室于花坛下，战事一起，许多有关系的人都往他家里跑，认为比较安全，所以来客较多。胡适、张伯苓、陈立夫、高宗武等常来，刚被释放出狱的陈独秀也来过几次，而我和顾祝同、朱绍良、熊式辉、李明扬、陶希圣、梅思平、陈方则住在那里。胡适替周佛海的住宅起了一个低调俱乐部的名称。低调俱乐部的臭名一经传出，就引起了大家的注意。于是熊式辉就警告周佛海说，这样传出将有大不利。周以后才专和高宗武、陶希圣两人密谈，然后出去和汪精卫、陈布雷接头。德国驻华大使陶德曼奉命进行“调解”，周佛海等人认为有机可乘，就向汪精卫并通过陈布雷向蒋介石提出“和平之门不可闭”的建议。

1938 年 1 月，国民党各方首脑在南京沦陷后陆续集结于武汉，陶德曼的调停工作加紧进行。日方因蒋介石拖延时日，最后限期答复。消息传到武汉，汪精卫、何应钦、陈布雷、孔祥熙（当时任行政院长）① 等人，都已同意日本方面提出的条件。此时蒋介石正往来于河南开封附近，亲自布置捕捉韩复榘。张群先用电话向蒋请示，汪精卫接着也讲了话，蒋已经说过“可以罢”，孔祥熙因为自己是行政院长，不甘寂寞，也拿着话筒说:“委员长，我还有几句话讲……”孔讲话历来是啰唆的，蒋听得不耐烦了，加以心中有事，就说:“你们详细打电报再说吧！”这封机密电报追着蒋介石的专车，在电线杆上旅行，等到追上蒋时，日本认为限期已过，就悍然宣布今后中日问题不以国民政府为对手。陶德曼的调停就此告吹。汪精卫逃离重庆后，曾于 1939 年 3 月公开发表一篇题为《举一个例》的文章，就是追述在汉口时国防最高会议讨论中日和平问题的经过，对于陶德曼的调停不成，其词大有憾焉！

高宗武秘密赴日

陶德曼调停虽成过去，周佛海、陶希圣、高宗武仍然鼓动汪精卫向蒋介石进言“和平”。蒋遇事惯于骑两头马，听了他们的话，遂决定秘密派高宗武（当时是行政院外交部亚洲司司长）赴香港，寻找门路试探日本的“和平

① 孔祥熙原为行政院副院长，1938 年 1 月 1 日，蒋介石辞去行政院长一职，专行军事委员会委员长，孔祥熙升任行政院长。

条件”。这事蒋介石是背着行政院长孔祥熙、外交部长王宠惠的，真是不可思议。

我那时本职是行政院兼任秘书，兼军委会办公厅秘书处长，再兼侍从室第二处第四组秘书（组长由该处副主任周佛海兼任）。陈布雷命我设法为高宗武取得一张军用证明书，目的在避免出国及入境时的检查。因为非军职人员不能持用军方证明书，我便私自填了一张盖有军委会大印及蒋介石签章的军用出差证明书给高宗武，随便写上“高特派员宗武”的头衔。蒋介石还每月从军事机密费中拨给高宗武活动经费 6000 元（约合 2000 美元），陈布雷命我持蒋介石之手条向军需署代领代汇。当时统制外汇，一律需经中央银行才能寄出款项，我又只得以军委会办公厅名义致函中央银行照汇。

高去了两三个月，从香港回汉口①。陈布雷命我前往机场妥善迎接。我到机场时张群也在那里。我接到高宗武，亲自为他提行箧，以免特务检查，还送他上车，高随即与张群同车驱赴陈布雷处。高宗武带回日本所提条件内容，我不得而知。蒋介石大概考虑到中共和人民不会答应，同时可能日方所提的条件也过苛，使他无法公开接受。

高宗武住在汉口旧法租界德明饭店待命，蒋介石既不表示让他再去，也不表示不必再去。周佛海、陶希圣怂恿汪精卫密商之于陈布雷，通知高宗武再往香港待命。陈布雷想，活动经费既未停发，说明高的任务尚未完结，叫他再去也不算错，就让他再飞香港。过了多天，蒋介石佯问陈布雷，高宗武现在何处？陈答已再往香港了，蒋亦不加可否。

当年 7 月，孔祥熙从中央银行（孔兼总裁）忽然看到军委会办公厅请为高特派员汇款文件，醋劲大发，居然向蒋介石提出质问：您派高司长赴国外，何以不让我行政院长知情？大摆纱帽。蒋只好耍赖，矢口否认他曾派高宗武出国。孔祥熙悻悻而去。蒋介石盛怒之下，写手条问军需署，高宗武月费是何人领汇？军需署据实签复。蒋又责备我，为何这样小事弄得中央

① 高宗武自 1938 年 2 月去香港、上海后，曾于同年 4 月 2 日、5 月 30 日两次回汉口报告与日本有关人士接洽“和平”的情况。这里指的是高第二次回汉口。

银行个个都知道了。我虽然知道派高宗武出国是一件机密事情，但我哪里会晓得孔祥熙既是堂堂的行政院长，又是蒋介石的连襟之亲，蒋怎么会向他隐瞒这件事呢？事后据周佛海和我谈及，当高宗武奉派赴港后，外交部长王宠惠曾密问蒋介石："委员长是不是派了高司长宗武的公差？他已久未到部了。"蒋回答说："没有。我不知道。前次听说他夫人在香港生病，他曾想请假去看看。他现在不在汉口吗？"王宠惠碰了个软钉子，不敢再问。周佛海说，蒋介石曾一再告诫他：政治就是秘密，秘密以外无政治。政治家左手做的事，右手不必知道。蒋介石这种神秘诡诈的政治，只能说是特务政治。蒋介石一气之下，立即下令停支高宗武的活动经费，并命他立即回汉口，以图掩饰。高宗武因别有怀抱，抗不从命。

高宗武几个月来，往返香港、上海、东京等地，已和日本陆军特务影佐祯昭、今井武夫发生了密切联系。他回汉口时，周佛海、陶希圣得知有此路子，就和他密议：万一蒋介石不愿出面洽和日本，就循此道路把汪精卫捧起来另搞一套。所以高宗武对蒋介石即不加理睬了。

艺文研究会

1937年冬，蒋介石、汪精卫退至武汉以后，日军并未穷追，蒋、汪就想在武汉喘息一时再说。次年初，蒋介石以作长期抗战为由，对行政院和军委会的组织机构与人事安排作了调整：任孔祥熙为行政院长，张群为副院长，魏道明为秘书长；把前几个月划归军委会的第三部（重工业）、第四部（轻工业）归属行政院系统，仍以翁文灏任新设的经济部长，吴鼎昌回任实业部长（旋调任贵州省政府主席）；连军政、海军两部也仍归行政院系统，只在军令方面由军委会统率节制；军委会的第二部（政略）、第五部（宣传）、第六部（党务、特务）及管理部名义均撤销，宣传归中宣部，特务分属中统、军统两局；改军委会第一部为军令部，使之成为独立的"参谋本部"；军委会仍设办公厅，以贺耀组为主任，下设秘书、参谋、总务、交际等处及机要室（我当时兼任秘书处长）。

当时蒋介石、汪精卫的心目中，非常害怕国共重新合作后中共在文化宣传上要占上风，并乘机扩充地盘和军队。所以周佛海、陶希圣等就献策，赶快搞一个暗中和中共对抗的灰色文化团体，来执行反共任务。蒋、汪同意，就成立一个艺文研究会，任命周佛海、陶希圣为平行的总干事①。其主要组织成员如次：秘书李厚徵（留苏学生，邓文仪系统），总务主干罗君强（以后李他调，由罗兼任秘书），编审组主干陶希圣兼，出版组主干叶溯中（CC）。另外还有两个组，是否叫“文化”“青年”记不清了，其主干是刘炳黎（复兴社）和刘百闵（CC）。

艺文研究会主要是以付稿费名义拉拢、收买一些不同情中共的文化界人士；越是强调反共的人，拿钱就越多些。我记得拿过钱的有：叶青、郑学稼、蒋廷黻、李圣五、梅思平、姚蓬子……对于当时甘做国民党尾巴的青年、民社两个小党，由蒋介石密谕每月由该会各津贴 3000 元。青年党由左舜生具领，民社党由张君劢具领。

该会也出资补贴别人在各地办小报，如上海的樊仲云、湖南的易君左等。会中还出过一种艺文研究丛书，交由商务印书馆承印发行，主编人陶希圣等，大约印过四五种。

周佛海、陶希圣搞出一套口号，如“国家至上，民族至上”“抗战第一，胜利第一”。这些口号完全是暗中对着中共而发。如说“国家至上，民族至上”，就解释为要团结，不要闹党争，不要搞摩擦。又如说“抗战第一，胜利第一”，那就是一切要服从于军事的要求，要拥护最高统帅，从而伸引到军令要绝对统一。

汪精卫介绍他的亲信、立法委员林柏生到香港，为艺文研究会设立变相的分支机构，叫做“国际问题研究所”，还是做收买、拉拢文化人的工作；并办一家蔚蓝书店，发行樊仲云的《国际周报》。同时，也叫高宗武在香港搞一个日本问题研究会。以后汪精卫当汉奸，国际问题研究所、蔚蓝书店、日本问题研究会等，也随之首先成为汉奸机构。

① 周佛海为总务总干事，陶希圣为研究总干事。

艺文研究会的经费，每月 5 万元，是蒋介石下手谕命军需署从军事特支费内开支的。这年 12 月汪精卫、周佛海、陶希圣从重庆经昆明逃到河内后，蒋介石立即下令停止该会经费，由我向陈布雷办清交代手续。以后仍利用这笔钱，由叶溯中办了一家独立出版社①，刘百闵办了一家文化图书服务社，在抗战中出版了大批反动书刊，那是后话。

汪精卫逃往河内

周佛海、陶希圣极力鼓动汪精卫出来“跳火坑”，勾串汪的妻子陈璧君做内应。汪对抗战本无信心，虽然写过装点门面的抗战八股，但他的得意之作，还在骂游击队，说他们是游来游去，游而不击。当然也是暗中骂中共八路军的。汪精卫、陈璧君夫妇俩深感寄人篱下，十分抑郁，如果一朝独立为王，朝廷虽小，终胜牛后，所以民族软骨病在他身上起了作用。

周、陶旧友梅思平，从汉口回浙江奔丧，丧事完毕回上海，不想再返重庆。梅与高宗武本是温州同乡，往来素密。1938 年 11 月，梅、高二人居然以汪精卫代表名义，和日方特务影佐与今井两人订下秘密协定，决定日方将以汪精卫为对手，支持他建立反蒋反共的新政权，而进行中日媾和。其步骤是汪精卫等设法秘密脱离蒋介石的控制，到达国外某地，然后由日本首相近卫文麿发表一个对中国招降的声明，汪精卫再发电响应，对日停战投降，进而商谈和平。

梅思平将此密件携到重庆，通过周佛海、陶希圣向汪精卫、陈璧君献策当傀儡。汪夫妇大喜过望。据周佛海说，汪在家设宴招待梅思平，为他饯行。走出客厅门口时，陈璧君厉声对汪说：梅先生明天要走了，这次你要打定主意，不可反悔！汪连连点头说：决定了，决定了！梅思平走后，汪、周、陶还有曾仲鸣，忙于乘机设法脱离重庆势力范围，而逃往国外。

---

① 独立出版社在汪精卫等逃离重庆之前就已于汉口开办。它出版一种《战时综合丛书》，其第 2 辑就叫《汪精卫先生抗战言论集》，1938 年 4 月编成，6 月于汉口出版。

当时从抗战后方重庆外出的道路有两条：一条由重庆飞香港，很便捷，但太冒险；一条是经昆明赴国外，先到安南（今越南），再图北上。这后一条路比较安全，但问题是首先要征得龙云的同意，才好行事。在这之前，陈璧君就以视察抗战后方为名，分别到各地看看。到了昆明她见了龙云，谈汪精卫在重庆徒拥虚名，对国家无可贡献，很想换换环境；再谈抗日战争旷日持久，蒋介石总以非嫡系军队作牺牲，即使若干年后抗战结束，共产党势已坐大，西南风云恐亦变色了。边说边哭，龙云为之动容，向陈保证：汪先生如果来昆明，我很欢迎；如果愿意就此出国，我亦负责护送，一切绝无问题。因为事先陈璧君已从龙云处得了这颗定心丸，所以汪精卫等决定取道昆明①。先是周佛海、陶希圣假名到各地宣传抗战去昆明（周是国民党中央宣传部代理部长，陶是国民参政会参政员、中央宣传部宣传委员）。继之，汪精卫亦称要赴各地作抗战演讲，由原改组派骨干、时任交通部次长的彭学沛为他购买机票，于 12 月 18 日带了陈璧君、曾仲鸣等飞昆明。

① 龙云《回忆录》记载中说："当时曾正式接到重庆国民政府文官长魏怀的电报说：'汪主席将到成都和昆明演讲，到时希即照列。'"龙绳文回忆说："先父认为汪既要先到成都，则到昆明时日必有所推迟，汪既不会即日到昆，所以未做接待的准备。讵料 1938 年 12 月 18 日汪离重庆后并没有去成都作演讲，却即日突改飞昆明，汪到昆明机场时，先父才接到报告，仓促中把汪招待在云南警务处长李鸿谟的公馆住下，当天恰巧先父已早安排宴请美国驻华大使詹森，所以不克亲自招待汪氏，但曾专询于汪是否愿意参加宴请美大使的聚会，汪说他很疲倦便不参加了。当晚宴会散席后时间已晚，先父与汪就未再见面。次日上午先父去李家看汪，汪说：'日本要派一个重要人员来香港和我见面，商谈中日和谈问题，我要去看看他们是否有诚意'。先父则建议汪多留昆明数日休息后再去，汪说：'我还要转来的。'因而先父也就未再强邀他了。随后汪即派其亲信曾仲鸣到法国驻滇总领事馆办理签证，很快就办好了。曾仲鸣拿了护照及签证回来，汪看见原来只是一本普通护照，当时就大发脾气，即打电话给重庆责问外交部，并于次日离开昆明。两天后谷正纲由重庆飞往越南，来回都经过昆明但却保密不给先父知道。不久汪发出艳电，并在越南遇刺未中而曾仲鸣则被杀。先父当时唯恐汪一时愤激出走投敌，故尽量派人对其劝慰安抚免生分裂，但汪去志已决坚拒龙氏善意的劝阻，但为表其心迹及批评蒋氏一贯个人独裁及玩弄两面手法的不满，如密派党要谷正纲到越亲送路费及外交护照的详情，写了一封长达 7 万多字的信件致龙。这封信先父当年从未保密并将其裱册存案，留作后世研究抗战阶段的重要参考，那时候许多政要及科研学府的名教授们看过这篇文件的人，不在少数。

第二天，汪精卫、陈璧君、周佛海、陶希圣、曾仲鸣等，由昆明乘坐龙云代包的一架欧亚航空公司的飞机直飞河内，从此搞出一幕日本人提线的降日卖国、历时六载、终于幻灭的历史傀儡丑剧。

汪精卫降日卖国的第一炮

在高宗武、梅思平与影佐、今井所订的《上海密约》[①]，由梅思平携往重庆取得汪精卫同意之后，日本方面专等汪飞赴国外的消息，以便及时动作。日本报纸甚至在约定日期数日之前，即透露近卫首相即将发表重要声明，以引起各方注意。因汪行期延缓，故近卫特托故往京外一行，宣布声明将稍迟发表。及至汪飞抵河内的电讯一到东京，近卫即于 1938 年 12 月 22 日发表对中国招降的声明，也就是无形中取消不以国民政府为对手的说法。

汪精卫在河内看到近卫的声明，决定按过去与日方的约定，发表响应的声明。汪感到在河内活动不便，决定自己带着曾仲鸣留在河内；周佛海、陶希圣急往香港，进行活动；陈璧君则往来香港、河内之间，以资联络。汪在离开重庆前，曾密电时在成都任国民党四川省党部主任委员的陈公博出国相会。陈即由成都经昆明抵河内晤汪，参与叛国活动。陈公博在河内小住数日，汪精卫即把响应近卫招降声明的电稿交陈与周佛海、陶希圣 3 人持往香港，嘱找顾孟余研究商量后，交林柏生在香港发出。顾孟余原是改组派的主要头目之一，汪精卫任行政院长时，他任铁道部长，抗战初期挂名为国民党中央宣传部长，因看不起蒋介石，长住香港不赴任。顾见此电稿，坚决反对，认为汉奸绝不可当，此电绝不能发。陈公博表示无可无不可。周佛海力主发出。林柏生说：汪先生此电稿是指定交给我发的，你们如果不同意，我也要负责发出，反正不要你们出名，你们无权反对。臭名昭著的汪精卫《艳电》，终于在林柏生手里发出，留下了历史罪证。顾孟余从此和汪方绝缘了。

---

① 即日华协议记录及其谅解事项和日华秘密协议记录，因在重光堂签订，故亦称重光堂密约。

汪记汉奸集团的雏形

汪精卫本身是一个“大党棍子”，到了河内之后，他就开始搞起组织来了。首先成立了政治、军事和财务三个委员会。政委会、军委会均由汪自任主委，财委会则由周佛海任主委。陈璧君、陈公博、周佛海、梅思平、陶希圣、高宗武等皆是政委会委员，其中陈公博、周佛海同时又是军委会委员。周佛海还兼了政委会、军委会秘书长，三个委员会都抓在他手里。那时只有政委会在香港九龙约道某号秘密开过会，军委会人少开不了会，财委会干脆只有一个主委。

当时，凡参加汪伪集团的人，必须先由政委会通过，然后才由财委会发给生活费。我记得军委会在香港发展了两个委员。一个是叶蓬，曾任蒋介石手下的武汉警备司令，杀害过不少中共人士。后以“存心抗日”的罪名被日方攻击去职，又以私恨企图杀害张群而为蒋介石所遗弃，由周佛海介绍他加入了汪伪汉奸集团。叶认为汪精卫手下只有几个文人，不足以成大事，自命为将才，野心勃发。他亲自到河内向汪献策，主张大搞军事工作，并表示拥护汪当孙中山那样的领袖，自己愿当一个蒋介石式的部下来供驱使，以建立“大业”。这本来是想讨汪的欢心，不料却引起周佛海的猜忌。另一个是杨揆一，清末留日士官第三期毕业，曾在武汉行营当过何成浚的参谋长。他从来没有带过兵，嗜烟好色，暮气沉沉。以后汪精卫用他当过军委会办公厅主任和参谋总长等职。

这时，陶希圣、梅思平、高宗武同声提出，他们今后要全心致力于“和运”了，无法顾及家庭生活。汪精卫很敏感地理解到他们在伸手要钱，就提出以陈璧君、陈公博、周佛海、陶希圣、梅思平、高宗武、曾仲鸣、林柏生八人为“首义分子”。并在汉奸集团第一次有经济收入时，即每人发给安家费港币 5 万元，但声明以后参加人员，不得援例要求。以后到了上海，政委会无形解消，由“首义”诸人加上一个特务头子丁默邨，组织“高干会议”，由汪随时召集开会，作为最高决策机构。再后，高宗武、陶希圣逃往香港，再投蒋方，而丁默邨、梅思平以人事关系受汪打击，所谓高干会议亦不再举行，有事由汪精卫、陈公博、周佛海三人会商决定，然后形式上提出有关会议照例通过一下。我们背后称之为“三巨头会议”。

陈公博的“首义”头衔是汪精卫钦赐的。因为在周佛海、陶希圣怂恿汪出来当傀儡头目的酝酿过程，为了绝对保密，没有让坐过改组派第二把交倚的陈公博知道，汪到最后才打电报约陈速赴国外见面。陈公博既不能像顾孟余那样深明顺逆，拒绝当汉奸，又感到自己对“和运”无功，将来即使搞出一个局面，个人也难免冷落。他彷徨顾虑，左右为难，就决定采取以退为进的策略。所以他经河内到香港之后，只在香港出席政委会数次。在私人间也不和周佛海、陶希圣、梅思平往来。以后汪精卫由上海去东京，陈始终未参加，一味以老母病重，希望在香港休养来推托，引得汪当着我们的面，几次骂他。连 1939 年 8 月在上海举行的汪伪国民党第六次全国代表大会，陈公博也未曾出席，直到当年冬间，他才来到上海。那时汪精卫已派以周佛海为首的代表团，和以影佐少将为首的日本代表团秘密谈判《日华新关系调整要纲》，为了给陈公博面子，才又派他代表汪方和日本海军的须贺彦次郎少将，密谈关于海南岛问题，使他和日本海军发生密切关系。后来伪上海市长傅筱庵被军统暗杀，陈公博得兼上海市长 4 年多，就是这次会谈为他创造了便利条件。因为上海是日本海军的警备地区，海军当然希望和他们有交情的人来当伪市长。

蒋介石的对策

汪精卫等逃出重庆之后，蒋介石晓得这件事的发展将对他十分不利，但他除了用开除党籍、口诛笔伐之法外，别无其他有效措施。左思右想，决定对汪采取软硬兼施的办法。

林柏生主持的香港《南华日报》自发表汪精卫的《艳电》之后，汉奸色彩日浓。戴笠亲赴香港，决定以陈璧君、林柏生等为狙击对象，给汪精卫汉奸集团以警告。当时英国统治者对香港华人带枪限制极严，军统有人无枪，同时考虑到枪声大，容易引起注意，而使打手不易逃掉，因此决定用斧头，在闹市中砍杀林柏生。林当时尚无自备汽车，1939 年 1 月 17 日，在他漫步皇后大道时，突然被人用斧头在头上砍了两下。林立即倒地，凶手亦终被获。幸亏林柏生头上戴着软质薄绒帽，伤口不深，不久治愈。大家说，林以后在汪伪公馆派中之大出风头，压倒了褚民谊、陈春圃等人，颇得力于头上这两块伤疤。传说刺林凶手被逮后，在香港监牢里被由军统收买的流氓，作为私人斗殴把他打死了，确否未能证实。

军统特务在香港砍杀林柏生之后，蒋介石又使出软的一手，派谷氏三兄弟[①]中之最小一个谷正鼎，秘密往河内见汪精卫，进行游说。蒋介石教谷正鼎对汪说，汪如对国事发表主张，写写文章，发发电报，任何时候都很欢迎；如果有病需要赴法国等地疗养，可先送旅费 50 万元，以后随时筹寄。但不要去上海、南京，不要另搞组织，免得为敌人所利用，造成严重后果。汪对于这一引诱，断然拒绝了。

谷正鼎游说失效，蒋介石切齿痛恨，大动杀机。在这之前，戴笠已奉命亲率特务往河内，从收买法国方面勤务人员入手，对汪精卫实行严密监视。此时戴笠受命即电令河内军统特务，寻机刺汪。当时汪家尚无武装警备，仅有一个巡警看门。3 月 21 日，军统特务爬墙潜入汪寓。汪寓是一座小花园洋房，卧室都在楼上。特务连夜窥伺，侦得二楼朝南的一大间，几晚电灯通夜未熄（他们动手之夜倒是电灯熄了），军统特务断定此房必为汪之卧室无疑。特务登楼，即向该朝南房间冲去，发现正有一胖胖的穿白色睡衣裤的人急起，准备开灯。特务从形影上认为是汪精卫本人，枪弹速射数十发，即下楼夺门而逃。其实，这朝南大间睡的是曾仲鸣夫妇。曾随汪精卫到河内后，其妻方君璧从香港赶来会晤。汪精卫以曾、方夫妇久未团聚，一定要把自己住的房间让给他们同住，结果曾仲鸣做了替死鬼，方君璧腿部也受了伤。

---

① 蒋介石手下有一个贵州军阀谷正伦，曾任南京警备司令兼中央宪兵司令，是个专业杀害革命烈士的刽子手，极得蒋的信任。谷的两个弟弟谷正纲、谷正鼎，原是改组派的活动分子，列名中委。蒋、汪合作时期，谷正纲、谷正鼎同来南京。蒋介石通过大谷，利用亲属关系，把二谷、小谷收为己用。谷正鼎在汪精卫任行政院长、顾孟余当铁道部长时，当过铁道部总务司长。

当夜，汪精卫住在隔壁房间，原由一会武术的山东大汉赵国庆替他在房门口看守。赵闻声立即避入汪室，连房门也来不及下锁，赵躺在楼板上，头靠着床，以双足抵房门。特务如果破门检视，汪精卫绝难幸免，也许汪伪政权在母腹中即告流产。

日军暴行

日军侵陷蚌埠的暴行

边寿春*

1937年七七事变不久，首都南京即告沦陷。日军在侵陷南京之后，为实现迅速灭亡中国的狼子野心，挟其海陆空军的优势，由南京过江，沿着津浦铁路继续向西进犯，以配合由华北南下之敌，进攻徐州、武汉。蚌埠是皖北、淮南的门户，津浦南段和陇海的咽喉，为军事必争之地。当时国民党曾驻有重兵，新桂系廖磊的第七军、东北军于学忠的第五十一军，均驻扎此地，统归第五战区司令长官李宗仁指挥。日军为侵占这一重要据点，先以大批飞机侦察轰炸，接着以排炮（即多门大炮同时发射）为掩护，并以铁甲车为前锋，沿铁路线两侧，乘隙攻击进犯。终于在1938年2月21日，日军分由凤阳刘府、临淮关、长淮卫及沿着淮河南岸分数路合拢。在沿淮河进犯时，用小汽艇散放烟幕掩护，进入蚌埠市区。国民党守军向徐州方向撤退。从此，蚌埠沦入敌人铁蹄之下、魔掌之中达8年之久。

在8年沦陷过程中，日军生杀予夺，为所欲为，残酷的罪行，真是罄竹难书。较希特勒、墨索里尼等纳粹匪徒，有过之而无不及。广大沦陷区人民所遭受的苦难，惨绝人寰！当时伤心惨目的情景，至今还历历在目。

---

* 此文系作者根据亲历者回忆有关资料整理而成。

一

1938年2月上旬和中旬，日军还没有进陷蚌埠市区的时候，日机就不分昼夜，对城市和郊区以及邻近城镇，进行了灭绝人性的狂轰滥炸，每次以三五架或七八架乃至十几架飞机，从天空发着嚎叫，沿铁路线，逐乡逐镇、逐个村庄地进行轰炸扫射，所有房屋建筑，都被夷为一片废墟，无辜平民被炸死炸伤的，总计有1000余人。有的身首异处，血肉模糊，有的婴儿被炸死在母亲的怀抱，有的老人被炸死在沟渠里。有一次敌机空袭市区，一个炸弹投中三径街一李姓百货商店的一座楼房，顿时浓烟烈火，血肉横飞，所有房屋、家具、货物以及周围邻舍，全被毁于一旦。又一次敌机空袭市区时，连续投弹命中了老虎山脚下国民党军队的一座弹药库，引起弹药连锁爆炸。硝烟滚滚，烈焰冲天，弹药爆炸声震撼天地，达数小时之久。以后敌机虽已离去，亦无人敢于前往救护，所有附近房舍人畜，亦全遭毁灭。最后几天，日军逼近市区，国民党军队即将撤退，日军可能探知这一情况，为想堵截国民党西撤，一天来了20多架敌机，密集轰炸淮河大桥以及大桥两岸所有的房舍和建筑物。这一惨重轰炸，使蚌埠人民生命财产损失不可数计。

二

日军在侵陷市区之后，接着就是疯狂的屠杀。他们分派多支小部队，荷枪实弹，端着刺刀，逐街逐巷，搜索巡逻，只要看见中国人，无论男女老少，近的就用刺刀戳，远的就开枪打。横遭杀戮死于街头巷尾的，不知凡几。到处是血肉淋漓，尸横遍地。之后，日军分驻于老虎山、雪华山、天桥、火车站、轮船码头、小站台等制高点，并把铁路以西作为驻军的禁区，所有交通路口，均由日军把守，不准任何人通行。住在天桥下面，一个靠测字为生的汪姓老人，刚从家里出来，就被日军一枪打死。另一个姓倪的老奶奶，从家里出来刚露头影，就被打死在家门口。有一部分愚民，在汉奸的怂恿下，手拿太阳旗去向日军表示欢迎，结果也被站岗的日兵，统统用机枪扫射打死。在整个蚌埠沦陷时期，日军屠杀的中国人民真是不知有多少。例如在 1943 年端午节前后，数十名日军窜到西郊郑郢村附近，以搜枪为名，将全村居民赶到塘边，先将一沈姓的农民杀死，又将一姓王的农民砍下半个脑袋，后来又把一王姓老农民推入塘里，叫他下去摸枪。老人不会游水，几次挣扎呼救，而日军却是一阵哈哈地狞笑，接着就是一枪将老人打死在水里。日军还把沈姓农民捆起杀死，用刺刀挑起沈的肚肠示众。就在这一天之中，在郑郢一带，杀死我同胞 18 人，烧毁房屋几十间。又一次日军到小蚌埠镇，没来得及躲避的群众，被日军用机枪扫射和刺刀戳死的有 100 多人。在西郊有三个农民被日军抓去作射击比赛，当活靶子打死。真是残忍至极！这种例子不胜枚举。

三

强奸妇女则是日军侵陷蚌埠时期的另一种极端罪恶的兽行。日军进城后，无论是官是兵，只要见到妇女，无论是老年和少年，就拿着刺刀去强行奸污，有的妇女还被轮奸。一个姓倪的老妇人，因被日军强奸，羞愤自缢身死。王某某的妻子已年过 50，也被日军轮奸而致死。日军每次到农村扫荡时，一进村庄就要找“花姑娘”，以致许多男同胞被杀死，许多妇女被奸污。沈某某的姐姐被日军强奸时，她拼命反抗，脑部被敌人穿了几刀，当场死亡。后来日军通过维持会伪政府的汉奸，还在银行仓库等处，设立了“慰安所”，强迫 120 多名妇女，供日军蹂躏。有一个张杨氏，她哥哥被日军打死后，她的嫂子亦被强迫送进了“慰安所”。

四

宪兵特务横行，更是暗无天日。日军陷蚌，在军事占领的同时，即派来大批的宪兵、日谍，并雇用了城乡的一些地痞流氓、汉奸土匪以及帮会分子，替他们做特务工作。专门刺探中国军民抗战情况。宪兵队住在二马路横铁路西（原税务局），日谍和特务住在二马路东头的天锡里。这些宪兵、特务，凶残至极，无恶不作。对稍有可疑的中国人，肆意逮捕关押，严刑拷打，用冷水灌腹，踩杠子，坐老虎凳，放狼狗咬，或施以残酷的电刑，或者用刺刀戳，剁尸成段，投入淮河。如居民周顺斋被抓去以后，灌冷水，压杠子，毒刑拷打，以致成了残废。农妇王氏的丈夫和儿子被认为有抗日嫌疑，同时被打死。陈张氏一家被说成私通八路军，房屋被烧，全家被抓去处死。日军宪兵队从怀远抓来大明会成员及被牵涉的群众30余人，除了个别人以外，其余大部分人有的被用刺刀戳死，有的被狼狗活活咬死。然后把每个尸体用东洋刀剁成几段，装入麻包投进了淮河。一些丧心病狂投靠日本宪兵队的汉奸特务，借机敲诈勒索，鱼肉人民。对稍不顺眼的人就加以抗日嫌疑的罪名，先关进天锡里，而后用金钱赎放。当时曾有一些河南省跑单帮的行商，因特务们勒索财物未能满足，竟被加以“抗嫌”的罪名，一个个被秘密杀害。当时，沦陷区人民，处于宪兵、特务的网罗之内，就像处于豺狼虎豹群中，时时感到恐怖和危殆！

五

日军占领蚌埠既久，逐渐地行人稍有往来，日军在各交通路口均设有岗哨，如火车站、轮船码头、南岗、曹山、天桥等许多地方，派由日军站岗，后来还命令伪警察陪同守望。凡是过往行人，都必须先向日军行90度的鞠躬礼，而后经其从头到脚搜查一遍，认为没有什么违禁的东西了，才挥手示意准予通过。如果不行礼，或没经检查而欲越过岗哨的，轻则拳打脚踢，重则用刺刀戳，或扣留关押审讯，施以酷刑。当时，每天被打被关的行人，不知多少。人们都把这种通过岗哨叫做“过鬼门关”，弄不好就有生命的危险。就连为虎作伥的汉奸卖国贼，也不能豁免。如日伪省政府的地区专员李用宾从蚌埠乘轮船去田家庵，因为没向站岗的日军鞠躬行礼，竟被日军打了一顿。汪精卫伪国民政府的中将参赞张亮，从这里去合肥撮镇，也因没向日军岗哨鞠躬行礼，被关押了一夜，后经伪南京国民政府来电说情，才予释放。蚌埠维持会里有一个姓陆的成员，因去开会时没向站岗的日军行鞠躬礼，被日军劈面打了两记耳光。后来这个姓陆的不堪忍受这种凌辱，愤而逃出虎口，离开沦陷区，跑到外地去了。

六

日军侵华，除了军事进攻之外，在政治上，实行“以华制华”，扶植汉奸傀儡组织；在经济上，则实行“以战养战”，就是专门搜刮我国的资源财富，来供应它侵略战争的需要。日军在蚌埠的经济榨取，也是无孔不入。蚌埠沦陷之后，日军首先把银行仓库里存放的58370包小麦、8440包大米、5335包黄豆、3649包稻子、19712包食盐、1383件奎麻绿麻、17900条麻袋、30722斤麻油、4577包红粮，以及其他杂粮油料、茶叶、食糖、纸张、布匹等若干物资，全部抢劫一空。至于民间财物被劫掠的更多，尚未在计算内。接着，它强迫推行使用军用票。规定打电报、买火车票以及一切公用事业的货币交易，都必须使用军用票。这种军用票与伪法币的比值是1∶7.5，就是用1元军用票可以掠夺7.5元中国物资。另一方面，对于铁路、矿山、轮船和一些较大的运输，均由日军直接经营控制。还有食盐由日军统制，粮食经营则由日军组织了各种谷物协统会，统一管理。像众所周知的日本军粮采购供应，在芜湖派由汪紫东负责，在蚌埠派由杨树诚负责，除以军用票压价采购外，还命令伪政府要按时无偿地征送粮食及各种实物给日军军部。就是到了林柏生任伪省主席，抗日即将胜利的时候，还是一次次地送去几百万斤大米。此外，日军在伪省政府还设有经济顾问，一切有关经济物资的经营，一切军用物资，如钢铁、牛皮等的分配使用，均由日军经济顾问审查批准，也就是统归他全权支配。日军在蚌埠还开设了鸦片烟、海洛因的专营商店，开设了控制汇兑、控制货币流通的正金银行和华兴商业银行。从各方面，利用各种渠道，吮吸我沦陷区人民的经济血液，来供应其侵华战争的需要。

七

为虎作伥的汉奸卖国贼，在日军的卵翼下狐假虎威，也同样残酷地迫害沦陷区同胞。在日军还没有进陷蚌埠之前，唐少侯一类的汉奸，就根据倪道烺的布置，鬼鬼祟祟地秘密聚集在禹济涛开设的济民医院里，进行着出卖灵魂的活动。及至日军进陷了蚌埠，他们先是组织难民指挥所，继而又组织了维持会，并由唐少侯、傅君实、秦松亭等分任正副会长，大肆宣传日军的“仁德”，来麻痹人民，笼络人心。但是就在他们的宣传麻痹之下，一批批的爱国人民被日军杀害。例如有一次汉奸们正在淮河北岸向群众宣传日军的仁德、宣传中日亲善的时候，大批日军赶来，逮捕和杀死了几十个善良的人。还有一些土匪武装如沈席儒、李杰三、占林以及帮会头子石冒霞等，都被先后收编为伪军头目，组织绥靖处、治安军司令部等，做了日军的鹰犬。这些人当了汉奸伪军之后，敲诈勒索，无恶不作。人民恨之入骨。他们还利用权势敲骨吸髓地进行经济榨取。例如倪道烺、唐少侯、傅君实合开有安民银行、德和钱庄、益丰银号、永济当铺、清连阁澡堂、旅馆等，还开设了专售老海白面的宏济善堂等，剥削了大量财富，雇请河南省的工匠，来建筑豪华的公馆、逸园和棠园，尽情挥霍享受。在修建园宅的过程中，为了强征居民土地，还把一个王姓种地的父子二人都打死。又如沈席儒在当了伪军司令之后，到处设立关卡收行商税，所有坐地摊贩、商店，都必须向其缴纳治安税。据统计，当时全市光盐盆子（卖盐的小商贩）就有 300 个，每天都要向他交税。他在全市开设有 23 处赌台，还与三菱、三井洋行合开海洛因商店。有的外地行商、小贩，拒缴关卡捐税，他便加以抗日嫌疑或抗税的罪名，予以关押审讯，甚至处死。在日军、汉奸重重的残酷剥削与压榨之下，沦陷区同胞处于水深火热之中，爱国的热情与反抗的思想，与日俱增。他们盼望黎明，盼望胜利，曾作过不止一次直接或间接的斗争。终于在 1945 年 8 月 15 日，迎来了胜利的一天：日本帝国主义宣布无条件投降！我曾经亲眼看到一个场面：在蚌埠市中心区小南山东面，日本人建造的一座靖国神社旁边，贴有一张国民党第五战区司令长官部的受降大布告，规定津浦铁路南段和淮南沿线的日军投降缴械应遵守的事项。一个日本下级军官，跪在神社前面、布告的旁边，用他所佩带的东洋军刀，切腹自杀了。日军、汉奸，都随着我们抗日的胜利而彻底覆灭！

合肥沦陷目睹记

汪其天*

1935 年 10 月末，我从江西黎川县基督教乡村服务实验区被基督会聘来合肥担任基督教乡村服务干事工作。

1938 年上海沦陷后，江南难民纷纷向江北流亡，多数取道合肥向西方逃难。我也准备跟随避难，适我的妻子临月生产，日军已攻陷南京、芜湖，江北风声日紧，合肥教会外国传教士妇孺早已到汉口去了，只留下一个牧师兼代医院院长的溥尔祺。他在南京基督会总会的策划之下，部署办“合肥难民收容所”。他留我帮助他工作，因而我就留在合肥未走。兹就我亲身经历的合肥沦陷后日军暴行情况，写出回忆，虽然很不完全，但也可以使人民大众知道日军在合肥暴行的一部分而永记不忘。

1938 年 5 月 13 日，敌机频来合肥城区轰炸，人心惶惶，纷纷逃难。有的向西北乡，有的向东南乡，或投亲奔友，或流亡道路。市内未逃亡的，仅有少数贫苦居民，老弱妇孺，及少数舍不得放弃财产家园的地主商人。当天晚，日军自三叉河来攻，炮声隆隆由远而近，由稀而密，时松时紧。当时城内由徐源泉部队防守，抵抗了一夜。第二日（14 日）上午 8 时许，日军从

* 作者时为南京基督会总会合肥难民收容所工作人员。

小东门外五里迂回包围了德胜门，徐源泉率部队即由北门逃跑。日军进城，合肥就沦陷了。城内掩护退却的少数中国部队约一连人均被日军俘虏，驱至小东门外河边一齐被杀害。其时枪声断续，满城火光冲天，尤以东门外买卖街、北门外大街，焚烧最惨，真是片瓦无存，一片焦土。前来我们医院避难的妇孺老弱，约有 600 多人；闻红万字会及天主教两处难民，各约 200 多人，总计 1000 余人。

难民情况

日军初进城，混乱已极。记得日军进城当天傍晚，有老人带妇女小孩，叩医院门避难。老人名刘石宜，据我所闻是江宁流居合肥的绅士，叩门是为求收容其媳及孙女，次日即闻老人夫妇投水殉难。我们医院内难民缺粮，由我院职工，分向附近居民搜集粮菜，以应急需。我在观音庵菜园摘菜时，发现菜地有七八个人头；我院隔壁，亦有死人。沿街死尸很多，血肉狼藉，臭气熏天，惨不忍睹。由于腐尸孳生苍蝇，飞满天空，直扑人面，行路必须以扇扇开苍蝇才可前进。因此，我们亦不敢远出。另闻三育中学汉文老师黄海三家，住段家祠堂附近，全家投塘殉难。城内妇女拒奸被杀，或被奸羞愤投塘自尽者，比比皆是。10 岁以上至 70 岁妇女，如被敌兵发现，鲜有幸免。闻自日军进城数天内，市内死亡男女人数，约 1000 余人，以小东门外为数较多。

日军进城后即和宣抚班人员按户搜劫，无一幸免。搜劫目的在取得金银玉器、古董字画、家具衣物；甚至掘地发藏，破壁开仓，拆毁房屋，嗾犬咬人，无恶不作。劫得珍贵物品，即献给日军。普通衣物皮货等，由高树民、宁少三、黄宗杰等汉奸运到难民区内出卖。店面空屋，不断有人进内偷窃食品或衣物。

日军到医院

5 月 15 日下午，闻医院外面有皮鞋声，见有武装日军 10 余人，站在院门外，气势汹汹，极为狰狞。其中的七八人，浑身血迹，枪上刺刀，声称要进院检查难民。我院院长美国人溥尔祺拿着美国旗加以拒绝，就站在门外，相互笔谈，告以这是美国医院，仅有病人及难民妇孺，并无军队。日军遂打手势指着东边，我当时不明其意。随后我和张木东（现巢县人民医院副院长）随日军绕道东边太平门，见有血迹一滩，日军就疑为住有伤兵。经说明是被炸伤民众的血渍，当时招呼工人打水洗净。此时日军气稍平，伍长收枪入匣，返回院内，但仍欲进内查看。溥尔祺和我不让他们进内，复经笔谈，敌伍长问有无酒肴，我们随即找到白兰地酒一瓶和西红柿及鸡蛋若干，他们很高兴。溥尔祺说：这是医院，仅有病人及妇孺，请保护。遂由伍长给一纸条，写明“美国医院不许擅入”，盖上他的章，贴示于门。

5月16日，宁少三（合肥宁复兴百货店的小老板，因营业失败在其邻居高树民——留日学生、合肥最早的一个汉奸的勾引下当了汉奸）来我院打门，找在院避难商人王平波出去做维持社会秩序工作，并告溥尔祺，已成立宣抚班，需要接洽。当时宣抚班住在县女中校址（即今省人防委）。王平波未去，溥尔祺和我及英文译员夏中林随宁少三到宣抚班，接洽安全问题，会见日军宣抚班长某少佐（记不起名字）。经过翻译，溥尔祺告以需要电上海美领事，报告合肥美侨平安的情况，并说明医院内仅有病人妇孺，无军队伤兵，请加保护。日军班长答应代发电报，并提出要我们随行的几个中国人留下替宣抚班做事。溥告以汪等（指我和夏中林）系医院职工，不能出来帮助，旋得宣抚班盖印纸条二张，告示保护。大约是5月21日前后，高树民带日军来和溥尔祺会面接洽，说已电报到沪美领事馆说平安，并说需要本地有声望的绅士出去维持。当有在院难民王平波（系美孚洋油公司经理）、方星樵（系北洋旧军官旧县长）及其他一些商人等出去参加伪组织工作。

成立维持会

1938年6月上旬，市内由日军特务班班长片帆联络本地旧绅袁琢斋（万字会负责人、大地主，当过李鸿章家管家）、方星樵、王平波、黄宗杰（北洋时代当过巡官和所长）等出来组织维持会，袁琢斋为正会长，方星樵副之（方以后被选为伪县知事），王平波任民政科长，黄宗杰任警察局长。所有城内一切民政、警务、供应及难民安置等问题，均由维持会和日军接洽。同时成立难民区，划定界限，自南油坊巷、万字会到七桂塘西边一带，均为难民区。区内难民，不论男女老幼，日军可以通过维持会，随时征用。另组织民众团体“大民会”，由王平波任大民会会长兼商会会长；组织合作社，由王平波任理事长，专替日人推销五洋货物，交换物资，将日军以前在上海、南京等地掠夺来的棉纱、香烟、洋糖等，换取我们的金、银、铜元及铁等，以合作社为交换枢纽，一面配给内地商号，一面输出日方。合作社内分设纱业、布业、糖业等理事长，专司其事。另外，日军在市东（即今江淮旅社所在）设立酒吧间、食堂及慰安所，强迫我国妇女，供兽兵蹂躏取乐。

日伪机关

日军联队长仓林等分住前大街（县女中）及东门洪明远花园等处。各队部及各城门均派岗哨守卫，时有少数寇兵沿街巡逻。

1938 年 7 月初，由敌指使伪维持会组织合肥县政府，由方星樵任县知事，管理民政，另成立警察局（局址在今三孝口张顺兴对面），由黄宗杰任局长，专替敌镇压人民。

同时，一个在天主教堂避难的化名为方尚明的人（原姓严，当过国民党宪兵官佐），系南京逃来此地，主办《新皖日报》，专做文字谍报，为敌宣传。后来日军宪兵队又委宁少三当谍报队长，专门调查抗日爱国人民，做情报工作，并在东门（即现九中校址），设立水牢，残害同胞。另有特务班（班长片帆），由王平波密切联系。当时敌伪组织情况，大体如是。

此外，合肥还驻有伪绥靖部队师长王占林，是旧军官投降者。伪师部驻段家祠堂，所属部队分驻合肥、下塘集、水家湖各地，共 3 个团，约 5000 人。伪军经常配合日军出外扫荡，镇压人民。

日军的残暴

日军的残酷暴行，除上述初进城时屠戮凶杀外，半年之后为了巩固他们对沦陷区的反动统治，造成可为他们利用的所谓和平假象，表面上似乎和缓一些，然内里的统治实更严密。

日军强占合肥后，从6月起就组织城内人民，十户一甲，设甲长；十甲一保，设保长；几保以上设联保主任。这些汉奸一面是为日军做耳目监视市民，一面是为日军派伕服役。城内居民发“良民证”，敌宪伪军警随时都可查阅市民的证件。市民经过敌人岗位和守城门敌军，必须脱帽面向鞠躬，初时市民不愿行礼，敌寇总是招其回来，重新行礼，甚至侮以耳光始行放去。记得1938年七八月份，一乡村女子没有行礼，敌寇令其回来，竟迫其跪在城门旁边，将其上衣扒去，不但打其乳房，还罚跪数小时，才准离去。这种侮辱暴行不一而足，汉奸军警更是助纣为虐，在城门口和车站令市民旅客预先列队，任其一一搜查。明着是检查武装、烟土等违禁品，实际也常顺便没收看到的财物，除非事前准备大数伪票行贿，否则绝难幸免。如拒绝没收，则被指为“犯法”予以拘捕。凡是被日军和汉奸认为是嫌疑犯，或无良民证者，都被随时捕送宪兵队或敌警备处予以严刑审问。有鞭打、电刑、灌辣椒水等酷刑多种，审后关在水牢内，有经不住严刑拷打而诬服的，则于晚间押解到小南门城墙边（今省立医院和团省委南方的环城马路一带）活埋杀死或用猎狗咬死。这一带地区，当时腥风扑鼻，死气沉沉，无人敢近其旁。

日寇不但对平民如此残酷，对忠于他的汉奸走狗亦不轻放。当时汉奸组织也分派系，如宁少三、黄宗杰属于敌宪的特务间谍系统，他们最得敌人宠信，这类汉奸杀害人民最多，罪行最大（黄宗杰后在城外被游击队俘去，予以处死，宁少三在抗战胜利后被镇压）。其次是王平波等属于敌特务班系统，多数是经济汉奸。此外有伪县政府和伪绥靖队等汉奸系统。这些汉奸为着争利争宠，互相矛盾，互相挑唆敌寇压挤陷害。方星樵自以为是“县知事”（汪伪接管后改称“县长”），高于他人，大权在握，尽量搜刮城内财富。明教寺当家和尚平印曾将人民存于寺内一切财富献与方星樵，方还不足，仍予取予求，平印无以应付，被逼上吊死了。方星樵与其他汉奸的矛盾很大，因而被日军撤去伪职。1945 年初夏，方到蚌埠向伪省长倪道烺与敌宪上级机关告状，未想到回肥途中路经田家庵时，被当地敌宪捕去，据说被装进麻袋送到淮河边，用刺刀刺了数百下投入淮河，对外则扬言方星樵是被游击队俘去失踪了事。这等汉奸的下场，说明帝国主义的凶恶残暴，就是汉奸走狗，一朝失去作用，或不顺从，也要予以杀害。

另有一事，即合肥沦陷到后半期时（1943 年到 1945 年 8 月），合肥的敌人警备司令古信，诨号叫“毛胡子”。其时王平波等经济汉奸见忌于其他汉奸，在他们的挑唆下，说王等不忠于日本人。毛胡子将王平波等传去，集合在操场上训话，恐吓以不许对日本皇军二心，当时又绑一个所谓“死犯”，毛胡子竟然当着王面，残酷地用刺刀剖开此“犯”之腹，取出心肝切碎，作为下酒之物，并说凡是不忠于皇军，都是如此云云。王平波等当时吓得面色如土，尿水直流。毛胡子在合肥后半期驻守时间最长，残杀人民也最残酷。抗战胜利后，毛胡子等日军撤到徐州，据说已被中国受降军队枪毙了。

以上是笔者所了解到的合肥沦陷的大概情况，挂一漏万，不足说明日军罪行于万一。

（吴公五整理）

武汉沦陷首日见闻

濮戬之*

在武汉沦陷前数日，群众多已逃离，商店关门闭户，人心惶恐万状，行人稀少，社会空气极为紧张。经一亲戚介绍，我随父母和一外乡青年人许某4人带着生活必需品，关闭了武昌家门，躲入汉口一个家具店内暂居。

汉口沦陷那天（1938年10月25日），供电已停止，日机在天上不停轰鸣。上午许某又赶回武昌将暂寄放在汉阳门码头附近鸿翔巷亲戚家的一袋大米搬往汉口居处以利生活。然背着米袋返回码头时，轮渡却已停航。后见一木筏载满乘客刚离岸，在情急之下，许某脚已走入江滩水中，经百般高喊哀求下花了两元银元才搭上了木筏。当船到江心，上空日机低矮盘旋。机上高声喊道："把仓板打开查看，不然开枪"（汉语），在人满船晃的危险情况下，一块块仓板打开检查无物后飞机才离去。许某回来诉说其情时仍是惊魂不定！

汉口的法租界（上至车站路下到昌年里一带）在日军侵入前，群众（特别是妇幼）有租住房的、投亲靠友的，只要有一点可能，多已挤入租界内居住，以保安全，以致租界内一时人口稠密。这天下午日军快进入汉口前，法

* 作者时为武汉市居民。

租界各处对外交通路口突然封闭，交通断绝，一时租界内外居住的人，有的被隔离不能归家。最后经行人的要求，法租界守卫人员才设法打开了主要路口两侧有明沟设备的铸铁盖板，让行人钻入沟内进出，每人还得交纳两元银元通行费。

我家暂居的是一家森泰家具店（在今中山大道黄石路口下首），来此躲难的共六七户人家 10 余口人。这夜均集中在顶层三楼一个较大的房间里，满地凌乱的卧铺。除房中间一张方桌放一盏马灯和热水瓶杯盏外，别无他物。这里距下首法租界不远，以前曾属英租界范围，又面临闹市中心主要街道，但并无任何安全保障。入夜 10 时左右，日军进入了这条街道，我一人放胆到三楼临街凉台偷看，在无照明的一片昏暗中，未见街上有一个中国行人，只有日军列队由下向上行进。日兵个个肩扛步枪刺刀，不闻喧闹声，只闻行进的军靴声和日机低矮盘旋的轰鸣声。陆空军联合侵入汉口市区。下首的法租界内，为防日军的侵入和日机的误炸，红绿色的信号弹如焰火般不停地向天空发射，虽约有四五十米的高程，但听不见发射声响。这种恐怖的气氛令人胆寒，我急忙退入室内。在此躲难的群众，谁也不知即将来临的是何等灾难，会降在何人头上，人人沉默寡言，在地铺上静坐以待。日军队伍解散后带着武器到各家各户随意骚扰。

这一夜到天明，日兵三三两两，不停地你来我往抢劫群众家中的物资，如马灯、电筒、热水瓶、被褥、鸡蛋、烟酒食品等值钱之物，见着就拿，背着就走，其他房间的箱柜也以刺刀撬锁洗劫一空。更有甚者奸淫妇女。在我们房间的几户人家中，有一对老夫妻带着一个女儿，被上半夜来的日兵两人发现要带走，女儿只好围着方桌躲避，其父则跪在地上淌着泪水向日兵连连磕头无言哀告，但面对日兵武器的淫威，谁也阻挡不住，最后终被日兵抓走，值此女儿突遭其祸，其父悲愤至极，跪在地上还不停地双手左右打着自己的嘴巴。女儿受辱逃回后，在日兵连续的骚乱中，又被日兵 3 人第二次抓走，再次受辱逃回，有人设法使其蓬头垢面藏在一个角落的房间内的柜中，房门用大柜遮挡，在无照明的情况下不易发现，总算下半夜未再出事故。隔壁是一家天津照相馆，虽有几人守屋，因日兵敲门不敢开门而翻越平台躲入到家具店来，然而大门的玻璃砖也被日兵用枪捅破而入进行抢劫。经过这一夜的骚扰，人人不眠，这里已不是居留之地。

次日凌晨，各家都离开了这里，当下到一楼时，还看见一个包裹着的小孩尸体抛放在家具下。经一家牵线，我们这几户人家迁入到江汉关（今武汉关）下首临江一处英商德孚洋行内一个大仓库中暂居。仓库内100余躲难群众，睡着地铺，每天两餐吃着稀饭腌菜腐乳。然而刚到此地清晨，随来的有一中年妇女因被一夜的日兵骚扰惊吓突发疯病，头腰捆着红布，疯言疯语上街滚打不知去向。经家属设法各处打听寻找，数月后才在难民区（汉正街一带）找回。然疯病终生，直到新中国成立后死去。

其　他

第二次国共合作和国民参政会

喻育之*

（一）

我是国民党党员，早年追随孙中山先生，参加辛亥革命。中华民国成立以后，留学日本时期，参加留日学生救国团，搞学生运动，因反对中日签订军事秘密协定，被驱逐回国。回国后在上海，继续以留日学生救国团及全国学联理事长身份，搞学生运动，进行反帝反封建的斗争，同时创办《救国日报》。

1924年，国民党第一次全国代表大会召开，孙中山先生提出联俄、联共、扶助农工三大政策。我拥护三大政策，参加国共合作的上海执行部工作，办理黄埔军校招生等事宜。这段时期，与一部分共产党人如董必武、李汉俊等结识共事，相处融洽。

1925年，因受孙中山先生委派，又得共产党人董必武的联系，赴鄂西、川东，协助鄂西总司令潘正道，联合川军刘湘部队，配合国民革命军北伐作战。

---

* 作者时任国民参政会参政员。

北伐军占领武汉以后，在国共合作的湖北省党部、省政府的领导下，开办湖北省文官养成所，与共产党人进一步合作。

（二）

抗日战争开始，国共实行第二次合作，我在国民党湖北省党部任常务委员，后代理主任委员。这时，董必武来汉，筹备八路军驻汉办事处，同时恢复中共湖北省委组织。

有一天，省党部收发室接到一名交通员送来署名中国共产党湖北省委员会的公函，收发室对于这件突如其来的公函不敢接收，当面退回。过了两天，董必武偕郑位三来到我家，老友久别相逢，欢然道故。董、郑旋拿出公函，并说明退收经过。公函大意是："卢沟桥事变发生以后，日寇铁骑侵入我国国土，中华民族面临生死存亡关头，全国各党各派及各界人士，都应以国家民族利益为重，消除成见，团结一致，共赴国难。中国共产党湖北省委已通知下属各级组织，认清局势，与国民党组织之间，精诚团结，避免摩擦。希望国民党湖北省党部也采取相应措施，以期团结抗日，争取最后胜利。"我认为事关党派之间问题，个人未能擅作决定，遂答应以私人名义，分函各县党部书记长，阐明国共合作的重要精神。

（三）

1938 年 6 月，我被指定为国民参政会参政员，7 月 6 日在武汉，参加了第一届第一次大会，以后连任 4 届，直到抗日战争胜利以后，国民参政会解散止，共参加 13 次大会，计第一届 5 次大会，第二、三届各 3 次大会，第四届 2 次大会。

国民参政会是国民政府在抗战时期，联合各党各派领袖、学者名流、海外侨胞以及经济界有信望人士，集思广益，团结力量的战时相当民意机构。国民参政会的职权，按其《组织条例》规定：1. 在抗战期间，政府对内对外之重要施政方针于实施前，应提交国民参政会议决；2. 国民参政会得提出建议案于政府；3. 国民参政会有听取政府施政报告及向政府询问案之权。

在国民参政会以前，原有国防参议会，是在南京成立的，邀请了各党各派参加，共有参议员24名。但既无组织条例，又无办事细则，只是听听报告，开个座谈会，备备咨询而已。中国共产党代表虽被邀请，但未参加。

这次国民参政会，有了组织条例，也有议事细则。参政员名额定为200名，规定由4个方面遴选产生：

甲、曾在各省、市（限于行政院直辖市）公私机关或团体，服务3年以上，著有信望之人。计有：汪精卫、褚辅成、林虎、仇鳌、喻育之、陈时、孔庚、陶行知、王造时、黄建中、王亚明、莫德惠、张伯瑾、黄宇人、杨端六、伍智梅（女）、罗衡（女）、刘王立明（女）、陶百川、陶孟和、席振铎、喻维华（女）、居励今、徐谦、卢铸等88名。其中喻维华在参政会开幕前数日，在武汉被刺身亡。

乙、曾在蒙古、西藏公私机关服务，著有信望，或热谙各该地方政治社会情形，信望久著之人员，计有仓吉周威古、荣祥、何永信等6名。

丙、曾在海外侨民居留地工作3年以上，著有信望，或熟谙侨民生活情形，信望久著之人员，计有：张振帆、庄西言、陈守明、李书铭、李清泉等6名。

丁、曾在各文化团体或经济团体服务3年以上，著有信望或努力国事信望久著之人员，计有：毛泽东、周恩来、董必武、吴玉章、林祖涵、邓颖超（女）、秦邦宪（博古）、陈绍禹（王明）（以上共产党代表）、张澜、沈钧儒、张君劢、张东荪、章伯钧、左舜生、曾琦、陈启天、余家菊、李璜、罗隆基、史良（女）、许德珩、邹韬奋、黄炎培、甘介侯、张伯苓、胡适、傅斯年、王云五、江庸、张奚若、晏阳初、梁漱溟、谭平山、钱端升、章士钊、陈豹隐、梁实秋、马君武、陶玄（女）、吴贻芳（女）、韦卓民、张肖梅（女）、刘叔模、颜惠庆、罗文干、张一麐、蒋方震、邓飞黄、范予遂、成舍我、于斌（天主教）、陈嘉庚、胡文虎、周星棠、陈经畲、陶希圣、施肇基、周览、冷遹等共100名。

国民参政会正议长为国民党副总裁汪精卫，副议长为著名教育家、南开大学校长张伯苓，并指定王世杰为秘书长、彭学沛为副秘书长。

从名单来看，各党各派领袖，几乎全部都被聘为参政员，但都列在各文化团体和经济团体之中，实质上是不承认国民党以外的任何党派的合法存在。

名单公布以后，各方人士多有不同看法。中共主席毛泽东就风趣地说：中国共产党有军队，不能算文化团体，只能说是武化团体。

尽管如此，大家还是以国家民族利益为重，以抗战前途为重，表示愿意参加国民参政会。

（四）

上海、南京相继沦陷以后，各界人士先后来到武汉，到 1938 年 7 月 1 日，国民参政会开始报到，许多参政员又从各方面赶来，准备参加大会。

在正式开会前，很多参政员或以书面或对新闻记者谈话，发表意见和声明。

董必武发表意见说："这次大会应促下层机构之改善，积极动员民众配合作战。""各党派之间应抱着小事互让，大事互议的态度，不要为琐碎小事纠缠。"

林祖涵说："多难可以兴邦，我们要加强抗战必胜的信念。近百年来，我国均因团结而进步甚速，因分离而未能竟功，今后要惩前毖后，加强团结统一，庶有希望。"

范予遂撰文《论国民参政会之地位与其任务》中说："国家贤明君主，要远佞人，亲诤臣，我们国家太需要改进。既然召集参政员来了，就要尊重它，善于利用它，要使它能有尽量批评政府的机会。"

吴玉章说："要集中人力、物力，迅速建立国防工业，达到持久抗战的目的。"

沈钧儒说："现在唯一的要着，就是各方面精诚团结，推行抗战建国纲领，使其具体化。”

邓颖超发表对国民参政会意见，题为《论女参政员的责任》，说：“女参政员要代表全国人民将意见转达政府，为最受压迫、最受痛苦的各界妇女大众说话；这次会议期间，讨论议案要注意关心妇女问题。”

被选定为副议长的著名教育家、南开大学校长张伯苓发表谈话说：“个人从事教育工作 40 年，向少参加政治活动，这次被聘为参政员，选为副议长，深恐不能胜任。又以为此次开会，各党派必有成见，难免争执纠纷。近日与各方晤谈，始知大家开诚布公，共赴国难，希望讨论提案时，解决重大问题，拥护抗战国策，调整民众团体以发挥民力，建立工矿基础以增加生产。”

中共代表毛泽东、董必武、邓颖超、吴玉章、秦邦宪、陈绍禹、林祖涵联合发表《我们对于国民参政会意义的声明》，大意说：“在目前抗战激烈的环境中，国民参政会的召开，显然是我国政治生活向着民主生活制度的一个进步，我们共产党人将以最积极、最热忱、最诚挚的态度去参加国民参政会的工作，以便有效力地打击与战胜日寇。”声明还提出几点建议：1. 军事上要加强前线力量；2. 政治上必须改善政治机构；3. 经济上必须改善人民生活。最后表示：共产党参政员将忠实地遵循人民的训示和人民的意志而努力工作。

各党派参政员曾举行一次聚餐会，推选林祖涵、罗隆基、黄炎培、曾琦等人为整理参政会议案成员。

国民参政会中共有女参政员 10 名。邓颖超、史良、罗衡、陶玄、刘蘅静等女参政员，曾召集武汉市各界妇女举行了一次座谈会，号召每个妇女同胞为支持抗日战争贡献出自己的力量。

（五）

国民参政会第一次大会于 1938 年 7 月 6 日，在汉口两仪街上海大戏院（现中原电影院）举行开幕典礼。会场布置庄严，正中悬挂党、国旗和孙中山先生遗像，台前挂有蓝底白字之横匾“精诚团结”。

议长汪精卫，副议长张伯苓，参政员共 162 人出席了大会，按抽签号码依次入座。国民党总裁、军事委员会委员长蒋介石，军事委员会副委员长冯玉祥，行政院长孔祥熙、副院长张群，司法院长居正，监察院长于右任，外交部长王宠惠，教育部长陈立夫，军政部长何应钦，政治部长陈诚，内政部长何键，交通部长张嘉璈，经济部长翁文灏等参加了大会。

大会开始，秘书长王世杰报告了出席大会参政员人数及请假人数，宣布开会。

国民政府主席林森自重庆发来贺电及书面训词，由彭学沛宣读。

共产党主席毛泽东未出席大会，发来电文，提出三点意见：（1）坚持抗战；（2）坚持统一战线；（3）坚持持久战。

侨居海外的陈嘉庚、胡文虎，因病未来参加大会，来电各捐献 1 万元；张振帆由南洋取道安南（越南旧称）赶来参加大会，同时献金 1 万元。以上捐献均作为抗战经费。

议长汪精卫致开幕词说："国民参政会的召开，树立初步民主政治规模。请求全国人士，捐弃成见，破除界域，集中意志，统一行动，帮助政府抗战到底。"

蒋介石戎装佩剑，登台讲话："国民参政会在民国历史上有重大意义，是为抗战开会，为建国开会。希望全国同胞加强团结，巩固统一，建立民主政治基础，要人人守本分，负责任，守纪律。"

73 岁的参政员、老子军创建人张一麐致答辞。

大会通过临时动议：电慰军事委员会委员长蒋介石，电慰前方战士。

大会发起参政员踊跃献金，汪精卫首先签名捐献公费 1 个月，其余参政员纷纷献金，100 元、200 元、500 元不等，总数达 2 万元（陈嘉庚、胡文虎、张振帆献金未包括在内）。

大会通过设置五个提案审查委员会，审查：1. 军事国防事项；2. 外交及国际事项；3 内政事项；4. 财政经济事项；5. 文化教育事项等。各个审查委员会审议结果，以书面报告议长，提交会议讨论。

规定凡与抗战建国有关事项，均可提为议案，但不得抵触三民主义，所有提案须由参政员 20 人联署。

对政府各部施政报告，参政员可以提出询问，询问时间一般限在 5 分钟以内，询问后由报告人作口头或书面答复。

（六）

大会期间，行政院长兼财政部长孔祥熙、副院长张群、教育部长陈立夫、外交部长王宠惠、军政部长何应钦、交通部长张嘉璈、经济部长翁文灏、内政部长何键等先后到会作了施政报告。报告以后，许多参政员提出询问，其中不少人慷慨陈词。在孔祥熙作了施政报告以后，参政员许德珩提出询问，面红耳赤，情绪激昂，离开座席，直趋主席台前，手指台上，痛斥豪门贵族，贪官污吏，寡廉鲜耻，误国害民，与会参政员无不为之振奋。其他参政员在询问中，对于各级政治机构之腐败无能，官吏之贪污渎职，也给予了指责。

大会讨论了政府交议案 9 件，参政员提案 116 件。对政府交议抗战建国纲领案，参政员发言踊跃。参政员提案，对加强全国人民团结，集中人力、物力、财力共赴国难；改善政治机构；惩办贪污分子；加强国防建设；改善人民生活；发展教育事业等事项，均有议案。

对于建立省以下民意机构案，讨论决议各省（市）县，要建立临时参议会。关于省临参会参议员产生办法：（1）由县临参会就省临参会参议员全额 60% 推出加倍人数，由省政府圈定；（2）由省政府指定省临参会参议员全额 10%；（3）由中央指定参议员全额 10%；（4）省临参会参议员中妇女名额应占 5%。

大会选出吴玉章、张炽章、张君劢、胡健中、曾琦、黄炎培、陶希圣等 9 人为大会宣言起草人。

大会通过设立驻会委员会，以听取政府各种报告及决议案之实施经过。选出张君劢、黄炎培等 25 人为驻会委员。

（七）

1938 年 7 月 15 日，第一次国民参政会举行休会仪式，汪精卫、张伯苓讲了话。张伯苓等说："这次会议，各参政员提案，都是站在国民立场贡献意见，可以说在集思广益，树立民主政治基础方面，有相当成功。中央政府机关长官，都来亲自报告所主持政务，在参政员提出询问后，又亲自答复。这次会议有了团结基础，今后希望加上持久二字，只有永久团结，中华民族才能永久生存。"

大会发表宣言，内容分为四点：

（一）中国抗战纯为自卫，抗战目的必须恢复领土和行使主权完整。全国必须动员人力物力，长期抗战，争取最后胜利。

（二）抗战一年以来，得到世界上舆论之热烈同情与援助，这是我国人民所感谢不忘者。我国四亿七千万人民永远拥护一切国际和平公约。希望各友邦政府和人民深知世界和平不可分的事实，各自尽到实现和平公约与人道主义的责任，继续同情中国，援助中国。

（三）敌阀于北平、南京擅设傀儡政权，本会同人郑重声明，所有南北傀儡组织乃敌阀之俘囚，民族之败类；敌阀又制造中国行将赤化之宣传，其目的是颠倒是非，造谣煽惑人心，欺骗世界，以达到其并吞中国之目的，我们必须揭穿其阴谋。

（四）全体国民要认清国家民族利益之所在，以统一与团结为一切行动之准绳。在军事上要森严军令，砥砺军事技能；在政治上要本抗战建国纲领，力求庶政之革新，树立民主之基础；在经济上要厉行节约，集中生产加速建设开发资源，以求军需之自给，并为民生得到保证。

大会休会前夕，政治部长陈诚宴请了全体参政员，并观看了抗敌戏剧。

大会后，冯玉祥与我晤谈，亲手为我书赠对联"要记着收咱失地，别忘了还我河山"。其爱国之情溢于言表。

（八）

国民参政会第一届二次大会于1938年10月28日在重庆举行，时在武汉、广州沦陷后数日。汪精卫、张伯苓主持开会，国民政府主席林森参加了大会并讲了话。他说：“此次大会应讨论如何集中国力，更发挥光大，如何团结人心，更坚持不懈。希望各参政员以救国建国为己任，牺牲小我，争取国家民族之自由，并为建立国民政治基础而筹策。”

当日下午，林森在国民政府礼堂宴请了全体参政员。那天，林森与汪精卫分站在大礼堂门口迎候，汪精卫对每个前来参加宴会的参政员，向林森一一介绍，林森身着长袍马褂，满面笑容，与每个参政员亲切握手。宴会备的是西菜，但是用筷子代替刀叉，可谓别具风味。

大会上，董必武发言：“这次大会应对第一次大会通过的议案，做必要的检查和检讨。”

沈钧儒说：“当前形势很严重，应挡住敌人进攻的趋势，要使抗战确成全面抗战，发展自己的优点，开展持久战。”

大会讨论通过邹韬奋等 74 人提案“请撤销图书杂志原审查办法，以充分反映舆论及保障出版自由”。

周恩来在武汉的日子里

童小鹏*

第二次国共合作实现以后，我党为了继续推进两党合作，巩固和发展抗日民族统一战线。1937年12月，中央政治局决定由周恩来等人组成中共中央代表团，到武汉开展抗日民族统一战线工作，推动全民全面抗战的实现。同时决定成立中共中央长江局，领导南方各省党的工作。

当时我任中共中央长江局秘书兼机要科长，周恩来在国民党统治区进行工作和斗争的这段时期，我以随行人员的身份，先到西安，以后又到武汉、重庆、南京，直到1946年底回到延安，在他身边工作了10年。周恩来那种为民族解放和共产主义事业不懈奋斗的精神，一直深刻教育和感动着我。

一

1937年12月18日，周恩来、邓颖超、王明等到达武汉，长江局正式成立，王明是书记，周恩来为副书记，委员有博古、项英、叶剑英、董必武、林伯渠等。周恩来到武汉后的第三天，即12月21日，即和王明、博

* 作者时任中共中央长江局秘书兼机要科长。

古一起会见了蒋介石，就两党关系，扩大国民参政会，制定共同纲领，出版《新华日报》等问题进行会谈。会谈中蒋介石故作姿态，说了不少好话，认为我方“所谈极好，应照此去做，前途是会好转，我的想法也不过如此。”“外敌不足虑”，“只要团结，胜利定有把握”。蒋介石知道王明和共产国际关系密切，为了争取苏联的援助，他要求王明留在武汉帮助工作。但是对于两党关系这个最重要的问题，却没有谈出一个较好的结果。当时周恩来提出三种可供选择的组织形式：一、恢复民国十三年的形式，使国民党改为民族革命同盟，其他党也参加；二、制定共同纲领，建立共同委员会；三、维持现状，即遇事协商的形式。我党想争取前两种形式，因为它可以加强国共合作，扩大抗日民族统一战线，有利抗战。但蒋介石并没有真心实意和我党合作，否定了前两种形式，只同意第三种形式，即以临时协商来处理两党关系。国民党方面也作了一些改进措施，如在个别部门、个别组织内，邀请共产党人参加工作。这种低层的合作虽然不能使我们满意，但两党关系确也有所改善了。

1938 年 1 月，国民政府军事委员会恢复政治部，蒋介石任命陈诚为部长，黄琪翔为副部长，要周恩来也担任副部长。对于这件事，周恩来处理得非常得当，他一方面根据中共中央发布的《共产党参加政府问题的决定草案》中规定，中共党员一般不参加这种工作，向蒋介石婉言推却；另一方面向中共中央提出：当蒋介石采取合作态度时，“一般采取赞助的立场，应该与国民党开诚合作”。1 月中旬，蒋介石坚持要周恩来上任，他再次请示中央，说明“如果屡推不干，会使蒋介石认为共产党无意相助，使反对合作者的力量得到加强”。同时他也感到，虽然和陈诚在十年内战中兵戎相见，但他和黄琪翔都是主张抗日的，可以捐弃前嫌，有条件地合作。经过中共中央同意，周恩来终于出任政治部副部长。

当时国民党依靠正规军抗战，对动员人民群众参加全面抗战的宣传、组织工作都很薄弱，军事委员会政治部在这方面应当有所作为。周恩来分管政治部三厅。三厅是负责宣传工作的，这是我们的优势，可以做出许多国民党做不到的事情，因此他以大量的时间和精力用在筹建三厅和组织文化界统一战线队伍方面，为了动员郭沫若担任三厅厅长，以影响力带动文化界爱国人士投身抗战、靠拢中国共产党，周恩来和郭沫若进行肝胆相照的商谈，拒绝了国民党派特务骨干来控制三厅的要求，使他接受了这个任务。三厅延揽了阳翰笙、田汉、胡愈之、杜国庠、冯乃超等思想、文化界知名人士参加工作。在周恩来的领导下，三厅在进行抗战宣传，促进抗日民族统一战线发展方面发挥了重要作用。

宣传工作需要更多的文化界人士，三厅不可能都把他们请来，于是周恩来指示阳翰笙等发起组织中华全国文艺界抗敌协会。他还拜访了国民政府军事委员会副委员长冯玉祥，请他对“文协”给予支持。三厅成立前后，电影、戏剧、美术、音乐各协会纷纷成立，以文艺为武器动员人民，打击敌人。影响较大的活动如成立10个演剧队、4个抗敌宣传队和孩子剧团，到前线部队和农村、工厂中演出，发挥了鼓舞士气动员群众参加抗战的作用。名演员金山、王莹演的街头剧《放下你的鞭子》，对人民起了很好的教育作用。他们还根据周恩来的指示，到南洋各地巡回演出，动员了许多华侨积极支援祖国的抗战。袁牧之、陈波儿等拍摄的电影《八百壮士》，也很生动感人。周恩来和邓大姐还亲自到拍片子的电影厂，鼓励他们努力工作，要在艰苦的条件下拍出好的片子。以后袁牧之、陈波儿都被周恩来送到延安。周恩来还为各演剧队制订分赴各战区前线的计划和行动路线。“文协”和各协会的活动轰轰烈烈又扎扎实实，把不同政见、不同爱好的文化人团结在抗日的旗帜下，扩大了统一战线的基础，也使不少人倾向于共产党。

抗战一周年时，三厅举行的献金运动，是一项效果很好、影响很大的运动。当郭沫若向陈诚表示要举行这项活动时，陈诚断言一定会失败，而失败将带来不好的影响。事实与陈诚的断言截然相反，武汉人民积极响应，在短短的5天里，各界群众捐献现金、物资值100万元，其中有工人、农民、学生、工商业者以至难民、乞丐。周恩来献出他担任政治部副部长的1个月薪金240元。我们长江局八路军办事处和《新华日报》馆的同志也都参加了捐献。献金运动在中国许多城市热烈展开，长沙、广州、重庆纷纷行动，都取得了很好的成绩。周恩来对报刊宣传工作非常重视。当时长江局直接领导的报纸《新华日报》，1938 年 1 月创刊后，2 月发行 1 万多份，四五月间达 5 万多份，这在旧中国算是销路很大的了。周恩来曾为报纸题词：“坚持长期抗战，争取最后胜利”，这和毛泽东关于持久战的思想是一致的。《新华日报》在宣传我党的抗战主张，报道八路军新四军的辉煌战绩，推动国统区的抗日救亡运动，都起了很好的作用。此外，党中央的机关刊物《群众》周刊，需在武汉、广州大量翻印，广为发行。当时在武汉出版的刊物 40 多种，大部分是我党领导或受我党影响编辑出版的。这些报刊和其他抗日救亡宣传工作，一方面动员群众同仇敌忾，参加到抗战的行列中来，许多青年甚至走上了革命的道路，参加了共产党。另一方面，牵制了国民党的投降倾向。周恩来曾经指出：抗战初期蒋介石“投机不成，投降不敢，他被八路军的力量、人民的力量逼得不能不走持久战，不能不在政治上表现一点进步”。人民力量的形成，宣传工作是起了重要作用的。宣传了抗战，也使党在群众中的威望越来越高。在武汉发展起来的轰轰烈烈的抗日救亡宣传活动，也推动了重庆、长沙、广州等地的抗日救亡活动的开展。

周恩来十分关心长江局在武汉等地组织与领导的一些抗日救亡团体。抗战开始不久，各界群众特别是爱国的青年知识分子，受一二·九运动后北平成立民先队的影响，在武汉成立南方“青年救国团”，这是当时有影响的青年救亡团体。1938 年 2 月，长江局和湖北省委青委领导成立“中国青年救亡协会”，推选国民党元老叶楚伧的儿子叶楠任理事长，中共党员钱俊瑞、刘导生都承担过领导工作。这些组织对青年运动起了促进作用。为了发动工人积极参加抗战，派了一些党员和积极分子到工厂中工作，并建立和发展党和工会的组织。周恩来还指示长江局工委请中国劳动协会负责人朱学范出面组织“中国工人抗战总会筹备会”，长江局工委成员刘群先、廖似光作为陕甘宁边区代表参加筹备工作。筹备会提出统一全国工人战时组织，联合世界劳工团体，发动工人参加抗战等 9 条纲领，决定召开代表大会，成立“全国工人抗敌总会”。由于国民党的阻挠，计划没有实现，但这次和劳协的合作也是有积极作用的，它争取了许多国民党控制的工会组织，也促进了朱学范和我党组织合作。正是广泛的抗日救亡运动，使武汉以及中国南方许多城市活跃起来。

当时人们反映，从大革命失败到十年内战，武汉白色恐怖严重，这时则是生机勃勃，“一个死都市，重新苏活过来了”。这里倾注着周恩来多少心血啊！那时候，周恩来往往白天在武昌政治部办公或亲自做统战工作，晚上又乘渡船过江到汉口长江局来处理电报，一直到深夜。我担任会议记录，会开到深夜，我疲惫得很，记下的潦草字迹第二天连自己也认不得。当我在他的办公桌上拿走最后一份电报稿时，往往是凌晨了。当时事情非常繁忙，长江局的找周恩来处理工作要排着队，常常谈到深夜。记得有一次长江局秘书长李克农安排在最后，等和周恩来谈完工作已是大天亮了。周恩来每天工作达十五六个小时，但他始终精神奕奕，我们都深为佩服。

二

同各民主党派、爱国人士以及国民党军政人员的联络，是长江局时期我们党的重要工作，这些工作大都是周恩来和董必武、叶剑英亲自去做或者在他们的领导下进行的。

周恩来除了在八路军办事处亲自接见各方人士外，还经常在汉口中央银行同沈钧儒、史良、邹韬奋、李公朴、张君劢、左舜生会见，向他们介绍国共谈判的情况，交谈对时局的看法。我们和一些民主党派、无党派人士建立友谊，主要是在长江局时期开始的，这对重庆时期及以后的工作，都有深远的影响。

对于国民党上层人物和地方实力派，周恩来也做了不少工作。冯玉祥长期和我们有联系，周恩来和董必武曾与他就时局问题交换意见。冯玉祥同情、支持我们，他在汉口办了印刷厂，印了《列宁全集》和毛泽东的《论持久战》，又向延安图书馆捐赠大批图书。

大家知道，台儿庄大捷是当时五战区司令长官李宗仁指挥的，但周恩来曾经起了作用，这就鲜为人知了。这次战役爆发之前，蒋介石命令白崇禧率领一批参谋人员去徐州协助李宗仁指挥作战。白崇禧启程之前会见了周恩来、叶剑英，就这次战役的作战方针交换意见。周恩来根据敌我双方的情况和徐州一带的地理形势，提出运动战和阵地战相结合的方针，并表示我军将予以密切配合。在徐州会战中，周恩来向中央建议，指示新四军 3 支队张云逸部在津浦路南段加强活动，配合桂系李品仙集团等牵制敌人由南京北上增援。八路军 129 师 338 旅则在津浦路北段牵制日军南下，这样使得徐州战场国民党军队减轻压力，得以在台儿庄周围集结部队与敌军决战。台儿庄战役的胜利，我方予以配合起了一定的作用。

国民党地方实力派同蒋介石有矛盾，既参加抗战，又怕被蒋介石吃掉，他们想和我们拉关系以互相声援，特别希望我们派得力干部帮助他们治军。我们利用这种机会派人到这些部队进行统战工作，这样的事情很多。如曾派张友渔到第一战区司令长官程潜的部队中担任重要职务。桂系的黄绍竑出任国民党政府浙江省主席时，在武汉会见周恩来，要求派人帮助他工作。周恩来调了一批共产党员和进步青年到浙江，这些人受到黄绍竑的信任，成了省、县政治工作队的骨干。对川军的邓锡侯，滇军的龙云、张冲，周恩来也很重视做他们的工作。1938 年 3 月，邓锡侯来到武汉，周恩来诚恳地向他提出，川军应与八路军、新四军配合作战。邓锡侯接受这一建议，他的部队驻扎在老河口，和新四军驻地紧邻，经常支援新四军枪支弹药。长江局还派薛子正到滇军一八四师担任师长张云鹏的秘书，后来升任参谋长，又通过张云鹏做龙云、卢汉的工作。抗战中，昆明有一点民主气氛，能容纳共产党员和进步人士活动。解放战争期间，龙云、卢汉、程潜、邓锡侯都先后摆脱反动营垒，走向人民，这和我们党特别是周恩来做了多年工作很有关系。

对于国际反法西斯统一战线工作，周恩来一直十分重视。抗日战争爆发后，英、美等国外交政策对中国是不利的。由于日本侵略军占领上海、南京，并深入中国腹地，直接威胁到它们在华的利益，它们对中国抗战的态度才有所转变，表示愿意和中国政府合作。周恩来以中共代表的身份，配合国民党政府进行外交活动。1938 年春，他先后在武汉会见了英、美两国驻华大使，肯定他们的国家在某些方面转向援华的态度，同时提出有的国家仍采取“不干涉”“绥靖”政策甚至企图搞“东方慕尼黑”，有引诱国民党当局向日本投降妥协的危险性。当美国总统罗斯福号召全国募捐100万美元救济中国困难时，周恩来在武汉会见美国总领事戴维斯，对美国政府这种行动表示赞赏和感谢，希望进一步加强中美友谊。周恩来和博古在“八办”，会见美国主教洛根·鲁特斯并留影，影响一直传到他的后代。

这一时期，周恩来还接触了一些来华支援中国抗战的国际友人。如新西兰的艾黎、美国作家斯诺、荷兰的电影艺术家伊文思等，给他们留下了深刻的印象。

三

在长江局时期，周恩来对党的建设也是很重视的。在十年内战中，国民党实行白色恐怖，王明推行“左”倾路线，白区党的秘密组织大部分遭到破坏，这时面临着恢复和重建的问题。1938年3月，中央发出《关于大量发展党员的决议》，长江局随即发出《关于恢复组织关系的通知》，首先解决失掉关系的老党员恢复党籍和重建组织的问题，然后发展新党员。在这方面，周恩来、董必武、博古做了不少工作。由于国民党不让中共组织公开活动，所以这是在秘密的状况下并同国民党特务的斗争中进行的。

1938年9月间，南方各省省委一级组织得到恢复的有湖北、河南、安徽、四川、湖南、浙江、江苏（包括上海）、江西、福建、广东、广西、云南、贵州等省，还恢复了一批市委、特委和县委。从1938年初到1939年初，党员的发展也很快，这里只举两个省为例：湖北从20多人发展到3300多人，河南由460余人发展到8000余人。对于上海党组织的重建，毛泽东、周恩来都非常重视，他们分别同刘晓谈话。周恩来强调：上海应建立一个巩固的党组织，对保存下来的组织不能按原班人马接过来，而要个别审查清楚后，再确认其关系；重建后的上海地下党党员，政治上必须可靠，又有隐蔽条件。刘晓根据这个指示，恢复党的各级组织，然后成立了江苏省委。

对党组织的思想建设，长江局也很重视，1938年初，曾指示各省省委开办党员干部训练班。董必武亲自领导湖北省委在武汉、黄安举办党员训练班。各省也以不同方式开办党训班。

在武汉时期，还有一件事要提及的是周恩来同张国焘的那次斗争。1938 年 4 月，曾在红军长征中屡次违反中央决议并另立“中央”的张国焘，趁参加祭扫黄陵的机会逃出陕甘宁边区，投向国民党，经胡宗南派特务护送，由西安到达武汉。消息传来，周恩来很震惊，也很气愤。为了设法挽救，立即同长江局秘书长李克农研究，并让他带我和邱南章、吴克坚到火车站去拦截，要婉言请他到办事处来当面商谈。我们等了 3 个车次，最后把张等到了，李克农请他到办事处来同周恩来等当面商谈。虽经过周恩来、王明、博古的耐心劝说，给他提出几个方案，希望他留在党内，可是张国焘仍执迷不悟，最后投入国民党特务机关，成为可耻的叛徒。长江局只得把这些情况向中央报告，中央决定把他开除出党。这件事发生后，周恩来在长江局党员大会上，详细介绍了张国焘从个人主义的恶性膨胀发展到叛党的经过，并教育全体党员要提高思想觉悟，自觉遵守党纪，为共产主义奋斗到底，给大家上了一堂极为生动的党课。

由于王明过分地相信国民党，吹捧蒋介石，提出所谓“一切服从抗日”“一切经过统一战线”的右倾错误主张，放弃中共在统一战线中独立自主的方针，使长江局的工作受到一些影响，如徐州失守以后，中共中央曾指示动员干部和青年到敌后发动群众，发展游击战争，有些地方贯彻不力等。但是由于周恩来、博古、董必武、叶剑英和各省委执行了中央的正确路线，对王明的错误有所抵制，所以没有造成大的危害。

1938 年 9 月，中央召开六届六中（扩大）全会，通知王明、周恩来、博古、徐特立去参加会议，我也随他们回延安。我们是 9 月 29 日乘火车离开武汉到西安，转乘汽车到延安的。周恩来等到延安受到热烈的欢迎。六中全会之前先举行政治局会议，周恩来作了工作报告。9 月 29 日，开始举行六中（扩大）全会。当时，日军正加紧向武汉进攻，国民党在日军武力进攻和政治诱降下，亲日派加紧活动，蒋介石也表现动摇。为了巩固以国共合作为基础的抗日民族统一战线，粉碎日军和亲日派的阴谋，争取蒋介石坚持持久抗战，经中央决定，毛泽东于 9 月 29 日给蒋介石写了亲笔信，指出抗战的前途是光明的，“国共两党之长期团结，必能支持长期战争，敌虽凶顽，终必失败”，并决定周恩来参加全会开幕后即携此信经西安飞武汉面交蒋介石。周恩来于10月初赶回武汉，即向蒋介石面交了毛主席的信，并口头陈述了我党对于加强两党合作坚持持久战的意见。同时，周恩来还亲自指挥长江局和八路军办事处以及《新华日报》人员物资的转移工作。7日到9日，《新华日报》连续发表了他写的长篇社论《论目前抗战形势》，一直到24日晚，他还在新华日报社工作，待报社撤退后，他才最后乘车离开武汉，这时，日军的炮声已经逼近市区了。

周恩来离开武汉后，途径长沙、南岳、衡阳、桂林等地，他不失时机地对国民党当局蒋介石、白崇禧、张治中、李济深等提出加强国共合作、坚持持久抗战的中肯意见。张治中在长沙大火后遭到各方责难，得到周恩来的热情帮助，使他终生难忘。

1938年12月上旬，周恩来和叶剑英由桂林到重庆，根据党中央决定，他任中共中央南方局书记。南方局时期，周恩来作出了更加光辉的业绩。

回忆八路军武汉办事处

袁超俊*

一

1937年12月初，日本侵略军进逼南京市郊，国民党的军政官员早已撤离，直到城内依稀听到炮声时，我们八路军南京办事处坚持到最后的几个同志才从傅厚岗66号撤退。我们是随同叶剑英、李克农同志最后一批撤离南京的，同行的有秘书童小鹏、副官吴志坚和我。临行前，廖承志同志也来同我们一道撤走。我们分乘两辆小汽车（我们叫它们“烂背骡子”），沿当涂、芜湖、繁昌公路，经景德镇、南昌、长沙，大约于12月15日到达武汉，先住在汉口安仁里2号董必武同志处。在我们撤到武汉前，董必武等已遵照党中央的指示，在武汉着手筹备八路军武汉办事处。12月中旬，周恩来副主席来到武汉后，当即决定李克农、钱之光、我和邱南章等抓紧解决办事处的房子问题。经过多次和国民党政府交涉，将汉口旧日租界内一栋日本人的房子——大石洋行拨给了我们。我同李克农先去看了房子，楼上楼下转了一遍，发现有的房间内残饭剩茶狼藉满地，连吃饭的碗、碟等杂物也没有洗

* 作者时任八路军武汉办事处处长副官处副官长。

刷，到处乱扔，显现了日本人仓惶逃窜的景象。在四楼的一间房子里，我们还发现一张“中国共产党组织系统表”和一些情报资料，说明这里原来是一个日本特务机关。年底，办事处人员陆续搬进去。第二年（1938）1月1日，我们八路军武汉办事处就正式在大石洋行内办公。

大石洋行是一座四层水泥和砖结构的楼房。它坐落在当时的汉口日租界内的中街上（现长春街67号），正面是商店大门，有铁栅栏锁住，我们八路军武汉办事处从侧门进出。大石洋行原是一家经营日用百货的商店，由于日本人匆忙逃窜，以致一楼铺面商店的衣物、毛巾、不锈钢锅等许多东西都来不及运走。办事处搬入后，我们有的同志翻铁栅栏进去拿东西，王明的老婆孟庆树也进去拿了不少东西。周恩来知道这件事后，严厉地批评了他们，并为此召开会议，重申了“三大纪律，八项注意”。他说：“这些东西虽然是敌人丢下的，但我们不能随便拿，一切缴获都得归公。”要大家将自己拿的东西还回去，以后清理装箱运送到延安。通过这件事，使我们受到深刻的教育。

在办事处，周恩来住四楼，叶剑英住三楼，董必武住二楼。大石洋行对面的楼房也是办事处的，一楼是救亡室（俱乐部），后面楼上是招待所，办事处的医务室也设在这栋房子里。伊文斯拍摄的《四万万人民》纪录片里面的周恩来、叶剑英等在汉口介绍敌后战场形势的镜头，就是在这座房子里拍下来的。另外，办事处过马路不远有一座房子是张爱萍等同志住的地方。从办事处出来往东穿过一两条小马路，就到了大和街，再往左拐就到了新四军武汉办事处。新四军办事处的招待所也设在那里。1938年1月下旬，新四军军部迁往南昌后，新四军武汉办事处的工作就由八路军武汉办事处代为办理。我们后来还在大和街办了训练班，郭沫若当时也住在那里。

八路军武汉办事处的处长是钱之光。办事处下设有副官处、总务科、文书科、会计科、运输科等机构。我负责副官处，任副官长。还配有一个警卫排负责安全保卫工作。另有机要科和电台，是属长江局秘书长李克农领导的。电台是作为与八路军总部联系通报，向国民政府公开登记的，也可以说是办事处的电台。

八路军的军饷、军械、被服等军需用品，当时都是由国民党发给的。每月由钱之光同会计去国民党政府的军需署领经费。除留下办事处预算所需的费用外，其余的都送到延安和八路军总部去。

我和邱南章、龙飞虎同志还去过国民政府的兵工署为我们的部队领取枪支弹药和被服等，以补充部队的武器装备。我记得有一次，领到过一批 20 发快慢机驳壳枪、左轮手枪和马克沁机关枪及迫击炮，并领取棉衣、军毯等，都由火车运往西安办事处，西安办事处再分运到山西总部和延安。

在武汉办事处时期，我们经常学习马恩列斯和毛主席的著作。开始读的是《共产党宣言》《国家与革命》《列宁主义问题》，后来才看到了毛主席的《论持久战》。好像到了 1938 年 9 月，我们才看到《抗日游击战争的战略问题》。我们还经常学习时事。周恩来、董必武等都给我们作过时事报告，讲解抗日战争形势，使我们的思想觉悟不断提高，更加明确了抗日战争的重大意义。

办事处工作人员实行的是包干制，生活是比较艰苦的。周恩来、叶剑英、董必武等每个月只有 5 元津贴，其他同志分别是 4.5 元、4 元、3.5 元不等。每人每天除主食外平均只有五六分钱的菜金，招待客人才有 8 分钱。为了支援前线作战，我们响应号召，在这仅有的几分钱里想法节省。周恩来、叶剑英等也都节衣缩食，捐款支援前线。周恩来当时是国民党军事委员会政治部副部长，薪水很高，全部作为党费上交，分文不取。

办事处的工作是很忙的，没有什么星期天和上下班之分。经常是白天黑夜地干。机要科、电台室的同志则是白天休息，晚上工作。那时，大家尽管工作繁忙，但情绪高昂，心情愉快，还设法挤出工作间隙时间搞搞娱乐活动，在救亡室里下下棋，唱唱歌，打乒乓球，还演过《放下你的鞭子》等独幕话剧和自编的一些话报剧。这些活动多半是在星期六晚上进行的。记得韩葆春同志因押火车送物资及人员去西安，不幸在河南确山牺牲，我们举行了个追悼会，大家都很沉痛，我还唱了一支名叫《光荣的牺牲》的歌。

我们在救亡室里的墙报，办得很不错。大家先在墙上挂上一块红布，然后把写好的稿件一沓一沓地贴在上面。办事处的工作人员都投稿，连警卫排的战士和勤杂人员也都写了稿子。内容生动活泼，有学习心得，有批评与自我批评，还有漫画。周恩来对我们的墙报很关心，他也来看，并提出了改进意见，给我们很大的鼓舞和帮助。

二

中共中央长江局也驻在大石洋行内，但一般对外都是以办事处的名义。长江局的负责人有周恩来、董必武、叶剑英、博古（秦邦宪）、何凯丰等同志以及王明等。长江局秘书长是李克农。长江局下设有组织部、宣传部、统战部、妇委、青委、工委等机构。在长江局和八路军办事处工作的有罗炳辉、孔石泉（当时叫孔石苏）、张爱萍、邓颖超、童小鹏、蒋南翔、夏之栩、宋一平、邱南章、廖似光、李涛、边章五、周惠年、齐光、赖祖烈、龙飞虎、袁超俊、张月霞、萧贤发、吴志坚、王永华（现名王清生）、石磊（现名曹瑛）、徐冰等许多同志；王明的老婆孟庆树也住在办事处，她在长江局妇委工作，但妇委起重要作用的是邓颖超。

长江局还利用当时的条件组织训练班。训练班分两类：一类是地方党的干部训练；一类是军事训练，主要是组织武装和游击战训练。这些训练班都是短期的。大和街办的党的干部训练班，由黄文杰、刘顺元等同志负责。军事训练班是由李涛等同志负责。各地党组织的领导同志也来汇报和请示工作。如四川的罗世文、车耀先就都来过；广东、江西、湖南、江苏、浙江的党组织负责人也来过。另外，还有一些失去了党的组织关系的同志也来办事处接洽关系，陈国栋、刘田夫等许多同志都是那时到办事处找到党组织，并接上了关系的。

在工人运动方面做了很多工作。长江局以下，由蔡书彬、廖似光等同志负责。工委除了发动和领导武汉工人群众进行抗日救亡工作外，还在黄色工会中进行了工作，为争取更大多数的群众参加抗日作了不懈的努力。其中对朱学范、易礼容等老工会领导人的工作，是从汉口一直做到重庆的。

那时，周恩来、董必武、叶剑英等同志是以中共代表团的名义，负责同国民党打交道，做统一战线工作，宣传我党的抗日方针和政策，努力发动广大民众和积极团结各民主党派爱国人士，参加抗日统一战线。沈钧儒、史良、邹韬奋、沙千里等七君子，就曾多次来办事处同周恩来、董必武等谈话，并为抗日统一战线出了力。办事处一天到晚来来往往的客人不断，成了革命群众和进步人士向往的地方，国民党特务也监视不了那么多。

周恩来、叶剑英等还在国民党高级将领和上层人士中做了大量工作。国民党军队的张自忠、张发奎、吴奇伟（叶剑英的同乡）、黄琪翔等人都多次来过办事处。

在大力开展统一战线工作中，为争取世界各国进步力量和进步人士对中国抗战事业的支持，周恩来等还做了大量的外事工作。那时，来武汉的国际友人很多，周恩来等多半是在八路军办事处里接见他们，有时也在武昌东湖珞珈山接见。如美国记者斯诺，拍摄《四万万人民》纪录片的伊文斯，印度友好人士柯棣华率领的援华医疗队等，都是在办事处接见的，然后设法送他们到延安，到抗日前线去。

那时，各地还成立了一些抗日救亡的群众文化团体。如抗日救亡演剧队就有几个，各战区、各军队都有战地服务团，还有胡兰畦等也组织了战地服务团。这些救亡团体几乎都来过办事处，有的还来过多次。其中有些抗日救亡团体是深受国民党迫害的。他们来办事处，周恩来、董老等每次都是热情接待他们，告诉他们工作方法和斗争策略。

三

《新华日报》是我党在国民党统治区公开发行的一种大型日报，是从南京办事处时起，经过同国民党进行了多次斗争才争取到出版发行的。1937 年在南京办事处时，党就决定由熊瑾玎、章汉夫等同志开始筹备创办《新华日报》，但报纸还未办起来，国民党政府就从南京撤退到武汉了。因此，直到 1938 年 1 月 11 日，《新华日报》才正式在武汉创刊发行。报纸发行后，周恩来亲自领导，十分关心、爱护，他经常为报纸撰写社论等文章，宣传党的抗日方针、政策。我那时在办事处任副官长，领导传达、收发处及警卫排、汽车队的工作。经常深夜了还叫我派人派车送稿件到《新华日报》社去。有时，外面送稿子到办事处来，请周恩来审批、修改。他当时虽然没有分管《新华日报》(是凯丰分管)，但却为这份报纸花了很大的精力。

四

孩子剧团1938年春由上海辗转来到武汉，当时受到了八路军武汉办事处同志们的热烈欢迎。记得在办事处三楼边上一间较大的会议室里举行的一次欢迎会，周恩来、邓颖超等都亲自出面接见孩子剧团的小同志们。会上，孩子剧团的代表报告了他们从上海出发到汉口的沿途经历，控诉了日本侵略军的罪行，揭露了国民党对他们进行抗日宣传活动的阻挠和破坏，演唱了孩子剧团的团歌，使所有到会的同志都深受感动。我亲眼见到周恩来感动得难以控制热泪，他匆匆走出会场，我也跟着他出去，他站在走廊栏杆边，拿出手帕在擦眼泪，这是我第一次看见周副主席哭。他是为孩子们的抗日热情和他们所受的苦难所激动。站了一阵控制住了感情后，周恩来才回到会场，发表了热情洋溢的讲话，表扬和鼓励孩子剧团为抗日作出贡献。

五

1938年4月，张国焘乘参加国民党祭黄陵的机会，逃到了武汉。我们从党中央拍来的电报中知道了这件事。那几天很紧张，周恩来亲自指挥大家，分途到处去找张国焘。有一天夜里，我也开了一辆汽车同李涛到武昌去找，时间已是半夜，又要过江，路也不熟悉，到处找，到处转，没有找到。后来碰到了副官吴志坚，他告诉我，周恩来也过江来找了。最后，还是周恩来在胡宗南第一集团军办事处找到了张国焘。

找到张国焘后，他不肯到办事处来，后来将他安顿在汉口旧法租界一幢房子里住下。周恩来和王明、博古以及叶剑英不断去给他做工作，谈了好多天，并随时打电报到延安，向党中央、毛主席汇报请示。周恩来等对张国焘进行了耐心地批评教育，工作做到了仁至义尽，但张国焘顽固不化，坚持其叛党的反革命立场，不肯回延安，他说要“自寻出路”。结果，他死心塌地投靠了国民党。

张国焘叛变后，周恩来、王明等都就此事向长江局和办事处全体党员作过报告。周恩来在全体党员大会上，传达了党中央关于开除张国焘出党的决定，他向大家讲了张国焘在长征途中反对党中央、反对毛主席，另立伪中央的罪恶行为。周恩来说：尽管张国焘在长征途中犯了分裂党和逃跑主义的严重错误，但到延安后，党中央、毛主席仍然挽救他，对他进行了耐心的教育，希望他迷途知返。但是，他反革命野心不死，终于走上了叛党投敌的道路。从张国焘的这件事中，我们都受到了深刻的教育。

六

1938 年 8 月，我去黄安接董老时，武汉战局已开始吃紧。回汉不久，大约 8 月底，周恩来副主席和组织上决定在湖南湘乡去设立一个八路军湘乡临时办事处，准备武汉撤退时作为中转站。派我去筹办，并在那里负责，任我为“临办”主任，还派史唯然、陈家康同志协助我，并带了一部电台去。“临办”设在湘乡城外“履嘉瓦屋”。记得电台报务员是王永华（现名王清生）、小袁（女，现名张元），机要员是朱轩，曲正医生也随我们去了，文书刘士杰，总务李泽纯、朱惠，还有其他工作人员及警卫员、公务员、炊事员、司机等，一共二三十人。

1938 年 10 月 25 日，武汉终于沦陷了。我们办事处也被迫撤退，湘乡“临办”在接待武汉办事处撤退下来的人员、档案和物资向衡阳转运中发挥了它的作用，这充分反映了周恩来领导预见的英明。在长沙大火那样慌乱的局面中，周恩来副主席从长沙出发，坐镇在下摄司两河口，指挥武汉办事处人员、物资的撤退。叶剑英参谋长同李克农秘书长则来湘乡，指挥湘乡临办经宝庆（邵阳）去衡阳，进行有条不紊的撤退转运。武汉失守后，八路军武汉办事处迁往重庆，改称八路军重庆办事处。1938 年 12 月，周恩来来到重庆，任中共中央南方局书记，全面领导我党在国统区的工作。

韩复榘被扣前后

孙桐萱[*]

1938 年 1 月间，蒋介石召集华北各部队团长以上军官在开封开会。当时我任第三集团军第十二军军长兼第二十师师长，第三集团军总司令韩复榘率领我和他的参谋长刘书香、处长张国选，以及旅、团长等数十人前往参加。韩在开会时被扣。关于扣韩的情形和蒋、韩之间的矛盾，以及矛盾产生的前后过程，现就我回忆所及，分别记述如下。

一

韩与蒋介石政权的矛盾很多。韩的第三路军到山东后，军政部连年积欠的军饷已达 100 多万元。韩迭次向军政部军需署交涉，均无效果。该署曾表示，一次可付给 80 万元，作为付清。韩不承认，说："要给都给，要不给都不给。宁可都不要，也不能马虎。"因此造成僵局，致使韩部发饷非常困难。韩乃以断然手段将全省所有国税机关和盐务机构，尽换自己私人掌管，税收不交南京一文。孔祥熙曾亲自到济南与韩磋商，规定由税收项下拨交军费，

---

* 作者时任第三集团军第十二军军长兼第二十师师长。

始告解决。

韩当初叛冯投蒋时，贺耀组代表蒋常驻开封，曾为韩说话，帮了韩不少的忙。后来贺在北平任蒋介石的驻平代表，有次给韩来信说，南京同事大家薪水都不够开支，向韩借18万元，以便清还债务，韩不肯借。我因事见韩时，韩对我提起这件事，说他没有这么多钱。我说不能多借可以少借，需要应付一下，敷衍敷衍面子。韩仍不同意。此事不但得罪了贺本人，当然也得罪了南京方面另外的一些人。

西安事变发生后，韩曾发出“马电”（因韵目代日为“马”而得名，下同），主张召集在野名流开“国是会议”，国事由国人共同解决。此电发出的次日，宋哲元由北平来山东，在泺口车站与韩会面，又联名发了“漾电”，不主张用兵，而主张用政治解决。这两个电报都是不利于蒋的。此外，韩又派参议刘熙众赴陕西去见张学良。张派专机到济南接刘，因飞机发生故障不能起飞，刘乃去洛阳设法赴陕。刘辗转到达太原的时候，蒋介石已被释放。

蒋对韩的这些举动，也不会不知道，特别是对于韩发出“马电”一事最为怀恨。蒋、韩之间的不可调和的矛盾，实自此始。事后，我们曾问过韩关于发出“马电”和“漾电”的经过。韩说：“那是给张汉卿捧场的，因为他过去在我们打刘珍年时帮了咱很大的忙。后来宋明轩找我商量对时局表示态度，又发了一个‘漾电’。‘马电’的电稿是何克之（何其巩字）由北平到济南和我商谈时局问题时拟交给我的，当时我并没有细看，事已过去，我想无甚关系。”

七七事变后，冯玉祥率同鹿钟麟、石敬亭到华北指挥抗战，在冀鲁交界的桑园设立第六战区长官司令部，津浦线北段地区各部队统划归冯指挥。

第三路军在抗日战争初期，改编为第三集团军，下辖两个军、一个独立师、一个独立旅。一个军是第十二军，辖第二十、第八十一师，我任军长兼二十师师长，第八十一师师长展书堂；另一个军是五十五军，辖第二十九、第七十四师，曹福林任军长兼二十九师师长，第七十四师师长李汉章。不久又增编一军，为第五十六军，辖第二十二、新四师，谷良民任军长兼二十二师师长，新四师师长吴化文，该师是总部直属卫队旅改编的。

蒋介石明知韩前曾叛冯，冯对韩有芥蒂，韩心里也对冯有所畏惧，不愿再听冯指挥。蒋唯恐宋哲元部被冯抓住，故利用萧振瀛到宋处造谣，说冯想更换宋哲元、冯治安。因此冯玉祥到桑园召见宋哲元，宋托病赴泰山休养；召冯治安到桑园见面，冯治安亦不去，使冯玉祥一筹莫展。

宋哲元部由沧州一带作战败退时，刘多荃、庞炳勋等部均接连溃退，冯玉祥的长官司令部退到黄河南岸，驻在距泺口桥数里的一个庙里。我和总部参谋长刘书香，到泺口桥查看阵地，听说冯到，乃同去看冯。我问冯前方战事如何，冯说："溃退了。"我问冯怎么办，冯说："没有办法。"我向他建议，赶快与韩商量一下，由山东派队伍援助。冯说："韩复榘肯出兵吗？"冯第二天到济南，要韩出兵，韩说出兵也不能挽救败局，不如等前方溃退的部队撤完后，山东的军队开上去再打。冯对韩不满，他在此调动不灵的情况下，只有愤愤回南京。

冯回南京后，山东地区划归第五战区司令长官李宗仁指挥。李驻徐州，后来韩与李的关系处得也不好。

二

当宋哲元部在沧州作战时，韩令展书堂师开驻德州、禹城一带。宋哲元、庞炳勋、刘多荃等部由沧州败退时，韩将曹福林军由胶东潍县调至鲁北增防，防守惠民、齐东一带。

1937 年 11 月间，侵占沧州之日寇向鲁北进攻，我军在德州、惠民、齐东之线与敌展开激战。韩率卫队旅第一团亲赴南线指挥，相持月余。有次韩在济阳城关被敌人多辆装甲车配合数架飞机包围，韩部奋力抵抗，卫队团伤亡殆尽。韩率随从突围，几被敌俘，回到济南时随从人员仅剩数名。在这次战斗中，曹、李、展等师也牺牲过半，调鲁西济宁整理补充，韩因此受到了很大的打击。

此时我军防线，已转移至黄河南岸。京汉线刘峙指挥的部队，已由石家庄一带撤至河南彰德，刘峙退驻郑州，整体形势日趋紧张。

济南以北黄河防线，由我率第二十师担任。胶东周村以北黄河防线，由谷良民率第二十二师担任。韩命该师由我和刘书香统一指挥。这时于学忠的部队，防守潍县、高密一带。

李宗仁任第五战区司令长官不久，南京、浦口即行沦陷，李率同参谋长张任民来到济南，与韩会商战略问题。李提出要第三集团军以沂蒙山区为后方，必要时将弹药给养物资等运往山区，准备打游击战。韩不同意，说："浦口已失，敌人即将打到蚌埠。他们节节撤退，我们没有了退路，岂不成了包子馅吗？"李不答。这次会谈，使李颇为难堪，结果不欢而散。

李回徐州后，又数次派人向韩要原由中央配属韩部的炮兵团。该团有卜福斯山炮两营，闻系蒋介石新由外国购来，是韩前向蒋借来加强黄河防线的。李要将该团调赴蚌埠，韩坚决不放。韩对来人说："这个团是我直接要来的，你们自己可以向中央要。这团炮在抗战时期，绝对不能给你们运走。"后蒋伯诚也从中斡旋，劝韩交出，但韩始终执意不肯。此事在韩被扣后我去见李、白时，李还非常气愤地提到这个问题。

12月间，日军由周村以北黄河渡口，集中炮火强渡黄河，攻打周村，谷良民师溃退博山。敌人占领周村、博山等县后，顺胶济铁路向济南前进。泺口北岸同时发现敌人向南岸炮击，济南西面亦受到敌人威胁，情况渐渐紧张。在这种情况下，韩因无兵可调，当时想到于学忠部队驻潍县，拟请其援助，暂为支持，然后再将曹、展两师调来增防。韩命我打电话向李宗仁提出此项请求，被李拒绝。李叫我转告韩说："于学忠部已决定调蚌埠，不调不行。"因此韩对李也很不满。此后，李宗仁指示韩节节抵抗，撤守兖州。韩接李令，携蒋伯诚径直到济宁，令曹师在济宁布防，命我向曹县集结，因此造成津浦线徐州以北的空虚，徐州异常恐慌。李宗仁当时来电，责问韩为何放弃泰安，韩在电报上批："南京已失，何况泰安。"参谋处照原批字眼向李复电，使李更加恼火。

韩在济南危急时，将弹药、给养、医院、修械所及伤病人员、官佐眷属等，仓促用火车运送河南漯河以西舞阳等县，事先亦未呈报。车过徐州。五战区来电阻止，并责问说："豫西非第三集团军的后方，为何运往该地？"韩亦在电报上批："开封、郑州亦非五战区后方，为什么将弹药、给养存在该地。”韩的参谋处也按原批字句复电。李接电后，非常气愤。据说李将韩的两个复电均转给蒋介石，并说对韩无法指挥。蒋介石认为韩的部队退到河南，将与四川刘湘勾结在一起，乃策划扣韩。

三

济宁布防后，韩驻钜野。一天，蒋介石亲自给韩打电话说：“我决定召集团长以上军官在开封开个会，请向方（韩复榘号）兄带同孙军长等务必到开封见见面。”当时韩的处长们曾坚决劝韩不要亲去，主张派代表参加，而蒋伯诚却竭力怂恿，韩意已决，无法阻拦。韩在起程的那天，先到我的防地曹县，在我军部休息片刻，午饭后同到柳河车站，换乘一列钢甲车开到开封。我和各旅、团长住在省府东边路南指定的一个旅馆，韩偕刘书香、张国选等住盐商牛敬廷的房子内。韩次日迁至孔祥榕（黄河水利委员会委员长）的家里，卫队分驻牛、孔两处。韩随后叫我搬到牛宅，与刘书香、张国选同住一起，以便办公。次日午后两点多钟，韩到我们住处，和我们一同乘车赴开封南关袁家花园内礼堂开会。

会场内约有数百人，将领中有宋哲元、李宗仁、白崇禧、于学忠、刘峙、张钫等。蒋介石在讲话中最后提到：“有些人不听命令。你不听命令，你的部下怎么能听你的命令。”散会后，我与刘书香、张国选及旅、团长 10 余人，同去饭馆吃饭，饭后各回住所休息。

当天夜间两三点钟，蒋伯诚忽然进来对我们说：“向方被扣了！”我三人均大吃一惊。蒋对我说：“你走吧！蒋先生叫你去。”我同蒋伯诚走到门外，始知军警已将我们住所包围，气势汹汹地将我们拦住，不许出大门。经蒋伯诚给侍从室钱大钧打电话联系之后，始得出门。我到袁家花园见了蒋介石，蒋说：“韩复榘不听命令，不能叫他再回去指挥队伍。”我对蒋说：“他在过去北伐时期作战有功，给国家出了很大的力。不过他的个性太强，有不周到的地方，请委员长原谅他，无论如何留他的性命。不叫他指挥部队，叫他休息休息也好，留在钧座身边，教他力改前非，以观后效，或叫他出国。”蒋介石说："好，好。考虑考虑，考虑考虑。"接着，他将几个手条拿出来交给我，说："你当第三集团军副总司令，曹福林当前敌总司令，于学忠兼第三集团军总司令，你听于学忠的指挥。你马上回曹县，整顿队伍继续抗战。"蒋同时也召见了于学忠。

我退出后，蒋伯诚、何竞武（陇海铁路局局长）同我乘汽车又去见李宗仁、白崇禧。李、白和方振武三人正在闲谈，我请求他们在蒋介石面前为韩说情。李、白都很生气，说韩不服从命令等。我一再要求他们念韩北伐有功，多多对韩原谅，李、白含糊其词地勉强答应了。这时有个传令兵告我说，鹿钟麟几次来电话找我，要我无论如何务必到他那里见见面。我由李、白处辞出后，对蒋伯诚、何竞武说："鹿钟麟找我，我去看看他。"蒋、何竭力阻拦，并云："你千万别去！如果你去，于你不利。"当时火车已经备好，蒋伯诚将我拉到车站，同上火车，当夜返回曹县。据说第二天，蒋继续开会，不但提出韩的罪状，还假惺惺地说如果有人作战不力，向后一跑数百里，均应重办。宋哲元当时眼看着于学忠，两人均立起给韩求情，请蒋从宽处理。这天会后，并未闻有旁人受处分。由此可知，那次开会是专为扣韩的。

后来据李汉章对我说，他在韩被扣第二天，即接到蒋介石给他的亲笔信，信内云：韩复榘不听命令，由韩个人负责，其余无关等语。足见蒋对第三集团军其他将领，均直接有所拉拢。

四

我回到曹县后，因蒋伯诚与我同住一室，谈话不方便，就暗中另找一处空房，约刘书香、李树春、王向荣、曹福林等开会，研究救韩的办法。我主张一面打电报要求将韩释放，一面加紧抗战为韩立功赎罪，并说："如果不行，即集结兵力在黄河边，作强烈的抗争。"大家听了我的话之后，都闭口不言。我对他们说："我们跟韩多年，都受过他的培养，要赶快营救，才对得起他。"曹福林不同意我的说法，他说如果这样，部队我们指挥不了。李树春、王向荣说："今后我们拥护鹿先生吧！"他们对救韩的事均只字未提。我说："拥鹿是一回事，救韩又是一回事。我坚决主张打电报救韩。"于是大家始点头同意，随即拟好电报发出。

集会刚完，蒋伯诚派李文斋（国民党山东省党部主任委员）来了解集会情形，曹福林全盘相告，蒋伯诚即据以转报蒋介石。

接着冯玉祥派其亲信孙副官（名字忘记）到我防地，住在吴化文师部（曹县南乡），托吴邀我到师部见面。该副官大哭说："我是冯先生派来的，蒋介石要杀韩复榘，你们赶快打通电拥护鹿先生当总司令。"我对孙说："你们与曹福林和各师长先谈谈，只要他们同意我就办，拥护鹿先生我是同意的。"随后鹿钟麟带着参谋长张知行和参谋、副官、卫队等一行数十人也来到防地，住在曹县东乡。吴化文来给我送信，我对吴说，就请鹿吃饭，酒席都已备好。因时间未到，我去隔壁与刘书香说话，嘱咐我的副官等鹿到时即去叫我。不久，鹿钟麟乘车到我住处，进门口一看我未在，回头就走。我的副官连说我就来，请他稍坐，鹿不答，径直走了。迨副官给我送信，我与刘书香急忙跑去迎接时，鹿已返回东乡。我乘车赶到鹿的住处，见鹿道歉。鹿说："请客嘛，不在家！"我约坐半小时，鹿对救韩事只字未提。我辞出去看张知行等人，对韩事也未谈一句，仅作普通寒暄。鹿在乡间住了两天即返回汉口，似对我有隔阂。隔阂原因何在，当时我不了解。嗣后据说当韩被扣后，刘熙众赴汉见冯请求营救，冯说最好由军队内部想办法。但是在这错综复杂的环境里，我再也找不出救韩的好办法，因而老早就由张钺（韩曾常派他当代表）携款 6 万元赴汉口活动，多方托人设法救韩，并嘱咐张，如款不足，需要若干，当继续接济。张自汉口返回曹县云："见到了何应钦、何成浚等人，他们都表示不敢说话。韩平常得罪人太多，无法再托别人。"据说，韩于被扣当夜即由特务人员用专车押赴汉口，关在一所小楼房楼上，禁止与外人接见。

我们保韩电报发出后大约第三天，于学忠到曹县就职，带有参谋长谢珂及参谋、副官、卫士等约四五十人。于在曹县住数日，仍回蚌埠，留其参谋长等在曹县总司令部办公。

这时曹福林提出，撤换五十六军军长谷良民和二十九旅旅长赵心德，理由是谷失守周村、博山，赵失守千佛山山口，影响山东战局颇大。曹并说，如不撤换他们，我们不能合作。我因曹系当时前敌总司令，为顾全当时的团结，不得已才请准将他二人撤职，将五十六军番号撤销，第二十二师师长由副师长时同然升充。我感觉对不起谷良民，送给他 5 万元。谷后在重庆经营商业。

沈鸿烈同时在曹县就山东省主席职，韩任内的民政厅长李树春、财政厅长王向荣、教育厅长何思源等仍连任。

蒋伯诚来到山东，名为联络，实系监视。按当时情况，我自己无法单独行动。如果单独行动，连我也有被牺牲的可能，对韩仍然无补。

接着，蒋介石派张之江由汉口来到曹县给队伍讲话，叫大家遵守命令、竭力抗敌、争取立功，旨在安抚韩部。他住了两天就走了。

据说，我们要求释放韩的电报发出后数日内，蒋介石即命何应钦、何成浚、鹿钟麟提韩审问，判处死刑。会审后有人见鹿，鹿说主审人是何应钦，并举了何、韩问答的三件事：（1）何问韩：“你有两个老婆，为何还娶日本女人？”韩愕然，说：“那是沈鸿烈（青岛市长）、葛光庭（胶济路局长）他们与我开玩笑，叫过日本条子，逢场作戏。”（2）何问：“政府三令五申禁鸦片烟，你为什么还贩卖烟土？”韩说：“那是宋明轩老早送给我的 1000 两，家里女人们存着的。”（3）何问：“山东民团枪支，你为何擅自收编？”韩说：“那也许是民团指挥张骧武、孙则让、赵明远他们办的吧！”鹿钟麟在说完这三则问答后顿足叹惜说：“你看韩复榘，这不是逐条承认又是什么！真像小孩子一样！”

据我所知，沈鸿烈、葛光庭常去济南，陪韩打牌，亦曾邀韩去青岛，对韩联络无所不至。沈在韩被扣时曾去汉口，颇有对韩落井下石之嫌。后来沈即继韩为山东省主席。

五

1938 年 1 月 24 日（农历十二月二十三日）蒋介石命令看守韩的特务人员，在韩被禁的楼房内，用手枪将韩杀害。后来听说，当时经过是这样的：

有两名特务上楼，对韩说："何部长请你说话。"又问韩家里有事否，并说："你写信，我们可送到。"韩说，"我没有家。"遂起身下楼，特务跟在后边连发 7 枪。韩被杀害后，由孙连仲备棺装殓，运至鸡公山葬埋。

据说蒋在杀韩前，曾请冯玉祥见面。鹿钟麟、石敬亭向冯说，一定是为韩事，最好不去。故冯托病未去。韩妻高艺珍曾去找冯说情，冯未见。

第三路军由济南运往河南漯河以西舞阳等地存放的物资、弹药、给养、医院、修械所等，于韩被扣后均被后勤部俞飞鹏没收。

后来李宗仁将我军分开作战，在台儿庄会战时，命曹福林率二十九师、七十四师，赴滕县以北袭击敌人后路；命我率二十师、八十一师，防守金乡、曹县及以北黄河沿线；命吴化文部乘济南敌军南下、后方空虚时，袭击济南。

台儿庄、徐州沦陷后，日军顺陇海路向归德进攻，李宗仁退到平汉路以西，薛岳来豫东指挥，任兵团总司令，我为副总司令。薛驻杞县，黄杰率数师防守归德，桂永清军防守兰封黄河。日军土肥原部渡过黄河，桂军溃退，我师副师长张测民率两旅前往支援。敌人夜间炮击归德，黄杰未察明敌情，夜间一人跑来曹县。我问他前方情况如何，他说溃退了。我在第二天派人去归德侦察，始知归德并未失守。黄杰要我将他送回归德，又防守了数日。归德、兰封沦陷后，敌向开封进攻，薛岳亦退京汉路以西。他临走时给我一电，内有"黄杰、桂永清无耻，不数日连失重要阵地"等语。开封、归德的日军经过杞县、太康向许昌进攻，蒋伯诚也离开此地去汉口。从此这个"瘟神"才离开第三路军。

约四五月间，我部奉命开往许昌集结。我经兰封、太康的敌后到达许昌以东时，副师长张测民比我早到。我们乘黄河决口，洪水横流，与向许昌进攻的敌人作战。敌人约 1000 余名，撤退不及，被我军打死及淹毙的约四五百名。我军在许昌驻了不久，即奉令开赴江西瑞金。

（余右尧整理）

厦门保卫战

赵康侯*

第七十五师沿革

厦门保卫战的参战部队是第七十五师的一个团和部分炮兵，当时我任第七十五师第四四六团第三营营长。我军官兵以勇敢为国牺牲的精神与优势兵力之敌鏖战二日，终以敌强我弱，致不能守。

在记叙厦门保卫战经过之前，在此先对第七十五师的沿革情况做一概述于下：

第七十五师是由原西北军第二集团军属下的暂编陆军第三师改编而成的。1934 年，第七十五师进驻闽赣边界，所辖三个旅分驻将乐、邵武、顺昌、建宁、泰宁一带和江西黎川及其附近地区。每旅辖三个步兵团，师有直属骑兵、炮兵、工兵、通讯兵、辎重兵及特务六个营。

抗战开始后即进行缩编，每旅裁撤一个团（兵力减少了三分之一），归入第二十五集团军第一〇〇军建制，担负从泉州附近的马巷起，经同安、厦门、漳浦、云霄、东山直至闽粤交界之诏安的闽南沿海一线防务。那时，第

* 作者时任第七十五师第四四六团第三营营长。

七十五师虽隶属第一〇〇军，但归第二十五集团军总司令陈仪直接指挥，其后勤补给与经费由第三战区后勤机关及军需局直接拨给，公文与人事管理则直归重庆军事委员会，与第一〇〇军军部不直接发生关系，所以不少官兵竟不知本师隶属第一〇〇军。

厦门保卫战前，第七十五师再次缩编，由三旅六团缩编为两旅四团。1940 年，第七十五师从闽南调驻莆田、福清、福州、连江、宁德直至闽浙交界处之海防第一线。

1941 年第三次缩编，撤销旅一级建制，全师只剩三个步兵团。同年 8 月，全师离闽移驻江西。此时，由于第一〇〇军已直归第三战区司令长官顾祝同指挥，师与军之间的正常关系得以恢复，军需、经费均由军部拨发，公文与人事管理亦归军部，改变了昔日师军之间不相闻问的局面。1942 年，第七十五师在江西参加了阻击南昌日军向上饶进犯的战役。1944 年回驻福建建瓯，其时已改为后调师，只有干部没有兵，专事征训新兵，师长兼建延师管区司令。抗战胜利后第七十五师离闽。

厦门保卫战

1938 年 1 月 12 日，原驻闽南地区的第一五七师（师长黄涛）调离福建，防地由第七十五师接管。第七十五师接防后，以漳浦、云霄、东山、诏安沿海一带地区为右防御区，派第二二五旅第四五〇团和四四九团驻防，由该旅旅长史克勤指挥；以马巷、同安、灌口、龙溪、海澄沿海一带地区为左防御区，派第二二三旅第四四六团驻守，由师部直接指挥；以厦门岛为独立前进守备区，派第二二三旅第四四五团及师属炮兵营之一部为守备部队（第四四五团团部驻南普佗），由副师长兼第二二三旅旅长韩文英指挥（厦门要港司令部及所属陆战队一个团协同守备，但不相隶属），师司令部驻漳州。

厦门守备部队确定后，韩文英认为，厦门东北方向一带面对金门的地区应是全岛的重点防御地区，须选择一个战斗力强且较有战斗经验的营担任该地区的防御。为此，韩与第四四五团水清浚团长商讨并征求第四四六团焦克功团长的意见，大家都认为由第四四五团第三营承担此任最为适宜。因为该营素著战绩，且营长王建章执行上级命令坚决，对部下要求严格，足可胜任。遂决定以第三营负责防御五通、禾山、何厝一线，从第四四六团的直属通讯排拨出半个班（有 8 个通讯兵、5 部电话机，由班长王心诚率领）和一部交换机配属第三营，派第四四六团卫生队的上尉军医杜镇砧专驻第三营。除此，还决定师直属炮兵营一部的阵地设在胡里山海神庙附近，以第四四五团第一营为预备队。

不久，陈仪在福州召见韩文英（师部中校参谋骆永亮陪同前往），令他即回厦门成立厦门警备司令部并担任司令。韩一返厦即成立警备司令部，以第二二三旅参谋长楚怀民兼司令部参谋长，以骆永亮兼作战科科长，以某营副营长张景楼兼通讯后勤科科长（其他成员姓名已遗忘）。警备司令部一经成立即着手筹划构筑工事事宜。实施时，以守岛部队为军工，再征集一部分民工，在重点防御地区先构筑简易工事，而后逐步加固并扩建。地堡及其他工事的掩盖物均为土木结构，只具半永久性工事的雏形。

1938 年 5 月 10 日凌晨，在日海军少将宫田喜一指挥下，日军第五舰队出动巡洋、驱逐、运输舰 30 余艘乘暗夜从金门出发驶近厦门岛东北海岸（我要塞炮台未能发现），突以舰炮向我禾山、泥金、五通一带阵地猛烈轰击，日机 30 余架亦由航空母舰飞临我阵地上空滥施轰炸。敌强大火力制压了我炮台的还击，破坏了我野战工事。轰击持续了数十分钟后，敌炮开始向厦门岛内地作延伸射击。与此同时，敌艇数十艘载海军陆战队山冈志贺、福岛等部共 2000 余人在五通附近强行登陆，向王建章营阵地猛扑。王营长指挥所部奋勇迎击，登陆敌军未能得逞，被迫退回艇上，战场暂时沉寂下来，只听见敌艇发动机渐渐逝去的声音。拂晓，敌机又来，对我阵地反复轰炸扫射，将我火力点逐一炸毁。当时，我步兵连每排仅有一挺轻机枪，机枪连的重机枪又无高射装置，更无一门高射炮，在敌机狂炸滥射下，我军官兵为保存力量，只得伏卧在工事里隐蔽，即使如此，也遭到很大的伤亡。敌机离去后，敌步兵又向我阵地发起进攻。敌每次进攻时，除从正面攻击外，还向我两翼延伸作钳形包围，并向我军发射大量枪榴弹（一种以步枪发射的小型炸弹），攻势甚为猛烈。王建章营长率部英勇抵抗，在打退敌人数次进攻后，我军战斗人员剧减，弹药亦将耗尽，敌得以攻占我主阵地。但在我军顽强抗击下，敌军也伤亡惨重。午后，王营撤至云顶山、金鸡岩、江头一线继续与敌作殊死战斗，由副师长兼第二二三旅旅长韩文英亲率增援的预备队也投入了战斗。预备队在增援途中遭敌机轰炸，与王营会合时人员已损伤近半。韩文英腿部受伤，第二二三旅参谋长楚怀云被炸身亡。卫士将楚的尸体推入弹坑，把一内装五节电池的军用手电筒置于其后枕部下（作为日后识别标记），然后草草掩埋。

我军退至第二线阵地后，敌又屡屡来攻，进攻前敌机总是先来轰炸一番。我军在敌机轰炸时均掩蔽起来，待敌机离去敌步兵进攻时则奋起反击。韩文英虽已负伤，仍坚持不退出阵地，在后督战。见此情形，其他负伤军官也不肯退下火线。如此，敌军数次进攻均被我打退。入夜，敌机不能出动，敌步兵停止攻击，双方进入对峙状态。11 日晨，敌又发起攻击，整个上午，第三营与第二营（在厦门的东部和东南部据守）与敌鏖战不息。我军伤亡惨重，第四四五团团长水清浚负伤（副团长张人青在武汉珞珈山受训未回），第一营营长宋天成阵亡，第二营营长杨永山、第三营营长王建章、警备司令部通讯后勤科科长张景楼及第三营营部书记黄某（忘其名）等人均负伤，各营副营长以下军官非死即伤，士兵伤亡更为严重。韩文英在激战中胸部又被敌炸弹弹片所伤，不得已退出战场，临离厦门时，在码头上嘱警备司令部作战科科长骆永亮代其指挥作战（水清浚已负伤撤出）。此时我军通讯设备在敌机轰炸下已大部被毁，配属第三营的 8 个通讯兵除班长王心诚外已全部牺牲，骆永亮（当时在市区的警备司令部里）只能与第四四五团团附郭殿荣通话，郭只能与第三营副营长马莲馨通话。韩文英未离开前督战甚严，离开时亦未命令可以撤退，所以我军在敌猛烈攻击下连续奋战，无人敢退。当日下午，敌军一部突入厦门市区，我军退往市区的后路被截断。除距市区较近的少数部队撤出外，大部无法撤退，于是返回与敌死战。直至深夜，我军余部才北向澳头、集美，西向靠近大陆的排头、东屿分散撤出，撤退中遭敌截击，又有伤亡。至此，驻守厦门岛的陆军部队已全部撤出。我炮兵因火炮射程近，未能射及敌舰，已先期撤退。第四四五团原有官兵约 1500 人，据骆永亮回忆，在厦门之战中，该团阵亡官兵在 800 人以上（撤退时的牺牲未计在内）。其中以第三营损失最为惨重，据王心诚回忆，该营副营长和 4 个连长全部阵亡。战后，营长王建章在角尾一家旅馆收容该营官兵（王的勤务兵已阵亡，副营长马莲馨的勤务兵李锁和他住在一起），经过 20 余天才收容 6 个人。

厦门战后，新任师少将参谋长陈应瑞曾召集有关人员开会（我亦与会），研讨此战的经验教训。就战前与战时情况而言，厦门确难固守。日军以厦门为优良港口，占其为海军基地，南可与台湾相呼应，北可断我海上交通，故凭恃其海空优势，力在必取，势在必得，此其一。我省海岸线长达 3000 多公里，我仅以第七十五师和第八十师 2 个陆军师 7 个团的兵力防守，派驻厦门岛的仅 1 团之众，（据当时任厦门常备大队副大队长的朱文质回忆，附属第七十五师指挥的地方部队有：常备大队 4 个中队约 600 人，主要布置在胡里山右翼自飞机场至招商码头一线；由厦门警察局局长杨立所辖的 3 个保安中队约 400 人，主要任务是维持市内秩序；社训教官程起凡所率的补训壮丁，有一二百枪支。）既无飞机、舰艇支援，又无一门高射炮，在敌陆海空的联合进攻下，虽作顽强抵抗，亦难免失守，此其二。厦门岛孤悬海上，战时若予增援，非渡海不可，而从 10 日凌晨起，大批敌机即临空轰炸，临近厦门的大陆沿海一带，100 里内的公路、桥梁、渡口、船只、电线杆均被炸。在敌居高临下的火力封锁下，渡海增援几不可能，致连原来就在岛上的预备队于赶赴第一线阵地途中也伤亡近半。如此，既无援兵，弹药又不继，岛上部队确难固守，此其三。战时笔者正在同安，曾亲见我团（第四四六团）团附胡之津日夜守在电话机旁（团长焦克功与副团长均在外受训未回），等候师部的增援命令。电话线屡接屡断，终未接得命令。

厦门虽未能守住，但我守岛部队在极其不利条件下确曾英勇抗击日军。有些人临战前不在岛上，但一闻战事爆发即赶回部队参战。配属王建章营的第四四六团通讯班长王心诚和上尉军医杜镇砧，9 日下午请假回同安团部领饷。10 日凌晨敌舰发炮时，王建章营长以电话通知他们回营。杜说：“就是死也要回去。”两人即乘团部汽车至集美，时已拂晓，请渡船将他们载往高崎。渡船驾驶员说：“你们看，敌机已经飞来，正在寻找目标，我船一开，就有被炸沉的危险。”两人说：“抗战不能怕死。”驾驶员深为感动，便说：“你们为国家不怕死，我们陪你们！”即与另一司机脱下衣服，背上救生圈（王、杜二人也各抱一块木板），毅然将船往对岸开去。未至中流，船即被敌机炸沉，杜镇砧负伤下沉，王心诚幸泅至高崎岸边，未息，即奔赴战场。王建章营某连连长张永泰于 9 日回到同安探亲，战事爆发后，家人劝他不要回连，他执意不肯，当时汽车已停驶，他便徒步 100 里赶回部队参战，在战斗中英勇牺牲，后被其部下葬于嵩屿。

按军中规定，负轻伤的官兵住师野战医院治疗，负重伤的转后方医院。转后方治疗者军官免去官职（主要是对下级军官而言，中级以上军官则须加以研究），士兵开缺，以免影响战斗力。韩文英历来勇敢善战，平素对宋天才不大恭敬，故被送往龙岩后方医院后，即被免去副师长兼旅长职，以师政治部主任范宏亮（黄埔三期）升充副师长；以卢天福调充旅长。厦门沦陷后一个多月，宋天才被撤职，调往重庆讯办。韩文英以力战负伤，得免议处，遂升任中将师长。师部仍驻漳州芝山。

为防驻厦日军突袭我防区，韩文英令所部严密监视厦门方向日军动静。适厦门要港司令部观测员林某（忘其名）于厦门失守时携高倍望远镜只身逃出，来依我部，遂为其在靠近厦门的某山上建一观测所，林某日居其中，将过往日舰的型号与行踪随时以电话向师部报告（师部有一上尉参谋专接他的电话），师部再转报重庆军事委员会和第三战区司令长官部。敌航空母舰上的飞机一起飞，师部即发空袭警报。除阴雨天外，敌机几乎每日都飞临漳州上空轰炸扫射。

中国空军人道远征日本本土

苏 婉*

我父亲苏光华，江苏省江阴市人，1914年8月出生，原名瑞宝。因见外侮日蹙，国是益非，立志以光复华夏为己任，乃改名光华。1931年九一八事变后，他瞒着家人，考入杭州笕桥中央航空军官学校第四期，毕业后任中国空军第十四队飞行员。1937年8月14日，中国空军投入抗战当天，我父亲率轰炸机一小队向盘踞上海吴淞口水域的日本海军旗舰"白云""陆奥"号俯冲投弹，打击日寇凶猛气焰。

1938年春夏间，正值日本侵华空军疯狂之际，国民政府毅然作出决定，授命空军健儿远征日本进行纸弹轰炸，我父亲选入其中。经过两个多月的精心准备，终于完成了这个震惊中外的壮举。

郭沫若、鹿地亘制造"纸弹"

1938年春，国民党政府为了振奋人心，在高层决策时，有人主张以空军奇袭日本，其理由为：一则海天远隔，中国空军力量单薄，敌无戒心；二

---

* 作者系中国空军第十四队飞行员苏光华之女。

则岛国孤悬，迂回大洋上空突袭之，出其不备，可获成功。最后，决策者认为，当时我国能担当此项任务的飞机甚少，而其载重量有限，好不容易去一次，丢几个炸弹作用不大，不如改用“纸弹”，可起攻心作用。

在当局作出人道远征的决定后，即由时任军委会政治部第三厅厅长郭沫若与日本反战作家鹿地亘撰写唤醒日本人民、反对侵略战争的日文传单与宣传小册子，秘密印制了 100 多万份，其中有《告日本之国民书》《告日本工人书》《告日本中小工商业人士书》《告日本各政党人士书》等，份份皆是各种纸弹。例如，其中一份传单上写着：“亲爱的日本诸君，中日两国有同文同种、唇齿相依的亲密关系，应该互相合作，以维持亚洲和世界的自由和平；日本军阀发动的侵略战争，最后会使中日两国两败俱伤。希望日本国民唤醒军阀放弃进一步侵华迷梦，迅速撤回日本本土。”再如，另一份传单则警告日本军阀：“尔国侵略中国，罪恶深重。尔再不训，则百万传单，将变千万吨炸弹，尔再戒之。”

解决人机两大问题

飞行员和飞机乃是奇袭日本之关键，两者缺一不可。空军总指挥部在策划初时，尚有人机的困难。因中国的飞行员，一向缺乏盲目飞行、无线电航行、远程海洋飞行各种训练，一时尚无适当的飞行人员可资派遣。当时在中国空军使用的飞机中，也只有在外籍（英、美、德、法、西等）志愿队中，才配备有一种美制双发动机的新式轰炸机——马丁型机（MARTINB-10）才有无线电通信的设备，始可胜任这种远航任务。中国空军先前所购买的 9 架，其中 5 架已在战事爆发后，陆续地毁损了，还剩有 4 架。驾驶马丁机的外籍志愿队为首的是一位名叫苏米达（SEMIED）的犹太人。对于出任这一任务，他们狮子大开口，每架飞机要付以 30 万美元的津贴，如同时出动两架，就要付出 60 万美元。这使航委会闻而却步，转而寻求国内志士。此时，一位接近决策首脑的青年军官，毅然自动请缨，那就是编制在蒋介石侍从室的专机飞行员徐焕昇。他原是中央陆军军官学校第六期的学生，于 1928

年 10 月被遴选为该校航空队第一期的飞行生。其后，这个队更名为航空班，而徐焕昇在求学期间又被派往德国学习长途海洋飞行。

在中国空军设计的圈套下，于 3 月 16 日的警报声中，外籍志愿队队员奉命将马丁轰炸机两架，从汉口疏散至四川成都凤凰山机场候命，并派有一位穿着长衫便服、身份不明的人搭乘同去。苏米达接到命令后自然非遵命不可。当这两架飞机飞到成都落了地，外国的飞行员都离开机场之后，飞机不但未按往例立即加油，反而将飞机上的余油全部放掉，并严令在场守卫飞机的卫兵，不准许外国飞行员接近飞机。翌日，当这几位外国飞行员前来检查飞机时，即为卫兵阻止，他们不明白原委，只好无奈地走了。原来那位穿着便服的人，就是负责策划此次任务的徐焕昇，对卫兵下达命令的也是他。

飞机问题解决之后，另一迫切的事，就是人员的编组亦选定了。即领队机驾驶员徐焕昇上尉，副驾驶我父亲苏光华上尉，领航员刘荣光少尉，通讯员吴积冲少尉。僚机的正驾驶是副队长佟彦博上尉，副驾驶蒋绍禹中尉，领航员雷天春少尉，通讯员陈光斗少尉。以上所挑选出来的 8 人，都是轰炸部队中的精英。这支远征的队伍，立即于成都凤凰山机场，展开紧密的训练。当时在成都已有一座亚航的对空台，除可供辅助训练外，立即又加设一座专供训练用的电台。所有的训练项目，无不在高度保密下进行，对中国空军来说，无疑都是首创。

蒋介石亲临训勉

蒋介石在 1938 年 5 月 8 日的日记中记述：“空军飞倭示威之宣传，须早实施，使倭人民知所警惕。盖倭人夜郎自大，自以为三岛神州，断不被人侵入。此等迷梦，吾必促之觉醒也。”

当这支神鹰部队于成都训练完毕，返回汉口候命出发之前，即 5 月中旬的一天下午，蒋介石偕同夫人、航空委员会的秘书长宋美龄亲临武昌南湖机场，召集全体神鹰队员点名训勉。蒋介石说：“我们对日作战以来，每天都看到敌人的飞机，疯狂烂炸我后方各大城市，使我同胞伤亡惨重，悲痛不已。为了表现我空军的威力震撼三岛，特赋予你们这一特殊的任务，远征日本。不过我们只是人道的远征，投掷给他们的是文明的纸弹，旨在唤起日本民众起来，反对日本军阀的黩武侵略。这个任务太重要，你们必须达成。古人有云：死有重于泰山，有轻于鸿毛之分。为国牺牲是光荣的，无论成功与否，国家决不辜负你们，你们的父母就等于我的父母，你们的儿女就等于我的儿女，你们放心前去。”当时每一神鹰队员的心弦，都被这番话语意深刻的训示所感动，士气如虹，恨不得马上踏上征途。

这次远征，是预定于 5 月份有月色的晚上出动。出征前飞机起飞的最后一站，是浙江的宁波机场。军事委员会于 5 月 15 日一早，这 8 位神鹰勇士由汉口搭乘一架德国制的双发动机亨加轰炸机，直飞浙江丽水机场，然后改乘两部小汽车驶浙江宁波待命。

仲夏月夜袭日成功

一直等到 5 月 19 日，已是本月最后的期限。虽然天气仍不甚理想，徐焕昇队长不顾一切，毅然电告汉口，在黄昏前，将出动执行任务的飞机两架飞到宁波机场。当飞机依时抵达宁波，经加油与检查后，当晚 23 时 45 分，开始起飞，东征日本。因宁波紧靠东海，飞机起飞不久，就进入东海的上空，立被巡回于海上的日舰发现，以探照灯向空中探测，间有盲发的高射武器，流光四射，幸而未被击中。远征健儿沉着地前进，20 日凌晨，为了使地面人员了解机队动向，拍回“云太高，不见月光，完全用盲目飞行”的电报。在黑暗中，仍继续前进。这样经过一个多小时，前面的云较低较稀了，于是拉起机头，一跃而居云层之上，眼前骤然一亮，半轮明月高高地挂在天边，正照着苍穹，也照着中华健儿驾驶的银翼，正长驱直入地驶向扶桑。

当飞行约 2 小时半，即 5 月 20 日凌晨 2 时 20 分，机组人员即发现日本九州西部海岸，从马丁机上已可清晰地看到位于九州岛上的一座城市——熊本县。队员们既兴奋又紧张地将装宣传品的麻袋打开，从机腹向下的射击口向外投放传单、小册子。然后按预定计划深入，向北作半圆形航行，飞经久留米、福冈、佐贺、佐世保等城市上空，直达长崎港，一路像雪片般地投放散发宣传品。当中国飞机经过熊本市，穿越久留米上空，整整齐齐的城市灯光依然明亮可见，然而，当进入福冈市以后，那些城市却已漆黑犹如死城，说明日本已发现飞机的来袭，实施灯火管制。由于油量有限，在日本上空盘旋约两小时，散发完宣传品后即返航。日本军国主义者吹嘘为固若金汤的本土空防，在中国空军健儿的奇袭下，犹如纸糊蒿墙。

返航时，虽有浙东的敌机试图拦截，以及三门湾口敌舰高射炮火的炸声，在惊险万状中，他们仍利用云雾掩护，以优异的飞行技术完成任务，终于在 20 日早上 8 时许，分别安全降落于江西南昌和浙江玉山机场。经紧急加油后，继续西飞，于中午 11 时 30 分两机同时抵达汉口空军基地，受到了隆重热烈的欢迎。中共中央及八路军的代表向东征勇士们赠送的锦旗上写着:“德威并用，智勇双全。”周恩来在致辞中说:“我国的空军，确是个新的神鹰队伍，正因为他们历史短而没有坏的传统，所以民族意识特别浓厚，而能建树如此多的伟大成绩，这更增加了我们的敬意。”

次日，中外许多报纸登载了 8 位抗日空军健儿的照片，传颂这一特大新闻。美联社的标题是《中国实力甚强，决非日本所能击败》。香港报纸评论说:“传单比炸弹更具威力，中国空军来去自如，足见日空防不可靠。”

由于此次中国空军远征日本获得成功，8 位勇士受到了军委会颁发中正剑、中正表、中正笔的最高奖赏。这个消息传到我父亲家乡，人们称他为“抗日飞将军”。

当年的这 8 位勇士，有 4 位在抗战中献身。他们是:佟彦博、吴积冲、雷天春，我父亲苏光华。1940 年 11 月，在保卫成都的空战中，我父亲苏光华身负重伤，因缺医少药，抢救不及，于 1940 年 12 月 11 日，他一手拉着结婚一年多的妻子，一手拉着刚出生一个多月的女儿，闭上了双眼，年仅 27 岁，安葬在成都凤凰山烈士陵园。1995 年 8 月，南京抗日航空烈士纪念碑建成后，我父亲苏光华的名字镌刻在中国烈士英名碑上，墓碑亦安放于纪念碑旁郁郁葱葱的树丛中。

（倪洪记录整理）

保卫武汉中我在海军作战的经过

江家驺*

1938年5月间，我在“楚同”舰任大副，被召到黄鄂区海军炮台。炮台设两个总台。第一总台设在葛店（上距汉口约70里），总台长方莹，总台副郑奕汉，观测员黄顺棋。下设三个分台：第一分台台长杜功新，有3寸口径大炮2尊；第二分台台长江家驺，有4.7寸口径大炮2尊；第三分台台长张则流，有3寸口径大炮2尊。第二总台设在白浒山（距葛店2华里），总台台长程维贤，总台副刘孝均，观察员许金良。下设两个分台：第一分台台长陈赞汤，有4.7寸口径大炮2尊；第二分台台长游伯宜，有3寸口径大炮2尊。我们在安装炮位时，敌机时来侦察，炮位都在山边角落，与江面垂直。炮位经过伪装，非常隐蔽，内建有钢筋水泥交通壕，通过各弹药库、观察所、指挥台，壕洞盖上土石1米高，中了弹也不至于倒塌，坚固可靠。在第一总台第一分台下游约2华里的谌家矶，水下设有水雷群阻塞线，驻一队布雷员兵，队长张天宏和沈德容，总队长由方莹兼任。水雷由德国土木工程师斯密司设计。钢铁雷壳内装TNT炸药2吨多，外裹三合土，每个重7吨左右。每三个水雷用电力交叉作为一组，按钮后同时爆炸，爆炸力极大。安

* 作者时任海军“楚同”舰大副。

装时由两艘大铁壳驳船用吊杆吊起，将水雷慢慢沉入水底。岸上设有观测所，观察人员轮流防守。是年 8 月的一天上午 8 时，敌机 10 余架轰炸布雷区。张天宏因任务未完成奋勇搏斗，被炸弹片击中腰部，落水殉职，漂尸 7 天 7 夜，在汨罗江面捞起，运至炮台下沙坡装棺。我们悲愤万千，激起了对敌人的无限仇恨。

离炮台 2 华里系平原，陆军第一道防线是冯玉祥部筑的战壕，它宽 5 米，深 6 米，10 余万工人日夜挖掘，20 余日才告完成；第二道防线是迫击炮阵地，有 30 余尊迫击炮；第三道是机关枪阵地，有 30 挺机关枪；第四道防线是陆军炮兵阵地，有过山炮 30 余尊；第五道防线是散兵坑，布有铁丝网等。以上各道防线在 9 月中旬基本布置完成。敌我未接触前，敌人时派飞机到我们防区内侦察，并派汉奸到防区附近暗探军情，有时在我们雷区附近切断水雷通观察所的电线。幸我们早有准备，电线一断，电表停止摆动，我们就知哪一组电线被切断，立即派人前往接上，前后达 10 余次。敌军攻陷田家镇后，用迂回战术迫近葛店外围，绕道进攻武汉。10 月 17 日、18 日两天，日舰 3 艘驶至谌家矶下，离雷区有 5000 米，离炮台 1 万余米处，开炮轰击我炮台，两天发炮数百发，弹落江中或山后，无一命中。敌机也时来侦察，投弹 100 余枚。因我台早已做好隐蔽，看不出炮位，炮弹都在炮台前面江面爆炸。日舰炮击我台时，我曾请示总台长说，距离太远，暂不发炮，让其驶到我们射程内，两尊大炮同时发射。总台长同意我的意见。19 日早 8 时左右，总台长命令各分台全部员兵撤离宿舍，到交通壕内住宿，未经奉准不得离开岗位，违者从严处理。情况十分紧张。葛店村居民约 3000 户，人烟稠密，21 日、22 日两天，全村居民扶老携幼渡到江北躲避，全村鸦雀无声。敌人迫近葛店前，升起一个气球指挥，向我炮台发炮 100 余发，无一命中。后炮击葛店村，炮弹落下，房屋倒塌，尘土冲天，有的房屋起火燃烧。总台副郑奕汉和我跑到观察所，用观测镜观测敌人，气球方位适在我们大炮射程内，我们算好距离、方位，一炮射中，再用机关枪扫射，气球渐渐下沉，敌炮失却目标无法继续轰击。这时，我方水雷区电线又被切断数组，敌步兵向我陆军所布 5 道防线进迫。国民党陆军在距离炮击前数小时已全部向西撤退，陆军敌人未发一枪一弹越过5道防线冲向炮台，我们沉着应战。等敌人进入我们枪炮射程内，即开动机关枪、投掷手榴弹，向其猛攻，打死打伤数十人，迫使敌人向后撤退。这是10月22日作战情况。23日早晨，总台长命令将各炮台的炮门全部拆下埋入土内，员兵全部向白浒山方向撤退，仅剩下总台长、总台副、观察员、我和炮兵共17人坚守第二分台炮位。至24日早，总台长派郑奕汉前往指挥部请示要求立即离台下山。郑奕汉行至堤坝，突遭袭击，中弹身亡。下午4时左右敌军蜂涌而来。总台长知后路已被切断，孤军无援，命令我将4尊4.7寸大炮用黄色炸药炸毁，率众下山向江边撤退。在万分危急、走投无路之际，江边有一木帆船上驶，我们喊他靠岸，大家上船扬帆上驶。10分钟左右，敌军占领我第二分台，用机关枪向我木帆船扫射，幸亏顺风行驶得快，未射中要害。我们向白浒山方向行驶时天已黑了（约晚7点），看不清方向，搁浅沙滩。士兵争先恐后跳入水中，顶起木帆船，用力拖至水深处，继续上驶。至25日晨8时，驶到江汉关码头附近瞥见码头上有敌军站哨，方知汉口已陷落。我们立即转舵驶向江中，但已被日哨兵发现。日兵喝令我们靠拢码头，否则马上开枪。木船不得不靠岸。敌人登上木船搜检，没收我们所带的手枪和子弹，命令我们脱下军装，有一人喝道："哪个是带队长官？"问了数声，无人答应。敌人握起拳头，要向我们打来，我挺身而出，自认是长官。敌人马上将我押走，木船才得以驶离码头。

我被押到汉口新市场。敌军占领汉口后，以乐园作俘虏集中营，将俘虏人员关押在楼下，由日军看守。我被押到二楼，楼上约有三四百个俘虏。中午日兵送来馒头三大筐，每人一个，发完下楼走了。抗战前，我常到乐园游玩，路径还熟悉，准备逃跑。汉安里的后面，是前海军联欢社所在地。26日天亮，我从窗门爬出，由门边跳下，从小巷内逃至中山路大街。当时只穿内衣裤两件、破烂羊毛背心一件，有点冷，到茶馆休息一会，喝茶的人很多，邻居有一位很斯文的中年人说："这么个天气穿短裤背心不冷吗？"我把日哨兵夺去外衣的经过说了，想买一两件旧衣，不知何处可以买到。他慷慨地说："如不嫌这个破补夹长袍，给你穿上吧。"幸亏我短裤后边袋里尚有法币50元未被日哨兵搜去，取10元给他，他只收一半。我穿上夹长袍，离开茶馆，到街上找旧衣店买件黑色夹裤穿上，向法租界方向走去，来到主教医院。我在汉口举目无亲，只好住入医院，但院内收容的难民及病人已经满了。我向医院再三恳求，仍住不进。院长是英国人，我用英语向他说明我的处境，而且是有病的人，才被安排进病房。遵照规定，星期日做礼拜，参加祷告听讲道，余时协助院方结算每日病人所用药品数量。12月初，我请求院长按照医院职工发一通行证，出去理发洗澡、买些日用品。我拿到通行证，就想办法离开汉口。12月25日晚，全职工聚集教堂欢度圣诞节至翌日早8时，医院开门，我不辞而去。平时与医院职工漫谈探得由汉口至宜昌的路径。下舢板过渡到汉阳向北堡、朱儒山方向走，过柴家岭，天黑到达喜峰口住了一夜，次早天明离开客栈向南走，途中跋涉10天左右，到沙市住了两夜。26日晨坐船，晚9点到达宜昌，次早即往海军第二舰队司令部报到。曾司令立即召见，查询汉口沦陷情况。我把沦陷区所见所闻及敌人无恶不作的情况一一说了。退出后，向军需处借支100元，在旅社休息3天后乘民宪船上驶，1月4日到达重庆。15日早即往野猪溪海军总司令部，晋见陈总司令，报告脱险经过，并向军需处领取未发工资，次日奉命到唐家沱接管法库舰长职务。

中山舰金口喋血记

汪世喜*

在武汉会战的最后阶段，即1938年10月24日这一天，金口水域展开的一场海空血战，是抗战史中悲壮的一幕，而中山舰则担当了重要的角色。

在大武汉保卫战中，中山舰奉命由岳阳下驶，巡弋在汉口上游的江面上，担负从嘉鱼新堤至武昌金口一线的警戒任务。金口因地处金水河与长江的交汇口而得名，是一座江南古镇，东距武汉26公里，扼长江中游要冲，向来是兵家必争之地，素有小汉口之称。现在又是新兴两大交通干线京珠与沪蓉高速公路的交会处，发展前景看好。

中山舰最后一任舰长萨师俊是福建闽侯人，出生于海军世家，他是中国现代海军之父萨镇冰的侄孙，早年在烟台海军学校航海科毕业，后派上舰实习，不久调任海军第一舰队司令部副官，历任江贞、建安副长，公胜艇长，青天、顺胜、威胜、楚泰等舰舰长。他精通航海技术，富有指挥经验，且为人和蔼，好学不倦，秉性耿直，忠勇爱国，深受全舰官兵的拥戴。

自长江第一道防御阻塞线的江阴要塞失陷后，最高军事当局鉴于中国海军舰艇和官员损失伤亡惨重，单凭军舰无法抵御日寇的进攻，决定海军退守

---

*　作者为中山舰历史研究者。

长江两岸，将舰炮卸置岸边组件炮队或充实江防要塞，对敌拦腰抗击。中山舰也不例外被拆下主副炮和 4 门边炮，只剩下两门 37 毫米机关炮，又从别的沉舰上拆下了两门 20 毫米的高射炮，补装到原来前后主副炮空缺的位置上，这样舰上一共只有 4 门小口径炮，舰员也只有 40 余人，远不足编制额，然而全舰官员仍以顽强的战斗意志和奋勇的拼搏精神，投身于大武汉的保卫战。

10 月 24 日上午 9 时，日寇一架侦察机从东飞临金口上首赤矶山中山舰锚泊地的上空，舰上高射炮对空射击，敌机不敢恋战，仓惶逃遁循原来航线飞走了。萨师俊根据经验判断：来者不善，日机一定不甘罢休，一场恶战将不可避免。于是全舰官员提前午餐，航海、枪炮、轮机、帆缆各部门人员坚守岗位，文职人员抢运舱里弹药，全舰进入一级战备状态，严阵以待迎战敌机。

中午时分，中山舰接到开往汉口执行军务的电令，正起锚开航之际，突然发现 6 架日军轰炸机迎面飞来，萨师俊当即传令迎战。为发扬军威，鼓舞士气，舰上吹响了雄壮激越的军号，声震长空，回荡大地，方圆 10 里，清晰可闻。来犯敌机盘旋一周后，朝北向汉阳大军山方向飞去，然后一个大迂回，调转头来排成“一”字阵，疯狂地鱼贯扑向中山舰，一排排炸弹雨点般倾泻下来，这时萨舰长一声号令，全舰官员同仇敌忾，誓与军舰共存亡，舰上火炮瞄准目标齐发射，组成严密的火网，敌机暂时不敢低飞，只是在上空盘旋追踪，捕捉战机。我方军舰则采取规避行动，在江面的波峰浪谷之间走“S”状航线与日军周旋，把敌机投弹命中率降到最低限额度，借以保全舰体。中山舰横渡长江，且战且走，绕过了突出江心的铁板洲之后，驶进了靠近汉阳的江北水道，这边自纱帽山至大军山沿岸均为人烟稀少的荒滩。而靠近金口的江南水道，帆樯林立，沿江街道又人烟稠密，为免战火蔓延江镇，流弹伤及百姓，舰长才选择了这条航线作为海空交锋的战场，有高度群众观点的战舰指挥官萨师俊诚可谓用心良苦矣。在海军双方交火的过程中，由于舰首的一门 20 毫米高射炮长时间连续发射，炮管都烧红了，突然出现了故障，卡壳熄灭；舰尾的一门高射炮，又恰巧受驾驶台阻碍，形成射击死角，不能发挥火力，以致错失战机。这时狡猾的敌机，见有机可乘，就从舰首方向俯冲下来，轮番投弹轰炸，当一枚炸弹击中驾驶台左侧时，舵机炸坏，舵手吴仙水阵亡，接着有五六枚炸弹相继命中了军舰；指挥台炸塌，军舰上层建筑遭到破坏，萨师俊右腿被炸断，臂部也受重伤；驾驶台左侧炮位也被炸毁；8名炮手英勇牺牲；炸弹又引发了备用弹药爆炸，形成连锁反应，一时战火蔓延，浓烟滚滚，加以水龙等消防设备受损，虽全力灌救也无济于事。及至锅炉被炸时，破裂处迅猛进水，堵塞难以奏效，不到3分钟已进水4尺多，炉膛熄火，供气中断，动力濒危，险象环生。萨舰长本想将军舰开进沙滩，人为搁浅，免遭灭顶，待修复后再投入战斗，无奈此刻军舰已操纵失灵，去路别无选择，副长吕叔奋迅即接替舰长指挥，使用人力备用舵勉强续航，一方面组织官兵突击堵漏救火，一方面指挥继续战斗。萨师俊在身负重伤、血流如注的危机情形下，仍然抱着驾驶台上一根被炸坏了的铁柱振臂高呼："全舰官兵坚守岗位！奋勇杀敌！战斗到最后一兵一卒！"

接着进行了更加惨烈的海空鏖战，飞机的轰鸣声、军舰的炮击声、炸弹声撕心裂肺，震耳欲聋，波及水面，响彻云霄。敌机上投下的穿甲弹、燃烧弹在军舰四周的溅落处激起了几丈高的水柱。舰上又多处中弹燃烧，火趁风势，风助火威，浓烟蔽日，烈焰冲天。内舱进水不均，舰身失去平衡，开始出现倾斜。官兵已伤亡过半，航海官魏行健深受重创，另有两名军官阵亡，许多水兵战死，舱面尸体横陈，鲜血染红甲板！剩下舰员在副舰长吕叔奋指挥下，在炮被摧毁、炮弹射罄的险恶战况中，仍奋不顾身地用手提机枪和步枪对空射击，坚持浴血战斗，拼命抵抗。

中山舰终因受创过重，舰体倾斜已到40度，当舰尾又中一弹并穿透机舱和舱壳时，江水有如喷泉涌进机舱，军舰一面翘首顺水漂流，一面整体逐渐下沉。当勤务兵黄珠官背着萨师俊还有其他20几名负伤官兵撤下救生艇时，军舰已失去抵抗能力，此时灭绝人性的日本鬼子就肆无忌惮的低空飞行，悍然不顾国际公约，用密集的机枪子弹朝救生艇上手无寸铁的伤员扫射，年仅43岁的少将舰长萨师俊中弹牺牲，其余官兵死伤枕藉，大半遇难，小艇也被击沉。军舰浮漂至金口槐山脚下的江面时，已经水没甲板。这时金口江边土码头的几名搬运工王定友、任开国、笔者内弟的岳父周进文等满怀爱国拥军赤忱，自发地登舱抢运阵亡官兵的遗体。当深入内舱时，几乎是一舱血水，他们肩扛背驮把死难同胞运上岸，再用白布裹尸停放江边。接着军舰像一位坚强不屈的勇士高昂着头竖直下沉，剩下的官兵纷纷落水，一代名舰于 1938 年 10 月 24 日下午 3 时 50 分，当主桅向右侧倾倒后，全部沉没在长江南岸金口龙床矶江底，顿时沉舰处的江面上形成了一个状如圆圈的巨大漩涡，似乎为中山舰 25 年光辉而又悲壮的服役史画上了句号。经过一场火与血的洗礼，全舰官兵仅剩 18 人，他们或自己泅水上岸或被渔船救助生还。自舰长萨师俊以下 25 位官员壮烈殉国。在槐山上筹建中的由前国防部长张爱萍题写的“海军抗日阵亡纪念碑”上，将刻上他们永垂不朽的英名。

军官：萨师俊、魏行健、周福增、陈智海、黄孝春；

士兵：王兆祥、吴仙水、刘则茂、林孝祺、陈恒善、陈利惠、林逸资、郭奇珊、张培成、李麒、洪幼官、陈永孝、张育京、江钊官、严文焕、李炳麟、陈有中、李有富、陈有利、黄珠官。

当天傍晚，包括伤员在内的中山舰 18 名幸存官兵进驻现在金口镇后湾街 52 号笔者姐姐的婆婆家即金口邮政代办所内，留宿一晚。第二天又齐集江边处理捞尸、安葬等善后工作，由慈善机构普济堂、宝善堂及棺材铺提供的棺木，将 10 余位死难烈士入殓安葬，棺材不够用的只好用芦席一卷，挖坑埋葬，并在坟前分别立有木制墓碑，墓地遗址在金口凤凰山南麓，即后来的金水乡政府大院里，至于棺木尸骨，在事隔半个多世纪后的今天已经荡然无存了。而萨师俊及部分遇难官兵的遗骸却未能捞起，他们尸浮洪波，骨暴砂砾，竟死无葬身之地，这是日本帝国主义所犯下的滔天罪行，他们欠下了中华民族又一笔血债。

掩埋了战友的遗体，祭奠了英烈的亡灵之后，中山舰官兵怀着为死难将士复仇的决心，继承先烈未竟的遗志，在副舰长吕叔奋带领下，步行至城陵矶，转赴宜昌，被分配到川江各炮台及布雷队，继续投身抗日的战场。

在第三厅工作的回忆

张肩重*

1937 年 5 月，我应友人之邀，到南京筹办《首都日报》和南京国民中学。正在积极筹备中，七七事变爆发，全国人民要求国民党政府全面抗战的怒吼声响彻云霄。原来准备办报的几位朋友应国民党中宣部之邀去参加南北两个抗日宣慰团。我则报国有心，请缨无路。我在上海曾听到中共市委负责人之一李复石（又名芸仙，时住上海萨坡赛路 232 号，业中医）说过："国共联合抗日已经达成协议了。"就去上海找李复石帮忙。8 月 10 日，我到上海找到了他。他乐呵呵地说："你要参加抗日救国工作，我们非常欢迎。大家都可以帮你想办法。"当时，还有吕一峰和李清泉（后改名李亚群）在座。他们也认为在国共合作以后，参加抗战工作的路子是非常宽的。紧接着，八一三战起，京沪铁路阻断，李复石催我立即设法到武汉，并说："等到合作抗战的机会成熟，我们会给你去信联系的。"我于 15 日从沪杭线绕道苏嘉路返回南京，几经周折，才搭轮西上武汉。

* 作者时为国民政府军事委员会政治部第三厅工作人员。

筹组第三厅

1937 年 12 月，我住在武昌汉阳门附近，这时听说国民党原组织的第六部改为政治部，部长是陈诚。这个部将是国共合作的机关，可能由周恩来负责。还听说郭沫若要来这个部担任宣传厅厅长。后来中国电影制片厂秘书吕奎文通知我说："李复石同志已来信，托人介绍你在未来的政治部参加工作，到时我再来告诉你。"于是我就一心一意地等待着。1938 年春节过后不久，吕奎文连夜过江来告诉我："请你明晨过江，我陪你去晋见郭沫若先生，你的工作可能确定下来。"我既高兴又紧张，彻夜辗转不眠。次晨 7 时许，吕奎文和我同去汉口市太和街 26 号二楼郭沫若寓所。当时，郭沫若正在濡墨写字。他马上放了笔和蔼亲切地询问我的住居和生活。接着，他对我说："对于你的一切，有人已经告诉我了。现在我们准备筹组第三厅，主管对外（包括日本）和对内的宣传工作。我们已经邀请全国各地文化艺术界朋友们来帮忙，这些人士都是热忱爱国、积极参加抗日救亡的志士。他们要来三厅筹备处登记报到，地点是武昌昙花林中学，现在已有三位同志在那里工作。我写张条子，你带去交给冯成章同志，今后一切由你多负责。对前来报到的同志们，你们应多关心他们的生活，他们如带有眷属，应妥为设法安排住处。如果需要经费，可找先在那里的郭峙东同志支付。再有什么困难，可随时找我和阳翰笙同志解决。"谈话结束后，我立刻去昙花林中学，开始进行筹备工作。

此后 10 来天内，全国各地文化界的爱国知名人士，纷纷前来筹备处报到。其中不少是我慕名已久的，如张志让、冯乃超、郁达夫等，有些是早曾相识或相知的，如曹荻秋、陈农非（原名张汉均）等。郁达夫先生来时，门卫以一张缺角名片来传报，大家都很奇怪。一看名字是郁达夫，我赶快去接了进来。陪同他来的，还有王映霞女士。后来我才了解了他用缺角名片的缘故。那名片原印有福建省政府参议的衔名，被他剪掉了。陈农非，我们早在成都结识，这次出人意外地在武汉重逢，大家都十分高兴。我看见他两脚行走不便，一问才知是在国民党监狱中受酷刑所致，我很为他难过。但他说：

“这些事都是过去的事了，现在民族矛盾高于一切矛盾。为了抗日救亡，以前的事，就不值得计较了。”老朋友的这种高贵品质，真令我钦佩。可惜他在三厅待的时间不长，我们还没有时间详叙别后情况，他就到苏北新四军去了。当时应邀前来第三厅工作的还有著名的音乐家冼星海、任光、张曙和著名导演史东山、应云卫、程步高等。他们都放弃了很高的薪金收入和很好的生活条件前来参加第三厅工作。

三厅的筹备工作，不过一个多月时间，即荟萃了文化界的精英 300 多人，当时人们传说第三厅集中了爱国文化人士的大部分，组成人才内阁，并非过誉。第三厅的组成是中国共产党抗日民族统一战线政策的胜利，也是和周恩来的领袖才能以及郭沫若的声望分不开的。

在筹备中，有一次早上我到郭沫若寓所，去汇报工作。郭先生又正在寝室内磨墨写字。我开始汇报时，从房外又进来几位客人，走在前头的是李任潮（济深）先生，接着是陈真如（铭枢）先生，后面还有黄琪翔和余心清两位先生。他们边走边说，谈笑风生。郭先生一面继续写字一面听我汇报。大约他们几位是同住一起，天天见面的。陈真如大声说：“沫若兄善于对嵌字对联，现在有人用梵文嵌了我的名字，‘真’字的上联，下联的‘如’字，就请你也用梵文来对。”郭老笑着说：“真如真会打如意算盘。大清早你就来考老师。梵文我已多年未涉猎了，手边又无书参考。怎样对呢？”李、黄、余几位先生极力怂恿说：“真如快把上联说出来，沫若兄一定能对的。”陈先生说：“上联是‘真有人言，谁为真宰’。”郭先生稍微想了一想就说：“我倒想起梵文中有两句：‘如是我佛，此即如来’。不知合用不合用？”在座的一致鼓掌叫好。我对郭先生渊博敏捷的才思，真是钦佩得五体投地。

第三厅成立初期的活动

第三厅于 1938 年 4 月 1 日正式组成。这是国共合作的第一个统一战线组织。它的工作顺利与否，是测验国民政府对于合作抗日是否具有诚意的标志。从我经历的实际情况看，国民党当时说的是一套，做的又是一套。比如郭沫若答应接掌三厅之初，国民党当局要派刘健群来做副厅长，显然国民党当局是不怀善意的，郭沫若当然不会接受。后来刘健群虽然被挡住了，又来了位范扬。此人是蒋政权的忠实信徒，他是来做监督工作的。与范扬在武汉和重庆相处中，确实未见他做过什么有益于抗战的宣传工作，但也没有干什么捣乱的事情，不过争出风头和争取权益，倒是从不落后的。

三厅刚开始工作，就遇到国民党当局的多次故意为难。比如他们有意制造假警报来破坏庆祝台儿庄胜利的群众大会。当天三厅的同志几乎全体参加了，周公（当时对周恩来的尊称，后同）和郭沫若先生都想借此机会动员武汉市群众，激发他们的抗战热忱，但陈诚、张厉生他们却生怕把群众动员起来。公开阻挠不成，于是由康泽出面，制造假警报，把大会已集结的 10 多万群众给轰散了。又如三厅同志写的宣传文稿、创作的乐曲、绘画作品等，如有不合他们口味或涉及提倡民主等进步内容，就被诬为赤化宣传而遭扼杀。更厉害的是他们采用经济扼杀政策，就是不给三厅宣传事业活动经费。当三厅成立以后，就编送宣传经费预算，连续改编 3 次，一次比一次缩小，最后缩减了几倍。在武汉的七八个月中，一直无下文。开展对敌人宣传和文艺活动（包括音乐、绘画）花钱都比较多，我们只好写印一次对敌文稿和创作一次文艺宣传作品，就专造一次预算。我们三厅的同志，基于抗日救亡的爱国热忱，虽然感到处处掣肘，无米为炊，但还是斗志昂扬，精神百倍地各显才能，搞花钱不多的工作。当时在武汉市的社会知名人士，都为我厅鸣不平。如张西曼教授，曾对我说过："他们不多给你们宣传活动经费的实质，就是不愿三厅多做宣传工作。"

三厅成立不久，还曾发生过一次风波。事情是这样的：当时三厅听说蒋介石曾对抗战宣传写过一张手令。阳翰笙叫我去借调原件，看后送还。几小时后，总务厅管档案的人员来电话说："蒋委员长的这张手令不见了，你们是怎样搞的？"该厅主管陈姓科长也来电话说："你怎会把委员长的手令都丢了，这是秘密文件呀，朱厅长叫我打电话给你，要赶快查着原件，不然脱不了手的。"这样压力更大了。我厅阳翰笙等几位领导同志都很焦急。如果这张手令果然不见了，国民党方面可以大做文章。不是说三厅中有人通敌，就是说共产党中有人在破坏抗战工作。我是此事的经手人，更是万分不安，考虑很多，担心这是有意搞政治迫害，借此造成大的政治纷争，影响抗战大局。我当时动员了很多人在几处办公室里外都作了彻底清杳，全无结果。只好又约同两位同志亲到总务厅档案室把原卷调出逐页清查。原来这张手令还原封不动地夹在原卷中。我们当时虽然放了心，但都十分气愤，立刻拿着这些证据，约了这位陈姓科长和管卷员一道去找总务厅厅长朱代杰说理。他们无话可答，只好当面道歉。

就在我厅主持的台儿庄祝捷宣传周的群众大会被破坏以后，政治部转来通知说："蒋委员长要定期单独接见第三厅校级以上的同志。"我厅绝大部分同志都不是军人出身，当然不懂得军事接见的礼节。为了团结抗日，周公和黄琪翔只好临时充当教导员，亲自领导进行预习。接见的仪式是在武昌湖北省政府小礼堂举行的，被接见的人都身着黄色军服或藏青色中山装，10 人编为一组，我恰巧和郭沫若编在第一组，郭是 10 人之头，我是 10 人之尾。进门时行一举手礼，绕着走过圆形沙发再坐下。蒋本人则坐在长形沙发上。我们排头和排尾的人，都坐在蒋的面前。蒋穿黄呢军制服，手戴白手套。他首先对郭沫若表示尊重，问："郭先生有什么困难吗？可直接找我谈或者给布雷（蒋的机要秘书）打一电话约好也行。"其实三厅当时最大的困难是没有宣传事业费，这表面上是陈诚、张厉生他们搞的，实际也是蒋的授意。郭沫若又怎么好说呢？蒋对其余的人，就看着履历表，点一下名，就算完成了接见仪式。

1938 年 5 月，世界学生代表团（国际进步团体之一）访问我国。除了接受新华社和八路军办事处的欢迎外，在政府机关里也单独访问了我厅。我们机关为他们举行了一个盛大而隆重的欢迎会，徐特立也参加了。这个代表团在讲话中几次提到我们厅搞的宣传工作的成绩（当时我厅开展工作不过两个月）。这次访问虽是外宾的选择，但仍免不掉国民党的老爷们的批评和责难。他们说：新华社和第三厅以及八路军办事处，就能代表中国、代表抗战吗？其实这个代表团来到武汉市以后，也曾拜访过国民党的国际宣传处等机关，但国际宣传处处长董显光他们却对这个国际代表团很冷淡，当然别人也不会移樽就教了。

就在这事过后不久，八路军驻武汉办事处送来在山西和冀中敌后拍摄的日寇屠杀和强奸我们同胞的照片一二十张。看了这些照片，真令人义愤填膺、悲痛难忍，更激发爱国人士抗日救亡的决心。我厅当即提出把它编印成宣传品散发。这本是我厅职权范围内的工作，但由于印制费用较大，仍须报经政治部批准。这时第一厅厅长贺衷寒、第二厅厅长康泽都争着要来编印。因为编印图片只需写点说明就行，不像写文章那么困难。后来由政治部组成编委会，贺衷寒任主委，其他各厅派人参加。三厅是由程步高和笔者出席的。大家议定书名为《日寇暴行实录》。虽然名实相符，但刊印的图片只限于华北战场，不能反映日军暴行的全貌。我们提出日军在南京市的大屠杀，是震惊中外的残酷大暴行，我们应该多找一些这类照片来编上，还建议如果我们军事部门找不到合适的材料，可以通过外交途径从英、法、德、意等国新闻记者手中去收买几张来用。结果只找来了另外战场的几张照片，对南京大屠杀的照片，一张也没有找来。更有趣的是，名为各厅汇编，署名也是政治部编印，结果还是由三厅的同志承担绝大部分编辑、说明、印制（是由阳翰笙、程步高两同志去香港监印出版的）工作。发行也是由三厅同志全部负责，所有印制出版费用，也是由三厅主办的七七周年的献金中支付的。

全民抗战周年纪念日快到了，周恩来和郭沫若为了鼓动群众抗战和激励前线将士奋勇杀敌，亲自拟定举行抗日周年纪念的计划和办法。其中突出地提出宣传发动群众，开展自动献金活动。这本来是国民党提出的“有钱出钱”的口号的具体体现。不料陈诚却不同意，他认为有钱的人不会主动来献金，没有钱的人根本不会来献，就是来献也是怪可怜见的，武汉是中外观瞻所系，如献金数额过少，会贻笑大方的。郭沫若代表全厅和厅外不少进步人士据理力争，认为群众的觉悟和力量不可低估，如果宣传鼓动得好，收获还是不可小视的。经过激烈的争论，陈诚终于让步同意试搞一下。他为了顾全政治部的面子，也让政治部以所属职工的名义捐款 1 万元，并邀约武汉市长吴国祯以向几个重点行业摊派的办法筹捐三四万元。有了这些捐款基础，当然对于我厅的献金活动是有利的。我厅在七七周年纪念前夕，大规模地组织宣传力量，选择重点地区和单位，宣传鼓动献金。如在汉口大智门火车站、武昌徐家棚火车站、江汉关和汉阳门码头以及汉阳兵工厂等处，都由我厅的几个附属团队，事先作了献金宣传工作。在纪念日这天，汉口和武昌的几个献金台前，都是人山人海，盛况空前。这次轰动中外的爱国献金热潮，不仅出乎陈诚、张厉生等人意外，也非笔者和许多人所敢预料。劳动人民个人和学校、工厂、机关、团体有组织来献金的非常多，形成排队的长龙。笔者当时在汉口市江汉关码头献金台工作，简直弄得头昏脑胀，应接不暇。在献金台工作的人们，全都没有吃饭和休息的时间，事实上大家被群众这种热烈感人的场面所感动，谁也想不到吃饭和休息了。在献金热潮中，感人最深的，还是广大劳动人民的抗战热情。他们所献的金额虽然不大，几分、几角、几个铜元都有。但这些都是他们的血汗收入，是压缩他们的生活必需费来捐献的。笔者曾注意到有位拉黄包车的工人，在当天上午就来献金 3 次。他还对大家说：他决定把上午的全部拉车收入拿来捐献。这样的动人情景，不是少数几起，而是几十、几百起。这次献金运动的成功，影响遍及全国后方各省市。据当时报载，重庆、成都、桂林、昆明、西安等地，都程度不同地收到宣传动员的效果。在前线，起到了鼓舞抗日战士英勇杀敌的作用，在国际上也产生了很好的影响。

武汉沦陷前夕

当我从重庆出差返回汉口码头时，我厅同志来谈：“第三厅已全部搬到汉口江汉路南口原日商产业三井洋行。不用回武昌了。”又谈道：“听说江防田家镇要塞已经失陷，日寇海军正在迫近黄石港一带，如再不能守，武汉三镇就门户洞开了。半个月来，军事消息险恶，战局越来越紧。中央党政军各机关，都早已先后撤退到后方，我们第三厅因系军事宣传机关，当然留在最后。照这几天的战局变化来看，离撤退已不远了。”

果然，郭沫若看见我就说：“你回来正好。政治部已通知各厅处准备南迁，跟着大本营行动。你赶快筹划一下，时间不多了。如有不好解决的问题，就找师毅（时阳翰笙公出，孙师毅代主秘）商量着办好了。”

尽管战局紧张，社会混乱，我们第三厅的同志，除了一部分写文章的同志已随着政治部先去衡山外，其余搞美术、音乐、电影和戏剧等方面的同志们，全都留驻汉口，夜以继日地辛勤劳动着，他们大都在街头人多的地方劳动和工作。我们去武昌的那天，就看见我厅六处的同志在汉阳门的高墙壁上，搭着长竹梯，提着彩色铁桶，背着装笔的布袋，爬在竹梯上作反战宣传画、写标语，这些都是准备留给日本的士兵们看的。在汉口大智门和王家巷几处，又看见我厅的音乐宣传队和街头演剧队也在积极进行宣传。同志们的镇定和辛劳，使我感受很深，对这些爱国志士们无限敬佩。国民党当局高唱保卫大武汉，看来只有第三厅的同志还在坚持战斗。

抗战中武汉市的最高统治机构，是武汉市卫戍总司令部。这个司令部提出不以物资资敌的号召。首先是把汉口市区的污水沟上的蜂眼铁皮盖子全部撤除运走了；后来他们准备把日本在汉口市的产业全部炸掉。这样，我们住的三井洋行，就在被炸之列。在我住的楼上房间的壁炉内就埋了 20 公斤炸药，各层楼上也都照样装着，还都安装了引线。这对我们威胁很大。我曾几次电话质问，提出在人们还未撤退的时候，不应把这爆炸物装上引线，几经交涉，总算同意撤除了。

由于这个爆炸计划，引得谣言蜂起，人心惶惶。谣传说：卫戍部要炸毁自来水厂和电力公司，打算把半个汉口市都毁了；还有更离奇的，说要把长江上游的张公堰炸了来淹汉口市。当时武汉市的人民，既恐惧日寇的侵略屠杀，又担心国民党军队的大肆破坏，所以跑得不少。

我厅从武汉撤退的计划是南迁，主要考虑火车运输。因此，我持郭沫若的亲笔信去找粤汉铁路局局长陈君（他系郭先生在东京帝大的同学）交涉。陈局长满口答应帮忙，临走时，还秘密地告诉我说：“你向沫若兄讲，目前动身南下，完全可以拨车，再迟一二周，军运更繁，恐怕就不好办了。”郭沫若说：“几天内我还要到阳新前线去劳军，我厅在一二周内不能马上南去的。”于是我同孙师毅商量，设法包租一艘过江渡轮，约定每日租金 50 元。

还怕旁的机关抢船，把船只开到离汉口市 20 公里的张公堰隐蔽起来，又派了一班武装士兵驻船看守。这时我厅准备迁移的交通工具，总算有了着落，思想上稍为安定。

有一天，我同几位士兵上所住日商洋行的四层楼去。这是日商的商品库栈，满楼都是日货。有布匹、呢毛料、绒线等，更多的是塑料纽扣和梳子，还有仁丹等药类。我当时想到这些仁丹和药类，可以拿去分送我们的抗战部队。当时去前线增援和从前线撤下休整的川军成千成万，他们都必须经过汉口市。此时天气很热，前线药物又少，把仁丹送给这些士兵，很有用处。我又从楼角里发现一些精致的小木盒，印有满洲株式会社字样，打开看原来是关东人参，约有二十四五盒。我把这些人参全部拿下，由郭沫若带去前线作为慰劳品了。

撤离武汉

1938 年 7 月，沿长江西上的江防要塞先告失陷。到了 9 月中，田家镇炮台又被日军攻占。国民党部队节节败退，日军从水陆两线猖狂进攻，战事逐渐西移。

10 月中旬，战事已迫近武汉市郊，日军攻击的炮声隐约可闻。这时，原驻武汉市的机关、团体、学校和工厂等，都早已向西或向南迁移了，武汉三镇居民更是逃避一空。市街已断行人，商店完全关闭。汉口市区除英特区和法租界以外，都呈现一片凄凉残破的景象。这时我厅搞文艺宣传的同志和朝鲜义勇队的同志，还在争取“最后一课”的时间，在努力从事保卫大武汉的宣传和反战工作。

10 月 20 日午夜，接得周副部长（时周恩来任政治部副部长）紧急通知：要第三厅全体和几个附属队的同志在次日（10 月 21 日）午夜以前撤离武汉市，南迁衡山（最初，国民党军事委员会准备在衡山设立大本营）。此时交通十分紧张，我们只能依靠事先租定的一艘过江轮船来撤退了。半个多月以来，日军空军在长江上游大肆轰炸我方向西撤迁的船只，伤亡不小。从汉口市出发西迁的新华社和八路军驻武汉市办事处有些同志，闻已在宜沙地带被炸牺牲，现在我们撤退也只有搭船航行于长江中，当然也有很大的危险，但别无办法，只好都挤在这只小轮上拼得牺牲了。我们全体人员（包括附属两个宣传队、演剧队、电影放映训练班）约有 300 人左右，其中还有田汉、洪深、冯乃超、孙师毅、傅抱石、尹伯休等负责同志在内。在日近黄昏时，郭沫若陪送于立群来搭乘这只船。晚上 12 时左右，船只开始离岸西行，回头一望，武昌和汉阳一片漆黑，汉口市区除英法两租界上空略显微弱的光影以外，广大市区都在黑幕笼罩之下。同志们眼看自己生活工作过的地方就要陷落在日军铁蹄之下，不禁悲从中来。不知哪位同志忽然唱起流亡三部曲中《松花江上》一段，全体同声相应，唱到激昂之处，不少同志哭了起来，特别是来自东北、华北的同志感情更为激动。船只在行进，歌声与哭声相交织。当时这群爱国者的怒吼，战斗者的歌声，永远地留存在我们亲历者的记忆中。

当船只驶过城陵矶进入洞庭湖以后，大家对敌机空袭的紧张心情，似乎稍微松弛了一点。人们总认为日军只是轰炸长江中向西撤迁的船只，殊不知曙色初开，敌机已在洞庭湖上空侦察轰炸。大家思想又紧张起来，一致抱怨粤汉铁路局曾经答应拨车又未兑现的往事。有次船傍湖中小岛行进，敌机迫近投弹。孙师毅故意作趣地大喊："赶快上岸，自寻坟墓。"这既是警告，又是打趣的双关语。因为这个岛上坟墓成堆，也只有在坟墓群中，才有可能减少炸弹破片的杀伤。当时我国并无制空权，敌机任意横行，八百里洞庭湖，也不是安全地带。船行 3 天多时间，才到达长沙市，途中总共遇到七八次轰炸。我们在途中从收音机里先听到广州失陷的消息；到了长沙又知武汉二镇已经被占，大家心情特别沉重，不少同志对抗战前途十分忧虑。此时我们住在市内水风井中学里边，虽风尘之色未消，而继续南迁之念，仍萦绕心怀。一部分同志和少数家属仍住在渡江小轮上，大部分公物和私人行李也留在船上。大家都知道长沙只是中途站，不知南迁是衡山，还是衡阳，还是桂林？由于武汉市已于 10 月 29 日失陷，我们到了长沙市已两三天，还不见周公、郭沫若的到来，几次以电话同宜昌有关部门联系，也无确切消息，自然引起全体同志的关怀和不安。这时还有谣言说：武汉市去天门、沙市一段公路早已完全破坏，汽车根本无法通行。我们都知道周公、郭先生只有从公路上出来。还有消息说：敌机不仅轰炸江河中的船只，也对公路汽车进行轰炸，这样人们自然更担心周公和郭先生的安全。于立群十分焦急，一天总要打几次电话探询消息。这几天，好几起朋友约游岳麓山，都因为心神不安而婉辞未去，以后时局变化，更不能去了。从武汉撤退到长沙，前后 10 多天，都在紧张生活中度过，遥望名山而未能一游，深以为憾！大约在 10 月 27、28 日，周恩来、叶剑英和郭沫若，同时平安到达。喜讯传开，群情兴奋。我想只有自己的亲人在离乱中失而复得的心境可与比拟。当晚我厅立即组织一个盛大的欢迎晚会。在会上，周公、叶剑英、郭先生先后讲话，还有刘清扬也发了言。周公根据毛泽东《论持久战》的理论，结合当前的战局形势，作了深入浅出的传达，使大家解除了武汉、广州相继失陷后对抗战前途的疑虑与不安。叶剑英报告了八路军在华北战场多次胜利的消息，大大鼓舞了同志们的战斗意志。大家不再悲观失望，只是考虑早日安定下来，继续工作了。就在 11 月上旬，岳阳告急和失陷的消息传来，陈诚（时任政治部部长兼战区司令长官）从平江前线给周公和张治中（时任湖南省主席）打来电话，要政治部第三厅全体人员撤出长沙，在衡山暂停下来，这样我厅就加快了南撤的部署。

黄敬在冀中

赵勇田*

我于1939年至1942年担任黄敬的警卫员兼机要通讯员。跟随黄敬的工作经历，给我留下了极其难忘的记忆。1958年2月，黄敬积劳成疾，英年早逝。如今，他离开我们虽已50多年，但他的音容笑貌却时常闪现在我的眼前。

黄敬于1938年调到冀中，担任中共冀中区党委书记，1942年调离。这期间，作为冀中抗日根据地的主要领导人，他为冀中抗日根据地的创建、巩固和发展作出了重要贡献。

一

1937年7月7日，卢沟桥事变爆发，日本侵略者发动了全面侵华战争。在党的领导下，河北中部地区的人民掀起了抗日热潮。到1938年春，冀中平原抗日根据地已开辟有30多个县的广大地区，拥有人民自卫军和河北游击军两支重要武装力量。为了进一步加速冀中抗日根据地的创建和发展，加

---

* 作者时任黄敬同志的警卫员兼机要通讯员。

强党对冀中区抗日斗争的领导，中共中央和北方局决定派黄敬到冀中主持工作。黄敬是在 1938 年 3 月参加完晋察冀边区党的第一次代表大会之后来到冀中的。他到冀后，向中共冀中省委传达了中共中央北方局和晋察冀军区的指示和决定。冀中省委认为，北方局和晋察冀军区的指示和决定非常及时，并决定召开中共冀中区第一次党代表大会，动员全党从各方面加强冀中抗日根据地的建设。

中共冀中区第一次代表大会于 1938 年 4 月 21 日在安平县城召开，会议由黄敬主持。出席大会的有所辖地方区以上和各部队团以上党组织的代表 500 余人，代表全区 8000 多名党员。会上，黄敬传达了中共中央十二月会议决议和晋察冀边区党代表大会的决议，鲁贲作了冀中党的工作和群众工作的总结报告，吕正操作了军事工作的总结报告，孙志远作了政治工作的总结报告。与会代表分析了冀中地区的斗争形势，总结了组建抗日武装和创建根据地的经验及存在的问题，明确了冀中区的中心任务是巩固扩大抗日根据地，统一扩大抗日武装，建立健全各级抗日政权。

会议还提出了解决当前问题的多项重要措施：（1）加强冀中省委，统一党的领导；（2）统一和加强政权组织；（3）将人民自卫军和河北游击军统编，经中央军委批准，编成八路军第 3 纵队兼冀中军区；（4）撤销各地战地总动员委员会，建立统一的政权机构和群众组织；（5）认真执行减租减息，严禁高利贷，切实改善人民生活，建立统筹统支的财政经济制度；（6）加强部队党的建设；（7）确定作战方针等。

大会选举黄敬、鲁贲、张君、吕正操、孙志远、孟庆山等为中共冀中省委委员，黄敬任省委书记，鲁贲为副书记。大会历时 12 天，于 5 月 2 日结束。

这次代表大会是冀中地区建立党组织以来一次空前的大会，具有重要的历史意义。从此，冀中区的军事、政治、经济、文化教育以及各项工作，在区党委领导下，不断发展，不断进步，加速了冀中平原抗日根据地的建设。8 月初，根据中共中央书记处《关于改变敌后党的领导机关的通知》，中共冀中省委改称中共冀中区委员会，简称冀中区党委。

1938 年 7 月 7 日，在抗日战争爆发一周年之际，区党委决定举行大规模纪念活动，一方面继续动员全区人民抗日斗争，一方面扩大冀中根据地的影响。为此，冀中区党政军民在任丘县城外原国民党第二十九军营房操场上联合召开了纪念大会，到会军民 2 万余人，其中有 30 多个县的工、农、青、妇、文等各群众团体的代表和抗战烈士家属代表，包括国民政府军抗战牺牲烈士的家属，第二十九军副军长佟麟阁将军的家属也应邀到会。会议期间，冀中党政军民各部门的领导向到会的烈属代表进行了慰问，发放了救济金和物资，还检阅了人民子弟兵和民兵队伍。黄敬代表区党委向大会作了报告。他阐述了冀中抗日根据地建设的成就和经验，以及一年来对日作战的情况。他特别指出，冀中的抗日斗争形势，现在是所谓的“黄金时代”，这种情况的时间是不会很长的，今后的抗日斗争将是极为残酷的，所以要抓紧有利时机，进行根据地的各项建设，万不可麻痹大意。各界代表发言，一致表示要加强团结，搞好各项工作，动员群众投入更艰巨的斗争，争取新的更大的胜利。

为适应形势发展的需要，紧接着召开了冀中各群众团体负责人和各县群众团体代表 200 余人参加的冀中各界抗战建国联合会成立大会，黄敬书记、鲁贲副书记、吕正操司令员、冀中行署副主任李耕涛到会并讲话。大会选举史立德为冀中各界抗战建国联合会（简称“抗联会”）主任，王奂如为副主任。从此，“抗联会”担负起统一协调各抗日群众团体的抗日斗争任务和做好上层各界代表人士的抗日民族统一战线工作。实践证明，冀中区召开抗日战争周年纪念大会和成立冀中抗战建国联合会非常及时，对后来坚持冀中抗日斗争起了重要作用。

二

黄敬到冀中后，很重视加强党的领导，着力抓了冀中抗日根据地党的建设、政权建设和群众组织的建设工作。

冀中地区的共产党地方组织有较好的基础，但在抗战形势急速发展的情况下，任务日益艰巨和繁重，为进一步发挥党的领导作用，党的工作急需整顿与加强。在黄敬主持下，冀中区党委首先抓了建立和健全各级党组织的工作，积极稳妥地在农村和部队中大力发展党员，建立和健全基层党组织。至1939年8月，全区党员已达到7万余名。到1940年1月，冀中区党的组织建设已经从上至下有了完备的组织系统，所辖5个中共地区委员会、几十个中共县委员会都已健全，几乎村村有党支部。

在党组织日趋完善，党的领导作用不断增强，党员大量发展情况下，1940年1月，黄敬主持召开了中共冀中区党委扩大会议。遵照中央的指示精神，会议强调继续加强党在领导抗日斗争中的作用，提出在发展中巩固的工作方针，并作出整顿党组织和对党员进行审查的决定。为此，用半年时间先审查鉴定县委与区委委员，保证这些领导机关掌握在忠实可靠的干部手中。然后采取分批整训的办法整顿党支部，每期12天，发扬民主，开展批评与自我批评，检查支部的战斗堡垒作用和党员政治思想及模范作用。对支部党员干部进行审查以后，转入对一般党员的审查，将不符合党员条件的党员清理出党。全区共清理出2738人，纯洁了党的组织，提高了党员的质量，进一步增强了各级党组织的战斗力。与此同时，区党委还建立了党校，加强对党员的教育，提高了党员的阶级觉悟和思想政治水平，在各条战线上真正发挥了先锋模范作用，使冀中区的各级党组织变得更加健全和坚强，成为冀中人民抗战的坚强领导核心。

冀中区党委在抓建党的同时，也加强了对政权建设的领导。1938年4月至5月间，冀中行政主任公署正式成立（简称冀中行署），这是冀中统一的政权机构，吕正操司令员兼任冀中行署主任，李耕涛任副主任（后为徐达本）。在政权建设上，各县县长由晋察冀边区政府正式委任，各县成立了县行政会议，为县的最高权力执行机关，明确了地方政权的职责和任务，主要是：发动群众、组织群众、武装群众积极参加抗日活动；施行民主，建立民意机关，广泛发展群众组织，施行区、村普选；改善民生，取消苛捐杂税，提倡和发展土著手工业，发展农村经济，实行合理负担，减租减息，优待抗属；动员财力、物力，保证部队经费和给养的充分供给。

作为区党委书记，黄敬非常重视和关心政权建设，他强调政权机构人员的组成要严格遵守“三三制”原则。1942 年 1 月 1 日，由他亲自主持制定的《1942 年工作方针及任务》的文件，对机关干部提出了“三心”要求：（一）虚心，即要征求各方面的意见；（二）耐心，即不怕麻烦，不发脾气；（三）热心，即待人谦和，注意态度，讲究革命友爱。

随着政权建设的加强，在冀中党的领导下，进一步加强了人民武装抗日自卫队建设，从专区、县到区、村，有了完整的不脱产的人民武装系统，所有 18 岁到 55 岁的男子都应参加。其后，又成立了妇女自卫队，将村中的枪支、手榴弹、红缨枪统归自卫队使用，承担站岗放哨、侦察通信、担架运输、配合主力作战、破坏交通、维持村庄治安及其他各种抗战勤务。

在冀中行政主任公署的领导下，财政工作、对敌经济斗争工作、文化教育工作、水利工作、司法工作、平原民兵工作等都有很大的发展和加强。在这个基础上，1940 年 6 月，在黄敬主持下，冀中区党委发布了《关于加强党对政权领导的决定》，要求各级党委定期研究同级政权工作的具体方针、政策及各种法令制度，要把政府中的党团与政府机关中的党支部严格分开，党对政府的决定和指示，必须通过政府组织中的党员去执行，党对政府的领导着重于路线、原则、方针、政策方面，政府机构的日常工作，则由政府组织本身去执行。这一决定，既克服了党政不分的现象，也防止了以党代政或以政代党的现象，充分调动了政府机关的积极性和主动性。

在党的领导下，冀中各群众团体，农民、青年、妇女的抗战建国联合会，工人、文化界的抗战建国联合会，从上至下纷纷健全起来，有组织地广泛发动群众、动员群众、组织群众参加抗战的工作，如拆城墙、破坏道路、挖道沟、挖地道、埋地雷、打狗运动、站岗、放哨、送情报、抬担架、救护伤病员、做军鞋、做军衣、运送军粮，甚至拿枪拿刀直接参战等。程子华回忆在冀中战斗的经历时，曾深情地说，“五一大扫荡”后，冀中根据地在极为困难的情况下，仍然坚持了斗争，直到胜利地对日寇进行反攻，没有那么好的群众条件是不可能的，而这与黄敬同志领导发动群众做了大量工作、打下良好基础是分不开的。

在残酷的战争环境中，黄敬十分关注冀中区广大人民群众对敌斗争的好人好事和典型事件，指示新闻单位及时报道和宣传，以活生生的人和事，教育和鼓舞抗战军民。如活跃在白洋淀上的雁翎队、冀中妇女挖地道、无极县儿童查路条的小模范、武强县宁死不屈的英雄少年温三郁，以及拥军模范、后被称为“冀中子弟兵的母亲”的李杏阁等，《冀中导报》都先后报道过他们的事迹。

三

冀中地区人口稠密，物产丰富，北邻北平、天津、保定，居民的文化程度较高，抗战全面爆发后，在党的领导下，随着群众的发动和斗争的需要，文教事业很快有了新的发展。黄敬十分重视运用这一优势，关心支持冀中地区文化教育事业和文艺活动的开展。每年年初，冀中区党委工作计划对全区文教事业的发展都有明确的要求和进度指标。至 1940 年夏季，冀中地区几乎每个行政村有初级小学，每个区成立高级小学，入学儿童达到学龄儿童的 80%以上。成人的识字教育也有了很大的发展。各地从实际出发，用不同形式和方法普遍建立了比较完善的“民校”制度（所谓民校，是指农村利用冬闲或利用原有小学设施办“夜校”等）。教师队伍的培养和课本教材的编写、印刷也有很大的成绩。在根据地的基本区内，青年文盲大多数被扫除了，有条件的 8 专署、10 专署还开办了八中和十中，7 专署和 9 专署合办了一所七九联中，提高了当地的教育水平。

文化教育的普及，不仅提高了人民群众的文化水平，也推动了农村文化活动的开展。不少村庄成立救亡室，出壁报，写标语，成立歌舞队，组建村剧团，农村文化活动非常活跃，处处能听到抗日救亡的歌声。

为了指导全区工作，区党委出版了《冀中导报》，在全区发行。与此同时，新华通讯社在冀中设立分社，及时向外宣传冀中抗日军民的抗日热情和牺牲精神。此外，各地委、县委也都出版了自己的报纸，有的还出版了不定期刊物。在抗日烽火中，黄敬还支持文教系统在全区开展了《冀中一日》的创作活动。

为满足群众文化生活的需要和加强抗战宣传，冀中区党委在黄敬的支持下，成立了直属的新世纪剧社，冀中军区政治部较早前成立了火线剧社，各军分区也都成立了自己的剧社，各县也相继成立起剧社，以至发展到大村都有村剧团，冀中的村剧团达到 1700 多个。这些剧社（团）广泛开展大编大演抗日戏剧活动。一时间，冀中平原大地出现了“村村有剧团，处处有歌声”的局面。这些剧社（团）的创作演出活动大大鼓舞了人民群众的抗日热情和斗志。

1940 年春，新世纪剧社从华北联大学习回来后，黄敬听了梁斌社长的汇报，对剧社今后的工作作了重要指示，他要求：“新世纪剧社今后除了演戏唱歌之外，还要像只老母鸡那样工作，下蛋孵小鸡，下很多的蛋，孵很多的小鸡，把冀中的文艺工作活跃起来。”新世纪剧社按照黄敬的要求，先后开办了两期文艺训练班，对 400 余名地方文艺骨干进行以戏剧、音乐为主的基础知识的培训；1941 年，剧社派出人员到 1 分区、3 分区、4 分区辅导村剧团和开办文艺训练班，加强与推动了地方文艺活动的开展。

火线剧社在华北联大学习时，正值晋察冀地区各剧团盛行演大剧之风，也想排演一场大戏。火线剧社回到冀中后便酝酿排演曹禺的《日出》。黄敬书记、吕正操司令员、程子华政委都支持他们这一计划，但剧社一时找不到《日出》的剧本。黄敬知道情况后，通过地下关系从北平找来剧本，解决了这个难题。从 1941 年 5 月 4 日八路军 3 纵队（冀中军区）成立 3 周年纪念大会起，话剧《日出》连续演出多场。这个大剧目在烽火连天的战地演出，虽不太适合当时敌后战争环境的要求，但这种艺术实践对提高剧社艺术水平起了重要作用。

四

黄敬一向关心党的各项政策的制定和实施，特别注意把中共中央、北方局以及晋察冀分局制定的各项政策精神结合冀中情况创造性地具体化，深得群众拥护。如有关统一战线、民族政策、反霸斗争、“三三制”政权、减租减息、税收、反磨擦斗争等各项政策，特别是在冀中平原，敌我斗争进入异常激烈的形势下，有些地区有些时候实施了革命的两面政策，通过合法斗争掩护隐蔽斗争和武装斗争，减少敌人对我军民的摧残，保护人民群众利益，保护抗日军队和党政群工作人员，积蓄和发展抗日力量，坚持和扩大了统一战线工作。这对坚持冀中平原抗日游击战争起到了重要作用。

抗日战争进入相持阶段后，日本侵略军将主要力量转向对付共产党领导的敌后战场，开始了从点线占领扩大到面的占领的时期。敌人依靠点线进行“清剿”“篦梳”“剔抉”，搜捕八路军和共产党的干部，并在所有村庄成立“维持会”，建立伪政权和伪保甲制度，在各村设联络员组织情报网。开始的时候，我们的方针是教育人民和干部不给敌人干事，保持民族气节。而敌人依靠军事上的优势，将不给敌人干事的村庄当作“匪村”，天天来烧、杀、抢、掠，有的村房子被敌人拆光了，老百姓都跑到外村去。即使这样，有的村也不派联络员。这样做的结果，使群众受到极大的损失，而我们的工作也很难开展。与此同时，有些村庄的干部为了减少损失，就表面应敌，实则继续坚持抗日工作。在这种情势下，出现了3种政权形式：一种是投降派和汉奸出来主动应敌，组成降日的伪政权；一种是敌人选用的由一些地痞流氓和土豪劣绅组成的伪政权，他们虽不一定忠心事敌，但也不拥护我们，而且贪污腐化，压榨群众；一种是我们的党员干部由群众推荐，担任联络员和“伪村长”，成为抗日两面政权，表面应付敌人，实则忠于抗日。面对这种复杂的斗争情况，黄敬深入基层进行调查研究。1940年秋，他发现了一个对敌斗争的模范村——深北县的西蒲疃村。这个村党支部自敌人在该村建立据点开始，就有组织、有计划地掌握了伪政权、伪自卫队，与敌人展开了机智勇敢的斗争，把敌人搞得晕头转向。而村党支部在据点村内发动群众破路，贯彻各项抗日政策，巩固抗日政权和抗日群众组织，使非法斗争与合法斗争相结合，打击了敌人，壮大了自己。1940年冬，黄敬到安平县羽林村召集汇报会，并把西蒲疃村支书孟林鹤叫来，让他介绍他们村对敌斗争的情况。黄敬表扬了西蒲疃村，并向中共北方局作了汇报。但是这个问题在冀中区党委会议上意见并不一致，有人反对采用革命两面政策，认为这是“右倾”。

其实，1940 年 12 月，毛泽东发表的《论政策》一文就指出，“汉奸亲日派中间也有两面分子，我们也应以革命的两面政策对待之”。指出，“在日寇加紧侵略中国的高压政策进攻的时候，唯有实行上项策略原则，才能坚持抗日”。但是这一思想没有及时传达到中共北方局。冀中区党委为研究在冀中建立两面政权的可行性，黄敬带着区党委秘书长李春兰到定县、安国县城附近游击区进行调查研究，找基层干部开座谈会。通过调查研究，黄敬认为，“游击区可以成为我们的根据地，只是游击性强些。对游击区两面派政权要加以分化瓦解，使之转化为革命的两面政权”。

1941 年 6 月，冀中区党委召开组织工作会议。会议正式肯定了在敌占区、近敌区实行革命两面政策。黄敬在报告中专门发表了《关于敌占区及落后区的工作问题》的讲话。他对敌伪据点的工作、敌占区的工作、近敌区的工作都进行了详细分析，提出在这些地区可以实行革命的两面政策，要求要把非法的内容用合法的形式表现出来，去应付敌人。各地党组织认真贯彻区党委的指示，在村中选派最可靠的共产党员去当“伪村长”，以应付日伪军，探查敌人动向。这之后，多次发生过“伪村长”给日伪军交了粮食，又立即报告当地游击队，游击队在半路设伏把粮食截回的事。

五

由于冀中地区始终处于敌人包围和渗透之中，加之又是平原，战斗极为频繁残酷。作为区党委一把手的黄敬，在各项工作中不能不首先考虑对敌斗争问题。因此，他很注意军事问题，凡涉及对敌斗争的重大行动，诸如反“围攻”、反“扫荡”、反“蚕食”等，除直接布置党政系统的对敌斗争外，有关军事行动，他都参加方案讨论、措施制订，并参与组织指挥。对于冀中地区开展地道斗争，开始时从上到下都有不同认识，程子华政委为此还亲自到蠡县一带调查研究。黄敬主持召开的区党委会议充分肯定了地道斗争的作用，统一了思想，并以区党委的名义发出指示，使地道斗争在冀中平原轰轰烈烈地开展了起来。

1940 年 3 月下旬，吕正操奉命率冀中警备旅到太行地区，参加追歼国民党顽军朱怀冰部；程子华带领南进支队，由冀中赴冀南、冀鲁豫地区参加反击顽军石友三部。这样，冀中军区领导人就剩下参谋长孙毅、政治部主任孙志远了，有关重大军事行动，孙毅、孙志远就找黄敬研究决定。敌人乘冀中部队主力外出作战之机，调集第一一〇师团、第二十七师团、独立混合第八旅团共 3.7 万人，兵分十几路，气势汹汹地围攻冀中抗日根据地。此时，冀中军区直属单位、冀中区党委首脑机关以及群众团体有 1 万多人，驻在肃宁县南北宋村一带，目标很大。在严峻的形势下，参谋长孙毅采取机动灵活的战略战术，拟案让领导机关“走”为上策。他找黄敬、孙志远紧急磋商，说我们的目标太大，又缺乏战斗力，最好的办法是分而散之，黄敬带 1 个营，孙志远带 3 个连，我带两个连，各选一个方向突出去。

黄敬听了孙毅的打算后，十分镇静地说：“你这个办法不行，咱们三个行动在一块儿，不能分开！”孙志远同意黄敬的看法，但对行动方向一时拿不定主意。第二天黄昏，敌人已经向我逼近，于是决定向东走，从刘钵桥过献县以北的子牙河向东转移，直奔河间、大城、青县一带。行动方案确定后，孙毅给在子牙河西岸的第 8 军分区发电报，说明军区机关及直属队向东转移，并已开始行动。第 8 军分区复电说，他们那边敌情更为紧张，刘钵桥头有敌军一个营把守，军区领导机关大部队无论如何不能东移。孙毅立即向黄敬说明了上述情况，黄敬当即命令：“部队立即停止前进，原地休息！”接着说：“司令员、政治委员不在，那你参谋长就是主官嘛！”

此时此刻，趁着月光，借着手电筒的光亮，黄敬、孙毅、孙志远三人在路旁的草棚子里紧急商议，研讨对策。孙毅果断地说：“部队前进受阻，不行就原路退回，向西转移吧！”黄敬、孙志远点头同意。部队立即调头西进，大白天从安国县伍仁桥一带敌人 5 个据点之间通过，日伪军龟缩在炮楼上，只是在我后卫部队通过以后才传出一阵朝天空放的枪声。之后，部队安全穿越平汉路封锁线，转移到了行唐县口头镇一带。

对这次惊险的大转移，有人事后曾对领导机关离开冀中提出不同看法。

为此，黄敬向中共北方分局书记彭真作了汇报。彭真说：“这一行动是对的，你们万把人的队伍搞不好让敌人打烂，损失严重，带队伍靠近山区躲过敌人的锋芒，这符合毛主席的战略战术思想。”

冀中抗日根据地是华北敌后抗日根据地的一个重要战略区，对敌人的威胁很大，日本侵略军早就对冀中虎视眈眈，采取各种办法，企图占领控制冀中，但均未得逞。

1941 年 12 月，日本法西斯发动太平洋战争。为加紧榨取在华资源，巩固其占领地区，日军策划对冀中进行空前规模的“扫荡”，妄图全面控制冀中地区。根据形势的发展，中共晋察冀分局、晋察冀军区多次指示，要结合反“蚕食”斗争，认真做好准备，迎击敌人的春季“扫荡”。中共冀中区党委、冀中军区多次发出准备迎击敌人大“扫荡”的指示。《冀中导报》还发表了反“扫荡”的社论，号召全区军民立即肃清太平观念，紧急动员起来，迎击敌人的全面“扫荡”。1942 年 4 月，在黄敬主持下，区党委和军区发出反“扫荡”的紧急指示，对形势重新进行了分析，明确指出：“对太平洋战争爆发后敌人不可能再进行大的长期‘扫荡’的观点必须立即肃清，进一步从思想上、物质上积极做好准备。”4 月 24 日，黄敬书记、吕正操司令员、沙克参谋长、卓雄代主任等（当时程子华政委在晋察冀军区另有任务）商定了反“扫荡”的方针，决定冀中党政群领导机关人员大大压缩，由原来的 4000 多人压缩到 1000 多人，减下来的人员编组分散到各地区、各部队和下属单位，同部队和群众一起坚持反“扫荡”，体弱有病的干部分散坚壁；各主力部队要突破敌人的包围圈，由内线转到外线去，采取敌进我进、避实击虚的方法，抓住战机打击敌人；各分区的地区队和县、区游击队在原地区分散隐蔽活动，和敌人兜圈子，寻机袭扰，打击敌人。

敌人对这次“扫荡”进行了周密部署，目标是“要对冀中地区的共军主力进行突然袭击的包围作战，摧毁其根据地，同时在政治、经济、思想上采取各种措施，以便将该地区一举变为治安地区”。冀中抗日根据地生死攸关的“五一”反“扫荡”拉开了序幕。

5 月 1 日，冀中区党委和冀中总工会在饶阳县许张保村召开直属机关干部纪念“五一”国际劳动节大会，动员全区人民准备反“扫荡”。黄敬、吕正操出席大会并讲话，他们要求冀中地区的人民立即行动起来，进入反“反荡”斗争。

从 5 月 1 日至 10 日，是敌人诱迫我军进入其合围圈的外围“扫荡”阶段。敌人从四面向内压缩，对滹沱河、滏阳河、石德铁路之间的三角地带形成一个严密封锁的所谓“铁环阵”，为其第二阶段进行“铁壁合围”做周密的准备。敌计划从 11 日至 15 日集中兵力实施“铁壁合围”，妄图聚歼我冀中区党政领导机关和主力部队。

中共冀中区党委、冀中行署、冀中军区领导机关由吕正操司令员和黄敬书记率领，于 5 月 2 日离开饶阳县许张保村一带，到沧石路南。5 月 8 日，在敌人对滏阳河封锁以前东渡滏阳河，跳到敌人“铁壁合围”圈之外，在子牙河以东任（丘）河（间）大（城）地区和敌人周旋 20 多天。在此期间，我军曾四渡子牙河，五临津浦铁路，18 次越过封锁线。在人民群众的支持和掩护下，敌人连我们的影子都没有找到。在敌人集中兵力举行大规模“扫荡”的第一、第二阶段，我未受大的损失，敌第一一〇师团参谋长中村三郎少将不得不哀叹：“像一阵风似的讨伐，并不能捕获敌人。”

此时，军区领导分析整个反“扫荡”形势，看出敌人“扫荡”的决心很大，认为不能按过去反“扫荡”惯例对待，必须作较长期的打算。之后，黄敬、吕正操接到了彭德怀副总司令从八路军总部发来的电报，电报同意黄敬、吕正操对冀中地区形势的分析，同意冀中领导机关经过冀南地区转移到冀鲁豫地区。

日机轰炸甘肃靖远亲历记

张尚嬴[*]

自 1938 年冬季至 1939 年 12 月 1 日，日本飞机先后多次经过靖远县城再去轰炸兰州，其中靖远被空袭 5 次。其时我任靖远日报社新闻记者、靖远县防护团总干事等职，轰炸劫难，惨象犹新，有必要留下翔实的记录，以使人民永记不忘。

靖远县是离兰州很近的小县，解放前仅 10 多万人口。但其地理环境酷似兰州，如兰州市东面是飞机场，靖远县的飞机场也设在城东七里的沙河沿；兰州市西为雷坛河、四墩坪，靖远县城西则有祖厉河、河靖坪；兰州市南有五泉山寺庙罗列，靖远县城南便是“乌兰耸翠”的风景区；兰州市北滨黄河，靖远县也是北依黄河；兰州市东北有雁滩，靖远县东北便是武家滩；兰州市城北省政府城墙边有水车两辆，靖远县城北也有新城水车一辆、郭家大车水车一辆；兰州市整个市区为东西狭长，靖远县城也是东西狭长，并有东西两关；兰州城中有鼓楼，东西城门各有城楼和“万里金汤”的南城门楼，靖远城除无南城门外，其他几乎全同兰州城。

如此赘说，是因为这些地理上的雷同，飞机在高空很难分清，再加靖

* 作者时任靖远日报社新闻记者、靖远县防护团总干事等职。

远、兰州相距不过200多华里，日军只靠地图知识，这就更难以分辨了。所以日本飞机轰炸时，靖远是首当其冲的，所以靖远县这个不设防小城市，屡遭轰炸之劫，损失惨重。这是日本帝国主义者欠下靖远人民的一笔血债。

1938年我在《靖远日报》社作新闻记者，是年11月15日凌晨5时许，日军7架飞机首次轰炸兰州，经过靖远县城以东20华里的东湾镇时，人们都在酣睡之中，因为从没经过飞机轰炸的劫难，虽听到隆隆之声，以为是汽车过村，不以为然，还有认为是轻微地震，惊起穿衣。忽然“轰隆轰隆”几声巨响，顷刻之间房屋震颤，好似天翻地覆一般，全村鸡飞、犬叫、人呼、畜嘶乱成一片，有的人跑出村来喊叫“地震了！地震了！”全镇陷入混乱之中，谁也摸不清究竟发生了什么事情。待东方发亮之后，才知是日本飞机投弹所致。原来是街道西头有两名过路的脚户（驮运者），由于天冷在碑亭前生起篝火取暖，日机循火光一连投下7枚小型炸弹，小镇的40多间铺房，全被炸塌。一家杨姓的3岁小孩被炸死，还有一名叫魏连改的农民也因逃避不及，被塌下的屋梁压断了腿，经抢救后幸留一命。

我得到消息后，立即和报社会计苏耀洲骑自行车前往采访。到现场后，只见东湾镇的西半截街南北两边的铺房被炸塌，街前街后共有7个一丈见方的弹坑，100多名无家可归的农民们脸上灰尘一层，正在挖掘塌房下的椽梁和什物。小孩子在哭叫，老人们在黯微的阳光下，蜷曲在残墙断壁之下抽泣。还有好几棵老树连根拔起抛在地面上。其状之惨，使人目不卒睹。经我采询，大家虽遭受了轰炸，还不知炸弹是谁掷的。农民们只知道日本鬼子侵略我国，占了我们不少的国土，但离我们靖远还远着呢，怎会把炸弹投到我们这里来呢？可是眼前的炸弹残片上就有“昭和十三年制”的字样，铁和血的证据摆在眼前，人们才如梦初醒，深恨日本帝国主义者的凶残。仇恨代替了过去轻敌麻痹的太平思想。我当时曾拍下遭日机轰炸后的东湾镇照片多幅，有一张是躺在血泊中小女孩的惨状。第二天《靖远日报》上以“日本鬼子欠下靖远人民的一笔血债”向社会报道了被炸实况。事后据靖远县政府调查，这次被炸损失约2万元国币之多。

那天日本飞机炸过东湾镇后，即直飞兰州轰炸。但现在省、市政协文史资料所载日机轰炸兰州各文，均无 1938 年 11 月敌机轰炸兰州之记载。只有 1937 年 11 月 5 日敌机 7 架首次空袭兰州，在东郊机场、靖远东湾、宁夏城南北大街等处投掷炸弹的记载。据笔者所记和详细考察其年限应为 1938 年确切无疑，而并非 1937 年，故存疑核对是有必要的，以免年久讹误下去。

1939 年 2 月 12 日正是农历春节的前夕，靖远县城的老百姓都依着旧习俗打扫房舍，准备迎接新年。这天下午我正在县城南关简易乡村师范学校和同学高志仁、张茂谈天，忽然听到有隆隆机声由远而近。我们 3 人站在大成殿的台阶上，向北看去，见有 9 架敌机，每 3 架摆成一个三角队形，向南低飞而来，愈飞愈低，机翼上涂的大红膏药旗清晰可见。因为靖远县城从未遭受过敌机空袭，故无警报发出，不少的老百姓，还站在屋顶上数飞机的架数，毫无防空常识。我们看见飞机马上就要临头，便向校门外的荒滩跑去，跑至一小巷时，高志仁又转头向北而跑。我和张茂拼命向前趴倒在一个低凹的烂砖坑中，就听得“轰隆”两声，眼前尘土四起，砖石飞扬，使人双目难睁。同时“嗖！嗖！……”的机枪扫射，火星在我俩的周围乱溅。顿时尘土和火药气味扑面而来。待飞机声消失后，我俩沿原路去找高志仁的下落。当走到当时的萧家烟坊门前时，惊见高志仁被炸死在烟坊的东南角，血肉模糊，惨不忍睹。另外在附近地母庙内也炸死一个叫杨永兴的人。我们回到学校后，看到校园前后到处是大大小小的弹坑，教师宿舍 6 间被炸塌，附近数十间民房也被炸倒。此外，还炸伤几个因不懂防空常识而观望的老百姓。事后统计此次投弹 44 枚，炸毁损坏房屋数十间。这批飞机炸过靖远之后，又轰炸了兰州。

1939 年 11 月 27 日下午 7 时多，靖远县发了预备警报。由于上次血的教训，全城人民扶老携幼，到城外躲避，时已严冬，冻得人们直打哆嗦。这次先后 6 批敌机沿黄河飞往兰州，都未在靖远投弹。至次晨 6 时多始解除了警报。但这次夜里轰炸兰州，损失甚重。

1939 年 12 月 26 日夜，敌机 102 架分 5 批轰炸兰州。我当时在国民党靖远县党部工作，地处西关闹市处老君庙中。防空警报发出后，我跑出大门，见街上群众拥挤不堪。我当时还兼防护团的总干事，便向群众指导方向和维持秩序，终是孤掌难鸣，束手无策。便与书记长门映瑞、工友雷应时跑向西南门外，在杂坟滩防空洞钻了进去。防空洞又低又矮，身子还未蹲稳，防空洞附近炸弹已下，此刻，洞内黄土唰唰飞落，洞壁晃动不止，好像要顷刻合拢起来，所幸为时暂短，飞机走远之后，险情立即消逝。我们赶紧爬出洞来，好似从墓中出来的一样，全身黄土只留双目转动，真是虎口余生。在这一夜的连续轰炸中，城南山、城内箭道广场、黄河两岸共投弹100多枚，民房61间被炸毁，损失财产达6万余元。这次夜间轰炸，完全是把靖远误认为兰州所致。城南山附近投弹最多的原因，便是把这里误认为兰州五泉山第八战区司令部所在地。

接着27日又发警报，全城人四出躲避，靖远县城成了一座空城。这天日机分4批向兰州飞去，在靖远并未投弹。可是防空警报一天一夜也没有解除，躲避的人连一口水也喝不到，因是严冬，天气寒冷，啼饥号寒之声盈野，其状极惨。至28日警报仍未解除，到11时左右，日机106架，陆续沿黄河低飞，如临无人之境。其中一架忽然沿黄河而下，再转向西，飞得和城墙一样高，斜着机翼在城内投弹2枚。至下午2时许，警报解除，人们才赶回县城。这次轰炸使西门内沿街的商号铺房受损不小，繁华的西大街遍地残砖破瓦。我家的三间铺面也被炸毁，连我手植的一株红枣树，也被炸得枝体分离，一只看门的小狗，呆痴的蜷卧在残砖堆旁，有似失魂丧魄。后来这只狗凡听到爆竹之声，便吓得四处乱窜，尿水直淌，惊恐万状。真是人兽遭殃、令人指发。从此我们一家人无处安身，只得搬去离城15里的河包口村投亲避难。次年农历三月曾由县政府给遭受了轰炸的受灾户发过些救济款，但杯水车薪，无济于事。所幸这一次轰炸时，全县城人躲避及时，故未伤亡一人。

诗人贾维汉（字仙洲）关于这次日机轰炸靖远曾有“望海潮”词一首，题为《己卯冬敌机误袭靖远，故新词以告国人》：“乌兰屏掩，黄河环抱，只空燕子空飞。银塞要衡，金城重镇，动关西北安危。多少好男儿，建高牙大纛，巩固边陲。沐雨栉风，开疆拓土奠邦畿。令人处处低回，有潘王府址，赵宋门楣。功勒贞珉，名标史册，至今桑梓光辉。莫教战云迷。愿同胞急起，共戮鲸鲵，休让跳梁丑，跬步越雷池。”